高等师范类院校英语专业系列教材

总主编　孔令翠

Instructional Design and Case Study of English Teaching

高中英语新课程教学设计与案例分析

主编　俞　婷　黄彩霞
参编　张桂娟　刘　莉　马玉荣　王兴娜

重庆大学出版社

图书在版编目(CIP)数据

高中英语新课程教学设计与案例分析 / 俞婷，黄彩霞主编. -- 重庆：重庆大学出版社，2021.7(2024.7 重印)
高等师范类院校英语专业系列教材
ISBN 978-7-5689-2702-4

Ⅰ. ①高… Ⅱ. ①俞… ②黄… Ⅲ. ①英语课—教学设计—高中—高等师范院校—教材 Ⅳ. ①G633.412

中国版本图书馆 CIP 数据核字(2021)第 095970 号

高中英语新课程教学设计与案例分析

GAOZHONG YINGYU XINKECHENG JIAOXUE SHEJI YU ANLI FENXI

主　编　俞　婷　黄彩霞
责任编辑：张春花　　版式设计：张春花
责任校对：谢　芳　　责任印制：赵　晟

*

重庆大学出版社出版发行
出版人：陈晓阳
社址：重庆市沙坪坝区大学城西路 21 号
邮编：401331
电话：(023) 88617190　88617185(中小学)
传真：(023) 88617186　88617166
网址：http://www.cqup.com.cn
邮箱：fxk@cqup.com.cn (营销中心)
全国新华书店经销
重庆升光电力印务有限公司印刷

*

开本：787mm×1092mm　1/16　印张：20　字数：575 千
2021 年 8 月第 1 版　　2024 年 7 月第 3 次印刷
ISBN 978-7-5689-2702-4　定价：59.00 元

总 序

2020年4月《普通高等学校本科外国语言文学类专业教学指南》(以下简称《指南》)正式颁布,《指南》指出要坚持内涵发展、多元发展、创新发展,不仅为英语专业明确了课程体系及专业核心课程描述,更为英语专业教学改革与发展及人才培养指明了发展方向。作为英语专业人才培养的主力军,高等师范类院校的英语专业教学质量直接关乎我国大、中、小学英语学科教师的素质与英语教学的水平。为此,重庆大学出版社推出了以《指南》为指导的师范院校英语专业教材解决方案——“高等师范类院校英语专业系列教材”(以下简称“系列教材”),助力师范类院校英语专业课程体系建设,提升人才培养质量。

“系列教材”由石坚、文旭、原一川教授担任编写顾问,孔令翠教授担任总主编,邀请治学严谨的专家学者,集合具有科研能力、富于教学经验的师资力量,共同编写打造。“系列教材”依托国家一流专业建设点与多项质量工程建设项目,力求将大学教育与基础教育深度融合,培养符合国家教育事业发展需要的卓越中小学英语教师,具体特点如下:

1. 突出“四新”

(1)新时代。以新时代中国特色社会主义思想为指导,坚持“以人为本”,秉承“立德树人”,探索课程思政,培养有信仰、有情怀、有视野的新时代外语教师。

(2)新理念。认真贯彻落实全国教育大会、“卓越教师2.0”计划、教师教育振兴行动计划的精神,注重培养英语学科核心素养。

(3)新文科。克服学科局限、拓宽学科视野、打通文史哲界限,将先进的信息技术教学手段运用于英语教师培养。

(4)新教师。既注重教师的职前培养,又兼顾教师的职后培训。

2. 立足教情、学情

“系列教材”在学习和借鉴国内外教师和教育发展的理论与实践成果的基础上,坚持问题导向原则,对师范类院校的教情和学情进行了广泛的调查研究,特别是教师培养培训工作中存在的突出问题,从而切实提高师范类英语专业学生的教学、教研能力,推动中小学英语课堂教学的改革和发展。

3. 促进专业认证和一流专业建设

新一轮师范英语专业认证已经在部属师范大学展开,这将是一场对师范英语专业极其严峻的考验。师范英语专业认证以“学生中心、产出导向、持续改进”为认证依据,因此教师的课堂教学实践能力、教育理论研究能力将是认证的重点和难点。“系列教材”的建设无疑有利于持续改进师范英语专业人才的培养过程,服务一流专业建设,推进中小学英语教师的人才培养。

4. 满足教师资格考试要求

目前图书市场国家英语教师资格考试类教较少，结合面试与试讲指导的教材更是缺乏。“系列教材”中的子系列“英语学科知识与教学能力（小学、初级中学、高级中学）”能够满足广大考生应考的迫切需求，帮助他们实现教师梦。同时，子系列涉及中小学教学实践，有助于提高广大在职教师的教学能力。

5. 提高教学研究与教学能力

“系列教材”充分考虑在职英语教师的需求，建构起一个完整的从职前到职后的教材体系，能帮助教师不断更新知识，提高教研能力，增强运用现代教育技术的意识和本领。

6. 打造立体化的教材模式

“系列教材”突出师范教育的职业性、学术性和人文性，并将理论学习、实践技能提高与教师资格认证结合在一起，传统纸质教材与在线课程相结合。让使用者既能根据自身需要各取所需，同时又能够通过系统学习提高能力。

7. 推动课堂教学与学习革命

“系列教材”在教材内容、问题设计与模态呈现等方面体现了新时代课堂教学与学习革命的特点，探索合作式、启发式、探究式、参与式及讨论式教学，重塑教育教学新形态。为大力推动英语教师教育“金课”建设创造条件与提供保证。

“系列教材”在编写过程中得到了教学领域专家、中小学教研员和广大英语教师的大力支持，在校学生和参加在职教师培训的学员也给予了很多宝贵意见和建议，在此一并表示最衷心的感谢。“系列教材”的编写汇聚了众多优秀专家和教师的心血和智慧，然而不足和疏漏必定存在，恳请教材使用者和同行专家不吝赐教，提出宝贵意见和建议，使之再版时得以完善。

“高等师范类院校英语专业系列教材”编委会

2020年6月

前　言

教学是一个复杂的系统，由教师、学生、教材、环境、技术等诸多要素组成。教学设计则是系统化规划教学的过程，涉及教学系统的要素分析，教学目标、教学过程、教学活动以及教学评价的设计等。合理的教学设计是有效教学的前提和关键。因此，教学设计能力的培养和提升，是教师教育和教师发展的重要任务之一。

《高中英语新课程教学设计与案例分析》是为师范院校英语专业学生编写的教师教育教材，也适用于英语教学论硕士研究生、英语学科教学硕士研究生以及在职中学英语教师的职前培养和在职培训课程。本教材共分十章：第一章高中英语新课程标准解析、第二章教学设计概述、第三章语音教学设计与案例分析、第四章词汇教学设计与案例分析、第五章语法教学设计与案例分析、第六章听力教学设计与案例分析、第七章口语教学设计与案例分析、第八章阅读教学设计与案例分析、第九章写作教学设计与案例分析、第十章整体语言教学设计与案例分析。

本教材以教育学、心理学、语言学、语言习得、语言教学、教学设计等学科为理论依据，以育人为本教育观、交互语言学习观、整体语言教学观、学习中心设计观为编写理念，以培养和提升英语教学设计能力为核心，以促进学生的全面发展为目标，针对我国师范类院校英语专业人才培养要求和学生特点，重点突出以下特色：

1. **聚焦核心素养，指向学生全面发展**。本教材以《普通高中英语课程标准（2017 年版 2020 年修订）》为基础，围绕"培养和发展学生的语言能力、文化意识、思维品质以及学习能力等学科核心素养"这一高中英语教学总体目标，展开对高中英语新课程教学设计的介绍与案例分析，旨在促进学生的全面发展。

2. **聚焦新版教材，助力教师能力发展**。本教材中所有教学设计的案例与分析的素材均来自教育部办公厅 2019 年印发的中小学教学用书目录中的普通高中英语教材，时代性、针对性强，可为在职教师和职前教师熟悉、把握新教材内容，掌握新教材的教学设计提供参考与指导，为教师开展新教材教学研讨和反思性实践提供素材与参照，助力教师专业能力发展。

3. **对标从业标准，聚力教学能力培养**。本教材密切联系实际，对标英语教师资格证考纲《学科知识与教学能力（高级中学）》以及《中学教育专业师范生教师职业能力标准（试行）》，聚力英语教学基础知识传授、教学设计能力培养，为师范生考取英语教师资格证做好教学知识储备，奠定教师职业能力基础。

4. **理论性与实践性并重**。本教材以语言学理论、语言习得理论、语言教学理论、教学设计理论等为引领，以相关理论问题为出发点，首先讨论"基础知识""教学内容""教学设计原则”，为教学设计提供理论指导；然后聚焦实践，深入讨论“教学设计”，并通过具体的“教学设计案例与分析”，展示如何针对特定教学素材与学习者，将教学设计理念贯彻落实到具体的教学设计实践各环节。

5. **系统性与渐进性兼顾**。本教材依据语言作为一个复杂系统所具有的整体性、层级性、可分离性特征，首先从层级性、可分离性特征出发，对语言知识要素与技能教学的设计进行分项讨论，然后聚焦系统性特征，对整体式语言教学的设计进行探讨，便于学习者循序渐进地学习理解、融会贯通地迁移应用。

6. **坚持问题驱动产出导向**。原则上本教材的每一章节开篇提出思考问题，驱动学习者带着目的学习章节内容，探索问题解决方案；章节中间设置练习和反思活动，引导学生学中思，思中悟；章节结尾部分设置小组教学设计项目，促使学习者运用所学知识与技能，体验设计过程，产出设计方案，检验学习效果。

本教材是编写团队基于多年的英语教师教育和基础英语教学经验编写而成。编写团队由高校英语教师教育者和高中英语教师组成，具体分工如下：

俞婷规划设计、大纲编写、过程监控、统稿审定。

黄彩霞编写第二章、第三章、第十章。

张桂娟编写第一章、第四章、第九章。

刘莉编写第六章、第七章。

马玉荣编写第五章。

王兴娜编写第八章。

本教材的编写得到了总主编孔令翠教授的悉心指导，得到了众多同仁和学生的大力支持，在此，编者一并表示衷心的感谢！因水平有限，本教材难免存在不足之处，敬请广大师生批评指正！

俞　婷

2021 年 7 月

目　录

第一章

高中英语新课程标准解析

目标导航

学习本章之后,你能够:

- 定义课程并阐述其重要性;
- 分析课程的基本要素及其作用;
- 分析我国英语课程标准的发展变化;
- 阐释英语教学的活动观。

第一节　课程的基本概念

问题导入:

(1)什么是课程?

(2)课程包含哪些基本要素?

(3)课程的作用是什么?

(4)什么是课程标准?

(5)我国共颁布了几个版本的《英语课程标准》?

课程是教育、教学中的关键要素,是实现教育目的的中介,也是使学生达到受教育目的的手段。作为学校教育的核心,课程对学校日常教学工作和管理工作,以及对教师的教和学生的学起着重要的指向作用。

1. 课程的内涵

课程是教育领域中定义最为复杂的概念之一,迄今没有统一的界定,因为课程本身具有复杂性。课程既非纯粹的客观事物,也不是彻底的观念形态,而是人类各种活动中客观与主观统一、物质和精神结合的复杂对象(王娟娟,2007)。由于课程的复杂性,研究者会从不同层次、不同角度出发研究和认识课程。

一般认为,广义的课程指有计划的、系统的教学内容,是一系列教学科目的综合及进程安排。具体来说，就是根据教育目标所制订的教学计划、教学大纲以及配套的教科书所规定和表述的教学内容。狭义的课程即某一门教学科目。但是，将教学科目等同于课程，只关注教学科目，往往会忽视学生的心智发展、情感陶冶等。所以我们应该尽可能从广义上来理解、动态地来把握课程（李定仁、徐继存，2001）。

因为对课程的界定很难达成共识，目前要得出一个精确的并为大家所认同的课程定义，既不现实，也不可能。施良方（1996）从词源学的角度归纳出六种类型的课程定义：课程即教学科目；课程即有计划的教学活动；课程即预期的学习结果；课程即学习经验；课程即社会文化的再生产；课程即社会改造。每一种课程定义都有其社会背景、认识论基础和方法论依据，而且它们所指的课程可能并不是在同一层次上的。因此，课程的定义呈现出不同的形态。

思考题：课程的内涵为什么很难界定？

2. 课程的基本要素

课程的要素指构成课程的重要成分。关于课程的基本要素，有三要素说，也有四要素说。现代课程理论的重要奠基者泰勒（Tyler，1949）指出，课程包括目的、经验、评价三大要素。泰勒认为，课程编制要考虑以下问题：学校应该达到的目标，需提供哪些教育经验才能实现这些目标，怎样才能有效地组织这些教育经验，以及怎样才能确定这些目标正在得以实现。泰勒课程编制的过程模式可以总结为：确定教育目标，选择和组织学习经验，评价学习结果。这一模式被视为现代课程研究的范式，并一直被用来指导大多数课程研究的设计。

泰勒的学生施瓦布认为，课程的四个基本要素是教材、教师、学生和环境，它们构成了一种课程生态。教材主要是指以教材形式呈现的学科内容，包括课程政策文件、课本和其他资料等。教师和学生是课程的主体和创造者，其中，学生是实践性课程的中心。环境是指学生学习赖以发生并使学习结果得以产生的情境（孙秀萍，2007）。施瓦布的课程要素强调实践性，重视教师和学生的主体性以及环境的重要性，对当今课程研究与改革仍具有一定的现实意义。

课程的组成要素主要包括课程目标、课程内容、课程实施以及课程评价。课程目标是指课程本身要实现的具体目标和意图。它规定了某一教育阶段的学生通过课程学习以后，在发展品德、智力、体质等方面期望实现的程度，是确定课程内容、教学目标和教学方法的基础（全国十二所重点师范大学联合编写，2004）。课程内容通过课程计划、课程标准和教材来具体体现。课程实施是将课程计划付诸实践的过程，是实现课程目标的基本途径。教学是课程实施的主要途径。课程评价是指根据一定的标准和课程系统信息以科学的方法检查课程的目标、编制和实施是否实现了教育目的，实现的程度如何，以判定课程设计的效果，并据此作出改进课程的决策。

思考题：综合以上观点，你认为课程由哪些要素组成？

3. 课程的作用

课程问题在任何一个教育体系中都居于中心地位。因为教育目的必须依靠一定的课程内容安排来实现和体现(王策三,2005)。课程内容体现了人类长期创造和积累的经验,学校教育通过课程内容的教学使学生汲取人类智慧的精华。课程也是学生获得知识与技能,形成正确价值观的重要载体和基础。

课程是教育教学活动的基本要素,也是教师教和学生学的依据,还是师生联系和交往的纽带。课程是对教学目标、教学内容、活动方式和方法的规划和设计,是实现学校教育目标的基本保证,也是培养全面发展人才的保证。

在我国,课程是教育思想、教育目标和教育内容的主要载体,集中体现国家意志和社会主义核心价值观,是学校教育教学活动的基本依据,为学校管理与评价提供标准,也是国家检查和监督学校教学工作的依据,直接影响人才培养的质量。

思考题:(1)为什么说课程是培养全面发展人才的保证?
(2)课程对教师的教学有什么作用?

4. 课程的类型

课程有不同的分类标准。根据内容属性,课程分为学科课程和活动课程。学科课程亦称分科课程,是以学科为中心设计的课程。学科课程以文化知识(科学、道德、艺术)为基础,按照一定的价值标准,从不同的知识领域或学术领域选择一定的内容,根据知识的逻辑体系,将所选出的知识组织为课程类型。活动课程是与学科课程对立的课程类型,是学生自己组织活动,通过活动获得经验、培养兴趣、解决问题、锻炼能力的课程。

张华(2000a)根据课程内容的组织方式,将课程分为分科课程与综合课程。分科课程是一种单学科的课程组织模式,强调不同学科门类之间的相对独立性,强调一门学科的逻辑体系的完整性。综合课程是一种多学科的课程组织模式,强调学科之间的关联性、统一性和内在联系。根据实施角度,课程分为必修课和选修课。必修课是为了保证所有学生的基本学力而开发的课程,全体学生必须修习。选修课是根据不同学生的学习能力和兴趣爱好、特点及发展方向开设的课程,学生可以自主选择修习。我国普通高中在开设必修课的同时,设置丰富多彩的选修课,以适应学生的个性差异和发展。

根据设计、开发和管理的主体,课程分为国家课程、地方课程与校本课程。国家课程是专门为培养国家公民而设计,并依据公民所要达到的共同素质而开发的课程,由中央政府负责编制、实施和评价。地方课程是在国家规定的各个教育阶段的课程计划内,由省、自治区、直辖市的教育行政部门或其授权的教育部门,依据当地的发展需要而开发的,在国家规定的课时范围内实施的课程。校本课程是在确保国家课程和地方课程有效实施的前提下,依据国家和地方课程计划、学生的需求、学校可利用的课程资源而开发的多样性的、可供学生选择的课程。

为了使各类知识互相渗透,共同配合以优化教育效果,课程设置宜吸取各类课程的优点,相互结合。

思考题:课程类型有哪些?

5. 课程标准

课程的实施要依据一定的标准。课程标准是以纲要的形式规定有关学科教学内容的标准性文件。它是课程计划的具体化,规定了学科的教学目的与任务,知识的范围、深度和结构,教学进度以及有关教学法的基本要求。它体现了国家对每门学科教学的统一要求,是编写教科书和开展教学的直接依据,也是衡量各科教学质量的重要标准。

随着我国综合国力和国际竞争力的不断提升,教育面临着挑战,教育改革刻不容缓。为了应对挑战,我国的英语课程改革也紧跟步伐。新课程改革的核心工作就是制定课程标准,取代以往的"教学大纲",作为课程开发、课程实施的指导性和纲领性文件。

2001 年,我国出版了《全日制义务教育 普通高级中学英语课程标准(实验稿)》,涵盖了小学、初中和高中三个阶段的内容。2003 年出版了《普通高中英语课程标准(实验)》。这个标准是在第一个标准的基础上完成的,只涉及高中阶段的内容。2011 年颁布了《义务教育英语课程标准》,课程目标从五个方面(语言技能、语言知识、情感态度、学习策略、文化意识)要求发展学生的综合语言运用能力,促进学生全面发展。

为深化课程改革,落实立德树人根本任务,教育部在 2017 年底颁布了《普通高中英语课程标准》(2017 年版)。其课程目标发生了很大的变化,从"综合语言运用能力"转向了"英语学科核心素养"。其后,为深入贯彻党的十八大、十九大精神,落实全国教育大会精神,各学科再次修订课程标准。修订后的《普通高中英语课程标准(2017 年版 2020 年修订)》于 2020 年 5 月颁布。

思考题: 与《普通高中英语课程标准(实验稿)》相比,《普通高中英语课程标准(2017 年版)》的重大变化是什么?

第二节 课程目标

问题导入:

(1)什么是课程目标?

(2)我国基础教育阶段的课程目标是什么?

(3)课程目标有什么特征?

(4)课程目标有什么功能?

(5)课程目标和教学目标有什么区别和联系?

课程目标是教育目的和培养目标实现的途径,体现了课程开发与教学设计中的教育价值。课程目标是构成课程内涵的第一要素,也是教育教学目标实现,以及学生经过课程学习之后在德智体等方面得以发展的重要前提。

1. 概述

课程目标是指课程本身要实现的具体目标和意图,它规定了某一教育阶段的学生通过课程学习以后,在发展品德、智力、体质等方面期望实现的程度。课程目标是确定课程内容、教学目标和教学方法的基础(全国十二所重点师范大学联合编写,2004)。

课程目标包括总体方案中的培养目标和分科课程中的学科教学目标。总体目标,如义务教育阶段或者高等教育阶段的培养目标,反映了时代、国家、社会对学生成长的总体要求,它存在于国家制订的课程方案之中,涉及对课程方方面面的要求,是一种广义上的课程目标。总体目标具有制度性,反映了整体课程改革的时代精神。具体学科课程标准中的目标是总体目标的具体化,可以说是狭义上的课程目标,具有更强的操作性和评价性。

2. 课程目标分类

我国的教育学者们在借鉴布鲁姆教育目标分类和加涅对学习结果分类的基础上,对课程目标的分类提出了多种分类方法。比较典型的有三分法、四分法、五分法和基础教育新课程“三维目标”分类法等(孙泽文、左菊,2012)。“三分法”将课程目标分为基础知识、基本技能和基本能力三个方面,也就是以“三基”课程为核心的教学目标体系。“四分法”是将课程目标分为以下四种类型:①认知类,包括知识的基本概念、原理和规律及理解思维能力。②技能类,包括行为、习惯、运动及交际能力。③情感类,包括思想、观念和信念,如价值观、审美观等。④应用类,包括应用前三类来解决社会和个人生活问题的能力。“五分法”是根据“五育”的组成, 把课程与教学目标划分为德育、智育、美育、体育、劳动技术教育五个部分,并确立每个部分的课程与教学目标。

“三维目标”是2001年6月教育部在《基础教育课程改革纲要(试行)》中提出的“知识与技能、过程与方法、情感态度与价值观”的课程目标。《普通高中英语课程标准》(2017年版2020年修订)对知识与技能、过程与方法、情感态度价值观三维目标进行了整合,明确了学生学习学科课程后应具备的正确价值观、必备品格和关键能力,具体体现为语言能力、文化意识、思维品质、学习能力等学科核心素养。

思考题:我国高中课程的总体目标是什么?

3. 课程目标的特征

课程目标具有层次性、整体性、递进性等特征。课程目标可以逐步分解为总目标和从属目标。总目标是国家的教育目标,服从于国家教育方针所确立的教育目的,反映了一定的意志,遵循统一的指导思想和原则。各门学科的课程目标从属于总目标,是总目标的具体化。

学科课程目标又可以分为学科课程总体目标和学科课程具体目标两个层次,以课程标准的形式呈现。各级各类的课程目标是相互关联的,而不是彼此孤立的。课程总目标是各门学科目标制订的基础,学科课程目标从属于教育宗旨和培养目标,更加关注学科内在联系及学科间的相互配合,克服碎片化及彼此间的脱节等现象。课程目标的实现要有递进性,先实现低年级课程目标,然后达到高年级的课程目标,不能越级实现。

4. 课程目标的功能

课程目标是教学运作的方向和灵魂，也是课程价值理性的集中体现。作为实现教育目标的重要手段，课程目标首先具有导向功能，即把教育活动导向一定的方向的功能。如我国普通高中英语课程的目标从培养综合语言的运用能力到培养学生的学科核心素养的转变，使英语课程的教学目标、教学性质、教学形式、教学评价，学习内容以及学习方式等也随之发生了变化。课程目标在整个课程组织系统中居于核心地位，具有重要的统筹功能，对其他要素具有统筹、支配和协调作用。课程目标会对课程的实施和效果产生重大影响，对教师的教和学生的学也会产生制约作用。清晰的课程目标可以增强教师的教学信心，让教师更有针对性地进行教学，也能帮助学生重点突出地学习。总之，清晰的课程目标是实现有效教学的前提。

思考题：课程目标对教师的教学有什么作用？

5. 课程目标与教学目标

课程目标与教学目标既有联系又有区别。课程是学校教育的核心，课程目标对课程的教学工作具有导向性作用。教学是实现课程目标的主要途径，教学目标是对课程目标的细化。从课程目标到教学目标是一个从概括到具体，从抽象到具象的不断转化、呈现和增加的过程。二者的区别，首先是它们的制定主体不同。课程目标是由国家及课程专家等制定的，偏重国家与社会对人才培养的总体要求。而教学目标则是课程目标的进一步细化与具体化，是师生课堂互动活动要达到的要求，它主要由教师来制定。其次是它们的涵盖范围不同。课程目标指导整个课程，而教学目标只是指导某一课，或某一单元的教学过程。课程目标较为宏观，是对课程在整体上的指导；教学目标则较为具体，是对教学细节的要求。

思考题：(1)什么是“三维目标”？“三维目标”相互之间有什么关系？

(2)课程目标对教学目标有什么作用？

第三节　课程结构

问题导入：

(1)什么是课程结构？

(2)课程结构的设置应遵循什么原则？

(3)新课改中对英语课程结构进行了怎样的优化调整？

课程结构，也称课程的组织结构，是课程目标转化为教育成果的纽带，是课程活动顺利开展的依据。新一轮基础教育课程改革要求根据新课程的培养目标对原有的课程结构进行调整，调整的主要任务和方向是优化课程结构，以实现课程目标、内容和方法的融合统一。

1. 概述

课程结构是指课程各部分的组织和配合,即课程内容有机联系在一起的组织方式。课程结构主要规定了组成课程体系的学科门类,以及各学科内容的比例关系、必修课与选修课、分科课程与综合课程的搭配等,体现出一定的课程理念和课程设置的价值取向。课程结构是学校教学基本要素的重要组成部分,规定了学校所实施的教学计划中课程设置、开设顺序、课时分配以及各类课程所占的比例关系。

我国自实行基础教育课改以来,课程结构整体设置九年一贯的义务教育课程。小学阶段以综合课程为主,初中阶段设置分科与综合相结合的课程。高中阶段以分科课程为主,由必修、选择性必修、选修三类课程构成。必修课程为全体学生必须修习的课程。选择性必修课程供有学习兴趣和升学考试需求的学生选修,与必修课程形成递进关系。选修课程为学生自主选择修习的课程,包括国家设置的提高类、基础类、实用类、拓展类、第二外国语类等课程和学校自主开发的校本课程。必修、选择性必修、选修三类课程结合以满足高中学生多元化发展的需求。

2. 课程结构的种类

课程结构可分为横向结构和纵向结构。课程的横向结构讨论的是在一定的课程结构内部各门各类课程所占的比例及其相互关系。目前我国的课程结构在横向上可以分为工具类、知识类和技艺类三类学科。基础教育阶段的工具类学科主要是语文、数学、英语。这三门学科是学习其他学科知识的基础,自身也有发展学生心智的价值,一直受到重视,在学校课程中的比例约占一半。知识类学科分为社会学科与自然学科,包括历史、地理、生物、化学、物理、政治等,目前这两个学科有综合化趋势。技艺类学科主要指体育和艺术类、技能类两方面课程。体育、音乐、美术着重对学生进行体能和艺术修养的培养和训练;技能类是指培养学生某些技能、技巧的课程。

课程的纵向结构主要有直线式和螺旋式两种形式。直线式与螺旋式结构是课程与教学内容组织的两种基本的逻辑方式。在当代课程与教学内容的编排中,它们仍在以不同的形式体现。直线式结构指的是将课程内容按照由浅入深、由易到难的原则,在逻辑上前后联系、直线推进、不重复地进行排列。螺旋式结构是要按照学习的巩固性原则,在不同阶段、单元或不同课程门类中,按照繁简、深浅和难易的程度,使课程内容重复出现,注重前后联系,层层递进,逐渐扩大内容范围并提高其深度,使之呈现“螺旋式上升”的状态。对于理论性较强、学生不易理解和掌握的内容,以及对低年级的儿童来说,螺旋式较适合;对一些理论性相对较低、操作性较强的内容,则直线式较适合。但其实在同一课程的内容体系中,直线式和螺旋式都是必不可少的(赵伍 等,2007)。

思考题:我国目前的课程结构主要是哪种类型?

3. 新课程结构的组成原则

教育目标的实现,离不开以课程目标为基础设置的课程结构的支持。课程结构的组成不是要把所有的课程都纳入到一定的教育体系，而是要根据社会需要以及学生需求，遵循一定的原则。我国目前的基础教育课程改革中新课程结构的原则为均衡性、综合性和选择性。

为凸显均衡性，新课程整体上设置九年一贯的义务教育课程，调整了各门课程的课时设置，增加了自然科学和艺术类课程的课时，适当减少了语文、数学、外语等工具性课程的课时。还增强了课程的综合性，从小学至高中设置综合实践活动并作为必修课程，其内容主要包括信息技术教育、研究性学习、社区服务与社会实践以及劳动与技术教育。倡导在地方课程和校本课程中，学生可以根据自己的兴趣和特长有选择地学习一定的课程；同时，学生还可以在综合实践活动课程中选择不同的主题活动。此外，地方和学校依据其现实的教育状况，积极创造条件，有选择地实施国家课程，如可选择艺术、历史与社会、科学等综合课程，也可选择音乐、美术、历史、地理、物理、化学、生物等分科课程。

思考题：我国课程结构中的均衡性、综合性和选择性具体有哪些体现？

4. 新课改中课程结构的调整

优化课程结构是我国新课改的具体目标之一，其目的在于改变结构中过于强调学科本位、门类过多、缺乏整合的不足状况，通过优化结构，调整课程门类，加强综合性课程，增强课程的适应性、综合性和融合性，实现课程功能的优化。新课改中课程结构的优化调整主要体现在以下几个方面。

首先，课程结构的整合。主要表现为九年义务教育课程的整体设置，以及小学阶段一些课程的整合。小学阶段以综合课程为主。除开设语文、数学、体育、艺术（或音乐、美术）等课程之外，小学一、二年级把品德与生活整合为一门基本课程，使其能更贴近生活实际，易于为学龄初期儿童接受。从三年级起一直到六年级，品德与生活变为品德与社会，以适应小学高年级学生的认知特点和需求，同时还开设了科学、综合实践活动课。

其次，综合实践活动被明确规定为从小学到高中的必修课。其主要内容包括：研究性学习、信息技术教育、社区服务与社会实践以及劳动与技术教育。强调培养学生通过实践增强探究和创新意识，学习科学研究的方法，发展综合运用知识的能力。增进学校与社会的密切联系，培养学生的社会责任感。在课程的实施过程中，加强信息技术教育，培养学生利用信息技术的意识和能力。了解必要的通用技术和职业分工，形成初步技术能力（教育部，2001）。课程结构调整还表现在选修课程力度的加大，特别是在高中阶段，课程类别调整为必修课程、选择性必修课程和选修课程。必修课程根据学生全面发展需要设置，全修全考；选择性必修课程根据学生个性发展和升学考试需要设置，选修选考；选修课程由学校根据实际情况统筹规划开设，学生自主选择修习，学而不考或学而备考，为学生就业和高校招生录取提供参考。

思考题：(1) 工具类、知识类和技艺类学科有什么区别？
(2) 新课改中课程结构有哪些优化调整？

第四节 课程内容

问题导入：

(1)什么是课程内容?

(2)课程内容的选择应遵循怎样的原则?

(3)课程内容的具体表现形式是什么?

(4)新课改中对课程内容做了哪些调整?

课程内容是教育质量得以保证的关键因素。课程内容对学习者认知、情感、心理机能以及文化意识的发展起着重要作用,课程内容的选择和组织对学习者的学习活动、学习技巧、学习过程,以及学习态度等有重要的影响。

1. 概述

简单来说,课程内容就是学校体制中要教的全部内容,主要包括重要的事实、原理和概念等。课程内容也指各门学科中特定的事实、观点、原理和问题及其处理方式(施良方,1996)。课程内容作为学科内容,是学习者学习的对象及学科的研究对象,需符合学习者的阶段特征,要有清晰的目标,具体形式可以是学习者要接触的知识、技能、态度及价值观等。

课程内容须有效度,即有效性。如果课程内容的实施实现了预期的效果,那它就是有效的。效度还意味着学科内容须真实,所选话题不能陈旧。为此,需要经常审核课程内容,必要的时候还需替换内容。课程内容要有价值,既要有助于学习活动、学习者技能的发展,还要有助于解决学习者和国家面临的问题。

2. 课程内容的选择原则

内容的选择是根据特定的教育价值观及相应的课程目标,从学科知识、当代社会生活经验或学习者的经验中选择课程要素的过程。课程内容的确定要基于课程目标,遵循基础性、时代性、科学性等原则。教育要面向全体学生,充分发挥学生各方面的能力,为学生的终生发展打好基础。因此,课程内容要包括使学生成为合格公民所必备的基础知识和基本技能,还要包括学生未来发展所需的技能和能力,打牢学生成长的共同基础。

课程内容的选择和确定要基于时代的需求,反映时代发展的趋势。学生是社会成员,而且很多中学生毕业后要进入社会直接就业。因此,课程内容既要紧密结合时代进步、科技发展和学科发展的成果,还要有助于学生了解社会、掌握解决社会问题的技能。课程内容既要体现先进的教育思想和教育理念,也要联系社会需要及学生的生活经验,及时更新教学内容,使学生所学知识和技能最大化地发挥社会效用。

课程内容的选择要考虑到学生的发展阶段和认知特点,能够被学生接受、吸收。施良方指出,“课程内容若不能被学生同化,成为他们自身的一部分,就永远是一种外在物,对他们将来的行为、态度、个性等不会有什么影响。”(施良方,1996)。课程内容还要充分考虑学生不同的发展需求,结合学科特点,遵循学习科学的基本原理,分类分层设计可选择的课程,满足学生不同学习需要,促进学生发展。此外,课程内容的选择还要适应国家需要,强化中国特色社会主义教育,培养社会主义建设者和接班人。

思考题:课程内容的选择要遵循什么原则?

3. 课程内容的表现形式

课程内容是教育及人才培养的重要媒介和载体,具体表现形式为课程计划、课程标准和教材。

课程计划是国家教育行政部门根据教育目的和不同类型学校的培养目标制定的关于学校教育教学工作的指导性文件。它对学校的教育教学活动、课外活动和社会实践活动等方面作出了全面安排,是学校教育教学工作的重要依据。课程计划主要包括学科设置、学科顺序、课时分配、学年编制和学周安排等方面的内容。学科设置是课程计划的中心和主要问题,主要规定学科类型和门类的设立,及其在各年级的安排顺序和学时分配,并简要规定各类各科课程的学习目标、学习内容和学习要求。

课程标准是规定某一学科的课程性质、课程目标、课程内容、实施建议等的教学指导性文件,是编写教科书和开展教学的直接依据,也是衡量各科教学质量的重要尺度。课程标准是课程的核心,体现国家对不同阶段的学生在知识与技能,过程与方法,情感、态度与价值观等方面的基本要求。课程标准由前言、课程目标、课程内容、实施建议、附录等几部分构成。这种课程标准框架是在学习和借鉴各国的课程标准基础上,结合我国的教育传统及学生的理解和接受水平,经反复研究形成的,将课程目标、内容及要求、课程实施放在同等重要的地位。

教材是指供课程教学所用的资料,是课程标准最重要的载体。狭义的教材主要指教科书。教科书是教材的主体,是学生获取知识的重要工具,也是教师进行教学的主要依据。教科书主要由目录、课文、习题、实验、图表、注释和附录等部分构成,其中,课文是教材的主体。广义的教材除了指教科书以外,还指各类指导书和补充读物、工具书、挂图、卡片和其他教学辅助用具,教学程序软件包,音视频材料等。教材是教学质量生成的基本要素之一,对教学活动和教学质量会产生决定性的影响。

思考题:教学内容在教材中怎样得以体现?

4. 新课改中课程内容的调整

我国基础教育课程经过了八轮改革,最新一轮基础教育课程改革(简称“新课改”)的目的就是要在 21 世纪构建起符合素质教育要求的基础教育课程体系。新课改中,课程内容要改变“繁、难、偏、旧”和过于注重书本知识的现状,加强课程内容与学生生活以及现代社会科技发展的联系,关注学生的学习兴趣和经验,精选终身学习必备的基础知识和技能。

新课改从以学科为中心转向以学生的发展为中心,兼顾学科体系、学生经验和社会需求。为此,新课程增加了学生与社会现实生活相关的部分,使课程内容更加具体、更富有生活气息。如高中英语课程内容要求按照主题语境、语篇类型、语言知识、文化知识、语言技能和学习策略六大要素来规定学习内容及要求。主题语境包括人与自我、人与社会和人与自然，涵盖整个高中阶段所涉及的主题，其内容要求不分课程类别进行描述；其他五项内容要素均按照必修、选择性必修和选修三类课程描述具体的内容要求（中华人民共和国教育部，2020）。

思考题：我国新课改对课程内容做了哪些调整？

第五节　学业质量

问题导入：

（1）什么是学业质量？

（2）学业质量的标准和课程标准有什么关系？

（3）学业质量标准和考试评价之间有什么关系？

随着基础教育课程改革的深入发展，课程实施和评价等也面临新的问题和挑战，主要原因是教育质量标准的缺失。2010年发布的《国家中长期教育改革和发展规划纲要（2010—2020年）》提出要树立以提高质量为核心的教育发展观。新修订的《普通高中英语课程标准》在2017年提出了各门课程的学业质量标准。

1. 学业质量的内涵

学业质量本质上是一种质量标准，需要用水平体系来表达。学业质量水平是对学校实施学业教育的水平要求，对教育目标质量的描述，需要用一定的标准来衡量。学业质量标准是以本学科核心素养及其表现水平为主要维度，结合课程内容，对学生学业成就表现的总体刻画。依据不同水平学业成就表现的关键特征，学业质量标准明确将学业质量划分为不同水平，并描述了不同水平学习结果的具体表现（中华人民共和国教育部，2017）。学业质量标准是一条贯穿学科课程目标、课程内容、学科教学和评价的内在逻辑红线，充分发挥学业质量标准的作用对深化课程改革具有重要意义（王国芳，2018）。

2. 学业水平

学业质量标准以核心素养为基础，将学业质量划分为不同水平，并描述不同水平学习结果的具体表现，以帮助教师和学生把握教与学的深度和广度，为阶段性评价、学业水平考试和升学考试命题提供重要依据。

普通高中各科的学业水平以学科核心素养为基础，和必修、选择性必修、选修三类课程相关联，被划分为不同的水平。高中英语学业质量以学生在语言能力、文化意识、思维品质和学习能力等方面的核心素养为基础，结合高中英语课程的内容以及高中学生英语学习的进阶情况，设置三个水平，重点描述了高中学生在特定问题情境中运用英语解决问题的能力和表现。这三个水平是根据问题情境本身的复杂程度，问题情境对相关知识、技能、思维品质的要求以及问题情境涉及的情感态度和价值观等进行划分的。每一级水平主要表现为学生在不同复杂程度的情境中，运用知识、技能以及各种重要概念、方法和观念解决问题的关键特征。

思考题：我国学业水平划分的依据是什么？

3. 学业质量标准和课程标准的关系

学业质量标准和课程标准既有联系又有区别。首先，课程标准包括课程目标、课程内容、学业质量标准以及实施建议等。学业质量标准是课程标准的有机组成部分，是依据国家课程标准的目标、内容，以及学生身心发展和认知水平特点所设定的总体和各学科的具体质量指标，由总体标准和学科分类表现标准组成（乐毅，2014）。其次，二者都是围绕核心素养制定的。我国于 2016 年 9 月 14 日发布的《中国学生发展核心素养》指出，学生发展核心素养是指学生应具备的，能够适应终身发展和社会发展需要的必备品格和关键能力，是关于学生知识、技能、情感、态度、价值观等多方面要求的综合表现。核心素养在课程标准的方方面面都有所体现。学业质量标准就是为使核心素养可测、可评而制定的具体标准。

课程标准和学业质量标准的衡量对象不同。课程标准是国家对基础教育阶段学校课程所设定的基本准则、内容规定、教学规范和质量评价要求，是教材编写、教学、评估和考试命题的依据，是国家管理和评价课程的基础。学业质量标准的主要落脚点是学生，即关注学生群体和个体的学习结果与进展情况，是用以检验学生在完成各阶段的课程学习之后应达到相应学业水平的检测指标。

思考题：我国课程标准和学业质量标准的共核是什么？

4. 学业质量标准与考试评价的关系

学业质量标准直接源于学科核心素养，是指导教学与评价、高考与学业水平考试命题、教材编写的依据（朱明光、陈友芳，2007）。学业质量标准明确了学生完成本学科学习任务后，学科核心素养应该达到的水平。各水平的关键表现构成评价学业质量的标准。学业质量标准使不可直接观测和度量的学生内在核心素养及其发展水平有了可以评价的学生外在表现的“总体刻画”。

学业质量标准是制定测试标准的根据。我国高中英语学业质量水平中，水平一主要用于检测必修课程的学习结果，是高中学生在英语学科应达到的合格要求，也是高中英语学业水平考试命题的主要依据；水平二主要用于检测选择性必修课程的学习结果，是英语高考命题的主要依据；水平三主要用于检测选修课程中提高类课程的学习结果，可以作为其他相关考试或测评的依据（中华人民共和国教育部，2020）。

思考题：(1) 学业质量标准的基础是什么？
(2) 为什么有了课程标准还需要学业质量标准？

第六节　实施建议

问题导入：

(1)什么是课程实施?

(2)课程实施的核心环节是什么?

(3)高中英语课程实施过程中应处理好哪些关系?

课程实施是将编制好的课程计划付诸实践的过程，是实现预期的课程理想，达到预期的课程目的，实现预期教育结果的手段。本节我们基于《普通高中英语课程标准》(2017年版)，从教学、评价、学业水平考试与高考命题、教材编写、地方和学校课程实施等几个方面对高中英语教学提出建议。

1. 教学建议

课程实施的基本形式是教学活动，组织教学活动是课程实施计划的展开过程。高中英语教学活动的开展要以核心素养为目标，依据教学内容要求，开设好必修、选择性必修和选修课程；要关注主题意义，制订指向核心素养的单元整体教学目标，也要制订可达成、可操作、可检测的课时教学目标；要重视培养学生的学习能力，实践英语学习活动观，为学生学会学习创造条件，促进核心素养有效形成。

发展核心素养是普通高中课程的具体目标。英语学科的核心素养由语言能力、文化品格、思维品质和学习能力组成。普通高中英语课程由必修、选择性必修、选修三类课程构成，以满足学生不同的需求。这需要教师认真把握课程标准对三类课程的各项内容描述及其要求，在帮助学生发展语言能力的同时，促进他们思维品质的发展，引导学生树立正确的价值观。同时，教师需研读、分析单元教学内容，制订明确的教学目标，创设具有综合性、关联性和实践性的英语学习活动，引导学生通过主动参与各种语言实践活动，将学科知识与技能转化为自身的学科核心素养。

思考题：为发展学生核心素养，英语教学设计应考虑哪些要素?

2. 评价建议

教学评价是英语课程的重要组成部分，其目的是促进英语学习，改善英语教学，完善课程设计，监控学业质量。为此，评价目标和标准的确定、评价内容和方式的选择、评价方案的实施等均应以促进学生的英语学科核心素养发展为指向，应符合学生的心理和认知发展阶段及年龄特征，任务情境和活动内容应为学生所熟悉，并为学生提供充分的展示机会。评价的过程和结果要有利于学生不断体验英语学习过程中的进步与成功，有利于学生认识自我，建立和保持英语学习的兴趣和信心。

此外，评价要有利于教师获取英语教学的反馈信息，并对自己的教学行为进行反思和调整,从而促进教师不断提高专业水平;要有利于学校和教育行政部门及时了解课程的实施情况,有的放矢地改进教学管理,促进英语课程的不断发展和完善。

思考题:为促进学生英语学习,教师在评价过程中应考虑哪些因素?

3. 学业水平考试与高考命题建议

学业水平考试的结果是判断学生是否达到毕业要求的主要依据,高考是高等学校选拔学生的重要考试之一。二者都以课程标准为依据,根据普通高中课程的目标和理念确定命题导向和原则。

高中英语学业水平考试的命题应参照课程标准规定的必修课程的内容以及学业质量水平一的要求。由于高中英语学业水平考试主要评估学生是否达到毕业要求,试题难度应以学业质量水平一的基本要求为参照,不宜过高,不宜过于强调试题的区分度。英语高考应参照课程标准规定的必修课程和选择性必修课程的主要内容以及学业质量水平二的要求,同时重视考试的区分度,反映优秀学生的学习潜能,以便高等学校根据人才选拔需要择优录取学生(中华人民共和国教育部,2020)。命题设计以英语学科素养为导向,突出对听力理解、阅读理解、书面表达等关键能力的考查;同时,改变相对固化的考查形式,促进学生发展学科素养,提高综合语言运用能力,避免形成思维定式,督促减少机械刷题(教育部考试中心,2020)。

思考题:我国高考命题的依据是什么?

4. 教材编写建议

《普通高中英语课程标准(2017 年版)》明确提出,英语教材的编写要以课程标准规定的课程目标、课程内容和学业质量标准为依据,全面落实英语学科核心素养的培养目标。

普通高中英语课程的具体目标是培养和发展学生的核心素养,即语言能力、文化意识、思维品质、学习能力等。基于以上目标,首先,高中英语课本的选材不仅要真实,给学习者接触真实运用语言的机会,而且要具有教诲性,突出英语学科的育人价值,将立德树人的根本任务落到实处。其次,主题语篇要有时代性。新教材应注意剔除过时的主题,补充社会文化发展最新趋势,及时为学生提供反映主题的真实语篇,在语篇中呈现核心语言和文化,进而培养学生在真实的语篇中理解主题意义、分析话题内容、理解语篇结构和语言知识的能力(吴驰 等,2019)。再次,教学内容和教学要求的编排要循序渐进,从易到难,并具有开放性和灵活性。教材编写者要充分利用现代信息技术,提供立体化教学资源,丰富师生的选择,使教师的教有自主选择的余地,学生的学从课堂延伸到课外,线上线下相结合。通过多样化的教学资源和活动,让学生从观察、发现、比较、分析、推断到归纳、评价和建构自己的观点,从而发展多元思维,特别是批判性思维。

思考题:教材编写的依据是什么?

5. 地方和学校实施课程的建议

地方教学行政部门和学校要把落实立德树人的根本任务放在首位,围绕核心素养实施高中英语课程。这需要地方教育行政部门和学校转变观念,不应以学生分数作为衡量学业质量和教学质量的唯一标准,而要关注学生的进步和成长,为学生终生发展打好基础。

地方教育行政部门应根据普通高中课程实施的需要,因地制宜制定相应的政策,提供有力的条件保障;加强教师队伍及教学设施的建设,加强经费保障。相关行政部门和教学负责人应定期组织教师学习课程标准的理念、目标和内容要求,学习英语学习活动观及教学操作,了解必修课程和选择性必修课程的学时安排、学习内容和学业质量水平等要求,指导教师帮助学生恰当、理性地选择和安排选择性必修和选修课程。

学校可以根据具体情况,组织各类英语活动,提高学生语言运用的能力,并鼓励有能力的教师编写校本课程,开设英语选修课,以满足学生多样化的需求,促进学生多元化发展。

思考题:(1)高中英语课程实施,应遵循怎样的教学观?
(2)高中英语课程评价的目的是什么?

第七节 普通高中英语课程标准的变化

问题导入:

(1)高中英语课程标准是在怎样的背景下研制的?

(2)与2003年版《普通高中英语课程标准(实验)》相比,《普通高中英语课程标准(2017年版)》有什么变化?

(3)普通高中英语课程的具体目标是什么?

课程标准的研制是基础教育课程改革的核心工作。随着我国基础教育课程改革的深入和全面发展,课程标准也经历了多次修订。本节从课程标准的研制背景入手,分析普通高中英语课程标准在整体框架、课程目标、课程内容等方面的重大变化。

1. 课程标准的研制背景

1999年6月,国务院提出要调整和改革课程体系、结构、内容,建立新的基础教育课程体系,正式启动了新课改。2001年发布的《国务院关于基础教育改革与发展的决定》明确提出,要深化教育教学改革,扎实推进素质教育;加快构建符合素质教育要求的新的基础教育课程体系。经过充分的研究和准备,2001年7月,教育部印发了18个学科课程标准(实验稿)。其中的《全日制义务教育 普通高级中学英语课程标准(实验稿)》[以下简称《课标(实验稿)》]是按照小学三年级至高中三年级的整体思路设计的。

《课标(实验稿)》阐述了英语课程的性质和基本理念,提出了具体的课程目标和内容标准,描述了标准设计的思路。标准采用国际通用的分级方式,将英语课程目标按照能力水平设为九个级别,分别从语言技能、语言知识、情感态度、学习策略和文化意识五个方面描述各个级别的课程目标;还就与实施新课程相关的教学和教学评价、课程资源利用与开发、教材编写诸方面如何贯彻课程改革的精神做了具体的分析,提出了针对性的建议。

《课标(实验稿)》高中部分的课程标准基本是按照与义务教育相衔接的分级目标的课程模式进行设计的。虽然在高中阶段体现了一定的灵活性和开放性,但是没有给予学生更多的选择性和个性发展的机会。因此,课程标准制订组根据教育部关于高中课程改革的整体思路,重新对高中课程进行设计,形成了新的高中课程的设置模式。2003 年 4 月,根据普通高中课程总体改革的精神和要求,在《课标(实验稿)》的基础上,教育部单独颁布了《普通高中英语课程标准(实验)》[本书中简称《课标(实验)》]。

《课标(实验)》为高中英语教学制定了新的课程目标、课程设置模式、内容标准和实施建议,并首次明确外语教育具有多重的人文和社会意义。在英语课程目标的描述中,除了对语言知识和语言技能的要求,课标还提出了对学习策略、文化意识和情感态度方面的级别要求,使语言学习目标的内涵更为全面和丰富;明确提出中学英语课程倡导任务型教学模式,通过感知、体验、实践、参与和合作等方式实现任务的目标。《课标(实验)》推行学分制,实行必修课程与选修课程相结合的课程模式。这种课程模式使课程体现多样性、开放性和可选择性,既体现基础教育高级阶段的英语课程的整体性和基础性,又适应学生个性化和多样化的成长需要。

2017 年,教育部颁发了修订的《普通高中英语课程标准(2017 年版)》[本书中简称《课标(2017 年版)》]。2020 年 6 月,教育部又发布了《普通高中英语课程标准(2017 年版 2020 年修订)》(对比 2017 年的版本,本次仅“前言”部分的内容有修改)。与《课标(实验)》相比,《课标(2017 年版)》最显著的变化是首次提出了英语学科核心素养和学业质量标准,并将其作为教、学、评的核心指向。新课标在整体框架、课程性质与基本理念、课程目标、课程结构、课程内容、实施建议等方面都有了新的变化。

2. 整体框架的变化

《课标(实验)》由五部分组成:前言、课程目标、内容标准、实施建议和附录;《课标(2017 年版)》由七部分组成:课程性质与基本理念、学科核心素养与课程目标、课程结构、课程内容、学业质量、实施建议和附录。

较之《课标(实验)》,《课标(2017 年版)》的总体框架主要有以下变化:①前言在目录之前出现,说明了新课标修订工作的指导思想和基本原则,以及修订的主要内容和变化。②《课标(实验)》前言部分中的“课程性质”“基本理念”“课程设计思路”分别在《课标(2017 年版)》第一部分(课程性质与基本理念)和第三部分(课程结构)中得到阐述。“课程结构”原来的表述为“课程设计思路”中“课程采取必修课与选修课相结合的课程设置模式”,在

《课标(2017年版)》中的表述为"必修、选择性必修和选修三类课程相结合的课程结构,满足高中学生多元发展的需求"。③《课标(2017年版)》提出了由语言能力、文化意识、思维品质和学习能力四要素构成的英语学科核心素养目标,并在第三部分"学科核心素养与课程目标"中对其进行了阐述。④《课标(2017年版)》首次明确了学业质量标准,在第五部分中对高中英语学业质量的三个水平具体进行了详细描述。

思考题:《课标(2017年版)》由几部分构成?和《课标(实验)》相比,它的整体框架有什么变化?

3. 课程性质与基本理念的变化

《课标(实验)》提出,高中学生学习外语可以促进心智、情感、态度与价值观的发展和综合人文素养的提高。普通高中英语课程的教育理念是要在义务教育英语课程的基础上,帮助学生打好语言基础,为他们今后升学、就业和终身学习创造条件,并使他们具备作为21世纪公民所应有的基本英语素养。总之,《课标(实验)》体现了工具性与人文性高度统一的语言观。就语言学习的意义而言,此标准所体现的基本理念是,学习语言(包括母语和外语)既有利于促进个人的全面发展,也有利于个人参与社会活动(程晓堂、龚亚夫,2005)。

《课标(2017年版)》突显了英语学科的人文价值和育人功能,强调对学生语言能力、文化意识、思维品质和学习能力的综合培养。普通高中英语课程的基本理念为发展英语学科核心素养,落实立德树人的根本任务;构建高中英语共同基础,满足学生个性发展需求;实践英语学习活动观,着力提高学生学用能力;完善英语课程评价体系,促进核心素养有效形成;重视现代信息技术应用,丰富英语课程学习资源。这是由以"学科知识为本"走向以"育人为本"的体现(包文敏、季锋,2018)。

思考题:和《课标(实验)》相比,《课标(2017年版)》中的课程性质和基本理念有哪些变化?

4. 课程目标的变化

修订后的高中英语课程目标,从"综合语言运用能力"转向了"英语学科核心素养"。《课标(实验)》首次明确了外语教育具有多重的人文和社会意义,提出高中英语课程的总目标是使学生在义务教育阶段英语学习的基础上,进一步明确英语学习的目的,发展自主学习和合作学习的能力;形成有效的英语学习策略;通过情感态度、语言技能、语言知识、学习策略、文化意识等五个方面来共同培养学生的综合语言运用能力。这五个方面相辅相成,共同促进综合语言运用能力的形成。课程总目标进一步突出体现了素质教育的理念,展现了课程对学生发展的意义,也凸显了课程的工具性与人文性的高度统一(王蔷,2012)。

《课标(2017年版)》优化整合了原有的课程目标,提出了由语言能力、文化意识、思维品质和学习能力四要素构成的英语学科核心素养目标。语言能力指在社会情境中,以听、说、读、看、写等方式理解和表达意义的能力，以及在学习和使用语言的过程中形成的语言意识和语感。文化意识指对中外文化的理解和对优秀文化的认同，是学生在全球化背景下表现出的跨文化认知、态度和行为取向。思维品质指思维在逻辑性、批判性、创新性等方面所表现的能力和水平。学习能力指学生积极运用和主动调适英语学习策略、拓宽英语学习渠道、努力提升英语学习效率的意识和能力。

学科核心素养四要素涵盖了知识、能力和态度，其中语言能力是基础要素，文化意识是价值取向，思维品质是心智特征，学习能力是发展条件。英语学科核心素养超越了综合语言运用能力的局限，将语言、文化和思维有机地融合起来，为实现立德树人和学科育人构建了具体可行的学科目标（王蔷，2018）。

思考题：高中英语课程的总目标和具体目标是什么？

5. 课程结构的变化

基于课程改革要"改变课程结构过于强调学科本位、科目过多和缺乏整合的现状，体现课程结构的均衡性、综合性和选择性"的精神，《课标（实验）》规定高中英语课程采取必修课和选修课相结合的课程结构。必修课程共 10 学分，学生修满 10 个学分即能达到英语学科的毕业要求。学生在修习必修课程的同时或之后，可以自主选修高中阶段其他的选修课程。选修课由系列Ⅰ（顺序选修课程）及选修课程系列Ⅱ（任意选修课程）组成，为学生根据学习兴趣和需要进行自主选课创造条件。

《课标（2017 年版）》以普通高中课程方案为依据，构建多元的英语课程结构，建构由必修、选择性必修和选修三类课程相结合的课程结构，满足高中学生多元发展的需求。必修课程（6 学分）为全体学生必须修习的课程，旨在构建英语学科核心素养的共同基础，满足高中毕业基本要求。必修课程学分的分值比原来减少了 4 个学分，这样的设置体现了新课标合理控制课程容量和难度、减轻学生的课业负担的导向，旨在强调构建英语学科核心素养的共同基础。选择性必修课程（8 学分）供有学习兴趣和升学考试需求的学生选修，与必修课程形成递进关系；学生在完成选择性必修课程的 8 学分后，方可参加高考。选修课程为学生自主选择修习的课程，包括国家设置的提高类课程，以及基础类、实用类、拓展类、第二外国语类等校本课程。选择性必修课程和选修课程基于学生的不同需求，指向明确，构建满足学生多元发展的英语课程结构。

思考题：我国高中英语课程由哪些类型的课程构成？各有什么学分要求？

6. 课程内容的变化

与《课标（实验）》相比，《课标（2017 年版）》中课程内容的重大变化是从分割走向整合。《课标（实验）》的课程内容主要是五个方面：语言技能、语言知识、情感态度、学习策略和文化意识。《课标（2017 年版）》提出了课程内容的六个要素：主题语境、语篇类型、语言知识、文化知识、语言技能和学习策略。六要素整合的高中英语课程内容如下图所示：

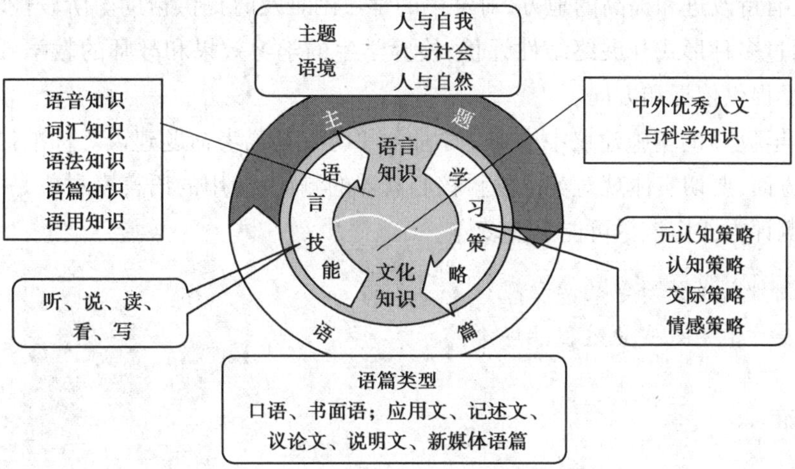

新课标的课程内容多了主题语境和语篇知识，文化意识变为文化知识，情感态度不再作为课程内容。即使语言知识、语言技能和学习策略的名称没有变化，实质内涵和要求也有所改变，即这三方面内容的学习和获得要基于一定的主题语境和语篇，围绕意义在情境中开展，而不是孤立进行。为此，教师要围绕主题创设语境，基于语篇，引导学生在解决问题的过程中，运用学习策略，获得语言知识，发展语言技能，形成思维品质，塑造文化意识，从而使课程内容的各要素形成一个整合、关联和发展的关系，也为核心素养的培养找到依托和途径。(梅德明、王蔷，2020)

思考题：高中英语课程的各个组成要素之间有什么联系？

7. 实施建议的变化

《课标(2017年版)》实施建议在《课标(实验)》的基础上增加了学业水平考试与高考命题建议，并正式提出了指向发展学生核心素养的教—学—评一体化的概念。过去十几年所实施的《课标(实验)》虽然给出了教学建议，但没有提出明确、具体和具有可操作的教学途径，因此给教师落实“综合语言运用能力”目标带来不少困惑(王蔷，2018)。《课标(2017年版)》提出了指向学科核心素养发展的英语学习活动观，明确“活动”是英语学习的基本形式，是学习者学习和尝试运用语言理解与表达意义，培养文化意识，发展多元思维，形成学习能力的主要途径。活动观的提出为整合课程内容、实施深度教学、落实课程总目标提供了有力保障，也为变革学生的学习方式、提升英语教与学的效果提供了可操作的途径。

《课标(2017年版)》的评价建议更具体、更具指导性。标准提出，在开展评价活动时，教师不仅要说明活动的内容和形式，还应给出活动要求和评价标准。评价标准也可以由师生协商确定，使学生在开展活动时有明确的目标，并能根据标准及时进行自评和互评。此外，标准还凸显过程性评价的实施，提出在评价活动中，师生应同为实施评价的主体，评价除了可采用自评和互评外,教师的提问和反馈也是重要的评价手段。教师要充分肯定学生的努力,委婉地指出其有待改进和提高的地方,对学生的学习困难及时提供帮助。阶段性教学结束时,教师可以通过多种形式开展终结性评价,检验学生的学习效果和教师的教学效果,为下一阶段调整教学提供依据和方向。

《课标(2017 年版)》的实施建议中增加了学业水平考试与高考命题建议。标准提出,在测评内容与要求方面,要切实体现对英语学科核心素养的测评;使用的语言素材应是相对真实、完整的语篇;测评方式应该尽可能灵活多样。

思考题:(1)如何理解英语教学的活动观?

(2)怎样才能有效实施过程性评价?

8. 学业质量标准

《课标(2017 年版)》首次明确提出了学业质量标准,填补了我国在该领域的空白,对于教师教学、学生学习和考试评价等都有很强的指导意义。学业质量标准既是指导教师开展日常教学的依据,也是阶段性评价、学业水平考试和高考命题的重要依据。高中英语学业质量以学生在语言能力、文化意识、思维品质和学习能力等方面的核心素养为基础,结合高中英语课程的内容以及高中学生英语学习的进阶情况,重点描述了高中学生在特定问题情境中运用英语解决问题的能力和表现。

高中英语学业质量设置三个水平。水平一主要用于检测必修课程的学习结果,是高中学生在英语学科应达到的合格要求,也是高中英语学业水平考试命题的主要依据;水平二主要用于检测选择性必修课程的学习结果,是英语高考命题的主要依据;水平三主要用于检测选修课程中提高类课程的学习结果,可以作为其他相关考试或测评的依据。

学业质量标准源于核心素养及其水平划分。在一定程度上,学业质量标准是核心素养及其水平划分在实际操作中的具体化。核心素养不可能过于具体,但课程目标、课程结构、课程内容、教材、课程评价等所有与课程相关的部分可以具体化。学业质量标准就是核心素养在课程评价中的体现形式(梅德明、王蔷,2020)。

思考与练习:

(1)高中英语课程标准对学业质量的要求是什么?

(2)英语课程的核心素养是什么? 英语教学设计中如何培养学生的核心素养?

(3)下面的课文选自重庆大学出版社普通高中教科书《英语》必修第二册(2019 年版)Unit 1 Favourite Teachers,请依据《课标(2017 年版)》提出的英语学习活动观,基于以下目标,设计两至三个教学活动。

After learning this passage, students should be able to:

- extract information regarding personal qualities of a teacher;

- talk about the personal qualities of a teacher using the extracted information;
- write a piece of narration of a favorite teacher.

The Personal Qualities of a Teacher

What personal qualities should a teacher have? I think the following would be accepted by most of us.

To begin with, a teacher should be attractive. This doesn't mean that the teacher should be good-looking, because teachers who are not good-looking might also have their personal charm. Rather, it means that they shouldn't be boring.

Besides, it is basic for a teacher to be sympathetic—to understand the minds and feelings of other people. Closely related to this is the ability to be tolerant. Teachers should be tolerant, not of what is wrong, but of those weaknesses of human beings that cause people, especially children, to make mistakes.

Thirdly, a teacher should be intelligent. As a teacher, they should always know what is going to happen in class and thus be prepared to solve problems and answer strange questions. Sometimes, teachers may even be a bit like actors, so as to make their lessons lively and interesting.

Moreover, a teacher must sometimes show great patience. This is mainly a matter of self-training. None of us is born like that. Teaching takes great energy and a teacher should be patient with students, especially in dealing with so-called "problem students".

Last but not least, a teacher should have the kind of mind that always wants to go on learning. Teaching is a job which a teacher will never be perfect in. There is always something more to learn about it. Generally speaking, there are three main areas of study: the subject that the teacher is teaching; the methods the teacher is using; and the students whom the teacher is teaching. Here are the two main rules of education today: education is about the full development of the student as a whole person, and it needs full and active cooperation between two parties, the teacher and the student.

第二章

教学设计概述

目标导航

学习本章之后,你能够:

- 叙述教学设计的内涵,列举几种教学设计模式;
- 阐释教学设计的原则;
- 总结英语教学设计要素;
- 正确设计英语教学目标;
- 制定英语教学评价方案;
- 分析英语教学过程设计;
- 应用英语教学活动设计原理。

第一节　教学设计的基本概念与模式

问题导入:

(1)什么是教学设计?

(2)教学设计的理论基础是什么?

(3)教学设计有哪些基本模式?

教学是以培养人为目的的社会实践活动,是教育活动的一部分,以其目的性、计划性和组织性区别于其他教育活动。其目的在于培养服务社会发展的人,在培养的过程中,教师有计划、有组织地指导学生的学习,使学生掌握基本知识和基本技能,培养学习能力,促进学生身心健康发展,形成正确的人生观、价值观和世界观。《现代汉语词典》把设计一词解释为:在正式做某项工作之前,根据一定的目的要求,预先制订方案、图样等。结合教学的特性,开展教学活动之前,根据人的培养要求,进行教学设计,避免教学的盲目和无序。

1. 教学设计的基本概念

教学设计(Instructional Design)在属性上是一种设计,教学是其领域规定性(鲁子问,

2019)。教学设计是20世纪60年代末以来形成和发展起来的,以解决教学问题为宗旨的一门新兴的教学科学,运用系统方法分析教学问题和确定教学目标,建立解决教学问题的策略方案、试行解决方案、评价试行结果和对方案进行修改的过程(乌美娜,1994)。教学设计已逐渐发展成为教育技术领域的一门独立学科(何克抗,1998)。

加涅(Gagne, 2007)把教学设计界定为:"一个系统化(systematic)规划教学系统的过程。教学系统本身是对资源和程序做出有利于学习的安排。任何组织机构如果其目的旨在开发人的才能,均可以被包括在教学系统中。"

肯普(Kemp, 1992)指出:"教学设计是运用系统方法分析研究教学过程中相互联系的各部分的问题和需求。在连续模式中确立解决它们的方法步骤,然后评价教学成果的系统计划过程。"

教学设计一词意味着系统地,同时也深思熟虑地将学与教的原理转换成教学材料、教学活动、信息资源和教学评价的计划过程(Smith & Ragan, 2005)。

教学设计,主要是运用系统方法,将学习理论与教学理论的原理转换成对教学目标、教学内容、教学方法和教学策略、教学评价等环节的进行具体计划,创设教学的系统"过程"或"程序",而创设教与学系统的根本目的是促进学习者的学习(何克抗,1998)。

上述阐释都强调了教学设计系统性、过程性的特征。美国著名教学设计专家梅瑞尔(Merrill, 1996)把教学设计界定为技术;教学是一门科学,教学设计是建立在教学科学这一坚实基础上的技术,因而教学设计也可以被认为是科学性的技术。教学的目的是学生获得知识技能,教学设计的目的是创设和开发促进学生掌握这些知识技能的学习经验和学习环境。

教学设计无论是过程还是技术,都包含为实现教育、教学目标而进行的对教学内容、教学方法和策略、教学技术、教学过程、教学环境以及教学评价等的精心计划。

教学设计不是一般意义的教学准备(备课)。一般的备课只是教师自己根据惯例进行教学准备的活动,没有必须使用的工具;教学设计则是一种具有自身工具系统的技术,是一个不断修正的过程,更体现一种以学习者为中心的教学理念(鲁子问,2008)。

思考题:(1)教学设计的目的是什么?
(2)教学设计能等同于"备课"吗?为什么?

2. 教学设计的理论基础

教学设计受不同学科理论的影响,如系统理论、传播理论、学习理论以及教学理论等,同时这些理论也成为教学设计发展的基础。

1)系统理论

系统理论认为世界上的一切事物都是作为各种各样的系统而存在的。系统理论的核心是系统的整体性,即系统不是各个要素的简单相加,系统内部各要素相互联系、相互作用,使系统达到功能最优化。教学作为一个系统,教学目标、过程、方法、活动以及评价各个要素相互联系,构成一个整体,服务于人才培养。教学设计基于教学的系统性特征展开,系统理论为教学设计提供了科学的思想方法指导。

思考题:教学设计的系统性体现在哪里?

2)传播理论

传播就是把信息从一方传到另一方。传播理论研究信息传播,强调信息的共享、信息的交流互动等。教学本身就是信息的传播,传播理论能解释教学系统过程中信息的传播过程。根据传播理论,教学目标是信息传播的目标,教师或者其他信息源是传播者,学生是信息接收、传播的对象,教学内容是传播的信息内容,教学方法、教学策略是传播的方法,教学效果即是传播效果。教学设计者基于传播理论,分析信息传播目标、环境以及有效途径等,促进学习者接受和处理教学信息的能力。

思考题:教学是一种传播过程吗?

3)学习理论

学习理论研究人类学习的本质及其形成机制,阐述学习的基本规律。教学设计的目的是促进学习者更加有效地学习,必须遵循学习的基本规律,所以,学习理论是教学设计的重要理论基础。行为主义、认知主义以及建构主义三大学习理论影响着教学设计的发展。

行为主义学习理论源于俄罗斯科学家巴甫洛夫的条件反射概念,强调环境对学习产生的影响。当学习者对某种特殊的刺激做出适当反应时,学习就发生了。学习过程是一个刺激—反应—联结—强化的过程。美国著名教育心理学家斯金纳基于行为主义学习理论提出程序教学(Programmed Instruction),认为教学就是为学生设计合理的学习程序,建立最有效的刺激强化内容。斯金纳提出的程序教学思想对教学设计的影响较大,“小步子、循序渐进、序列化、学习者参与、强化和自定步调”六个教学设计原则,确立了行为主义教学设计的基础。

20 世纪 50 年代后期,学习理论开始从行为模式转向依赖认知科学的理论与模式。心理学家和教育工作者开始不再强调外显的、可观察的行为,取而代之的是突出更复杂的认知过程,如思维、问题解决、语言、概念形成和信息加工(转引自盛群力 译,2004)。认知学习理论关注学习者注意、编码、转换、储存以及提取信息,强调帮助学习者建立新旧知识的联系,使知识更有意义。基于认知主义的教学设计重视学习者原有知识和认知结构的分析,注重学习者在旧知识的基础上接受和理解新知识。加涅和布里格斯是 20 世纪 70 年代认知教学设计理论的代表人物,他们认为教学设计应具备四个前提条件:①必须为个体设计。②设计应当包含短期和长期的阶段。③设计应当实质性地影响个体发展。④设计必须建立在关于人们如何学习知识的基础上(张华,2000b)。

20 世纪后期,建构主义学习理论在认知主义的基础上发展起来。根据建构主义理论,知识不是通过教师传授获得的,而是学习者在一定的情境即社会文化背景下,借助其他人(包括教师和学习伙伴)的帮助,即通过人际间的协作活动,利用必要的学习资料,通过意义建构的方式而获得。建构主义学习理论强调“情境”“协作”“会话”和“意义建构”四要素在学习中的作用。皮亚杰、布鲁纳、维果茨基等是建构主义学习理论的代表人物。基于建构主义的教学设计强调以学生为中心设计学习环境，利用各种信息资源支持学习，突出协作学习对意义建构的关键作用。学习的最终目标是意义建构。

思考题：如何理解行为主义、认知主义以及建构主义对教学设计的作用？

4）教学理论

教学理论是为解决教学问题而研究教学一般规律的理论，是教学设计的直接理论来源，为教学设计提供科学依据。学习理论解决学习是如何发生的，教学理论解决"如何教"的问题。赫尔巴特的五段教学法思想、加涅的九段教学法、斯金纳的程序教学理论、布鲁纳的引导—发现法、奥苏贝尔的"先行组织者"教学理论、加涅的信息理论、布鲁姆的认知目标分类理论、瑞奇鲁斯的"细化理论"和"教学理论应用"，瓦根舍因的范例教学理论等都是教学设计的理论基础。

思考题：教学设计中，"如何教"和"如何学"两者之间有何关系？

3. 教学设计的基本模式

教学设计模式基于教学设计理论，是教学设计理论的具体化，其主要功能是确定教学设计的基本步骤与环节，便于教师的教学实践操作，教学设计模式架起教学理论与实践的桥梁。

1）ADDIE 模式

这一模式包括了教学系统设计的核心步骤，ADDIE 代表分析（Analysis）、设计（Design）、开发（Development）、实施（Implementation）和评价（Evaluation），也被称为经典通用的教学设计模式。ADDIE 第一次出现在 1975 年，它是由美国佛罗里达州立大学的教育技术研究中心为美国陆军设计和开发的培训模型，后来被广泛运用于教育领域，教育者和课程设计者用 ADDIE 模式设计并开发教育培训项目，该模式如图 2-1 所示。

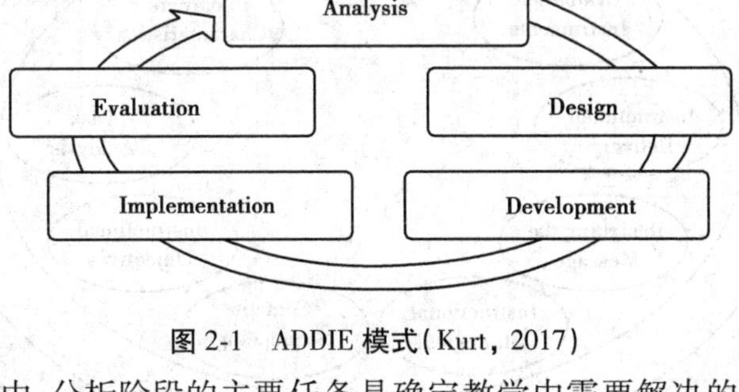

图 2-1　ADDIE 模式（Kurt，2017）

在 ADDIE 模式中，分析阶段的主要任务是确定教学中需要解决的问题，分析学习者需求以及学习者已有的知识与技能，确定教学在认知、情感以及动作技能等方面要达到的目标，分析教学环境、方法、内容，以及影响教学目标达成的因素等。设计阶段确定总的课程目标，将其分解为可以具体实现的、可观察的、可测量的教学目标，确定教学的具体内容，准备使用的教学材料，确定教学活动的知识和技能目标、活动以及活动方式、每个活动的时间及活动的安排顺序,设计适合不同学习者风格的活动,确定教学过程使用的音频或视频媒体以及评价工具等。开发阶段主要针对教学材料展开。教师根据学生的需求以及自己的教学风格,对现有教材内容进行扩展补充或者修改,开发部分新的材料,甚至建构一个全新的课程。实施阶段有两种类型:第一种类型主要是教程在创设和评价时发生的实施活动,通常称为试点测试;第二种类型指投入使用开发的教程。教学设计中,评价包含在设计的所有阶段中。一般而言,ADDIE 模式中的评价包括材料评价、过程评价、学习者的反应、学习者的成就和教学效果。

思考题:根据 ADDIE 模式图例,各个阶段之间有什么关系?

2)肯普模式

肯普模式(the Kemp Model),有时也被称为莫里森—罗斯—肯普模式(the Morrison, Ross and Kemp Model),是莫里森、罗斯和肯普在 1994 年出版的《设计有效教学》一书中提出的。该模式强调学习者、教学目标、教学方法和教学评价的有机统一。肯普模式包含九条教学设计的核心成分:①教学问题:确定具体目标并发现潜在的教学问题。②学习者特征:分析整个规划中的学习者特征。③任务分析:明确课程内容,分析任务,确保任务与总体目标保持一致。根据教学目标和课程目的分析任务的组成部分。④教学目标:阐释教学目标和期望达到的学习结果。⑤内容顺序:确保每个教学单元内容结构的顺序和逻辑性以促进学习。⑥教学策略:设计教学策略,使每个学习者掌握学习内容,实现预期的学习结果。⑦设计信息:计划授课信息以及传递方式。⑧开发支持教学活动的资源,确保教学的有效开展。⑨评价工具:开发合适的评价工具,评价学习者实现课程目标的进展。肯普模式的教学设计是一个椭圆形结构模型,如图 2-2 所示。

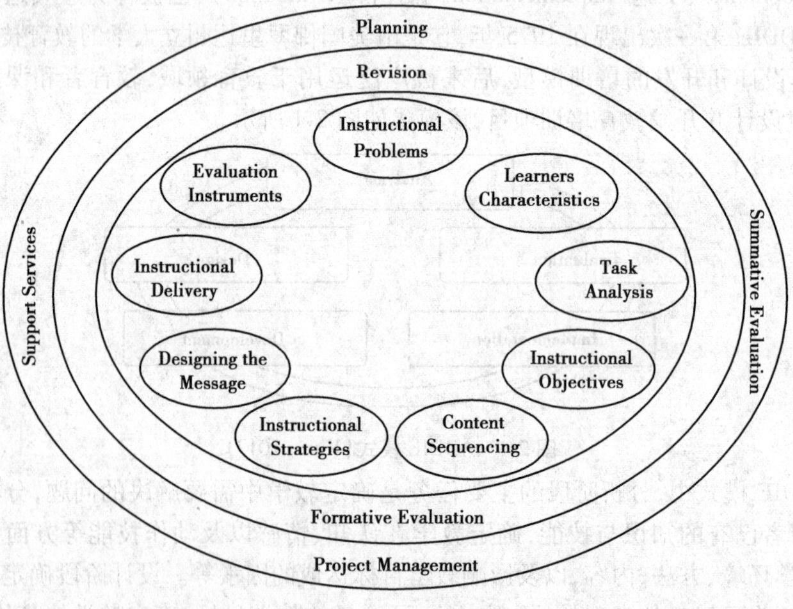

图 2-2 肯普模式(Kemp, J. E., Morrison, G. R., & Ross, S. V., 1994)

思考题:你认为肯普模式使用椭圆形结构的意义是什么?

3) 史密斯—雷根模式

史密斯—雷根模式(Smith and Ragan Model)是史密斯和雷根提出并不断修订的。教学设计过程划分为三个阶段:分析、策略和评价。第一阶段,分析学习环境、学习者以及学习任务,制定初步的测试项目;第二阶段,确定组织策略、讲授策略以及管理策略,设计与实施教学;第三阶段,进行形成性评价,修正教学。图 2-3 为 2005 年版的模式。

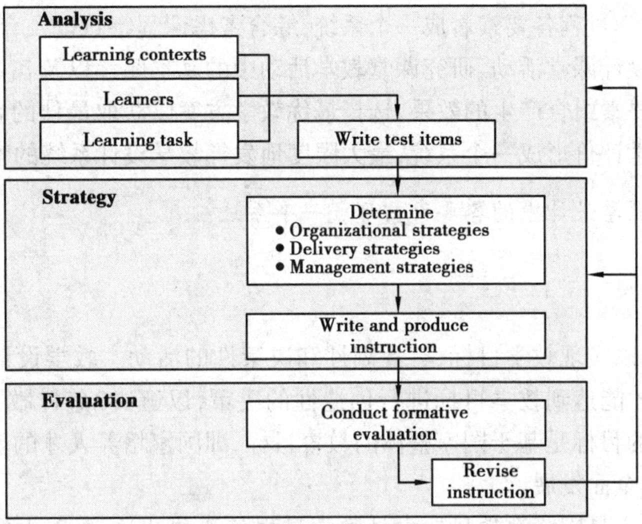

图 2-3　**史密斯—雷根模式**(Smith & Ragan, 2005)

除了以上三种教学模式,当代国际教学设计研究中具有代表性的教学模式还有迪克—凯瑞(Dick & Carey)模式、马杰 (R. R. Mager) 模式、加涅(R.M. Gagne)模式、梅里尔(M. D. Merrill)模式等。我国学者乌美娜、何克抗、邵瑞珍、皮连生以及盛群力等也分别提出了教学设计模式。无论哪种教学模式,都包含四个基本要素:学习者、教学目标、教学策略和教学评价。

思考题:教学设计模式的作用与意义是什么?

第二节　教学设计的原则

问题导入:

你认为教学设计应该遵循哪些原则?

教学设计在教学理论与教学实践之间架起一座桥梁,对教学实践有导航作用,是教学工作有序开展的前提保障。课堂教学设计作为课堂教学的重要组成部分,从某种程度上决定着课堂教学效果。教学设计必须遵循一定的原则,以确保教学工作的顺利开展和课堂教学的有效性。

1. 系统性原则

系统理论强调系统内部各个要素的相互联系、相互作用,以达到整体功能的最优化。教学设计要从教育的总体目标出发,综合考虑教育教学各要素及其相互之间的关系,如教师、学生、教材、教学环境、教学方法与策略、教学媒体、评价手段等,使各要素构成一个完整的有机系统。

教学设计把教学过程各要素看成一个系统,综合考虑课程特点以及育人目标,分析学生需求及教学问题,设计课堂活动,研究课堂教学活动中的基本要素以及各要素之间的相互关系,比较各种不同要素组合产生的效果,选择最优教学方案以获取最佳的教学效果。教学目标、教学过程和教学评价形成一个系统,最大限度地发挥教学设计系统的整体功能。

思考题:为什么教学设计中的各要素需形成一个系统?

2. 目标性原则

教学设计是用以实现教学目标,有计划性和决策性的活动。教学设计以计划和布局安排的形式,对怎样才能达到教学目标进行创造性的决策,以解决"怎样教"的问题(林宪生,2000)。教学设计的目标是基于国家整体的教育目标,即国家培养人才的要求,立德树人,促进学生德智体美劳全面发展。

教学设计的核心是围绕教学目标设计教学过程与活动,践行培养人的活动。每个教育阶段的整体培养目标、学年目标、学期目标、单元目标、直至课时目标都是教学设计优先综合统筹,计划决策的范畴。在课堂教学设计中,教学目标具有指导教学内容的组织筛选、教学策略的选择、学习活动的进行和教学测评的功能,所有的教学活动统统指向教学目标是否达成,育人的教育目标是否实现。

思考题:教学设计中的总体目标与课时目标之间有什么关系?

3. 综合性原则

教学设计需综合考虑教师的"教法"和学生的"学法",即教学设计理论中的学习理论和教学理论的结合,避免"教"与"学"的分离。"教法"的运用是为了让学生掌握"学法",教有法,但无定法,应根据学习者认知水平、心理特征、知识结构,以及教学内容的特点等,灵活使用"教法",提高教学效率,培养学生的学习能力。

教学设计应综合考虑,培养学生的核心素养。核心素养指学生应具备的适应终身发展和社会发展需要的必备品格和关键能力,突出强调个人修养、社会关爱、家国情怀,更加注重自主发展、合作参与、创新实践。教学设计应以学生核心素养的培养为目标,选择、分析教学内容,设计教学过程,选择教学方法与策略,综合考虑任务目的,学习者兴趣与动机,创设教学情境,选择信息化手段,服务于教学目标的实现。

思考题：教学设计中，为什么教师要综合考虑“学法”？

4. 灵活性原则

教学设计是基于一定的理论，有计划、按步骤地进行的，有经典的模式可以参考，但教学设计又有较高的灵活性，教学模式的选择、流程的安排等可以根据教学目的达成的最优化进行灵活处理。教学设计的评价环节包括形成性评价和终结性评价，其中形成性评价就是教师针对学习者学习过程中随时出现的问题，给予学习者各种形式的反馈，如鼓励、纠错等，引导学习者及时调整学习方案，完成既定目标。既然要根据学习过程中随时出现的问题进行评价，教学设计就需要更高的灵活性。

课堂教学设计的灵活性体现在根据学习者水平设定教学目标，基于目标整合、处理教材内容，对教材进行删减、补充、调整、甚至创造，以期达到最佳的教学效果；根据学习者的不同学习风格，选择教学方法；根据信息传递的有效性，选择信息化媒体手段等。教学体现着教师智慧，是在教师和学生的互动交流中培养学生核心素养的过程；教学设计的灵活性，体现着教学的科学性与艺术性。

思考题：教学设计有一定的模式可以借鉴，为什么还要遵循灵活性原则？

第三节　英语教学要素分析

问题导入：

(1)英语教学包括哪些要素？

(2)英语教师应具备什么素质？

(3)哪些因素能影响学生的英语学习？

教学要素是构成教学活动(系统)的单元或元素，其构成有不同划分方法，其中“三要素说”包括教师、学生和教材；“四要素说”包括教师、学生、教学内容和教学手段；“五要素说”包括教师、学生、教材、工具和方法；“六要素说”包括教师、学生、教学内容、教学工具、时间和空间；“七要素说”包括学生、教学目的、教学内容、教学方法、教学环境、教学反馈和教师(张楚廷，2000)。关于教学要素的说法众多，但最核心的要素还是教师、学生和教学内容。

1. 教师

教师是教学的核心要素之一。教师决定教学目标、教学内容、内容传授的方式，创设教学环境，开展教学评价，在与学生的互动中促进学生成长。教师素质对教育的质量起决定性的作用。

1)"四有"好老师

2014 年,习近平总书记同北京师范大学师生代表座谈时,勉励广大教师做有理想信念、有道德情操、有扎实学识、有仁爱之心的"四有"好老师。教师要忠于党和人民的教育事业,用好课堂阵地,用自己的言行倡导社会主义核心价值观;不断提高自己的道德情操,见贤思齐,向学生传递正确的道德观,用自己的人格品质感染学生;用扎实的学识,科学的方法以及真诚的态度向学生传授知识以及做人的智慧,帮助指导学生积累知识、健康成长;要有仁爱之心,热爱学生,关注学生的身心健康,用自己的爱培养、激发学生爱自己、爱家人、爱同学、爱社会、爱祖国。

思考题:说说你对"四有"好老师的理解。

2)教师知识

舒尔曼(Shulman, 1987)提出学科教学知识(Pedagogical Content Knowledge,简称 PCK)概念,指出教师的"知识基础"涵盖七类:①学科知识;②普通教学知识;③课程知识;④学科教学知识;⑤学生和学生特点知识;⑥教育环境知识;⑦教育目标、目的、价值及其哲学和历史背景知识。米什拉和凯勒(Mishra & Koehler)在舒尔曼的基础上提出整合技术的学科教学法知识(TPACK)。这是指选用合适的技术和教学方法来教授特定教学内容的知识,包括 7 个要素:①教学法知识(PK);②学科内容知识(CK);③技术知识(TK);④学科教学知识(PCK);⑤整合技术的教学法知识(TPK);⑥整合技术的学科内容知识(TCK);⑦整合技术的学科教学知识(TPACK)(Mishra & Koehler, 2006)。TPACK 结构如图 2-4 所示。

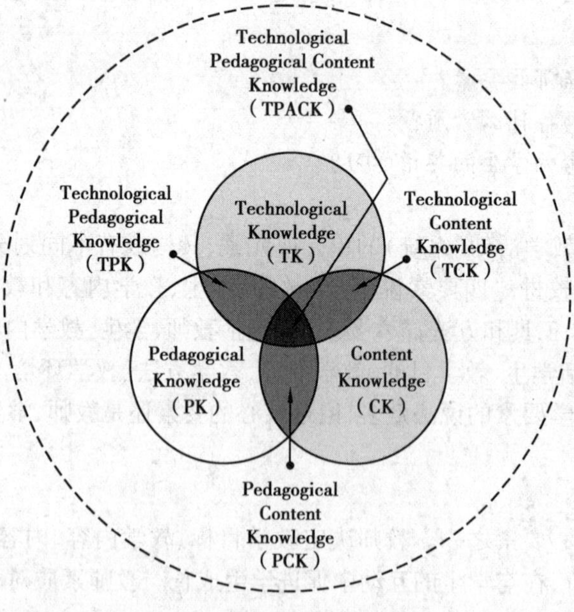

图 2-4 TPACK 框架(Mishra & Koehler, 2006)

思考题：说说学科教学知识(Pedagogical Content Knowledge)在教师知识结构中的作用。

3)英语教师素质

根据英语学科的属性,英语教师需具备语言教师的专业素质。弗里曼(Freeman)指出一个优秀语言教师要具备六个方面的素质:①正确的语音和地道的语调;②熟练的口语;③掌握所教语言的语法和句法;④掌握大量的词汇,系统的词源学知识;⑤对他国文明、文学作品的透彻领会;⑥语言教师的人格特征(转引自陆忆松、邹为诚,2008)。吴一安(2005)认为优秀外语教师的专业素质框架由四个维度构成:①外语学科教学能力;②外语教师职业观与职业道德;③外语教学观;④外语教师学习与发展观。

综上所述,我国英语教师需具备的基本素质有:①语言知识和文化素养:包括语音、词汇和语法等语言知识,听、说、读、写、看和译等语言技能;跨文化交际的意识和跨文化交际培养的能力。②教学设计能力:具备英语教学法知识并进行教学设计的能力。③有效实施教学设计,组织管理课堂的能力并开展教学评价的能力。④信息化教学手段熟练操作和课堂有效应用的能力。⑤持有正确的英语教学观,用好课堂阵地,践行社会主义核心价值观,让学生学习用英语传播中国声音,讲述中国故事。

思考题：与其他学科的教师相比,英语教师需具备哪些相同和不同的素养?

2. 学生

从社会大系统来看,教学系统是培养人的服务系统;从个体人的系统来看,教学系统是人的发展系统。因此,学生是构成教学系统不可或缺、不可再分的基本单位,是具有不可再分性的教学系统的元素(李定仁、范兆雄,2003)。教师要因材施教,不仅需要发展学生的智力因素,使其会注意、会观察、会记忆、会想象、会思维,还需发展学生的非智力因素,让学生愿学(动机)、好学(兴趣)、乐学(情感)、勤学(意志)、并且能独立学习(性格)。

1)认知与心理特征

皮亚杰(Piaget)把儿童和青少年的认知发展划分为四个阶段:感知运动阶段(出生—2岁)、前运算阶段(2—7岁)、具体运算阶段(7—11岁)和形式运算阶段(11岁—成年)。感知运动阶段结束时,儿童的问题解决方式已经从最初的尝试错误发展到更有计划性的方式。在这个阶段,"思维"出现,意味着儿童能够思考和规划其行为。在前运算阶段,儿童的言语和概念以惊人的速度发展,然而他们的大多数思维仍是相当原始的。小学阶段的儿童的思维在具体运算阶段发展起来。大约到青春前期,儿童的思维开始发展到形式运算阶段。形式运算是成人思维的主要特点。青春前期的儿童开始进行抽象思维,不受眼前具体情形的限制,能认识到其他的各种可能性。这种能力的发展一直持续到成年。

维果斯基(Vygotsky)提出了"最近发展区理论",认为学习者的认知发展有两种水平:一种是学习者的现有水平,指独立活动时所能达到的解决问题的水平;另一种是可能的发展水平,也就是经由别人给予协助后所能达到的水平,两者之间的差异就是最近发展区。学习者只有在最近发展区内才有可能进行学习,所以教师应尽量组织安排能力水平不同的学生进行合作学习。另外,教师要搭建支架,逐渐让学生对自己的学习承担越来越多的责任。

埃里克森(Erikson)认为人的一生经历从婴儿期到成年中期的八个心理社会阶段,每一个阶段都要解决一种危机或一个重要问题。中学生属于青春期(12—20岁)。这一时期是自我同一性与角色混乱的阶段。青少年试图发现自己是谁,自身的特点以及人生目标。“我是谁”成为一个重要的问题。为了回答这个问题,青少年逐渐摆脱父母,转向同伴群体。这一阶段,如果青少年不能充分体会不同的角色,不能规划出有意义的未来道路,就始终存在同一性混乱的问题(桑切克,2007)。另外,中学教师应能敏锐察觉青少年所面临的压力,及时为青少年提供帮助。

根据美国哈佛大学教授、发展心理学家加德纳(Gardner)于20世纪90年代提出的多元智能理论(the Theory of Multiple Intelligences),人的智能至少由七种紧密关联但又相互独立的智能组成,它们是语言智能、数理逻辑智能、音乐智能、空间智能、身体运动智能、人际交往智能和自我认识智能。

教师应该根据学生的认知、心理发展、智力特征来设计教学。中学阶段的英语教学是培养学生创造性思维和批判思维品质的关键时期。教师应该根据学生的最近发展区,鼓励合作学习,让学生懂得学习者和学习团体的关系,培养团队合作精神。教师应该懂得学生的同一性是多方位的,包括职业目标、学业成就、兴趣爱好和其他领域,可让学生撰写关于此类主题的文章,鼓励学生独立思考和自由表达观点,探索自我及人生方向,这将帮助学生正确认识自我。此外,教师还应该结合学生的社会心理特征,培养学生的责任担当意识。

思考题:为什么教师需要考虑学生的认知和心理特征?

2)学习风格

学习风格是学习者在学习中表现出来的个人特色,即个性化的认知方式和解决问题的方式。学习风格大体分为两类:基于感知模式的和基于认知模式的。基于感知模式的学习风格包括视觉型(visual)、听觉型(auditory)、触觉型(tactile)、小组型(group)、个人型(individual)和动觉型(kinesthetic)。基于认识模式的学习风格有多重划分方式,包括分析型(analytical)/综合性(global)、审慎性(reflective)/冲动性(impulsive)、场依存(field-dependent)/场独立型(field-independent)学习风格。

20世纪90年代初期,美国亚拉巴马大学的奥克斯福特(Oxford)教授将学习风格分为五大类:①与感官偏爱(sensory preferences)有关的学习风格:听觉型、视觉型和触觉型或操作型(hands-on);②与人格特质有关的学习风格:外向型(extroversion)和内向型(introversion);③与信息加工方式有关的学习风格:直觉性(intuitive)和序列型(concrete sequential);④与信息接受方式有关的学习风格:封闭型和开放型;⑤与思维方式有关的学习风格:分析型(analytic)和整体型(global)。

在英语教学中,一方面,教师可以帮助学生了解自己的学习风格,使学生能够在学习中扬长避短,选择适合自己的学习方式,提高学习效率。另一方面,教师应了解全体学生的学习风格,针对学生的不同学习风格,选用不同策略,因材施教,提高教学效率。

思考题:教师应如何让学生了解自己的学习风格,利用优势,促进学习呢?

3)动机

动机是激发个体从事某种活动的内部机制。学习动机对学生的学习活动和行为表现起着重要作用。教学需了解学生的学习动机,激发学生的学习动机,让学生愿意学习,乐于学习,提高学习效率。

语言学习的社会心理研究者们(如 Gardner & Lambert,1972; Gardner,1985)把动机分为工具型和融合型两大类:工具型动机是指以语言作为工具达到某个实用的目的,如通过语言等级考试,找一份工作等;融合型动机是指语言学习的愿望来自学习者希望了解目的语文化,并能够在目的语文化中交流。另外一种经典分类把动机分为内在动机和外在动机(Atkinson et al., 1953);内在动机是学习者由于语言学习获得愉悦和满足而产生的学习愿望;外在动机是把语言学习作为实现某个目标的途径和方式。

学生的英语学习动机是动态变化的,还有动机减退现象。在语言学习领域,动机减退表现为语言学习者"曾经有强烈的语言学习动机,但由于某种原因失去了这种兴趣和投入"(Dornyei, 1998)。教师需要关注学生的英语学习动机,并采用适当策略让学生保持良好的英语学习动机。

思考题:影响学生英语学习动机的因素很多,如教师、教学内容、教学活动、家长、同伴等,你认为教师应如何激发并保持学生的英语学习动机?

3. 教学内容

教材是教学内容的主要载体,也是学科课程标准的具体体现。编写英语教材应遵循的基本原则包含以下六点:①严格按照国家课程标准的课程性质、目标、理念、内容、框架和实施建议编写。②强调"以人为本",把学生的发展和需要作为教材编写的出发点。③符合中国教学的实际,尊重教师的教学风格和学生的学习风格。④汲取国内外先进的教学理念和方法,促进教与学的方法的改革。⑤正确处理教材编写中的各种矛盾和关系,如思想性与趣味性、理论与实践、继承与创新、经典与现代、知识与能力、结构与功能等。⑥充分利用先进的教育技术,如信息技术、人工智能等,编制多模态、立体化的教学资源(刘道义等,2019)。

新版高中英语教材应根据《课标(2017 年版)》的基本理念而编写:①落实立德树人根本任务,培养学生的英语学科核心素养。②构建高中英语共同基础,满足学生个性发展需求。③实践英语学习活动观,着力提高学生学用能力。④完善英语课程评价体系,促进核心素养有效形成。⑤注重现代信息技术应用,丰富英语课程学习资源。如重庆大学出版社的普通高中教科书《英语》教材便是以主题为引领,单元内每个模块紧扣一个主题,从不同侧面、不同视角提供学生学习理解、应用实践和迁移创新的语篇语境,便于学生对主题的学习、思考、深入探究,达到应用创新。单元内容设计体现主题语境、语篇类型、语言知识、文化知识、语言技能和学习策略的六要素整合。

教师作为教材的使用者,需有正确的教材观,即"用"教材教,而不是"教"教材;应基于对学生需求的分析,对教材内容进行顺序调整、删减、增补或者整合,通过"用"教材教,来落实学生英语学科核心素养的培养。

思考题:教学内容就是指教教材的内容,你觉得这种说法合适吗?

第四节　英语教学目标设计

问题导入:

(1)教学目标有什么重要性?

(2)教学目标设置的原则是什么?

(3)如何准确表述教学目标?

(4)为了落实核心素养培养,确定高中英语教学目标时需考虑什么因素?

教学目标是学校教育目的范畴的一个具体概念,它在教学过程中起的作用是不言自明的:它既是教学的出发点,也是归宿,或者说,它是教学的灵魂,支配着教学的全过程,并规定教与学的方向。

1. 双基→三维目标→核心素养

我国课程改革经历了从双基、三维目标到核心素养的变迁。双基指的是基础知识和基本技能,从教育目标的价值取向上来看,存在重知识获取,轻人的发展的弊端。三维目标在基础知识与技能的基础上增加了“过程与方法”以及“情感态度与价值观”,使素质教育在课堂的落实有了抓手。核心素养是对三维目标的传承和发展,素养决定人的发展方向,体现了以人为本的理念。核心素养的问题实际上是培养什么样的人的问题。基于核心素养的教育,既包括传统的知识与技能的学习,更强调学生的全面发展和终身学习,特别关注人与社会的统一和协调发展(程晓堂、赵思奇,2016)。英语学科核心素养包括语言能力、文化品格、思维品质和学习能力。从双基到三维目标再到核心素养,其变迁基本上体现了从学科本位到以人为本的转变(余文森,2016)。

《普通高中英语课程标准(2017 年版 2020 年修订)》指出:普通高中英语课程作为一门学习及运用英语语言的课程,与义务教育阶段的课程相衔接,旨在为学生继续学习英语和终身发展打好基础。普通高中英语课程强调对学生语言能力,文化意识,思维品质和学习能力的综合培养,具有工具性和人文性融合统一的特点。

教学目标设计需紧扣立德树人与英语学科核心素养的培养,注重长期目标和短期目标、单元目标和课时目标的统一与协调,不仅需考虑教学的内容,还需考虑学生情况、教学手段、教学方法、教学评价等要素。

思考题：核心素养与双基、三维目标之间有什么关系？

2. 指导教学目标分类的理论

自以布鲁姆为代表的美国心理学家在20世纪50年代提出了目标分类(Bloom et al., 1956)后，对课堂教学目标的系统研究便随之开始。布鲁姆等人将教育目标分为认知、情感和动作技能三个领域，又按层次将各个领域分为若干亚类。其中认知领域的教育目标，从低级到高级共分为识记、领会、运用、分析、综合、评价六个层次。

安德森等人对布鲁姆教育目标分类进行了修订(Anderson & Krathwohl, et al., 2001)，目的是帮助教师教、学生学和评估专家测评。图2-5为修订前后认知过程维度的对比。

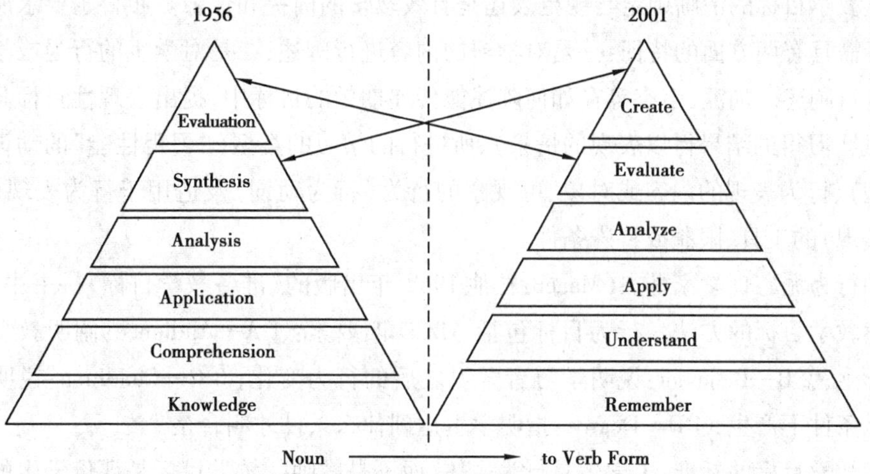

图2-5　认知过程维度

安德森等人修订后的认知维度把之前的名词表述修改为动词表达，将第五和第六层次综合在一起修改为评价，将评价修改为创造。另外，在布鲁姆认知分类的基础上，增加了知识维度。于是，原来布鲁姆等人的一维目标分类变成了知识与认知过程的二维目标分类。知识维度包括事实性知识、概念性知识、程序性知识和元认知知识。认识过程维度将学生在认识过程中对知识的掌握水平分为记忆、理解、应用、分析、评价和创造六个层次，如表2-1所示。

表2-1　认知目标的两个维度

知识维度	认知过程维度					
	记　忆	理　解	应　用	分　析	评　价	创　造
事实性知识						
概念性知识						
程序性知识						
元认知知识						

泰勒、布鲁姆、安德森等学者的教育目标分类,为教学目标制定提供了理论框架和评价准则,能帮助教师在制定教学方案时更为精确地选择特定的教学内容、手段和评价方法。根据安德森等人修订的二维目标分类表,目标就是指教师期望学生从教材中学习的不同类型的知识和对每一类知识的掌握程度。这样目标就变得明确了,便于教师操作和检查。认知目标分类有助于避免教学停留在低层次的认知目标上,有助于认知知识与认知过程的有机结合。

思考题:你在制定教学目标时,是否参照过布鲁姆等人的认知目标分类?

3. 英语教学目标表述

课堂教学目标的清晰确定与规范表述是有效教学的前提和保障。布鲁姆要求所表述出来的目标需具有两方面的特征:一是对学习的内容进行阐述;二是对学生的行为或学生学习的产物进行阐述。加涅、韦杰等在如何陈述能传递期望的目标中,提出表现性目标具有五种成分:情景(习得的结果得以表现的情景)、所进行的学习的类型("习得性能"的动词区分了学习类型)、行为表现的内容或对象、可观察的行为(行为动词)及适用于行为表现(可接受的行为表现)的工具、限制或特殊条件。

美国行为派心理学家马杰(Mager)在他1962年出版的《准备教学目标》一书中,提出用行为表述教学目标的方法。行为目标包括ABCD四要素:①A—Audience:阐明教学活动的主体是学生;②B—Behavior:说明学习者学习之后的行为变化;③C—Condition:说明上述行为在什么条件下产生;④D—Degree:指明学生达到什么条件才叫合格。

表述教学目标的标准:①学生是行为主体,而不是教师。教学目标是评价学生的学习结果有没有达到的依据,而不是评价教师是否完成某一项工作。教学目标陈述的应是学生的学习结果(包括言语信息、智慧技能、认知策略、动作技能、情感和态度)。所以,教学目标不应该阐述教师做什么,而应陈述通过教学后学生会做什么或者会说什么。②目标表述要使用具体的、可测量的、可观察的行为动词,如:识别、描述、界定、区分、分类、演示、陈述、分析、解释、列举、说明、比较、归纳等词汇。③行为条件或情景应结合学生的实际情况,现有的教育技术和教育资源,以及课堂任务的设计,学生完成学习目标所需要的环境及资源支持等。④教学目标要能评价学生的学习表现或学习结果所达到的程度。教学目标的阐述反映学习结果的层次性。认知领域的教学目标陈述学生在学习理解、应用实践和迁移创新等不同层次达到的程度。

根据布鲁姆以及安德森等人的认知目标分类,教师可以根据教学实际需要从以下词表中选用动词来表述教学目标。

Remembering	Understanding	Applying	Analyzing	Evaluating	Creating
name	explain	show	explain	decide	create
find	restate	complete	compare	rate	invent
list	predict	use	contrast	choose	plan
tell	translate	classify	examine	recommend	compose
define	recognize	examine	identify	justify	construct
repeat	interpret	illustrate	investigate	assess	design
memorize	illustrate	solve	categorize	prioritize	imagine
recall	reorganize	demonstrate	predict	criticize	produce
label	paraphrase		survey	argue	prepare
describe	summarize		modify	recommend	

思考题：你觉得准确表述教学目标重要吗？教学目标的表述应注意什么？

4. 高中英语教学目标

在教学目标的制定方面，《课标（2017 年版）》要求关注主题意义，制定指向核心素养发展的单元整体教学目标。单元是承载主题意义的基本单位，单元教学目标是总体目标的有机组成部分。教师应根据高中学段的课程结构和总体目标，以及各单元的主题和教学内容，制定各单元的具体教学目标。单元教学目标要以发展学生和学科核心素养为宗旨。如重庆大学出版社的普通高中教科书《英语》第二册第二单元的单元主题为 Helpful Schoolmates，教材中列出的单元教学目标导航如下：

By the end of this unit, you will be able to:

- ❖ explain the importance of rules and how to follow them;
- ❖ form adverbs by adding *-ly* to adjectives;
- ❖ tell the difference between the *-ing* and the *-ed* form as the attribute and use them properly;
- ❖ talk about worries and give encouragement;
- ❖ write a diary about an incident;
- ❖ retell a story and express your pleasure in helping others.

以上预设的六个总体单元目标导航以“帮助同学”这一主题为引领，依托“助人”的语篇，让学生阐释规则的重要性以及如何遵守规则；讨论焦虑和鼓励他人；讲述助人为乐的故事等，目标中清晰地体现了教育的育人目的。此外，目标表述中的动词：explain, form, tell, use, talk about, write, retell, express 等均是具体的，可以观察、操作以及评测的动词。教师可以在目标导航的基础上进行学生需求分析，深度解读文本，撰写具体课时目标。

课时目标的设定应服务于单元整体目标的达成，有机整合课程内容六要素并根据教学实际需要而有所侧重，而且应避免脱离主题意义或碎片化的呈现方式。教学目标要体现对全体学生的基本要求，同时兼顾学生的个体差异，确保共同进步，满足个性发展。

语篇是英语教学的基础资源。语篇为语言学习提供主题情境和内容,并以特有的内在逻辑结构、文本特征和语言形式组织和呈现信息,服务于主题意义的表达。教学目标的确定应基于语篇研读,挖掘其文本特征、语言特点和其中传递的文化和价值观。语篇研读是教师在教学中落实立德树人和学科核心素养目标的重要起点(梅德明、王蔷,2018)。

下面我们以人民教育出版社的普通高中课程标准实验教科书《英语》(2007 年版)必修一第四单元课文"A Night the Earth Didn't Sleep"(地球的一个不眠之夜)为例,来展示如何基于文本的深层解读设计教学目标。根据《课标(2017 年版)》的建议,我们从"what""how""why"三个方面研读语篇,对课文的解读如下:

What:本文的主题是唐山大地震,描述了 1976 年 7 月 28 日凌晨发生的唐山大地震,是一篇叙述性文章;文中描写和叙述相结合,对唐山大地震发生前、中、后的情况做了详细的叙述和描写。地震发生前:自然界中发生的奇怪现象,如井水的变化、动物行为的异常、水管的爆裂、异常的声音等。地震发生时:唐山市的景象,地震带来的毁坏。地震后:救援工作的展开。

How:①整篇文章依非常具体的时间顺序展开。②文章每一段都有明确的主题句,如:第一段:Strange things were happening in the countryside of northeast of Hebei. 第二段:At 3:42 a.m. everything began to shake and it seemed as if the world was at an end. 第三段:Nearly everything was destroyed. 第四段:All hope was not lost. 每一段都围绕主题句进行叙述、描写。③文章中用很具体的数字让读者清楚地感知到地震带来的破坏。

Why:作者希望通过这篇文章让读者在了解唐山大地震的同时,思考如何面对自然灾难,如何预防地震、如何在地震中逃生以及地震后如何协作救援等。

在研读语篇的基础上,遵循《课标(2017 年版)》对教学目标表述的"可操作、可达成、可检测"原则,可以设计以下主要教学目标:

By the end of this lesson, students can:

- list what happened before the earthquake in Tangshan;
- identify details supporting the topic sentence "It seemed as if the world was at an end!" and discuss the detailed description;
- draw mind maps with the key words "destruction" and "rescue"; discuss and express their own feelings based on the mind maps;
- conduct interview about earthquake survival: what they can prepare for earthquake, what they can observe from the nature and what they can do if earthquake does happen.

这四个教学目标的表述使用了具体、清晰、直观的行为动词,如:列举(list)、寻找(identify)、讨论(discuss)、绘制(draw)、表达(express)以及采访(conduct interview)。目标中具体、直观的行为动词,服务于教学活动从"教"到"学"的转变。目标的呈现,体现了"英语学习活动观"中学习理解、实践应用、迁移创新的三个层级。前三个目标既是学生对文本信息的深层理解,也是学生语言输入的过程;在整合信息的过程中进行语言的应用,同时语言的应用也是对文本更深层次理解的过程,如讨论支持主题句的细节描述、根据思维导图展开讨论的时候,学生进一步归纳文本信息,分析写作技巧。目标三和四要求学生实践应用,迁移创新。这四个教学目标的预设能够反映出学生对文本主题意义探究的结果,并体现核心素养四要素的相互渗透、关联融合、协调发展。

思考与练习：

针对下列一组教学目标，你有什么评价？

By the end of the lesson,

❖ students can master the difficult words in the passage.

❖ students can understand the the whole text.

❖ teacher will explain the passage.

第五节　英语教学评价设计

问题导入：

(1)什么是教学评价？

(2)教学评价有哪些类型？

(3)英语教学评价设计的原则是什么？

(4)如何设计英语教学评价？

评价是对人物、事物的作用或价值做出衡量和评定。在教学情境中，评价是把获得的学生学习的信息与评价标准进行比较、做出判断（和决定）的过程（盛群力 等，2007）。评价是教学过程的重要组成部分，贯穿教学始终。通过评价，可以判断学生学到了多少知识、学会了哪些技能；通过评价，可以发现教学中存在的问题和不足，有针对性地改进教学并促进学生的发展。被称为评价之父的泰勒提出“评价过程在本质上是确定课程和教学大纲在实际上实现教育目标的过程。但是，鉴于教育目标实质上是指人们发生的变化，也就是说，所要达到的目标是指望在学生行为模式中产生某种所期望的变化，因此，评价是一种确定行为发生实际变化的程度的过程（叶澜、吴亚萍，2003）。”

1. 教学评价的功能

了解学生水平，制定教学目标：教学是基于对学生需求的分析和对学生知识结构、水平的了解开展的，教师通过类似“摸底考试”的教学评价方式，可了解学生已具备的知识和能力，诊断学生学业中存在的问题和困难，结合教学内容分析，制订教学目标。因此，教学开展之前的评价是制定教学目标的重要依据。

监控教学效果，调整教学计划：教学评价是测量和评定教学效果的科学手段。通过教学评价检测教学目标的达成度，可了解学生对预期知识的掌握情况，发现学生学习过程出现的困难和问题。教学实施过程中需要教学评价随时监测教学效果，教学评价反馈获得的信息是调节教学过程的重要依据。通过评价结果，教师可了解教学效果，有目的、有针对性地调整教学目标、教学方式方法、教学手段，采取补救措施，调整计划，提高教学过程的有效性。

提供教学反馈，促进学生学习：教学评价为教师提供教学反馈信息的同时，可帮助学生了解自己的学习状况。无论是形成性评价还是终结性评价，都是教师了解教学效果，了解学生学习是否发生的重要手段。学生通过评价结果，可以了解自己在学习上的优势和不足，总结经验，调整学习策略，提高学习效率。同时，评价结果也是家长了解学生学习状况的重要手段。

思考题：“评价就是通过测试了解学生的学习情况”，你同意这个观点吗？

2. 教学评价的类型

教育评价可分为三大类：诊断性评价、形成性评价和终结性评价。

诊断性评价是对学生在学习新的课程之前是否具备了必要的知识和技能状况进行的诊断。在必要的基础性学习技能方面测量学生已达到了什么程度，以便在需要的时候采取措施去培养和提高这些技能。

终结性评价是在学期或学年中几个大的教学阶段后，或整个课程结束后，对整个课程或其中几个重要部分的全面评定。评价的重点侧重于认知能力与技能，其目的主要是针对总的教学效果，评定学生的最终学习成绩，并根据学生达到最终目标的程度给学生评出等级（余文森 等，2011）。

形成性评价是针对课堂教学过程的评价，关注的是学习者在学习过程中的表现。形成性评价可以在教学的各个阶段给学生提供反馈和改正的机会。形成性评价有以下几个特点：①互动性：包括教师与学生、学生与学生、学生与材料之间的互动，其中最主要的是师生之间的互动。通过互动，教师能够看到学生的思考过程，及时发现学生的学习困难，从而给予恰当的指导。②动态性：开展形成性评价，首先要明确目标，获取学习证据，然后对此进行解释，诊断学习者的学习情况以及与学习目标间的差距，进行互动反馈，调整教和学的过程，从而缩小差距，继而开始新一轮的形成性评价。确定学习目标、获取学习证据、给予反馈和改进学习，构成动态循环过程，缺一不可。③针对性：评价针对具体的学习内容。教师必须对具体的学习内容十分清楚，对学习者出现问题的地方有针对性地提供反馈，才能达到促进学生学习的目的。教师提供反馈时，要针对具体任务本身。④综合性：形成性评价是“互动+反馈+纠错+调整+讲解等其他手段”的综合，不是固定的某种形式。

思考题：诊断性评价、形成性评价、终结性评价之间有什么关系？

3. 英语教学评价设计的原则

教学评价设计是教学设计的必要组成部分，贯穿于教学的始终，而不是教学过程结束后的附加部分。教学评价设计有助于教师和学生对教学预期的结果有更清晰的了解，更好地监控教学过程中目标的落实。教学评价的设计遵循发展性、多元化、真实性和过程性等原则。

发展性原则：教学评价以学生核心素养的发展为目标。评价设计应关注学生在语言能力、文化意识、思维品质和学习能力方面的发展变化。一方面，评价让学生体验英语学习过程中进步和成功的喜悦，让学生保持英语学习的兴趣和信心；另一方面，评价体现了教师教学经验的发展过程，通过学生的表现，教学效果的反馈信息，教师可以不断分析和反思自己的教学思想、教学态度、教学行为以及教学方法等，收集、整理、分析评价资料，改进并提升教学水平。

多元化原则：单一的测试评价难以促进学生核心素养的发展。多样化的评价方式体现在评价目标、评价主体、评价形式等多方位的多元化。教学评价的形式应是灵活多样的。教师要以英语学科素养为导向，根据活动内容，与学生共同设计形式多样的活动，如演讲、描述、展示、对话、游戏、陈述、讨论、制作思维导图等测试活动。对专项能力的评价，教师可以采用档案袋、网络学习状态数据收集和分析等途径和方式。

真实性原则：评价的真实性体现在评价标准、评价内容、评价主体、评价过程、评价方式等的真实性。评价真实性设计需依据学生的需求、学生的认知规律，评测反映学生英语学习过程中真实的变化，尤其是活动的真实性和语言使用的真实性。真实性评价就是要坚持"全人观"和发展的评价理念，以促进学生的发展、满足社会对外语人才的需求为标准，体现语言学习的本质，体现评价的价值回归与评价中人性的回归（王笃勤，2007）。

过程性原则：评价既针对学生成长发展的整个过程，又针对教学的整个过程。学生核心素养的发展不是一蹴而就的，而是在教育、教学活动中逐渐培养起来的。因此，评价应贯穿始终，检测学生发展过程中取得的进步与存在的不足，及时采取措施，进行补救。教学评价并非一项教学结束时的活动，它应渗透在教学各个环节之中，如教师在讲授新内容之前，可通过随堂测验或者随机提问的方式检测学生对所学内容的掌握程度；在课堂活动中，教师可用课堂提问的互动方式随机评价学生对所学内容的理解和掌握程度；教师还可设置语言产出活动来测评学生运用语言的能力、逻辑思维能力等；在课程的开展过程中或一个阶段后，教师随机访谈或问卷调查了解学生的学习情况等，这些都体现了评价的过程性。

思考题：为什么教学评价设计需遵循发展性、多元化、真实性和过程性等原则？

4. 英语教学评价设计

英语课程的评价应反映以人为本的教育理念，着重评价学生的核心素养发展状况，以核心素养的内涵与水平划分为依据，涵盖教学内容的各个方面，体现学业质量的指标要求，采用科学、合理的评价方式和方法，对教学过程实施有效监控，对学习效果进行适时检测。教学评价应贯穿教学过程的始终，体现在教学实践的各个环节，既包括多途径收集信息的过程，也包括针对教学实践的各类反馈信息（中华人民共和国教育部，2020）。

1）评价内容和标准

评价内容应以《课程标准》为指导，依据教学目标和教学内容，关注学生语言能力、文化意识、思维品质和学习能力的综合发展。评价设计应紧扣"教"和"学"，即教师教的内容和学生学的表现，做到教、学、评的有机统一。

评价设计应贯穿各类学习活动，例如教师可根据评价目标设计语言活动方案，在语言学习活动中，设计任务或互动等环节使学生的思维外化，教师通过观察评价学生的语言运用能力，对知识的掌握状况，思维的深度和逻辑性等。在课堂教学中，学生在活动中的话语、行动、临场机智等都可以作为评价的内容，通过活动中学生的表现，可评价、检测教学目标的达成状况以及学生的获得、成长和发展。

思考题：为什么教师要做到教、学、评的有机统一？

2）评价主体

评价主体解决的是由谁来评价的问题。评价主体的设计应多元化，教师和学生都可以成为教学评价的主体。

教师评价：从教师的视角来看，评价设计有两个方面。一方面，教师评价自己的“教”；另一方面，教师评价学生的“学”。对“教”的评价是教师反思自己的教学目标是否达成、教学过程是否顺畅、教学方法是否恰当、教学媒体是否适当，评价结果服务教学设计和实施的改进。在对“学”的评价设计中，教师可设计活动、测验或考试，随时掌握全班学生的表现，了解学生整体存在的问题和不足，调整教学策略；可设计小组活动，观察小组成员的表现，如活动参与度，组内互动、合作情况，任务的完成情况等；可观察学生个体行为，学生测验、课堂问答、作业完成情况等了解学生个体的成长。

学生评价：学生不仅仅是教学评价的客体，还是教学评价的主体，即学生是评价活动的执行者。学生可以结合自身的发展，制定评价标准和评价方式，进行自评、结对互评、小组互评等。学生作为评价主体参与评价活动，有助于他们明确学习目标，发现自己的进步以及不足，调整学习计划；更有助于培养他们的自主学习能力和探究能力。学生在参与评价活动的过程中能不断体验进步和成功，认识自我，建立自信，培养合作精神，有效调控自己的学习过程，发展语言的综合运用能力，同时也可以给教师比较全面的、反映教学效果的信息（罗少茜，2003）。

师生合作评价：文秋芳教授领导的产出导向法团队指出，师生合作评价不是简单的教师评价和学生评价的组合，而是针对学生产出的结果进行评价的一种方式。师生合作评价在课前、课中和课后三个阶段开展。课前，教师批阅学生作文，根据单元教学目标，制定评价标准，选择典型样本。课内，学生根据评价标准对教师选择的典型样本进行评价。可以采用先独立评价，后结对交流的方式开展。接着，教师组织学生进行全班讨论，评价典型样本。全班讨论、评价的环节鼓励学生发表不同见解，在师生的互动反馈中展开。这个过程也是教师发现问题，积极补救问题的阶段。最后，根据评价过程中出现的共性问题，可以采用针对性的练习进行解决。课后，在教师课内专业指导的基础上，学生可采用自评或同伴互评的方式对“师生合作评价”加以补充。这种学生独立思考、同伴交流、教师参与的合作评价有明显优势（文秋芳，2016）。

思考题：教学的评价过程针对学生开展，为什么学生也是评价的主体？

3）评价方法

全面了解学生的学习效果和成长变化需要形式多样的评价方法，如随堂测验、课堂观察、档案袋、提问互动、反馈、评价表、评价清单、调查问卷等。

课堂教学过程中,反馈是课堂评价的重要组成部分,是教学当中最具代表性的评价活动(梅德明、王蔷,2018)。课堂反馈要有利于学生语言能力的培养,知识的建构及应用,思维能力以及文化意识的培养。课堂教学目标的实现是通过师生对话协商,引导学生建构知识、表达思想的过程。教师需要根据对话的实际情况,及时给出反馈,引导课堂互动朝着教学目标的方向发展。脑科学理论认为,学生只有在接收到教师与同伴及时的反馈后,才能立刻改正并前进,或者更自信地沿着原路朝着目标迈进(李金钊,2012)。

教师反馈可以分为积极反馈和消极反馈,直接反馈和间接反馈等。关于对学生错误的反馈,利斯特和兰塔(Lyster & Ranta, 1997)提出了六种纠错性反馈:明确纠错(explicit correction)、重述(recast)、请求澄清(clarification request)、元语言反馈(metalinguistic feedback)、诱导(elicitation)以及重复(repetition)。

教师需要了解反馈的不同类型,根据不同语境中学生的应答,给出恰当合理的反馈,注重反馈的质量以及反馈对教学目标的促成作用。在课堂反馈的过程中,教师应注重激发学生的思考,拓展他们的思维,同时训练学生进行同伴反馈。

教师的反馈要根据《课标(2017 年版)》中对评价的要求,突出核心素养在学业评价中的主导地位;关注教学过程,通过英语活动来实施评价;强调评价要和学习活动相结合;达成评价为教和学服务的目的(梅德明、王蔷,2018)。

思考与练习:

如何根据下面内容开展评价活动?(选自重庆大学出版社普通高中教科书《英语》必修第一册 Unit 1)?

Sefl-assessing

Reflect on your learning process in this unit. Tick (√) the following statements to assess your own progress and decide what you still need to work on.

You are able to	Agree	Somewhat agree	Need more work
• use some strategies to solve problems in English learning;	□	□	□
• judge words' parts of speech by their suffixes and use them to memorise new words;	□	□	□
• analyse the elements of a sentence;	□	□	□
• explain reasons for taking notes in a logical order;	□	□	□
• write a passage about your learning experience with newly-learned expressions;	□	□	□
• use different ways to learn new words.	□	□	□

第六节　英语教学过程设计

问题导入：

(1)教学过程设计的内涵是什么？

(2)教学过程设计要分析哪些要素？

(3)英语教学过程设计的原则有哪些？

(4)PWP 教学过程包括哪些环节？

教学是通过一系列活动实现教育、教学目标的过程。教学过程描述随着教育学、心理学以及教学论等方面研究的深入而不断得以丰富，例如近代教育学的奠基者夸美纽斯以感觉论为基础，提出教学过程的基本程序：感觉—理解—记忆—练习。赫尔巴特把教学过程分为明了、联想、系统和方法四个阶段。杜威认为教学过程应该就是"做"的过程；如果儿童没有"做"的机会，那必然会阻碍儿童的自然发展。加涅的教学过程分为九个连续的阶段：引起注意、告知目标、刺激回忆原有知识、呈现材料、提供学习指导、引发行为、提供反馈、评估行为，促进保持与迁移。

1. 教学过程设计的内涵

过程是指事情进行或事物发展所经过的程序，教学过程就是开展教学活动的流程和顺序，核心体现教学目标的落实过程。

教学过程设计是教学设计的重要组成部分，直接影响着教学目标的达成。教学过程的设计是在学生需求分析、确定教学目标的基础上，规划具体教学步骤，安排教学内容以及教学活动的顺序。过程的设计必须与其他要素，如教学活动、教学方法、教学媒体、教学评价等相一致，共同服务教学目标。

高中英语教学过程的设计目标在于落实学生的英语学科核心素养，培养学生的语言能力、文化意识、思维品质和学习能力。《课标(2017 年版)》提出了指向学科核心素养发展的英语学习活动观，强调教学过程设计要围绕主题语境、以活动为主线，通过学习理解、应用实践、迁移创新等活动，加深学生对主题意义的理解。

思考题：教学中不同环节的设计等同于教学过程设计吗？

2. 教学过程设计分析

教学顺序与时间：首先设计教学内容的安排次序，即设计"先教什么，后教什么"；其次估算每个模块内容需要的时间。在基于英语学习活动观的高中英语教学中，语言理解类活动应先于应用实践和迁移创新类活动开展。

教学模式与方法：教学模式是指在一定的教学思想或教学理论指导下所形成的关于教

学的理想意图及其实施方案。“教无定法,贵在得法”,教学过程设计时,教师需结合具体教学目标、教学内容、教学环境等要素灵活选择教学模式与教学方法。模式与方法的选择以有效落实核心素养为根本目的。

教学组织形式:教学组织形式是指为实现一定的教学目标,围绕一定的教育内容或学习经验,在一定时空环境中,通过一定的媒体,教师与学生之间相互作用的方式、结构与程序(蔡铁权、钱旭鸯, 2008)。教学组织形式可分为:个别教学、小组教学、班级授课等。

学习方式:教师应基于学生的需求、认知特点和心理特征,结合学习内容和目标,开展自主、合作、探究学习等不同方式的学习。教师应关注学生“如何学”,培养学生的学习能力。

学习环境:学习环境的设计涉及物理环境和社会文化环境两方面:物理环境涉及教室的通风条件、学生座位的安排、教师声音的效果、多媒体的使用效果等;社会文化环境设计的重点是教师如何通过课堂活动创造有利于学生学习的课堂氛围。计算机技术、网络通信技术、人工智能与虚拟现实等信息技术使学习环境更加多元,教学过程设计应关注如何有效利用信息技术达到资源共享、创设真实活动情境、促进合作学习,让技术真正服务学生的学习。

课堂管理:好的课堂管理是课堂活动开展的前提和保障。除了设计如何控制、协调课堂秩序,英语课程的课堂管理还包括设计教师课堂组织、管理过程中目标语言的使用,教师如何赋权给学生等内容,让学生有更多机会练习、使用语言,真正做到“用中学”。

思考题:教学过程设计时,为什么语言理解类活动先于应用实践和迁移创新类活动开展?

3. 教学过程设计的原则

遵循认知规律:在认识心理学看来,学习的过程是信息加工的过程,也就是信息的编码贮存和提取的过程。根据认知发展的规律,学生首先是感知语言,了解其应用范本,然后模仿应用,也就是说,学生还没有接触某种语言现象,没有了解该语言现象在实际交际和应用中的表现形式之前,是很难应用的,这就要求先设计识别类活动,让学生通过阅读感知语言,了解语言的应用,然后才能设计产出类活动,要求学生使用所学语言(王笃勤,2010)。感知与注意、获取与梳理、概括与整合等学习类活动安排在先,接着是描述与阐释、分析与判断、内化与运用的应用实践类活动,最后安排推理与论证、批判与评价、想象与创造等活动,教学过程中活动的安排要符合学生的认知规律。

体现学习中心:“学习中心”是实现“以学生发展为本”的基本条件。学习中心是相对教师中心、学生中心而言的,关注教学过程中学生是否发挥主观能动性、开展个性化学习、学习是否真正发生。学习中心课堂,指以学生学习活动作为整个课堂教学过程的中心或本体的课堂。英语教学过程设计的每一个环节、步骤应优先考虑学生能学到什么,语言能力、学习能力、思维品质、文化品格等核心素养中学生的提升点以及如何为此开展学习。学习中心的原则可避免教师一味关注“教”的技巧,而是转向关注学生在“学”的过程中的成长变化。

搭建支架:“支架”(scaffolding)原指架设在建筑物外部,用以帮助施工的一种“脚手架”。教学设计过程中教师应基于学生的“最近发展区”,设计搭建支架,帮助学生理解知识、解决问题、建构意义,促进学生发展。过程设计中可以设计不同形式的支架,如范例支架、问题支架、图表支架、建议支架以及工具支架等。设计支架可以借助不同的手段,如媒介支架(借助于图示、案例、影像资料提供支持)、任务支架(以任务为目标导向)、材料支架(提供可以供学生操作、练习的作业和实物)等。如同建筑工地的脚手架一样,教学设计过程中的支架也应随着教学活动的开展和教学目标的实现,逐步拆卸,逐步培养学生独立自主的探究能力。

思考题:以"教"为中心和以"学"为中心的教学过程设计,区别在哪里?

4. 高中英语教学过程设计

1) PWP 教学过程

PWP 教学过程把教学分为学习前(pre-learning)、学习中(while-learning)和学习后(post-learning)三个阶段。PWP 教学过程可以运用于具体语言教学的不同方面,如听力教学过程中的听前(pre-listening)、听中(while-listening)、听后(post-listening);口语教学过程中的说前(pre-speaking)、说中(while-speaking)、说后(post-speaking);阅读教学过程中的读前(pre-reading)、读中(while-reading)、读后(post-reading);写作教学过程中的写前(pre-writing)、写中(while-writing)、写后(post-writing)等。

以听力教学为例,听前阶段活动的设计旨在激活学生已有图式,为听力的顺利进行做铺垫和准备。例如,听前开展问答、讨论等,为听力话题内容做准备;听前教授词汇,扫清听中的语言障碍;听前介绍听力策略,为听中策略的应用做准备;还可以在听前有针对性地进行语音训练等。总之,听前活动的目的是让学生在语音、词汇、话题、策略等方面做好准备,同时降低学生听中的焦虑,提高听力效果。听中阶段可设计学生积极获取、整合信息的练习活动,例如匹配、判断、选择、填空、简答等。练习活动的设计有助于学生在听中获取并加工信息,练习听力策略。听后活动的设计注重语言输入和输出的有机结合,不应只停留在核对答案的层面。应根据听力内容,设计口语产出任务或语言迁移应用活动,例如讨论、角色扮演、转述等活动。

思考题:PWP 可以作为一种教学方法吗?

2) PPP 教学过程

PPP 教学过程把教学分为呈现(Presentation)、练习(Practice)和运用(Production)三个阶段。PPP 教学过程可以运用于语言知识教学,如语音、词汇、语法的教学。以语法教学为例,语法教学的目的是将语言的形式、意义和用法有机结合起来,使学生在实际语言运用中内化语言规则,从而能准确运用所学语言。在呈现阶段,可结合语境设计语法呈现活动,让学生在语境中感知语法现象,探究语法规则。在练习阶段,可设计不同类型的活动,让学生体验语法的形式、意义和用法,巩固语法规则。在运用阶段,可设计语言迁移、创造应用类活动,给学生提供灵活应用语言的机会,让学生在迁移、创造应用语言的过程中,内化语法形式,在运用语法方面,达到形式、意义和用法的有机统一。

思考题:PPP 模式过时了吗?

3)基于产出导向的教学过程

产出导向法(Production-oriented Approach)以“学习中心”“学用一体”“文化交流”以及“关键能力”为教学理念,以输出驱动、输入促成、选择性学习以及以评为学为基础,以驱动(Motivating)、促成(Enabling)、评价(Assessing)三个环节的循环为教学流程(文秋芳,2018)。

“驱动环节”的任务是设计任务场景让学生尝试产出。尝试产出的过程能让学生意识到自己的不足,从而激发学生的学习欲望。“促成环节”的任务是引导学生学习输入,并完成一系列促成活动,帮助学生把从教学材料中获得的接受性知识转化为产出性知识。教师设计的系列促成活动要精准对接产出目标和学生的产出困难,同时在认知难度上循序渐进,在活动形式上丰富多样。“评价环节”的任务是教师针对学生课上或课下产出的口笔头文本中存在的典型问题进行补救性教学,然后让学生对自己的产出文本进行修改和互改。教师的专业指导体现在挑选典型问题,指导学生修改,并提供修改思路或方案,目的是让学生意识到产出问题,并在教师的专业指导下培养自我评价和修改的能力(毕争,2020)。

思考与练习:

下面课例中教学过程设计是否合理?为什么?

时　间	教学内容	教学描述
00:00—00:45	Opening:greetings and lead-in	教师问候学生并告诉学生本节课学习的主题是:the secrets of memory。
	读前环节	
00:46—02:30	Q: Do you still remember your childhood event? Anyone would like to share your childhood experience with us?	教师讲述了自己的童年记忆之后,让学生分享自己的童年经历。 S1:幼儿园毕业典礼上自己闹的小笑话。 S2:小时候偷吃糖的经历。
02:31—03:57	Q: Why do you think we can still remember our childhood event?	教师追问:为什么我们在过了那么长时间之后,仍然还能记得童年时候发生的事情? S1: We have a very strong emotion on it. S2: Parents will repeat the interesting things.

续表

时　间	教学内容	教学描述
03:58—05:18	Q: What else do you want to know about memory?	教师进一步启发学生,让学生自己创造问题。 S1: What we eat have something with memory? S2: Can our memory be improved or trained? S3: How much information can we remember at a time?
读中环节的第一部分		
05:19—10:00	Share the first part of the text "Memory Expert Jemima Gryaznov". Q: What other questions people have about memory?	教师呈现文本内容的第一部分(问题及解释),让学生快速浏览,找出作者提到的有关记忆的四个问题,并就这四个问题让学生根据各自的生活经历,给出答案。
10:01—13:25	Read the text and find the answers from the text.	学生仔细阅读文章,找出对应这四个问题的答案,并与自己先前的判断进行比较。
13:26—16:28	Answer the four questions based on the text.	学生根据文章内容说出这四个问题的答案。
16:29—19:42	Q: Are you convinced of the answers from the expert? Q: How does she make it?	教师以第三个问题为例,和学生一起探讨写作技巧:作者运用 quoting 的方式,使文章更有说服力。然后要求学生找出其他三个段落的写作技巧。
19:43—21:31	Ss' discussion	学生结对讨论其他三个段落的写作技巧。
21:32—26:00	Ss report their discussion.	学生给出他们的答案,教师在黑板上以表格的形式呈现 methods and linking words。

续表

时　间	教学内容	教学描述
26:01—27:30	Q: If you were the expert, what else would you like to tell the readers after explaining the secrets of memory?	教师问:解释了记忆的秘密之后,如果你是作者,会再写点什么? S1: I think I would give the readers experimental researches. S2: How can we solve the problem about memory?
读中环节的第二部分		
27:31—35:45	Sharing the second part of the text "Memory Expert Jemima Gryaznov". Find the main idea of the four suggestions and then put them back.	教师给学生提供文本的第二部分(建议),学生理清主要内容,然后将其放在文本的正确位置上。
读后环节		
35:46—41:22	Discussion: What do you think of the explanations and suggestions from the experts?	学生评价文本中专家给出的建议。
41:23—52:47	Discovery time: Search for information online to work out your own answers and make your own suggestions.	借助平板等电子设备搜寻自己感兴趣的有关记忆的某一个话题,挖掘更多相关信息,进行展示汇报。
52:48—53:16	Homework: Write a Q & A article.	教师布置与所学文本内容相关的作业。
53:17—53:54	Closure	教师通过呈现有关记忆的美句来帮助学生进一步感受记忆的魅力。

注:本课例来自2018年国际英语教育中国大会。授课教师:北京师范大学第二附属中学王健老师;主题:The Secrets of Your Memory;课型:阅读课;授课对象:高中一年级学生;授课时长:54分钟。The Secrets of Your Memory 的文本属于Q & A(question & answer)类型。

(教学过程转写人:西北师范大学外国语学院2018级研究生杨晓燕)

第七节　英语教学活动设计

问题导入：

(1)英语教学活动的内涵和作用是什么？

(2)英语教学活动的设计应遵循什么原则？

(3)如何对基于核心素养的英语教学活动设计进行分类？

(4)如何设计英语教学活动？

活动是人类存在和发展的基本方式。教学活动通常指以教学班为单位的课堂教学活动，是学校教学工作的基本形式。学生的认知、情感和行为发展在教学活动中得到培养。

1. 英语教学活动的内涵和作用

学科知识只是形成核心素养的载体，学科活动才是形成素养的渠道。学科知识是不能直接转化为素养的，简单的重复、记忆、理解和掌握是不能形成素养的。学科活动意味着对学科知识的加工、消化、吸收，以及在此基础上的内化、转化、升华(余文森，2016)。《课标(2017 年版)》提出了指向核心素养发展的英语学习活动观，明确活动是英语学习的基本形式，是学习者学习和尝试运用语言理解与表达意义，培养文化意识，发展多元思维，形成学习能力的主要途径。

有效的教学活动要能够引导学生将外化的知识转化为内在的认知，使学生通过学习、梳理、概括、分析、比较、评价、迁移等活动，学习和整合所学语言知识和语言技能，运用这些知识和技能以及各种学习策略来探究和发现解决问题的答案，形成个人经验。也就是说，学习者只有通过自己的参与、体验、探究、内化、表达等具体活动，才能占有这些知识，因为学生解决问题的能力是在参与活动的过程中发展的。因此，指向培养学生学科核心素养的教学要以活动串联学习内容，以活动驱动学习过程，以活动促进语言与思维的发展，实现对主题意义的探究(王蔷，2016)。

思考题：你如何理解活动是英语学习的基本形式？

2. 英语教学活动设计原则

目的性原则：活动作为课堂的主要组织形式和学习的基本形式，是教育目标落实的主要途径。英语教学活动的目的性体现为对学生英语学科核心素养的培养，主要有语言能力、文化意识、思维品质和学习能力四个方面。英语语言能力目标是指学生在听、说、读、写、看等活动中培养英语语言意识，学习语音、词汇和语法知识，训练语言运用能力。文化意识目标是指学生在语言学习活动中获得文化知识，理解文化内涵，比较文化异同，汲取文化精华，形成正确的价值观和自信、自尊、自强的品格，具备一定的跨文化沟通和传播中华优秀文化的能力。思维品质目标是指学生能辨析语言和文化表现出来的各种现象；分类、概括信息，建构新的概念；分析、推理信息的逻辑关系；正确评判各种思想观点，理性表达自己的观点。学习能力目标是指培养学生保持英语学习兴趣，确立英语学习目标，选择学习资源，分配学习时间，监控自己的学习过程，反思、评价并调整自己的学习内容、方法和进程等方面的能力。英语教学活动设计应把活动需要实现的学科核心素养目标放在首位，以目的为导向，设计活动具体开展的步骤。

思考题：设计教学活动时，教师首先要有清晰的目标，不能为了活动而设计活动，为什么？

交互性原则："交互"是20世纪80年代以来第二语言学习和教学领域的核心概念。交互观将语言视为实现人际交往和社会交际的工具。它强调语步、以言行事、意义协商的模式以及会话之中的交互机制。任务型教学法、全语言法、合作语言学习法、内容型教学法等持交互语言观（王晓军，2011）。活动设计的交互原则主要体现在交互模式和人际交互两个方面。交互过程体现为读者与文本的交互，活动的设计应体现学生与文本的互动，而不仅仅是"自下而上"和"自上而下"的学习过程。学生在与文本的互动过程中学习理解、质疑、评价，发展核心素养。人际交互观认为交际是语言教师的目标，而交际的本质在于交互。人际交互体现在师生之间、生生之间的交际活动，活动应设计小组互动、结对互动或者师生互动，为学生交流真实信息创设条件。学生在交际活动中使用语言，在合作、探究的过程中发展学习能力。

思考题：你赞同"交际是语言教师的目标"这一观点吗？

整合学习原则：活动的设计应综合听、说、读、写、看能力的培养，避免只训练单一技能。应对语言知识如语音、词汇和语法的学习与语言技能的训练进行整合。语言输入活动与语言输出活动要综合统筹，避免只输入不输出；没有有效的语言输入促成活动，就没有学生高质量的语言输出。整合学习原则还包括对语篇、语境与语用的综合考虑。活动整合要遵循学生的认知规律，学习活动应从基于文本、深入文本再到超出文本；应从语言的学习理解类活动、应用实践类活动到实践创新类活动逐层递进，一体化设计活动。活动设计中的整合学习原则还体现在对核心素养目标的整合中，将文化意识、思维品质、学习能力的培养整合在语言学习活动中，使学生在学习、理解与运用语言的活动过程中提升核心素养。

思考题：活动设计时综合听、说、读、写、看能力的培养与分开各项技能，依次对其进行训练，你更喜欢哪种方式，为什么？

3. 英语教学活动分类

学习理解类活动主要包括感知与注意、获取与梳理、概括与整合等基于语篇的学习活动。

- 头脑风暴（Brainstorming）：作为一种集体式创造性解决问题的方法，头脑风暴可以用于任何阶段的教学活动。例如用于阅读活动时，可在阅读前针对单元主题开展头脑风暴，有利于学生学习感知并注意到单元主题，并积极进行创造性思考和思想碰撞；用于写作教学时，可鼓励学生在相互交流中表达不同观点，激起大脑的创造性"风暴"，有利于激发学生的创作灵感。

● 激活已知知识活动(Activating Prior Knowledge):在听、说、读、写、看活动前,设置主题相关的情境,激活学生的内容图式或者结构图式,有助于学生新旧知识的融合。

● 建构背景知识(Building Background Knowledge):背景知识的建构活动可以在学生查询、分享信息的基础上开展,也可以用教师讲授知识并提问的方式。教师通过讲解背景知识,铺垫必要的语言和文化背景知识,引出要解决的问题。

预测(Making Predictions)、主旨大意理解(Listening or Reading for Gist)、细节理解(Listening or Reading for Specific Information)等活动也属于学习理解类活动,可帮助学生获取和梳理信息。根据文本特征,细节的梳理可以采用不同的策略训练活动,如:辨认观点与事实(Identifying Opinions and Facts)、辨认原因与结果(Identifying Cause and Effect),辨认问题与解决办法(Identifying Problem and Solution),或者信息归类(Classification)等。

通过学习理解类活动,学生可以理清文本传递的信息、信息传递的方式以及感知并理解文本承载的文化价值取向,为语言的应用实践做准备。

应用实践类活动主要包括描述与阐释、分析与判断、内化与运用等深入语篇的学习活动,即在学习理解类活动的基础上,教师引导学生围绕主题和所形成的新的知识结构开展描述、阐释、分析、判断等交流活动,逐步实现对语言知识和文化知识的内化,巩固新的知识结构,促进语言运用的自动化,助力学生将知识转化为能力(中华人民共和国教育部,2020)。

● 角色扮演(Role-playing):本活动可以用在听后或者读后,学生在角色扮演的过程中应用语言,注意语言的交际功能,有助于将语言知识转化为语言能力。

● 比较与对比(Comparing and Contrasting):本活动可以让学生进行语篇内信息的比较,也可以让学生对比作者观点与自己观点。以 A Letter from Tony(选自重庆大学出版社普通高中教科书《英语》必修第二册第一单元)一文为例,本篇文章讲述是 Tony 写给 Robbie 的一封信。信中 Tony 讲述了他在新学校的生活,讲到他的英语老师改变了他对英语学习的态度。在进行应用实践类活动设计时,就可以让学生从不同角度(teaching methods, personal qualities, relationship with students, etc.)来对比语篇中 Tony 的英语老师与自己的英语老师。这种对比的活动能让学生内化语篇信息,结合自己的实际感受来应用语言;学生思想的自由表达也有助于教师审视自己的教学,从而调整并改进教学。

迁移创新类活动主要包括推理与论证、批判与评价、想象与创造等超越语篇的学习活动。

● 推断(Making Inferences):本活动可以用在阅读中,例如让学生推断作者传递的思想和观点,通过语篇表层信息推断其深层意义。

● 评价(Evaluating):在本活动中,学生可以对语篇信息,作者思想,或者老师、同伴的观点提出质疑,在评价他人观点后,提出自己的见解。

● 调查(Surveying):针对单元主题开展调查活动,让学生在学习语篇的基础上,深入探究主题语境。

● 辩论(Debating):根据单元主题设计辩题,组织辩论活动,让学生在辩论的过程练习推理论证,评价他人观点,创造性地使用语言。

● 表演(Performing):对故事性的语篇,可以进行文本的改写,进行故事表演或短剧表演。故事改写和表演的过程可让学生运用语言,激发学生的创造性思维。

思考题：这三类活动（学习理解类、应用实践类和迁移创新类）之间有什么关联？

4. 英语教学活动设计

教学活动设计需综合考虑活动内容、活动方式、活动的层次、活动的目标，以及活动与活动之间的逻辑关联等。英语教学活动设计在单元结构解读、单元主题分析、单元总体目标确定、单元课时划分的基础上，围绕特定的课时目标、教学内容、结合学生特征以及已有基础进行，活动的设计对准课时教学目标的达成。根据英语学习活动观，活动设计应基于文本解读。文本的解读不仅涉及文本的主题内容，还有对文本意义的挖掘，即作者为什么写这篇文章，传递了什么样的价值观，文本的体裁、结构以及语言特征等。

下面我们以课文"Friendship in Different Cultures"（选自重庆大学出版社普通高中教科书《英语》必修第二册第三单元）为例来阐释英语教学活动设计。

本单元的话题为：朋友和友谊（friends and friendship）。阅读篇章的标题是不同文化中的友谊（Friendship in Different Cultures）；听说以及写作的话题内容是朋友和友谊，融入了寻求和给出建议（asking for and giving advice）；延伸阅读部分是关于动物之间友情的故事文章。

教材列出的本单元的总体目标是：

By the end of this unit, you will be able to:

✧ report on the differences in friendship in different cultures;

✧ enlarge your vocabulary by adding suffixes: *-ship*, *-ly* and *-able*;

✧ use the infinitive as the attribute properly in context;

✧ ask for and give advice on making friends;

✧ write an email to give suggestions about making friends;

✧ find out what friendship is in the animal world.

在单元整体话题、内容和目标的基础上，我们从 what，why 和 how 三个方面来分析本篇阅读文章的文本。

What：本文讲述了留学生 Yash 和美国学生 Steve 之间友谊变化的故事，说明了不同文化对友谊的不同看法。

Why：通过来自两个不同国家的学生之间友谊的故事，让高一学生了解不同文化对友谊的不同定义，体现文化多样性。

How：文章分为两段：第一段是叙事部分，讲述了 Yash 和 Steve 之间友谊变化的故事；第二段是议论部分，作者基于 Yash 对友谊的困惑，呈现了美国人对友谊的定义和看法，揭示了不同文化对友谊的不同理解。

基于文本分析，预设教学目标可为：

By the end of this lesson,

❖ students can express their own views about friendship;

❖ students can explain changes about friendship between Yash and Steve;

❖ students can compare differences about friendship in different cultures;

❖ students can give advice on making friends.

我们根据预设教学目标来设计教学活动，活动的设计需体现层次性。详见下表：

Friendship in Different Cultures 活动设计

活动名称	活动内容	活动层次及设计意图
Activity 1 Activating Prior Knowledge	Step 1. Ss are asked to share their ideas about the following questions: ①Do you make friends based on the same hobbies or interests? How do you make friends? ②Do you feel sad when one of your friendships stops? Why or why not? Step 2. Ss are asked to read the following statements about friendship, guessing the meanings of the underlined words, and then judge whether they are true or false in Chinese culture. ①Friendship is usually based on common interests. ②Friendship can be close, strong and real, yet fade away in a short time as things change. ③Friendship often develops quickly, and then changes quickly. ④When a friendship has stopped, neither side feels hurt. ⑤Friendship is easy to pick up when it stopped.	活动首先通过紧扣单元主题的问题让学生结合自身经验谈论友谊,接着结合中国文化让学生思考判断并分享自己的观点,以此激活学生的背景知识。 (学习理解类活动)
Activity 2 Making Predictions	Step 3. Ss are asked to share their views about the above statements. Ss are asked to make predictions about whether the statements they have discussed are true or false in American culture.	将活动1中在中国文化背景下学生已经讨论过的观点放在美国文化中,让学生预测,培养学生跨文化的思辨能力。 (学习理解类活动)

续表

活动名称	活动内容	活动层次及设计意图
Activity 3 Reading to Clarify Predictions	Ss are asked to skim and scan the passage "Friendship in Different Cultures" and underline the related sentences to clarify their predictions. The following sentences from the passage can confirm the statements that Ss have predicted are true in American culture. ①Americans have school friends, work friends, sports friends... These friendships are based on common interests. ② American friendships develop quickly, and they may change just as quickly. ③ In the United States, as things change, friendships may fade away in a short time. ④Neither side feels hurt by this. ⑤ If the same two persons meet again by chance, even years after, they pick up the friendship where it stopped and are delighted.	预测之后,学生通过阅读课文,验证预测。这一过程也是学生梳理文本信息的过程。(学习理解类活动)
Activity 4 Reading for the Specific Information	Step 1. Ss are asked to read the passage individually and write down the answers to the following questions: ①Who are Yash and Steve? ② How is change of Steve's attitude toward Yash? ③How does Yash feel about Steve's change? And why? ④What can you infer about Steve's change? ⑤What does the author want to convey with the story of Yash and Steve? Step 2. Ss share their answers in pairs.	通过逐层递进的问题让学生一方面理清文本的基本信息,另一方面推断作者的写作意图:作者通过美国学生 Steve 与国际留学生 Yash 之间友谊变化的故事,引出本文的写作目的,探究不同文化对待友谊的不同态度。 (学习理解类与应用类活动)

续表

<table>
<tr><th>活动名称</th><th>活动内容</th><th>活动层次及设计意图</th></tr>
<tr><td>Activity 5
Comparing and Contrasting</td><td>Step 1. Ss are asked to read Para. 2 and find out reasons for Steve's attitude change and Yash's confusion.
If Ss have difficulties in sorting out information, the following table may be provided.
<table>
<tr><td>In some cultures</td><td>①Friendship means a strong ________ between two people.
②Friendships develop ________, since they are built to ________.</td></tr>
<tr><td>In American culture</td><td>①Americans use the word "friend" in a very ________ way.
② Friendship is based on ________.
③Friendships develop ________ and change just as ________.
④ Neither side feels ________ when friendship stops.
⑤ If the same two persons meet again by chance, even years after, they ________ the friendship where it stopped and are delighted.</td></tr>
</table>
Step 2. Ss are guided to use conjunctions such as but, however, as a contrast, etc. to talk about differences about friendship in different cultures of Steve and Yash.
Step 3. Ss are asked to compare friendship in Chinese culture with that mentioned in the passage.</td><td>基于语篇第二段概括不同文化对友谊的不同看法，从对比梳理语篇信息的学习理解类活动逐步过渡到迁移应用类活动。让学生比较自己文化与 Steve 及 Yash 文化背景下的友谊。培养学生 comparison 与 contrast 的技巧。</td></tr>
<tr><td>Activity 6
Discussion</td><td>Step 1. Ss are asked to make comments on friendship between Yash and Steve.
Step 2. Ss are asked to to give advice to Yash about making friends in America.</td><td>让学生结合文化背景因素评价 Yash 与 Steve 的友谊，在此基础上，给困惑的 Yash 一些在美国交友的建议。本活动同时融合了单元写作的任务。（迁移创新类活动）</td></tr>
</table>

思考与练习：

结合指向核心素养的英语学习活动观对下面教学案例中的活动进行分类，并提出改进建议。

课例来源：2018 年 TESOL 大会。

执教老师：沈萃萃（浙江省桐乡市高级中学）。

教学内容：Unit 4 Sharing

课文标题：A Letter Home［选自人民教育出版社普通高中课程标准实验教科书《英语》第七册（2007 年版）］。

Activity 1: Brainstorming

T asks Ss to talk about their sharing experiences by using the sentence patterns such as

①As a ________, I share ________ with ________.

②As volunteers, they shared ________ with these mentally-disabled children.

Activity 2: Activating Prior Knowledge

T asks Ss to explain "The sign for volunteers" by means of the heart-shaped picture.

Q: What do heart, hand, dove and letter Y stand for?

Activity 3: Global Reading to Identify Genre and Purpose of the Text

T asks Ss to read the introduction, the beginning and ending part of the text, and fill in the blanks.

An email letter home

Purpose: ________

(From ________ in ________

to ________ in ________)

Activity 4: Building Background Knowledge

T shows a map of Pacific Ocean and asks Ss to locate Papua New Guinea, then T explains background information about Papua New Guinea.

Activity 5: Reading for Gist

1) T asks Ss to skim Paras. 2–8 and find out key words in each part.

Q: What aspects are mentioned about Papua New Guinea in Jo's letter?

Paras. 2–3 ________

Para. 4 Visit

Para. 5 ________

Para. 6 ________

Para. 7 ________

2) T asks Ss to exchange their ideas with their deskmates.

3) T asks some Ss to share the key points they have found. Meanwhile, T writes down key words on the blackboard.

Activity 6: Reading for Specific Information

T guides Ss to read Paras. 2-8.

Paras. 2-3: Schooling

T asks Ss to find out details about tough conditions and infer the boys' learning attitude and Jo's teaching.

Questions:

- What can we learn about the boys' learning attitude from this detail?
- What is Jo's most challenging subject and why?
- Can you find a supporting example that shows how challenging teaching science is?
- What is Jo's puzzle?
- Can you find one word that Joe is sure about her teaching?

Para. 4: Visit

T asks Ss to read for details with the following questions:

- How does Jo describe their long journey to Tombe's home?
- What language do the locals speak?
- What can we learn about their relationship?

Para. 5: Housing

1) T asks Ss to read and find out the descriptions of hut including the outer appearance and inner decoration.

Q: Can you find some adjectives to describe Mukap's hut?

2) T asks Ss to work in pairs to answer the question: What did they show for their guests?

Para. 6: Cooking

T shows animated pictures of cooking steps of Tombe's family, asks Ss to speak out the cooking steps and infer dinner atmosphere.

Questions:

- What is their cooking method?
- Do you think the food is simple or fancy?
- What do you think of their dinner atmosphere? Can you find some evidence?

Para. 7: Belief

T asks Ss to read Para. 7 and fill in the blanks.

They believe leftovers attract ________ in the night. So they ________ the can to ________ the leftovers and ________ it out of the hut.

Para. 8

1) T asks Ss to think about what Jo has benefited from the volunteer work.

Q: Did Jo benefit from the process of sharing?

2) T summarizes the content of the text and asks Ss to read the following quotation and fill in the blank.

"Share your happiness with others, happiness doubles. Share your sadness with others, sadness halves. Share your love with others, love ________________ (spreads)."

Activity 7: Making a Sharing Plan

1) T asks Ss to form small groups to make a sharing plan from the following aspects:

- In which underdeveloped area?
- With whom to share?
- What to share?
- How to share?
- What can both sides gain from the sharing?

2) T asks three groups to display their sharing plans, then makes comments on these sharing plans.

Assignment

If you were Jo and were invited by a TV station to share your experiences and feelings as a volunteer teacher in PNG, what aspects (schooling, housing, cooking, or belief) would you like to introduce? Please prepare a TV speech.

第三章

语音教学设计与案例分析

目标导航

学习本章之后,你能够:

- 定义语音并阐述其重要性;
- 举例说明语音教学的内容;
- 阐释语音教学的原则;
- 使用语音教学策略;
- 设计语音教学活动。

第一节　语音教学的基础知识

问题导入:

(1)什么是语音?

(2)为什么要教语音?

(3)语音学习的目标是什么?

(4)影响语音学习的因素有哪些?

语音是语言三大要素(语音、词汇、语法)中的第一要素,因为语言首先是有声音的。语音是学好语言的基础,语音教学是语言教学的重要内容之一。

1. 语音的内涵

语音就是语言的声音,是人们说话时发音器官发出的具有一定社会意义的声音。和其他声音相比,语音有如下特点:①是人的发音器官发出来的;②不同的声音表示不同的意义;③其作用在于社会交际。

以上特点说明,语音具有生理属性和社会属性。一定的语音是一定的发音器官进行一定的活动的结果,这体现了它的生理属性。语言各种意义的实现有赖于不同的发音。语音和语义的联系是人们在长期的语言实践中,由社会成员约定俗成的,这种音义的结合关系体现了语音的社会属性。

语音还具有心理属性。语音是语言的物质外壳,是语言的外部形式,也是最直接地记录人的思维活动的符号体系。无论是语音的发出,还是语音的感知,都会引起发出者和感知者大脑中的思维反应以及二者的心理反应。语音的心理属性主要表现在两个心理过程中:语音发出者脑中概念引起音响形象的过程;语音接受者脑中音响形象引起概念的过程(王玲,2013)。

综上所述,语音就是由人的发音器官发出,负载着一定的语言意义的声音。语音具有生理属性、社会属性,以及心理属性。

语音的最小单位是音素(Phone)。英语中共有44个音素,其中元音20个,辅音24个。英语语音用音标来标写(本书统一采用英式音标)。

思考题:语音和其他动物发出的声音有什么不同?

2. 语音的重要性

语音是语言的物质形式,是语言不可或缺的一个要素,离开了语音,语言便不能存在。可以说,语音是语言赖以存在的物质生命(郭锦桴,1993)。英国著名语言学家吉姆森特别强调语音的重要性。他认为,在讲任何一种语言时,必须掌握几乎100%的语音,但了解50%到90%的语法和1%的词汇也许就够了(Gimson, 1980)。

语音是语言学习的基础。词汇和语法是靠语音来实现的。发音不对,单词的拼写就会有错误,语法就不符合规则,让人难以理解,而正确的语音学习能促进词汇和语法的学习。因为"学习外语,语音是学习的首要内容,非学不可,回避不了。词汇需要语音去识记,听说需要语音助传递。语音可以说是语言能力的载体或外化形式"(王初明,2004a)。语音与读写能力之间也有密切关系。在对以英语为母语的儿童和以英语为第二语言的儿童的研究中都发现,语音意识对个体的读写发展具有长效预测作用,语音意识干预能够有效促进个体读写能力的发展(李蓓蕾、陶沙 等,2011)。大量实证研究表明,不同阅读水平的英语学习者都能够从语音意识训练中获益,阅读困难学习者是最大的受益者(李光泽、董燕萍,2012)。更有研究表明,中国学生的英语语音意识与其英语阅读成绩正向相关(潘颖、邓小平 等,2019)。语音虽然只是语言的一部分,但对英语学习却产生着关键性的影响。

思考题:你认为语音、词汇和语法,哪个更重要?

3. 语音学习的目标

语音学习对学生的语言学习有帮助,而且很有必要。那么对于我国英语学习者来说,语音学习要达到怎样的目标呢?一直以来,我国英语语音教学都在追求"发音标准",要求学生花费巨大精力一遍遍模仿英国英语标准发音或通用美国英语发音。但在英语作为外语的学习环境中,"标准语音"对普通英语学习者来说,很难实现,也并非必要。

在英语成为国际通用语，各种地方性英语变体也被逐渐接受并使用的背景下，可理解性（Intelligibility）被越来越多的学者认可为通用语语音的标准。可理解性指足够清晰，能够被理解的品质。20 世纪 50 年代，Catford 最早提出了可理解性的概念，将其定义为“对说话目的的恰当反应”；Smith 和 Nelson 将可理解性定义为“对说话者说话意图的信息的理解”，将其分为三个层面：可理解性（Intelligibility）、能理解性（Comprehensibility）和可解释性（Interpretability）（张伶俐，2014）。可理解性指的是听者识别每个单词和句子的能力，也可认为是可识别度，语音理解度或者口音可理解度；能理解性是指听者在一定的语境中理解词语或句子的难易程度；可解释性是指听者是否能获得说话人言语之外的意图（薛小姣、周卫京，2020）。

根据以上标准及普通高中英语语音教学的内容要求，高中学生语音学习的目标是要能根据发音、语调、节奏等理解说话人的意图和态度，也要能运用正确的发音、重音、语音、语调等表达意义、意图和态度，并能发现和欣赏英语诗歌、韵文等文学形式中的节奏和韵律。

思考题：你是否同意语音学习的目标是“可理解性”？

4. 语音学习的影响因素

语音学习受语言因素和非语言因素两方面的影响。语言因素主要是目的语和本族语语音之间的差异对英语语音学习的影响；非语言因素主要有年龄与自我概念的影响。

从音段音位方面来说，首先，英、汉两种语言存在音素差异。英语的单元音有长元音和短元音，而汉语中的单韵母没有长短之分；英语中有些单元音与汉语普通话的单韵母相似，如/iː/，/ɜː/，/uː/，/ɔː/，/ɑː/ 与 i，e，u，o，ɑ 发音相似，但很多单元音在汉语中找不到对应音，如 /ɪ/，/u/，/ʌ/等。有些辅音，如/θ/，/ð/，/s/，/z/，/v/，/ʒ/，/tr/，/dr/等，在汉语中也没有对应的发音，这就造成英语学习者发音困难的问题，比如单词 thank 的音经常被发成 /sæk/，或者 drown /draʊn/ 中的辅音连缀不能被发出来。其次，英、汉两种语言的音节结构有差别。英语的音节可以由一个元音构成，如 /aɪ/（I），也可以由一个元音和一个或一个以上的辅音构成，如/leik/（lake）；辅音加/l/、/n/也可构成音节，如 bottle /ˈbɒtl̩/，people /ˈpiːpl̩/，cotton /ˈkɒtn̩/ 等。汉语的音节通常由声母加韵母构成，除了少数以鼻辅音 n，ng 结尾的词外，都是以元音结尾的。这一差别造成学习者在英语单词发音时习惯在结尾加上元音，如把 egg 的音发成/egə̲/，把 flood 读成/flʌdə̲/，多出一个元音/ə/，因而引起听话者的误解或不解。

从超音段音位层面来说，英语中的重音是引起学习者发音困难的因素之一。汉语中重音作用不明显，词义主要由四个声调来决定。英语中的重音是固定的，重音改变会引起词性和词义变化，如 content 的重音落在第一个音节上时，其词性是名词，意思是“内容”；重音移到第二个音节上时，其词性变为形容词或动词，意思变为“满意”“使满意”。学习者可能会因为没有重音意识，或者不会发多音节词的音，或者重音把握不准，导致单词发音错误，让人难以理解，如 umbrella /ʌmˈbrelə/，academic /ˌækəˈdemɪk/，analysis /əˈnæləsɪs/等词的发音。

年龄是影响语音学习的重要因素之一。Penfield 和 Roberts(1959)通过研究大脑和语言的关系,证明儿童习得语言比成人更具优势,认为学习语言的最佳时期是 10 岁之前。Lenneberg(1967)提出关键期假设,认为二语习得的关键期在 2 岁至青春期。Cook 综述了年龄与学习效果的关系,发现第二语言的几个方面(语法、词汇、语义及语音)与年龄有不同关系,而语音与年龄高度相关(刘冬玲,2014)。近几年国内相关实证研究表明,我国英语学习者的语音学习和年龄存在以下关系:语音学习中确实存在关键期,在青春期前学习外语的学生更有可能达到标准的语音水平(谢舒婷,2012)。更具体的研究表明,从小学三年级开始学英语的学生的英语语音产出能力强于从初中开始学习的学生,但其对英语语音感知的准确性跟从初中开始学习的学生相比无显著差异(林韶蓉,2011)。五年级起点的学生的英语语音语调发展水平在第一和第二学年里优于三年级起点的学生,但无论是三年级起点还是五年级起点,学生在两个学年里达到的语音语调水平和英语母语儿童相比都相距甚远,这表明语音语调的发展是一个长期积累的过程(常建蓉、余强 等,2005)。

儿童在外语学习方面具有语音上的优势,如果从小就学外语,学生的发音可以培养到接近于本族语说话人的水平(桂诗春,2005),但是,语言输入的质量、数量和强度对于外语语言能力的作用要远远超过所谓的初始年龄效应。因此,需淡化年龄因素和外语语言能力的关联,而是要关注如何提升外语环境下学习者语言输入的质和量(王勃然、王朋然 等,2017)。有质有量的教学才有助于学习者语音的提高。

英语语音自我概念,即英语学习者对自己语音水平和语音学习能力的自我感知和评价,和语音学习有紧密关系。2004 年,国内学者王初明提出了自我概念与外语语音学习假设。之后的调查研究证明,语音自我概念、实际发音水平、英语学习成绩之间存在显著相关(王初明,2004a,2004b)。语音自我概念通过整体英语自我概念间接地影响英语水平,而语音水平和整体英语自我概念能直接地影响到英语水平;同时,语音水平还可分别通过语音自我概念和整体英语自我概念间接地影响英语水平(梁鲜、潘海岸 等,2010)。

思考题:除了自我概念之外,你认为还有哪些情感因素能影响语音学习?

5. 语音教学的发展历程

语言教学与外语教学在西方有悠久的历史,但正式的语音教学始于 19 世纪末(罗立胜、张莱湘,2002)。语音教学从不被重视到逐渐被重视,从经验型向科学型发展,语言学理论和教学范式的嬗变起到了重要作用。

在语法翻译法盛行的时代,语言教学的重点是语法规则及母语和目的语之间的互译,口语交际没有受到重视,语音教学更是被忽略。19 世纪末的"改革运动"使人们意识到语言在交际中首先是有声的,口头语言交流应该受到重视。1886 年,受"改革运动"的影响,法国语言学家 Paul Passy 成立了国际语音协会,同时确定了国际音标符号,为英语语音符号的规范化及语音教学的科学系统性打下了重要的基础。

20 世纪初,随着直接法的出现,口语教学被放在了第一位。直接法提倡把口头练习的内容用语音做标记,教师必须掌握语音学的知识和技能。人们开始把注意力转向对英语语音的研究,为语音教学奠定了坚实的理论基础。

20 世纪四五十年代,以 Bloomfield 为代表的结构主义语言学家认为,语言的本质是口头语言,书面语是第二位的。以结构主义理论为基础的听说法更加重视句型的操练以及学习者发音习惯的培养,语音教学得到了进一步的发展。这时的语音教学开始借助语音符号、发音图解、图表等教学用具,开展更加有效的教学活动,针对此教学法的自身特点创设出相应的语音对比操练模式。语音教学的重点是训练听辨和发音的能力。先是听辨音素,练习元音和辅音的发音,进而听辨、练习单词和词组的发音,由最小的单位再到较大的语音单位进行练习(乐金马、韩天霖,2006)。

20 世纪 70 年代至今,受人本主义教育思想的影响,学生的情感因素,尤其是自我概念在语音教学中受到重视。学习者在语音方面自我感知良好,会形成良好的自我形象,增强自信心,有助于语言学习。

20 世纪 80 年代至今,随着交际语言教学法的兴起,语音教学出现了几个方面的“融合”。①语音教学不再作为独立的教学部分,而是融合到听力、阅读等部分综合进行;②音段音位(元音、辅音、音节等)的教学融合到超音段音位(重音、节奏、声调、语调等)的教学中;③语音教学和交际语言学习活动相融合。

交际法在语音教学中融入社会因素和语境,使语音教学有了实际意义,但往往容易忽略语言规则和形式的教学。因此,在实践中就会出现学生口语流利但准确度不够的问题。这就需要我们在语音教学中既要提高学生对规则的认识,又要创设情境,让学生接触到尽可能真实的语言。将语音教学和语言能力的发展结合起来,才能有效解决学生的语音问题。

思考与练习:

总结语法翻译法、直接法、听说法、交际法中语音教学的特点,并进行评价。

第二节　语音教学的内容

问题导入:

(1)语音教学应该包括哪些内容?

(2)语音理论有哪些?

(3)语音知识包括什么内容?

语音教学要教学习者正确的发音,以及根据重音、节奏、停顿、语调等的变化感知说话人的意图和态度，并借助重音、语调、节奏等表达意义、意图和态度等。以上目的的实现离不开语音理论和语音知识。语音理论包括语音学（Phonetics）和音位学（Phonology），二者都研究发音（Speech Sound）。语音学主要研究发音过程及原理，侧重发音的自然属性；世界上任何一种语言的任何一种音都可以成为语音学研究的对象。音位学研究特定语言语音系统中不同成分之间的关系，也就是说研究声音是如何系统地组成单词和句子，侧重发音的社会属性。

英语音位学研究的基本单位是音位（Phoneme），分为音段音位和超音段音位。音位学研究的要素是语音教学的重要内容。在学习音段音位和超音段音位之前，我们先厘清语音教学中的几个概念。

1. 音素和音位

我们说话的时候会发出一连串连续的音，为了研究这些音，语音学家把它们分割成音段（Segment）。例如，单词 man 的发音中的第一个音段为/m/，第二个为 /æ/，第三个为/n/。音段为语音中最小的、不可再切分的元素，也叫音素（Phone）。语音中还有个重要概念——音位（Phoneme）。在此，我们对二者做个简单区分。音素和音位都属于语音单位。音素是根据语音的自然属性划分出来的最小语音单位，分为元音与辅音两大类；音位是从语言的社会属性划分出来的语言单位，是人类某一具体语言中能够区别意义的最小的语音单位。音位分为音段音位和超音段音位，音段音位包括元音、辅音、音节等，超音段音位包括重音、节奏、声调、语调等。所以，音位和音素有包含和被包含的关系。

思考题：音素和音位有什么区别和联系？

2. 音标

为了进行语言教学和研究，语言工作者给每个音都设了一个符号，这些符号就是音标。英语中使用的标注英式发音的英式音标或 DJ 音标，以及标注美式发音的美式音标或 KK 音标，都是从国际音标 IPA（International Phonetic Alphabet）中修改变形来的。

IPA最早是在 1886 年由法国语言学家 Paul Passy 带领英国和法国教师基于教学研究的需要开发出来的，于 1888 年公布。IPA 提供了超过 160 个符号，转写任何一种语言通常只会用到其中的一小部分。

英式音标或 DJ 音标系统是最常见的 IPA 在英语中的应用，由英国著名语言学家 Daniel Jones 发明。他根据 IPA 编了一本英国英语的发音辞典 *English Pronouncing Dictionary*（1917 年首次出版），该词典代表了公认发音（Received Pronunciation），DJ 音标也成为英语语音标准的音标体系。KK 音标是美式标音，是美国两位语言学家 John S. Kenyon 和 Thomas A. Knott 共同编写的 *A Pronouncing Dictionary of American English*（1944 年首次出版）所使用的音标，同样源自 IPA。传统语音学认为，英语有 48 个音素。一个音素对应一个音标，所以共有 48 个国际音标。这也是我们国内熟知的一种音标体系。现代语音学认为，英语有 44 个音素，因为/tr/ /dr/ /ts/ /dz/ 这四个不是独立的音素，而是辅音连缀。DJ 音标和 KK 音标体系都是 44 个音素。英语 44 个国际音标见表 3-1：

表 3-1 国际音标分类表(DJ)

元音	单元音	前元音	/iː/	/ɪ/	/e/	/æ/	
		中元音	/ʌ/	/ɜː/	/ə/		
		后元音	/ɔː/	/ɑː/	/ɒ/	/uː/	/ʊ/
	双元音	开合双元音	/aɪ/	/eɪ/	/ɔɪ/	/aʊ/	/əʊ/
		集中双元音	/ɪə/	/eə/	/ʊə/		
辅音	爆破音	清辅音	/p/	/t/	/k/		
		浊辅音	/b/	/d/	/g/		
	摩擦音	清辅音	/f/	/s/	/ʃ/	/θ/	/h/
		浊辅音	/v/	/z/	/ʒ/	/ð/	/r/
	破擦音	清辅音	/tʃ/				
		浊辅音	/dʒ/				
	鼻音	浊辅音	/m/	/n/	/ŋ/		
	舌侧音	浊辅音	/l/				
	半元音	浊辅音	/j/	/w/			

需要注意，字母和音标不是同一回事。字母是拼音文字最小的书写单位，英语中有 26 个字母。英语音标是记录音素（语音最小单位）的符号。此外，二者读音不同。字母与音标在发音方面区别很大，看似相同的字母和音标，其读音却大相径庭。

思考题：(1)音标的发明有什么意义？
(2)字母和音标有什么区别？字母 n 和音标/n/的发音一样吗？

3. 音段音位

学习者想正确发音，并能用恰当的语音语调等表达意义、态度和意图，便要学习音位知识。

音段音位是以音素为材料，从音质的角度划分出来的固定音段上的音位，分为元音音位和辅音音位，简称元音和辅音。元音是在发音过程中由气流通过口腔而不受阻碍发出的音，与辅音相对。英语中共有 20 个元音（如表 3-1 所示），其中 12 个单元音，8 个双元音。单元音是指只包含一个音素的元音，整个发音过程嘴型保持不变，以保证只发出一个音素，如/iː/，/ə/，/ʌ/。根据元音发音过程中舌头在口腔中抬起的部位不同，单元音可分为前元音(/iː/，/ɪ/，/e/，/æ/，)、中元音(/ɜː/，/ə/，/ʌ/)和后元音(/ɔː/，/ɒ/，/uː/，/ʊ/，/ɑː/)，其中带符号"ː"的为长元音。顾名思义，长元音的发音持续时间比短元音（不带符号"ː"）长点。双元音是指包含两个音素的元音，发音过程中嘴型发生变化，先发第一个音，再发第二个音，但它们作为一个整体出现，之间有平滑的过渡。也就是说，双元音中的发音牵涉到两种不同的舌位，并且从其中一种舌位滑动到另一舌位。双元音中的/aɪ/，/eɪ/，/ɔɪ/，/aʊ/，/əʊ/是开合双元音，发音时嘴型由半开到合或由开到合；而/ɪə/ /eə/ /ʊə/是集中双元音，发音时嘴型由圆到半开或始终半开。

辅音是指气流在口腔或咽头受到阻碍而形成的音。英语中有24个辅音，根据发音时声带是否震动，分为清辅音和浊辅音两大类。发音时声带不振动、送气的叫清辅音；发音时声带振动、不送气的叫浊辅音。按照发音方式和发音部位，辅音可分为爆破音（/p/，/t/，/k/，/b/，/d/，/g/）、摩擦音（/f/，/s/，/ʃ/，/θ/，/h/，/v/，/z/，/ʒ/，/ð/，/r/）、破擦音（/tʃ/，/dʒ/）、鼻音（/m/，/n/，/ŋ/）、舌侧音（/l/）和半元音（/j/，/w/）。

思考题：双元音/ɪə/是把两个单元音/ɪ/和/ə/合起来发出来的吗？双元音/eə/和单独发元音/e/和/ə/有什么不同？

英语发音和拼写之间有一定的对应关系。据统计，84%的英语词汇符合读音规则，因此学习常用的音形对应关系对于识词具有重要作用（Blevins，2006）。如，字母组合 ur，ear 一般发音为/ɜ:/，如 burn /bɜːn/，nurse /nɜːs/，earn/ɜːn/等。字母 c 在 e，i 或 y 前读/s/，如 face /feis/，city /ˈsɪtɪ/，cycle /ˈsaikl/等；字母 c 在弱读字母 ia，ie，io，iu 前读/ʃ/，如 official /əˈfɪʃəl/，efficiency /ɪˈfɪʃənsɪ/，delicious /dɪˈlɪʃəs/；其他情况下，字母 c 发/k/音，如 cake /keik/，coat/kəut/，music /ˈmjuːzɪk/，picture /ˈpɪktʃə/ 等。所以，学习音标以后，学习者可以自己拼读单词，并根据单词读音联想记忆单词，达到事半功倍的效果。

音节是读音的基本单位，也是音段音位的重要内容。音节作为语音中最自然的语音结构单位，有助于我们学习单词。例如：英语单词 water 就是由/ ˈwɔː/和/tə/两个音节构成的。英语中的元音特别响亮，一个元音可构成一个音节，一个元音和一个或几个辅音音素结合也可以构成一个音节。虽然辅音不响亮，不构成音节，但英语辅音字母中有3个辅音/m/，/n/，/l/是响音，它们和辅音音素结合也可以构成音节。它们构成的音节经常出现在词尾，一般是非重读音节。如 noodle /ˈnuːdl/，season /ˈsɪːzn/，prism /ˈprɪzm/。按照音节的多少，英语中有单音节词（只有一个音节的词，如 meet /miːt/，three /θriː/）、双音节词（含有两个音节的词，比如 open /ˈəupən/，people /ˈpiːpl/），以及多音节词（有两个以上音节的词，如 interesting /ˈɪntrɪstɪŋ/，dictionary /ˈdɪkʃənəri/）。音节按性质可以分为重读音节和非重读音节。重读音节是指在双音节或多音节中发音特别响亮的音节，用重读符号"ˈ"在音节相应位置表示，其他音节为非重读音节。单音节词无须区分重读弱读。单词的重音是超音段音位的重要内容。

练习

朗读下列单词，标出每个单词的音节数量。

battle (　　)	generous (　　)	universe (　　)	myth (　　)
subway (　　)	prison (　　)	pomegranate (　　)	dormitory (　　)

4. 超音段音位

学习了初步的语音知识后，更重要的是要能感知语音的表意功能，恰当地运用重音、节奏、语调、停顿、连读等超音段音位知识,来达到有效交际的目的。

重音:重音是决定一个音节是弱读还是重读的重要因素。英语单词中音节的重读弱读是有规则可循的。Roach 提出,发重读音节要比发非重读音节用的肌肉力量多(Roach, 2000)。Kelly 提出有 3 个特点可以识别重读音节:音量高、音调发生变化和音节发得较长,非重读音节没有这些特点(Kelly, 2011)。除了发音有特点之外,重音还有区别词性、词义的功能。如 increase 发音为/ˈɪŋkriːs/时,为名词"增加";发音为/ɪnˈkriːs/时,为动词"增加";digest /ˈdaɪdʒest/意为"摘要,概要",而 digest/daɪˈdʒest/ 意为"消化,理解"。

节奏:每种语言都有自己的节奏。英语句子中的重读、弱读、停顿(即意群)、连读、略读,以及语调等构成了节奏。如同英语单词中的重音起着重要的辨音辨义功能,句子意群中的重读也是表达说话人意图和态度的重要手段。意群是英语口语的基本单位,能够表达一定的意思。意群中的核心词就是这个意群的重音部分。比如句子"Let's eat grandma."合理的意群停顿和重读部分(核心词,大写部分)应该是"Let's EAT / grandma."而不是"Let's/eat GRANDMA"。在邮局寄信这样一个场景中,如果有人买了一张邮票,准备发信,如果重音落在"on"上,说话人问:"Must I stick it ON myself?",那肯定是要引起误会的。

在连贯的话语中,不可能所有的词都同样重要,必须有些词较为关键,需要重读,有些词则相对次要一些,需弱读。一般来说,句子中的实词是关键词,如实义动词、名词、形容词、副词、数词、疑问词和感叹词等;其他虚词,如助动词、情态动词、冠词、介词、连词、物主代词、关系代词和关系副词等需要弱读。但是,句子的重音是为了表达说话人的态度和意图,所以有时为了强调,任何词都可以根据情境来重读。如"Success is almost everyone's mission."中,重读 success 或者 everyone's,或 mission,说话人强调的重点明显是不一样的。

意群与停顿:一个句子按照意义和语法结构分成几个部分,每一个部分可以是一个意群。意群的划分需考虑语义、语法和语调三个因素。从语义和语法上讲,意群必须是表达某种意义的一个词,一组词,一个短语或一个分句,一个主句或从句。从语调来说,意群必须是可以用降调、升调或平调来朗读的一个语调单位(张冠林、孙静渊,2001)。而停顿不仅仅是为了说话者呼吸换气,更重要的是为了更清楚、更有条理地表达思想,便于对方听清楚讲话内容。正确的停顿是在意群与意群之间。根据说话者个人需要,可以灵活停顿,同一个意群内一般不能停顿。停顿处可以用斜线"/"标记("/"表示停顿时间短,"//"表示停顿时间长)。

根据意群,朗读该句时,停顿如下:

During the Spring Festival, / as a rule, / the Chinese people / have family reunions and visit friends.

一个意群是在意思上相对完整,语法上密切联系,不能再分的一组词。根据这个标准,对下面这段话的意群划分如下:

Some students think // that they should buy / clothes of famous brands, even though / they are expensive. Others think //they should buy/inexpensive but comfortable clothes/that are not of famous brands. Which opinion /do you agree with?

(选自重庆大学出版社普通高中教科书《英语》必修第三册 Unit 3 Special Clothes)

作为构成句子的语言单位,意群的划分对分析理解句意很关键。以意群为单位阅读、理解和解释句子,会提高阅读速度,能整体理解和准确把握句意。

语调:人们在说话或朗读时,声音时升时降,时高时低。这种声音的高低升降与句子重音结合在一起便构成英语语调(张冠林、孙静渊,2001)。英语中有升调(↗)和降调(↘)两种基本的语调。根据语义和说话人要表达的情感和态度,还产生出升降调(↷)、降升调(↶)以及平调(→)。

我们以“Good morning”为例,判断用不同的语调可以表达怎样的意义和情感。

(1)Good ↘morning.(普通的问候;热情,充满情感)

(2)Good ↷morning.(高兴、热情的问候)

(3)Good ↗morning.(有点不乐意,没有以上两种语调亲密)

(4)Good ↶morning.(有点责备的意思)

除了表达意义和情感,Kelly(2011)对语调与特定的语法结构类型之间的关系也进行了概括。但同时强调,这些仅仅是概括,不是规则,如下所示:

(1)用 who, what 和 where 等开头的信息问句,如果是第一次被问,用降调。如:What's your↘name? What's the↘time? Where do you↘live?

(2)期望“yes/no”回答的问句,用升调。如:Is it the blue ↗one? Have you got a↗ pen?

(3)陈述句用降调。如:He lives in the house on the ↘corner. It's over ↘there.

(4)祈使句用降调。如:Sit↘down. Put it on the ↘table.

(5)期望得到确认的附加问句,用降调。如:You're French, ↘aren't you?

He's very tall, ↘isn't he?

(6)说话人不太肯定的附加问句, 用升调。如:You're French, ↗aren't you?

Your train leaves at six, ↗doesn't it?

(7)陈述句中列举事物时,并列的成分中,前面的用升调(有时也可能用平调),最后一个用降调。如:You need a ↗pen, a ↗pencil and some↘ paper.

The stall sells →ribbon, →beads, →elastic and ↘buttons.

连读:连读就是第一个词词尾的音与第二词词首的音连起来读,通常是同一个意群内的词连读,可以用“⌒”表示 。一般来说,连读有以下几种形式:

(1)辅音+元音:前一个单词以辅音结尾,后一个词以元音开头,这两个词可以连起来读,如:Put⌒it⌒on, please. Not⌒at⌒all. Pick⌒it⌒up, please.

(2)元音+元音:相连的两个词,前一个单词以元音结尾,后一个词以元音开头,可以连读,不需要中间停顿。如:I can carry⌒it. He⌒is very friendly.

(3)/r/+元音:相连的两个单词,前一个词的结尾是字母 r,后一个词以元音开头,字母 r 读出来,与后面的元音连读。如:far⌒away 读作/ˈfɑːrəˌweɪ/, for⌒example 读作/fɔrɪɡˈzæmpəl/。

练习

朗读下列短文,注意重读、意群停顿、语调以及连读。

MARITAL↘PROBLEMS

TWO young ↗MEN, // EACH married about a ↗year, were disCUSSING VARIOUS MARITAL/ ↘PROBLEMS.

“I'm the HEAD of my ↘HOUSE, said one. “And I THINK I ↘SHOULD be, / after↘ all,

// I EARN the ↘money."

"↗Well," said the other, "my WIFE and I have PERFECT aGREEMENT. I deCIDE all the ↘MAJOR matters/ and ↗she TAKES care of all↘MINOR matters."

"And HOW is that WORKING ↘out?"

With some em↗barrassment, // the OTHER replied, // "↗Well, /SO↗far, ↘NO MAJOR matters have come ↘up."

[改编自孟宪忠(1999:241)]

语音理论知识是语音教学的重要内容,但语音学习更重要的是基于理论的实践练习。通过有意义的练习,学习者才能理论结合实践,更深刻地理解元音、辅音等发音的要领,才能更准确地通过不同的语音语调理解说话人表达的意义,用合适的升调或降调、停顿、重读、弱读等正确、自然地表达自己想要表达的意思、态度,以及情感。

思考题:(1)有人认为,语音学习犹如学习游泳或骑自行车,重在练习,理论知识次之。你是否同意这种观点?

(2)语音理论知识对语音学习有什么帮助?

第三节 语音教学的原则

问题导入:

(1)语音教学应遵循什么原则?

(2)语音教学的重点和难点是什么?

语音和语义密不可分,语言依靠语音实现其社会交际功能。语音教学的目的是让学习者在实践中能有效运用语音知识,理解说话人的意图和态度,并能运用恰当的重音、语调、节奏等有效地表达意义、意图和态度等。高中语音教学应遵循以下原则:准确性原则、系统性原则、针对性原则、实践性原则,以及综合性原则。

1. 准确性原则

准确性是语音教学的首要原则。语音是语言交际的声音形式,和语义密不可分。也就是说,语音是表达意义的重要工具。如果说话人单词发音不正确,或者语音语调不自然,听话人就很难理解其意,双方沟通就无法进行。要学生发音准确,教师首先要发音正确,因为学生语音学习很大程度上是在教师的讲解、示范中获得的。英语语音教学质量的提高,关键在于教师的语音学理论水平和语音实践能力。教师在实践中能发现学生的失误所在,并能从发音部位和发音方法方面给予指导,才能帮助学生准确、流利地说英语。

思考题:教师应该如何对待学生发音错误?

2. 系统性原则

语音教学的系统性是指要把语音知识的各要素看作一个有机整体来呈现。语音知识是由音段音位和超音段音位的各个要素组成的一个综合体,但语音不是各个要素的机械之和。各个要素之间,以及要素与整体之间相互影响、相互制约。要素之间共同作用才有意义,才能实现交际功能。因为“语音是一个结构严密的系统,它最重要的功能是表达意思。所以我们必须懂得这个系统有哪些组成部分、各部分的分布状况、表意功能、相互关系等,这就是语音的结构和表意功能方面,也就是音位学研究的对象”(桂灿昆,1980)。

语音教学须呈现系统中的各个组成部分及其结构,以及各部分的表意功能,而不是简单的音素辨析或语调分析。音段音位各要素的分析、讲授以及操练诚然重要,但朗读或说英语时并不是用一个个的元音、辅音,而是由词和意群组成的一段段语流。语流的自然流畅、正确达意需要说话人正确使用重音、语调,合适把握节奏。音段音位和超音段音位都是教学必须的内容,不能顾此失彼。

思考题:有人认为,语音教学应先从音节教学开始。对此,你有什么观点?

3. 针对性原则

针对性原则是指语音教学在系统讲授语音知识的基础上,要有侧重点。也就是说要关注重点、难点。随着语音学研究的发展,以及语音、口语教学的实践证明,我国语音教学的关键不在元音辅音,而在对超音段音位的掌握(桂灿昆,1981;张金生 等,1999;王桂珍,2007;裴正薇,2014)。因此,在进行语音教学时,超音段音位比音段音位更复杂、更重要。针对超音段音位的教学内容,我们不仅要教学生怎样读好英语词句,以便进行会话,而且应当与英美文学作品教学联系起来,教学生怎样正确朗读英语的诗歌、散文、短篇小说和戏剧中的对话等。只有运用正确的重音、语调、节奏等朗读作品,才算了解作品的全部意义(桂灿昆,1981)。

超音段音位既是语音教学的重点,也是难点。但在音段音位层面,英汉两种语言发音突出的差异之处也是难点,是教学中需特别强调的地方。比如,英语的长元音,/ʃiːp/(sheep)和 /ʃɪp/ (ship),/ful/ (full) 和/fuːl/ (fool) 是区别词义的,汉语中没有这种音位性的区别。有些音英语辅音中有,而汉语中没有,如/θ/、/ð/,学习者容易用汉语中的/s/替代发音,如thank/θæŋk/发成/sæŋk/, think /θɪŋk/发成/sɪŋk/等。如果没有针对性的讲解和练习,学习者辨音、发音时都容易出错。

思考题:“在进行语音教学时,超音段音位比音段音位更复杂、更重要。”你是否同意这种观点? 为什么?

4. 实践性原则

语音学习不仅是学习语音知识,更重要的是能运用语音知识建构语音意识和语音能力,增强语感,体会语音知识的表意功能。要实现能运用语音知识的目的,语音实践是教学中必不可少的环节。教师在进行语音教学设计时需创造大量的实践机会,通过多种形式的实践活动,引导学生正确理解或产出语流,感知或表达意图和态度。

除了基本的音素、单词、短语以及句子的发音练习之外,教师可结合听力练习,充分利用现代技术和各种 App,以及真实、自然的语言材料,在语境中引导学生感知、模仿英语的发音。也可以通过诗歌朗诵、戏剧表演、影视配音等活动提高学生发音的准确性和情感表达的得体性,以实现培养学生进行有效交际的目的。

思考题:你了解的可以帮助学生练习语音的资源有哪些?

5. 综合性原则

语音教学不能孤立进行,而是需要将语音练习和实践融入有意义、真实的任务型活动中。这就需要教师创设情境,或利用现代教育技术、各种网络资源,搭建多维度的语音教学及实践平台,结合读、听、看等语言输入活动,通过模仿练习,让学生朗读或口语表达等输出活动,综合性地进行语音实践练习。

语音教学和词汇教学、语法教学不可分割。语法、词汇、语音是语言的三大要素,它们在语言内部有相对的独立性,但同时也相互制约,密不可分。语音教学需结合语法、词汇教学,使学习者通过对单词、短语、句子,以及篇章的朗读,对各种词类重弱读的理解,对各种句型语音语调的把握,来认知、感受、体验,理解各种主题篇章表达的信息,并分析和阐释语篇反映的情感态度和价值观,以提高思维能力。

思考题:在语音教学中教师应如何引导学生理解和表达观点、情感和态度?

第四节　语音教学设计

问题导入:

(1)语音教学中如何让学生感知英语语音特征?
(2)设计音素、重音、节奏、语调教学时,可采用哪些活动?

语音教学可以分层次展开,从音素、音节、重音节奏、意群停顿、语调,以及连读等方面进行单项训练,也可以综合训练。无论哪一种方式,目的就是让学生能够感知并熟悉语音特征,学好语音,以便更好地组织语言、沟通交际。单纯靠听和模仿培养出来的学生,有较强的依赖性,一旦离开了学校和老师就不知所从;而理解了语音规则和熟悉规则在不同的语言、文化、交际场合下的变化的学生,则能举一反三,活学活用(乐金马、韩天霖, 2006)。

1. 意识提升

意识提升(Awareness Raising)活动可以使学生感知英语语音特征,如音素、重音节奏、语调、意群停顿等方面。在感知特征的基础上,学生可明确语音学习目标,提高语音学习效率。

活动 1:发音位置

活动说明:教师选择一组音素,例如:元音 /iː/、/uː/,朗读单词 tea, two,示范其中元音 /iː/、/uː/的发音,在两个音之间转换:/ iː… uː… iː… uː/,先慢后快,学生观察教师口型变化,模仿发音并感知两个元音发音部位的不同与变化。

元音 /iː/ 的发音位置:舌尖抵下齿,舌前部向硬腭抬起,略微扁唇。

元音 /uː/ 的发音位置:舌尖离开下齿,舌身后缩,口型收圆并用力向前突出。

活动 2:单词重音

活动说明:教师选择一个多音节词,变换单词重音,朗读单词,学生仔细听,感受单词重音的变换,判断哪种重音模式听起来最自然,学生在听辨感知的过程中提升单词的重音意识。

例如:competition

COMpetition　　comPEtition　　compeTItion　　competiTION

活动 3:重音与节奏

活动说明:教师呈现下列内容,逐行朗读,每行音节数量递增,但是重音不会发生变化,发音时长基本保持不变,学生仔细听并感知重读音节及节奏特征。

# of syllables					
No.1	1	2	3	4	5
No.2	1 and	2 and	3 and	4 and	5
No.3	1 and a	2 and a	3 and a	4 and a	5
No.4	1 and then a	2 and then a	3 and then a	4 and then a	5

活动 4:意群与停顿

活动说明:教师选用一个句子或者一小段文字,朗读三遍,第一遍句中的每个单词之间都作停顿,第二遍用错误的意群停顿,第三遍用正确的意群停顿朗读,学生感知教师传递信息的效果。

例如:The Great Wall of China is one of the greatest sights in the world—the longest wall in the world.

A. The / Great / Wall / of / China / is / one / of / the / greatest / sights / in / the / world—/ the / longest / wall / in /the /world.

B. The Great / Wall of / China is / one of / the greatest / sights in the / world—the longest / wall in / the world.

C. The Great Wall of China / is one of the greatest sights / in the world— / the longest wall / in the world.

活动 5:语调变化

活动说明:教师用不同的语调说出相同的一句话,学生仔细听,感知教师语调的变化,同时感知不同语调传递的不同情感。

例如:His name is ↘Tom.

His name is ↗Tom.

His name is ↗Tom.

His name is ↘Tom.

2. 明确教授

明确教授是语音教学的重要环节。教师在这一环节讲授语音规则,示范发音;学生学习规则,模仿发音并内化语音规则,为正确的发音奠定基础。

活动 1:音素

活动说明:教师利用发音器官图(图 3-1),解释音素发音时舌位、唇型等发生的变化。教师示范发音,学生观察教师口型的变化;学生模仿发音,可以对照镜子观察自己或观察同伴发音时口型的变化。

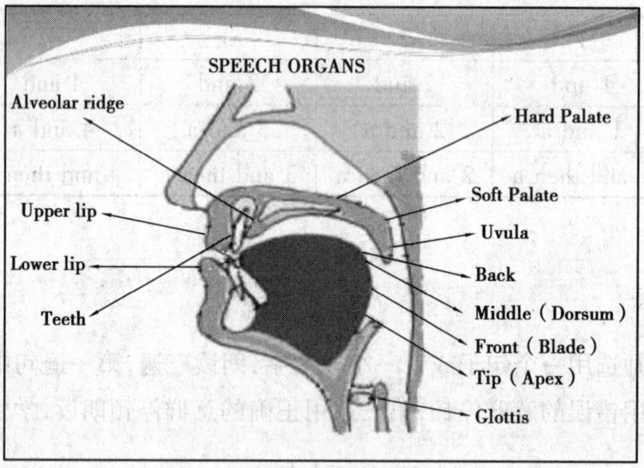

图 3-1 发音器官图

目标音素:元音 /iː/ /i/

步骤 1:教师呈现单词及其元音的音标:sheep/iː/,ship/i/,教师先朗读单词,再示范单词中的元音/iː/、/i/,学生听辨并模仿。

步骤 2:教师展示发音器官图,解释发音要领并示范:元音发音时,气流畅通无阻。

元音/iː/发音时:舌尖抵下齿,舌位较高,舌前部向硬腭抬起,开口度小,呈扁平状。

元音/i/发音时：舌前部向硬腭抬起，舌位比/iː/稍低、稍后，口型扁平，开口比/iː/稍大，舌前部也比发/iː/时稍下降。

步骤3：学生模仿教师/iː/、/i/的发音，同伴互相观察发音时的口型。

步骤4：学生朗读下表中的单词，进行发音对比练习。

/iː/	/i/	/iː/	/i/
feet	fit	leap	lip
beat	bit	deed	did
seat	sit	keen	kin
sleep	slip	feel	fill

活动2：音节与单词重音

活动说明：教师根据重音规则朗读单词或短语；学生感知辨识英语的音节和重音。在此基础上教师讲授音节划分和重音规则，示范读音；学生模仿练习，学习规则。

目标：单词重音

步骤1：教师利用PPT解释单词重音的一种标注模式，O表示重读音节，o表示非重读音节。如：①Oo表示双音节词，第一个音节重读；②oO表示双音节词，第二个音节重读；③Ooo表示三音节词，第一个音节重读；④oOoo表示四个音节的词，第二个音节重读。

步骤2：教师呈现并朗读以下单词，突出重读音节的发音；学生听辨，记录每个单词重音模式的编号。

mother	table	family	company	farmer	government	psychology	defective
democracy	passport	newspaper	blackboard	exclude	opportunity	arise	

步骤3：教师呈现下列内容，带领学生一起朗读单词；学生感知音节与单词重音（大写表示重读音节）。

① Oo	② oO	③ Ooo	④ oOoo
MOther TAble FARmer NEWSpaper BLACKboard	aRISE beLIEVE preFER enFORCE	COMpany GOVernment FAmily	psyCHOlogy opporTUnity deMOcracy

步骤4：教师结合表格中的单词，讲授英语音节和单词重音规则。

元音是构成音节的主体，辅音是构成音节的分界线。音节以语音形式划分：①两个元音之间有一个辅音字母时，辅音字母划分在后一个音节，如：ta/ble，pre/fer。②两个元音之间有两个辅音字母时,分开前后各一个辅音字母,例如:com/pany, sis/ter。③字母组合按照字母组合划分音节,如:lea/der, daugh/ter。

单词的基本重音规则

(1)单音节词重读,如 LATE,整个单词发音响亮。

(2)双音节名词和形容词的重音通常在第一个音节上,如,MOther, TAble, FARmer 等。英语中前缀和后缀一般不重读,如 aRISE, exCLUDE, deFECtive 等。

(3)三音节词的重音一般在第一个音节,如 COMpany, GOVernment, FAmily 等。

(4)四个或者四个以上音节的多音节词,重音一般在倒数第三个音节上,如 psyCHOlogy, opporTUnity, deMOcracy 等。

(5)由两个单词构成的复合词,一般重读第一个词,如 PASSport, NEWSpaper, BLACKboard, TEApot 等。

(6)有双重作用的单词,如既可以作名词,也可以作动词,作名词时,重音一般在第一个音节;作动词时,重音一般在第二个音节。如 CONtact (*n.*), conTACT (*v.*), REbel(*n.*), reBEL(*v.*) 等。

步骤 5:教师朗读下列单词,学生仔细听辨,根据示例,选用任意一种方式标注单词重音。

	方法 1	方法 2	方法 3	方法 4
computer	comp<u>u</u>ter	comPUter	com'puter	oOo
rainbow				
recover				
despite				
humour				
dinosaur				

步骤 6:学生根据自己标注的重音,朗读单词。如:RAINbow, re'cover, despite(oO), <u>hu</u>mour, dinosaur (Ooo)。

活动 3:句子重音与节奏

活动说明:教师播放录音或者自己朗读句子;学生听辨句子的重音,感知句子重音和节奏,总结句子重音规则,朗读练习。

步骤 1:教师朗读下列句子;学生听辨,选择节奏模式。节奏模式用点和短线表示,点表示发音较短、较快的非重读音节,短线表示发音较长、较响亮清晰的重读音节。

Sentences	A	B
①I know him.	• _ •	_ • •
②She is young.	• • _	• _ •
③Mary works.	• • _	_ • _
④Rome is in Italy.	_ • • _ •	_ _ • • •
⑤Paris is a large city.	_ _ • • _ • •	_ • • • _ _ •
⑥I bought a loaf of bread.	• _ • _ • _	• _ • • _ •
⑦She wants to buy a new car	_ _ • • • _ _	• _ • _ • _ _
⑧He wrote the letters very quickly.	• _ • _ • _ _ •	_ _ • • _ • _ •

步骤2:学生结对,根据正确的节奏模式(①A　②A　③B　④A　⑤B　⑥A　⑦B　⑧A),朗读句子,同伴互相检查朗读是否正确。

步骤3:学生结对或小组探究,归纳重读音节和非重读音节所在词的词性。

步骤4:教师讲解句子重音的规则。

句子重音的基本规则

(1)名词、实义动词、形容词、副词、指示代词、数量词等实义词在句子中重读。

(2)冠词、介词、代词、连词、助动词等虚词在句子中非重读。

(3)一般来说,一个句子中的重读单词多于一个,但通常句中的最后一个实词或重读音节读音最重,被称为中心词。中心词的位置可以根据交际意图发生变化,因此重音的变化会产生语义的变化。

步骤5:学生朗读下列句子,注意节奏和重音,标注句子的节奏模式。(点表示发音较短、较快的非重读音节,短线表示发音较长、较响亮清晰的重读音节。)

e.g. We found it.　• _ •

①It's a present.

②I need some help.

③He likes to read.

④He brought a present for Anna.

⑤I don't know his name.

步骤6:教师朗读,学生听辨,检查自己的节奏模式标注是否正确。

①It's a present.　• • _

②I need some help.　• _ • _

③He likes to read.　• _ • _

④He brought a present for Anna. • _ • _ • _

⑤I don't know his name. • _ _ • _

活动 4:意群与停顿

活动说明:教师播放录音或者自己示范朗读;学生听辨、感知句子的停顿,发现停顿的规律。教师讲授意群与停顿的关系,停顿变化产生的语义变化;学生练习,内化规则。

1)停顿规则

步骤 1:教师呈现并朗读下列句子,学生听辨,在停顿处用斜线 / 标记。

①Where there is a will, there is a way.

②A year has four seasons: spring, summer, autumn and winter.

③He who can endure the greatest hardships will be the greatest among men.

④Last **weekend**, my friend and I went **hiking** for three **hours** up Mount **Huashan** in Shaanxi.

步骤 2:教师呈现停顿标记的句子;学生结对朗读,讨论停顿的特征。

①Where there is a will, / there is a way.

②A year has four seasons: / spring, / summer, / autumn and winter.

③He / who can endure the greatest hardships / will be the greatest / among men.

④Last **weekend**, / my friend and I went **hiking** / for three **hours** / up Mount **Huashan** / in Shaanxi.

步骤 3:教师结合学生的讨论情况,讲解停顿规则。

意群与停顿规则

写作者通过标点符号,例如,句号、冒号、分号,逗号等把句子分为不同的意群。说话者利用停顿表达句子意群划分。另外,意群还可以根据表达的意义和语法结构划分,如句③中,who can endure the greatest hardships 为定语从句,will be the greatest 为句子的谓语部分,among men 为介词短语,每个部分为一个完整的语义单位,构成一个意群,可以停顿。

短语的末尾常常也是一个意群的末尾,语调要略微下降,偶尔还会有简短停顿。典型意群的划分取决于短语的长度。介词短语、动词短语和名词短语都可以成为一个意群。从句的结束,常常就是一个意群的结束,语调要略有下降,有时还伴有简短停顿。过渡性或插入性的表达形式,可以形成独立的意群(琳达、格兰特,2003)。

步骤 4:学生朗读下列句子,判断意群及停顿标记位置是否正确。

①I'd like to / introduce my teacher / David.

②Microsoft CEO Bill Gates started /a charity to fight / poverty.

③The teacher said, / “That student is really smart!”

④I failed / my exam because I was too tired to study.

⑤A beautiful / women and her dog entered the / room.

⑥My mother and I / never walk barefoot / at night.

步骤5:教师朗读句子并解释:句子①,③和⑥的意群停顿标记正确,句子②,④和⑤错误。句②中, started a charity, to fight a poverty 为动词短语和动词不定式短句,中间不能停顿,句④中 I failed my exam 是主句部分,中间可以不停顿。第⑤句中, A beautiful women 是形容词短语, entered the room 是动词短语,都是完整的意群,不能停顿。

正确停顿如下:

②Microsoft CEO Bill Gates / started a charity / to fight poverty.

④I failed my exam / because I was too tired to study.

⑤A beautiful women / and her dog / entered the room.

步骤6:学生根据正确的停顿朗读句子。

2)停顿与语义变化

步骤1:教师呈现下图,学生朗读图片中的句子,判断两个句子的表达,回答问题:Who is hard-working?(Gerst & Peralejo, 2011)

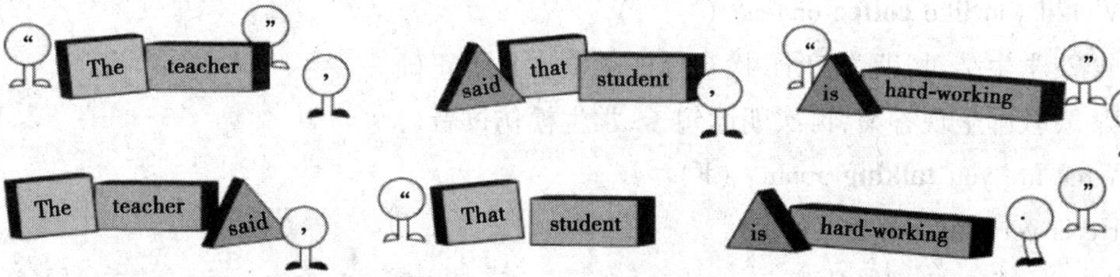

步骤2:教师根据学生回应,示范朗读句子,解释停顿变化产生的语义变化:第①句中语义:The teacher is hard-working. 而第②句中:That student is hard-working.

步骤3:学生根据停顿标注朗读句子,体验语义变化。

①The teacher said, / “That student is hard-working.”

②“The teacher”, / said that student, / “is hard-working.”

步骤4:学生根据括号中给出的句意,给句子标出停顿,朗读句子。

①Mary says that man is a fool. (In Mary’s mind, the man is a fool.)

②Mary says that man is a fool. (In the man’s mind, Mary is a fool.)

步骤5:教师检查学生朗读,并示范朗读;学生跟读。

①Mary says, / “that man is a fool.”

②“Mary,” / says that man, / “is a fool.”

活动 5:语调变化

活动说明:学生通过语调的听辨,感知不同语调,总结不同语调的句子种类,教师讲解语调的基本规则,学生掌握基本规则之后,辨识交际活动中语调的变化产生的语义变化,学习根据不同语境,情境和交际意图,调整说话的语调。

1)语调规则

步骤 1:教师呈现下列句子,用正常的语调朗读;学生听辨,判断每句粗体单词的语调,在句子后的括号中写上 R 或者 F,R(Rising Tone)表示升调,F(Falling Tone)表示降调。

①What are you **talking** about? (　　)

②He is very **tall**. (　　)

③Are you **listening**? (　　)

④She bought bread, **cheese**, oranges, and apples. (　　)

⑤How much **is** it? (　　)

⑥Listen to the **story**. (　　)

⑦Are you studying English or **French**? (　　)

⑧How beautiful her **voice** is! (　　)

⑨It's not too far, **is** it? (　　)

⑩Would you like **coffee** or tea? (　　)

步骤 2:学生结对,朗读句子,检查标注的语调是否正确。

步骤 3:教师呈现答案,再次朗读句子,学生模仿读音。

①What are you **talking** about? (F)

②He is very **tall**. (F)

③Are you **listening**? (R)

④She bought bread, **cheese**, oranges, and apples. (R)

⑤How much **is** it? (F)

⑥Listen to the **story**. (F)

⑦Are you studying English or **French**? (F)

⑧How beautiful her **voice** is! (F)

⑨It's not too far, **is** it? (F)

⑩Would you like **coffee** or tea? (R)

步骤 4:学生总结使用不同语调的句子类型。

步骤 5:教师讲解语调的基本规则。

语调规则

语调(Intonation)是声音在音调上的上升或下降的变化。英语的基本语调是降调和升调。根据语义产生降升调、升降调和平调等。降调通常落在句子的最后一个重读词的重读音节上,降调主要用于陈述句、表达命令的祈使句、感叹句和特殊疑问句。升调指的是句子结尾用扬起的声调,升调主要用于一般疑问句,表示关切的祈使句,征求意见的反义疑问句等。

步骤6:教师呈现下列句子;学生朗读并标注语调,↘表示降调,↗表示升调。

①It is kind of you to help me.

②Does it work?

③One, two, three, four and five.

④Do you want to drive or walk?

⑤Are you happy, aren't you?

⑥When will you come back?

步骤7:教师呈现答案,解释并朗读;学生核对并跟读。

①It is kind of you to ↘help me.

②Does it ↗work?

③↗One, ↗two, ↗three, ↗four and ↘five.

④Do you want to ↗drive or ↘walk?

⑤Are you ↘happy, ↗aren't you?

⑥When will you ↘come back?

2)语调与语义变化

步骤1:教师呈现下列句子,朗读句子;学生听辨,标注语调,感知语义变化。

①a. Could you close the door?

b. Could you close the door?

②a. The matter is very urgent.

b. The matter is very urgent.

③a. You're from Shanghai, aren't you?

b. You're from Shanghai, aren't you?

步骤2:学生根据标注的语调朗读,并猜测每句话的语义。

①a. Could you close the ↗door?

b. Could you close the ↘door?

②a. The matter is very ↘urgent.

b. The matter is very ↗urgent.

③a. You're from Shanghai, ↘aren't you?

b. You're from Shanghai, ↗aren't you?

步骤3:教师朗读句子并解释语义变化:第①组一般疑问句用升调表示礼貌;降调则传递

出说话人的不礼貌，甚至粗鲁。第②组陈述句中，降调表达肯定；升调表达疑问、不确定。第③组反义疑问句中，降调表达对前面信息确定，有把握；升调表达不确定，希望得到更多信息或澄清。

步骤 4：学生结对，用不同语调朗读下列句子，讨论语义变化。

①Would you pass me the salt?

②She is late, isn't she?

③Her name is Anna.

◆练习应用（本部分练习答案见本章末）

1）音素

练习 1：听教师朗读以下几组音素，在每组不同的音素上画圈。

①/iː/	/e/	/iː/	/iː/
②/uː/	/uː/	/uː/	/ʊ/
③/əʊ/	/ɔɪ/	/ɔɪ/	/ɔɪ/
④/ʃ/	/ʃ/	/s/	/ʃ/
⑤/tʃ/	/ts/	/ts/	/ts/

练习 2：最小对立体活动。听教师朗读下列音素对比材料，在不同的辅音音素下面画线。

e.g. *west* — *vest*

book — cook　back — pack　day — lay　jury — fury　sure — lure　job — rob

练习 3：听教师朗读下列音素对比材料，在相同的元音音素下面画线。

e.g. *cat* — *bag*

hut — but　shy — why　glass — grass　rain — train　size — rise　dog — frog

练习 4：朗读下列单词，根据要求删除音素，朗读并对比发音。

	删除的音素	
ago	/ə/	*go*
cat	/k/	
dark	/d/	
hair	/h/	
hear	/h/	
sand	/n/	
stand	/t/	
pear	/p/	
seat	/s/	
cash	/k/	
fill	/f/	

练习5:朗读下列单词,根据要求替换音素,朗读并对比发音。

	替换的音素	
pool	/p/ — /f/	*fool*
suffer	/f/ — /p/	
sin	/s/ — /θ/	
mat	/t/ — /θ/	
shore	/ʃ/ — /tʃ/	
safe	/f/ — /v/	
led	/d/ — /t/	
batch	/tʃ/ — /dʒ/	
come	/k/ — /g/	
trip	/tr/ — /dr/	

练习6: 朗读下列句子,辨识音素/b/,并画线标注。

①Janie read a book by the babbling brook.

②The child bounced the ball at the backyard barbeque.

③The barbarians broke through the barricade.

④He acts silly at times, but he was blessed with a brilliant brain.

⑤The beautiful bouquet blossomed in the bright sun.

练习7:朗读下列句子,辨识音素/f/,并画线标注。

①Your friends will flip-flop fast when facing trouble.

②Our financial future fell into a free fall.

③The stuntman flipped from a forty foot Ferris wheel.

④I forgot my flip phone but felt free.

⑤That's the first photo of France from the Moon.

练习8:听教师朗读童谣,在相同的尾韵下面画线。

Star light, star bright,

Five star I see tonight,

I wish I may, I wish I might

Have the wish I wish tonight.

练习9:听教师朗读下列单词,根据示例将单词分类。

track	spill	snap	lap	snack	hall	trap	flag	pill	rag
knit	call	small	fit	spit	still	pack	mill	tag	pit

hat *bat*, *pat*, *tat*

tap ____________________

bag ____________________

ball ____________________

black ____________________

sit ____________________

hill ____________________

2)音节

练习1:听教师朗读右框中的单词,数一数每个单词的音节数,根据音节数,将单词填入相应的表格。

Syllable(s)	Words
1	
2	
3	

table	cite	ease	import	increase
family	company	condition	further	tip
activist	pin	doll	harbour	effective

练习2:听教师朗读下列单词,根据示例标注出单词的第一个音节。

e.g. *international—in/ternational*

foggy frozen hearing invisible painful sympathize member naughty

练习3:听教师朗读下列单词,根据示例标注出单词的最后一个音节。

e.g. *overjoyed—overjoy/ed*

sweetness puzzle foundation necklace process observe pattern patience

3)单词重音

练习1:朗读下列单词,根据示例,把单词放在相应的列。

report	couple	alarm	airsick	apply	context
replace	forward	employ	advice	habit	mirror
likely	indeed	platform	publish	unusual	piano

Column 1 Oo(重音在第一个音节)	Column 2 oO(重音在第二个音节)
couple	report

练习 2：朗读下列单词，根据重音模式，对单词进行归类。

plumber	electrician	doctor	journalist	musician	worker	soldier
governess	carpenter	lecturer	actor	policeman	fireman	businessman
artist	farmer	scientist	explorer	gardener	designer	educator

Oo	Ooo	oOo	Oooo	ooOo

练习 3：朗读下列单词，找出每组重音位置不同的词，根据示例对其进行标注（重音用大写标注）。

e.g. *family*, *barbecue*, *cinema*, *tradition*　　　　*traDItion*

①insect, campus, resource, journal

②graduate, particular, specific, addition

③telephone, industry, understand, actually

④mistake, prefer, rather, begin

⑤summary, positive, athlete, deliver

练习 4：朗读下列句子，根据示例标注出画线单词的重读音节（重音用大写标注），并写出词性。

Sentences	Stress Pattern	Part of Speech
a) The <u>object</u> of the game is to improve children's math skills. b) I <u>object</u> to having to rewrite the article.	OBject obJECT	noun verb
①a) I'll <u>record</u> the film and we can all watch it later. b) I try to keep a <u>record</u> of everything I spend.		
②a) I'm looking for a <u>present</u> for Mark. b) You must <u>present</u> your passport to the customs officer.		
③a) Many of us have no direct <u>contact</u> with elderly people. b) I would have to find another way to <u>contact</u> him.		

Continued

Sentences	Stress Pattern	Part of Speech
④a) The price rise caused many readers to desert the magazine. b) He was pointing off toward the desert.		
⑤a) Students protest the decision. b) The school has received over 3,000 letters of protest.		

4) 句子重音

练习 1:朗读下面的句子,根据示例在实义词下面画线。

e.g.: *Have you heard of Chinese philosopher, Confucius?*

①Man belongs to the earth.

②He wants to get out and see the world.

③They've been talking about doing that for years.

④In three weeks, he'll be working as a full-time clerk.

⑤We are still waiting for the artwork to come back from the printers.

练习 2:根据每句中重读的词,将 Column A 中的句子和 Column B 中表达的意义进行匹配。

Column A	Column B
I wanted him to say the sentence.	And he did.
I wanted him to say the sentence.	Not write it down.
I wanted him to say the sentence.	Not the word.
I wanted him to say the sentence	Not her!
I wanted him to say the sentence.	Me not you!

练习 3:朗读下面的句子,根据括号中句子表达的意义在需要重读的词下面画线。

①I said she might consider a new car. (It was my idea.)

②I said she might consider a new car. (Don't you understand me?)

③I said she might consider a new car. (No another person)

④I said she might consider a new car. (It's a possibility.)

⑤I said she might consider a new car. (She should think about it. It's a good idea)

⑥I said she might consider a new car. (Not just a car.)

⑦I said she might consider a new car. (Not something else.)

5)意群与停顿

练习1:朗读下列句子,用斜线(/)标出正确的意群停顿位置。

①I've got to study. Where have I put my book?

②If you speak in thought groups, you'll be easier to understand.

③The fact is, thought groups make you sound more fluent.

④A university education in the United States can be quite expensive.

⑤Graduate students often apply for scholarships to help pay their tuition.

⑥If they have good grades they may succeed in getting funding.

⑦Stonehenge is a prehistoric monument built of massive stone pillars.

⑧The Great Wall of China runs east and west through Northern China.

⑨The pyramids of Egypt served as tombs for kings and queens.

⑩Mount Fuji, the highest mountain in Japan, is an active volcano.

练习2:朗读下面句子,根据右列给出的句意,用斜线(/)标出意群停顿。

① The teacher said, "That student is intelligent."	The student is intelligent.
"The teacher," said that student, "is intelligent."	The teacher is intelligent.
②It was really hot. Outside, the temperature was 40 degrees.	It was very hot outside (inside and outside).
It was really hot outside. The temperature was 40 degrees.	It was very hot outside (40 degrees).
③A woman without her man is nothing.	A woman is nothing (without her man).
A woman without her man is nothing.	Man is nothing (without the woman).
④The nurse looked over my head.	The nurse examined my head quickly.
The nurse looked over my head.	The nurse looked above my head.
⑤If you finish quickly leave the classroom.	Leave the classroom the moment you finish the task.
If you finish quickly leave the classroom.	Finish the task quickly, then leave the classroom.

练习3:朗读下面一段文字,标出正确的意群停顿位置(用单斜线/表示一个短的停顿,双斜线//表示一个较长的停顿)。

Does it really matter whether people speak with an accent as long as they can be easily understood many people now believe that in an increasingly globalized world we should accept variations in pronunciation that is accent. however there's no point in speaking with an accent if people can't understand you is there?

6) 语调

练习 1:朗读下面句子,判断每组句子中粗体单词的语调,找出一个语调不同的选项,写在右栏。

Groups	Sentences	Different Choice
①	A. How many stories have you **read**?	
	B. What a wonderful **surprise**!	
	C. That's nothing to be so **pleased** about.	
	D. It's a nice day, **isn't** it?	
②	A. It's an excellent **opportunity**!	
	B. They visited France, Spain, **Italy**, and Greece.	
	C. Does she read books in the **morning** or at night?	
	D. Would you like to have a cup of **tea**?	
③	A. Close your **books**.	
	B. Are you **here**?	
	C. When did it **happen**?	
	D. Why are you **laughing**?	
④	A. How often do you **go** there?	
	B. I'd like orange juice, omelet, toast, honey, and green **tea**.	
	C. She speaks English, **doesn't** she?	
	D. You weren't **late**, were you?	

练习 2:朗读下列句子,根据句子种类标出语调和重音(ˈ表示重读音节,↘表示降调,↗表示升调)。

①Tell me the truth.

②Nice weather, isn't it?

③How well she sings!

④He will help them, won't he?

⑤Does he speak English or German?

⑥Can I borrow your dictionary, please?

⑦Are the students ready for the test?

⑧What time should I call you?

⑨Would you like an apple or a pear?

⑩Whose book is this?

练习3:根据语调(ˈ表示重读音节,↘表示降调,↗表示升调)朗读下列句子,判断说话者语气是否确定并在相应的地方画√。

	Certain	Uncertain
①ˈThey ˈtold me to ˈcome ↘yesterday.		
②The ˈreports are ˈdue next ↗Monday.		
③ˈSimon ˈfailed his ↗test.		
④ˈAngel ˈprefers ˈcoffee over ↗tea.		
⑤ Our ˈcompany ˈplans to ↘expand.		
⑥ˈYou need to ˈgive it to ↗her.		
⑦ˈWednesday is ˈJulie's ↘birthday.		
⑧ˈHe ˈaccepted a ˈjob in ↗Shanghai.		
⑨My ˈcousin ˈadopted two ˈkittens ↘yesterday.		
⑩The ˈtrain was ˈdelayed for an ˈhour this ↘morning.		

练习4:朗读下列对话,根据其功能标注特殊疑问句中的语调(↘表示降调,↗表示升调)。

Dialogues	Functions
e.g. A: I can't access my savings account. B: Which ↗account? A: My savings account.	a request for clarification
①A: I can't seem to find my phone. I thought I left it in the classroom. B: Where? A: The classroom.	a request for clarification
②A: I placed the order for next week. B: When? A: Next Wednesday.	a request for additional information
③A: One of my teachers emailed me about my homework. B: Who? A: Professor Williams.	a request for additional information
④A: I need to tell you something. B: What? A: I need to tell you something.	a request for clarification

Continued

Dialogues	Functions
⑤A: I need to pick up her apartment key today. B: When? A: 3 pm.	a request for additional information

7) 连读

练习 1:朗读下列短语,请按示例对短语连读进行分类,放在表格中相应的列。

a pair of	come out	my aunt	more over	work out	carry out
look at it	after all	brush up	remember it	no end	throw away

consonant + vowel	r-linking	vowel +vowel
good idea	*later on*	*any other*

练习 2:朗读下列短语和句子,选出每组中有连读的短语或句子。

Groups	Phrases and Sentences	Choice for Word Linking
①	A. come over B. get better	
②	A. Matt lives B. far away	
③	A. sit down B. do it	
④	A. pink elephant B. pink panther	
⑤	A. Jenny works for her uncle. B. James works for his father.	
⑥	A. He runs fast. B. I'm on the train.	

练习 3:朗读下列句子,在连读的单词之间标注︵符号。

e.g. *Not︵at︵all.*

①Time is up.

②Please turn it on.

③Can I have a bit of egg?

④You all go out too often.

⑤They all buy at the arcade.

⑥Such a nice evening.

⑦I'm already there.

⑧Where are your brother and sister?

⑨There is a pair of shoes under the bed.

⑩My goal is to travel around China.

练习 4:阅读下面短文,在连读的地方用 ︵ 符号标注。

An old woman had a cat. The cat was very old; she could not run quickly, and she could not bite, because she was so old. One day the old cat saw a mouse; she jumped and caught the mouse. But she could not bite it; so the mouse got out of her mouth and ran away, because the cat could not bite it.

思考与练习:

(1)设计两至三个语音意识提升活动。

(2)就重音、语调、意群与停顿,分别设计一个活动。

第五节 语音教学案例与分析

问题导入:

针对以下教学材料,你将设定什么教学目标、哪些语音教学活动?

Pronunciation

1 Most sentences have two basic types of words: content words and function words. Content words are usually stressed. Read the sentence and notice which words are stressed.

EXAMPLE

The **Internet** is **becoming** the **town square** for the **global village** of **tomorrow**.

2 Read the poem about online safety and mark the words that should be stressed.

Cyber Sense

I always keep things secret when I go online.
I never share the things that should be only mine.
My email and my home address, my phone number and name—
These are things only I should know on websites or in games.

And so I use a nonsense name for my net **identity**.
When folks online ask who I am, I say, "I'm Cyber Me."
And if I ever think that someone online isn't all that bad,
I never ever meet them without telling Mum or Dad.

3 Listen to the poem and see if you got the stressed words right.

UNIT 3 THE INTERNET 27

（选自人民教育出版社普通高中教科书《英语》必修第二册）

语音教学案例

教学资料	Unit 3 The Internet Text: Strongest Together: How We Have Been Changed by the Internet （选自人民教育出版社普通高中教科书《英语》必修第二册。）
教材分析	本单元主题为“The Internet”，阅读部分的内容围绕网络社区，听说部分的内容围绕人们的网络使用习惯，写作部分是关于网络安全的。本单元的语音练习聚焦句子重音，教材的练习内容围绕互联网这一主题，分为两个部分：一部分是单句的练习；另一部分是关于网络安全的诗歌—Cyber Sense。基于教材内容分析，本单元的语音教学重点是对句子重音的运用。
学情分析	《义务教育英语课程标准》（2011 年版）要求九年制义务教育结束时，学生在语音方面需达到五级要求：了解语音在语言学习中的意义；在日常生活会话中做到语音、语调基本正确、自然、流畅；根据重音和语调的变化理解和表达不同的意图和态度；根据读写拼写单词和短语。 该教学设计针对高中一年级第一学期学生。在学习本单元时，学生已完成第一册和第二册前两个单元的学习。在语音学习方面，学生第一册完成的内容包括：vowel letters，“vowel + consonant” combination，consonant and consonant combination，intonation，voiceless and voiced consonants -ed endings，accents of English：American English and British English。第二册前两个单元完成的语音学习为：consonant clusters：initial and final clusters，word stress：polysyllabic words。 学生在根据重音、节奏、语调的变化感知理解和表达不同的意图和态度方面仍然存在困难。

续表

语音教学目标	通过本节课的学习，学生能够： 1）根据句子重音规则，听辨句子中的重读与非重读单词； 2）根据句子重音规则，运用正确的重音模式朗读句子； 3）根据句子重音规则，辨识句子重音变化引起的语义变化及其交际意图； 4）在口语交际中，根据语境、交际意图，正确使用句子重音模式交流信息。	
阶　段	语音教学活动	活动时间（分钟）
意识提升 规则学习	感知、辨识句子重音	6
	感知理解重音与语义变化	6
练习使用	问答活动	8
	对话创编	10
	诗歌朗读	10

1）意识提升与规则学习

活动1：感知、辨识句子重音

设计意图：通过呈现活动，学生能够区分重读和非重读，能根据句子重音的一般规则，正确朗读句子。

活动步骤	设计说明
Step 1. T plays the recordings of the following two sentences, adjusting to the lowest volume. Ss listen and identify what content they can hear. ①The Internet is becoming the town square for the global village of tomorrow. ②There are countless articles telling us how the Internet has made our lives more convenient.	教师将音量调到最低播放录音，学生听辨哪些内容能听清楚，听得清楚的内容，是不是很连贯？学生在听辨中感知句中单词的重读和非重读。
Step 2. T reads these two sentences twice. For the first time, T reads them without any stress. For the second time, T reads them with correct stress pattern. Ss feel and tell the differences between two ways of reading.	教师读两遍录音中的句子：第一遍，没有重读、非重读之分；第二遍，有重读、非重读之分。让学生感知、发现两种读音的差别。

续表

活动步骤	设计说明
Step 3. Ss read the two sentences and underline the stressed words. Ss write down parts of speech for the underlined words and sum up the parts of speech of the stressed words in the sentences. One example: ①The Internet is becoming the town square *n.* *v.* *n.* *n.* for the global village of tomorrow. *adj.* *n.* *n.* ②There are countless articles telling us *adj.* *n.* *v.* how the Internet has made our lives more *n.* *v.* *n.* convenient. *adj.*	学生通过朗读、辨识、标记,感知句子重音。学生归纳、总结重读单词的词性。
Step 4. T explains and emphasizes the rules of sentence stress. Basic rules: ①Content words such as noun, verb, adjective, adverb, demonstrative, interrogative and numeral are stressed. ②Function/grammar words such as article, preposition, pronoun, conjunction and auxiliary are unstressed. Generally, there are more than one stressed words in a sentence, but the final content word in a sentence usually receives the most stress, which is called focus word. The focus stress can be changed from the principal noun to another content word such as an adjective or adverb, and the stress moving in a sentence changes the meaning according to communicative intention.	教师总结、强调句子重音的规则。 句子重音的基本规则: ①名词、实义动词、形容词、副词、指示代词、数量词等实义词在句中重读。 ②冠词、介词、代词、连词、助动词等虚词弱读。 其他规则:一般来说,一个句子中的重读单词多于一个,但通常句中的最后一个实词或重读音节读音最重,被称为中心词。中心词的位置可以根据交际意图发生变化,因此重音的变化会产生语义的变化。

续表

活动步骤	设计说明
Step 5. Ss read the following two sentences and underline the stressed words and put a box for the focus word in each sentence. Then read them aloud. ① People's lives have been changed by online communities and social networks. ②Jan's life has been greatly improved by the Internet. **Answers:** ① <u>People</u>'s <u>lives</u> have been <u>changed</u> by <u>online</u> <u>communities</u> and <u>social</u> [<u>networks</u>]. ②<u>Jan</u>'s <u>life</u> has been <u>greatly</u> <u>improved</u> by the [<u>Internet</u>].	学生在学习句子重音规则之后,应用规则,标识重音和中心词,并且正确朗读。

活动 2:感知理解重音与语义变化

设计意图:学生根据教师朗读句子时的重音变化以及问题和提示,感知、理解重音变化引起的语义变化。

活动步骤	设计说明
Step 1. Ss read the following sentence and underline the focus word. I love your mother's cooking. Answer: I love your mother's <u>cooking</u>.	教师呈现句子。学生朗读并标注中心词。一方面练习句子重音的规则,另一方面为后面步骤中变化中心词做铺垫。
Step 2. T reads the sentences aloud with different focus words. Ss listen carefully and underline focus word in each sentence. T asks Ss to answer his / her questions according to what they hear. For example: T: I love your mother's <u>cooking</u>. What do I love? Ss: Cooking. T: I love your <u>mother</u>'s cooking. Whose cooking do I love?	教师朗读句子,变化中心词,并依此提问。学生在听辨与回答的过程中,感知、发现句子重音变化产生的语义变化。

续表

<table>
<tr><th>活动步骤</th><th>设计说明</th></tr>
<tr><td>Ss: Mother's cooking.
T: I love <u>your</u> mother's cooking. Whose mother's cooking do I love?
Ss: Your mother's .
T: I <u>love</u> your mother's cooking. How do I feel your mother's cooking?
Ss: Love it.
T: <u>I</u> love your mother's cooking. Who loves your mother's cooking?
Ss: "I".</td><td></td></tr>
<tr><td>Step 3. T reads the following sentences aloud, and asks students to guess the potential meaning of each sentence.
<table>
<tr><th>Sentences</th><th>Potential meanings</th></tr>
<tr><td>①I love your mother's <u>cooking</u>.</td><td>I love your mother's cooking, not other aspects</td></tr>
<tr><td>②I love your <u>mother's</u> cooking.</td><td>I love your mother's cooking, not your father 's cooking</td></tr>
<tr><td>③I love <u>your</u> mother's cooking.</td><td>I love your mother's cooking, not his mother's cooking</td></tr>
<tr><td>④I <u>love</u> your mother's cooking.</td><td>I don't hate your mother's cooking.</td></tr>
<tr><td>⑤<u>I</u> love your mother's cooking.</td><td>It's I who love your mother's cooking.</td></tr>
</table></td><td>教师根据标注的中心词朗读句子。学生尝试解释重音变化产生的句意变化，理解语义变化。</td></tr>
<tr><td>Step 4. T explains functions of sentence stress in communication. For example, stress can help speakers communicate meaning and the way that speakers say something can affect meaning. Stress change should be based on context, situation and communicative intention. To some extent, how you say is more important than what you say in spoken language.</td><td>教师解释,“话有三说,巧说为妙”,一句话中,重音位置不同,传递的意思不同。重音有助于说话者更加有效地传递信息,也便于听话者更好地捕捉信息。重音需根据语境、情境以及交际意图而变化。</td></tr>
</table>

续表

<table>
<tr><th>活动步骤</th><th>设计说明</th></tr>
<tr><td>Step 5. Ss read the following sentences in the left column aloud and match the potential meanings in the right one. (The underlined part indicates where the stress lies in.)
<table>
<tr><th>Sentences</th><th>Potential meanings</th></tr>
<tr><td>①I didn't say that.</td><td>A. I said something else.</td></tr>
<tr><td>②I didn't say that.</td><td>B. I implied it / whispered it / wrote it down.</td></tr>
<tr><td>③I didn't say that.</td><td>C. Someone else said that.</td></tr>
<tr><td>④I didn't say that.</td><td>D. I am denying saying it.</td></tr>
</table>
Answers:
①—C ②—D ③—B ④—A</td><td>学生根据重音变化,匹配语义,在练习中体验重音与语义的关系。</td></tr>
<tr><td>Step 6. Ss read the following sentence and first underline the focus word. Then Ss change the focus word and read sentences aloud.
Sentence: I think you are right.
Answers: I think you are right.
I think you are right.
I think you are right.
I think you are right.</td><td>学生在进一步练习的过程中内化重音规则。</td></tr>
</table>

2)练习使用

活动1:问答活动

设计意图:学生通过问答对话,运用句子重音,凸显语言的交际目的,学习重音在语义表达中的灵活使用。

活动步骤	设计说明
Step 1. Ss read the following four sentences, ask as many questions as possible, and underline the focus words in each sentence according to different questions. (One possible question has been given for each sentence.)	学生在回答问题的过程中,根据不同问题针对同一个句子标注重读部分,在语境中运用重音变化改变语义。

续表

<table>
<tr><th>活动步骤</th><th>设计说明</th></tr>
<tr><td>e.g. I like watching basketball on TV.
Q: What do you like to watch?
I like watching basketball on TV.
According to this question, the word "basketball" should be the focus word.

①My girlfriend is a very smart lawyer.
Q1: What does your girlfriend do?

②I wish I had a Mercedes.
Q1: Did you say you had a Mercedes?

③ I'm not a big fan of watching horror movies!
Q1: Is there anything you don't like to watch on TV?

④I am catching a bus to work.
Q1: How are you going to get to work?</td><td>第 1 句的参考答案如下:

Q1: What does your girlfriend do?
My girlfriend is a very smart lawyer.
Q2: How is your girlfriend as a lawyer?
My girlfriend is a very smart lawyer.
Q3: How smart is your girlfriend as a lawyer?
My girlfriend is a very smart lawyer.
Q4: Do you know a good lawyer?
My girlfriend is a very smart lawyer.
Q5: Whose girl friend is a very smart lawyer?
My girlfriend is a very smart lawyer.</td></tr>
<tr><td>Step 2. Ss form pairs to practise these dialogues.</td><td>在结对口语互动中,运用句子重音实现语言交际意图。</td></tr>
</table>

活动 2:对话创编

设计意图:学生结对创编对话,通过句子重音传递信息,迁移运用所学句子重音的知识,达到成功交际的目的。

<table>
<tr><th>活动步骤</th><th>设计说明</th></tr>
<tr><td>Step 1. Ss form pairs to talk about their Internet use, paying attention to stressed words and the focus word.
For example:
A: I use smart phone to surf the Internet.
B: Smart phone, why not computer?
…</td><td>对话围绕课文主题"互联网"展开。学生结对活动,在对话交流中运用句子重音突出、强调要表达的信息。</td></tr>
<tr><td>Step 2. Ss demonstrate their conversation to the whole class. T makes comments on Ss conversation based on the way they communicate the information.</td><td>学生展示对话。教师从重音使用,信息传递是否得体等角度评价学生对话。</td></tr>
</table>

活动3:诗歌朗读

设计意图:学生在掌握句子重音基本规则的基础上,通过读诗,应用基本规则。诗歌的韵律有助于学生练习语言的节奏感。

活动步骤	设计说明
Step 1. Ss read the following poem aloud and underline the words that should be stressed. **Cyber Sense** I always keep things secret when I go online. I never share the things that should be only mine. My email and my home address, my phone number and name— These are things only I should know on websites or in games. And so I use a nonsense name for my net identity. When folks online ask who I am, I say, "I'm Cyber Me." And if I ever think that someone online isn't all that bad, I never meet them without telling Mum or Dad.	学生朗读,尝试应用句子重音的基本规则标出重读单词。
Step 2. Ss form pairs to check the stressed words they have marked. **One example**: **Cyber Sense** I always keep things secret when I go online. I never share the things that should be only mine. My email and my home address, my phone number and name— These are things only I should know on websites or in games. And so I use a nonsense name for my net identity. When folks online ask who I am, I say, "I'm Cyber Me." And if I ever think that someone online isn't all that bad, I never meet them without telling Mum or Dad.	学生在结对合作中检查任务完成的情况,同时反思句子重音规则的运用。
Step 3: T plays the recording of the poem or reads the poem loudly to Ss. Ss imitate the recording or the teacher and check whether they got the stressed words right.	学生听录音或者听教师朗读,检测并练习读诗。

续表

活动步骤	设计说明
Step 4：T tells Ss to prepare a short speech about "How the Internet Has Changed My Life" after class and deliver the speeches the next class.（Homework）	作业环节，学生课后围绕"互联网如何改变我的生活"准备一个简短演讲。演讲是练习语言重音与节奏的有效方式。

案例分析

本语音教学设计案例紧扣《课标（2017 年版）》中的语音知识内容要求：1）根据重音、语调、节奏等的变化感知说话人的意图和态度。2）借助重音、语调、节奏等的变化表达意义、意图和态度等。

本案例设计基于普通高中教科书《英语》（人民教育出版社）必修第二册第三单元的语音教学素材，以《课标（2017 年版）》规定的语音知识内容要求为准绳，设计语音教学目标。总体教学目标为学生对句子重音规则的掌握和运用，具体分层目标体现教学过程的层级递进性，从辨识句子中的重读与非重读单词、运用正确的重音模式朗读句子、辨识句子重音变化引起的语义变化及其交际意图，最后到在口语交际中根据语境、交际意图，正确使用句子重音模式交流信息。

教学材料利用与开发：本案例设计除了运用教材提供的素材，根据最终要实现的运用句子重音变化实现交际意图的教学目标，补充了识辨、练习与应用句子中心词的相关素材。拓展利用教材，在练习运用环节，学生围绕单元主题创编小对话，准备与单元主题相关的简短演讲等活动。

教学活动设计注重语音、语境和语义三者的相关；在语境中进行语音练习，语音练习注重语境中的语义表达。例如，练习运用的第一个活动，学生根据不同问题针对同一个句子判断中心词，在语境中运用重音变化改变语义；在口语互动中，学生运用句子重音实现语言交际意图。

教学活动设计体现了从句子到篇章的逐层上升。句子重音的学习从句子重读、非重读词、中心词的识辨活动开始，过渡到提问、对话中识辨、练习与应用，最后到篇章层面的识辨、练习和应用，环环相扣，层级递进。

思考与练习：

（1）本教学案例中，你最喜欢的教学活动是哪一个，为什么？

（2）假如你用该案例中的材料和活动教授语音，你会对教学活动或活动的顺序做哪些调整，为什么？

教学设计实践

下面语音教学内容选自人民教育出版社普通高中教科书《英语》必修第三册的 Unit 3 Diverse Cultures，请依据内容设计两至三个语音教学活动。

Pronunciation

1 Listen to the passage about Native Americans. Mark the pauses that you hear. The first sentence has been done for you.

No one really knows exactly | when the first people arrived | in what we now know as California. || It is likely that Native Americans moved to California at least fifteen thousand years ago. Scientists believe that these settlers crossed the Bering Strait by a land bridge which existed in prehistoric times. In the 16th century, the native people suffered greatly after the arrival of the Europeans. Thousands of them were killed or forced into slavery. In addition, many died from the diseases brought by the Europeans. However, some survived these terrible times, and today there are more Native Americans living in California than in any other state of America.

2 Listen again and repeat.

UNIT 3 DIVERSE CULTURES　27

附：参考答案（练习应用部分）

1）音素

练习 1

①/e/　②/ʊ/　③/əʊ/　④/s/　⑤/tʃ/

练习 2

book—cook　back—pack　day—lay　jury—fury　sure—lure　job—rob

练习 3

hut—but　shy—why　glass—grass　rain—train　size—rise　dog—frog

练习 4

	删除的音素	
ago	/ə/	*go*
cat	/k/	*at*
dark	/d/	*ark*
hair	/h/	*air*
hear	/h/	*ear*
sand	/n/	*sad*
stand	/t/	*sand*
pear	/p/	*ear*
seat	/s/	*eat*

cash	/k/	*ash*
fill	/f/	*ill*

练习 5

	替换的音素	
pool	/p/ — /f/	*fool*
suffer	/f/ — /p/	*supper*
sin	/s/ — /θ/	*thin*
mat	/t/ — /θ/	*math*
shore	/ʃ/ — /tʃ/	*chore*
safe	/f/ — /v/	*save*
led	/d/ — /t/	*let*
batch	/tʃ/ — /dʒ/	*badge*
come	/k/ — /g/	*gum*
trip	/tr/ — /dr/	*drip*

练习 6

①Janie read a book by the babbling brook.

②The child bounced the ball at the backyard barbeque.

③The barbarians broke through the barricade.

④He acts silly at times, but he was blessed with a brilliant brain.

⑤ The beautiful bouquet blossomed in the bright sun.

练习 7

①Your friends will flip-flop fast when facing trouble.

② Our financial future fell into a free fall.

③The stuntman flipped from a forty foot Ferris wheel.

④ I forgot my flip phone but felt free.

⑤That's the first photo of france from the Moon.

练习 8

Star light, star bright,
Five star I see tonight,
I wish I may, I wish I might
Have the wish I wish tonight.

练习 9

tap	snap, lap, trap
bag	rag, tag, flag
ball	hall, call, small
black	track, snack, pack

sit　　　knit, fit, spit, pit
hill　　　spill, pill, still, mill

2)音节

练习1

Syllable(s)	Words
1	cite, ease, tip, pin, doll
2	table, import, increase, further, harbour
3	family, company, condition, activist, effective

练习2

fog/gy　fro/zen　hea/ring　in/visible　pain/ful　sym/pathize　mem/ber　naugh/ty

练习3

sweet/ness　puz/zle　founda/tion　neck/lace　pro/cess　ob/serve　pat/tern　pa/tience

3)单词重音

练习1

Column 1 Oo(重音在第一个音节)	Column 2 oO(重音在第二个音节)
couple, airsick, context, forward, habit, mirror, likely, platform, publish	report, alarm, apply, replace, employ, advice, indeed, unusual, piano

练习2

Oo	Ooo	oOo	Oooo	ooOo
plumber doctor worker soldier actor artist fireman farmer	carpenter governess lecturer scientist gardener	musician policeman explorer designer	journalist businessman educator	electrician

练习 3

①insect, campus, resource, journal — reSOURCE
②graduate, particular, specific, addition — GRAduate
③telephone, industry, understand, actually — underSTAND
④mistake, prefer, rather, begin — RAther
⑤summary, positive, athlete, deliver — deLIVER

练习 4

Sentences	Stress Pattern	Part of Speech
①a. I'll record the film and we can all watch it later.	reCORD	verb
b. I try to keep a record of everything I spend.	REcord	noun
②a. I'm looking for a present for Mark.	PREsent	noun
b. You must present your passport to the customs officer.	preSENT	verb
③a. Many of us have no direct contact with elderly people.	CONtact	noun
b. I would have to find another way to contact him.	conTACT	verb
④a. The price rise caused many readers to desert the magazine.	deSERT	verb
b. He was pointing off toward the desert.	DEsert	noun
⑤a. Students protest the decision.	proTEST	verb
b. The school has received over 3,000 letters of protest.	PROtest	noun

4) 句子重音

练习 1

①Man belongs to the earth.
②He wants to get out and see the world.
③They've been talking about doing that for years.
④In three weeks, he'll be working as a full-time clerk.
⑤We are still waiting for the artwork to come back from the printers.

练习 2

I wanted him to say the sentence. (Not the word.)
I wanted him to say the sentence. (Me not you!)
I wanted him to say the sentence. (And he did.)
I wanted him to say the sentence. (Not write it down.)
I wanted him to say the sentence. (Not her!)

练习 3

①I said she might consider a new car. (It was my idea.)
②I said she might consider a new car. (Don't you understand me?)
③I said she might consider a new car. (No another person)
④I said she might consider a new car. (It's a possibility.)
⑤I said she might consider a new car. (She should think about it. It's a good idea)
⑥I said she might consider a new car. (Not just a car.)
⑦I said she might consider a new car. (Not something else.)

5)意群与停顿

练习 1

①I've got to study. / Where have I put my book?
②If you speak in thought groups, / you'll be easier to understand.
③The fact is, / thought groups make you sound more fluent.
④A University education in the United States / can be quite expensive.
⑤Graduate students / often apply for scholarships / to help pay their tuition.
⑥If they have good grades / they may succeed in getting funding.
⑦Stonehenge / is a prehistoric monument / built of massive stone pillars.
⑧The Great Wall of China / runs east and west / through Northern China.
⑨The pyramids of Egypt / served as tombs / for kings and queens.
⑩Mount Fuji, / the highest mountain in Japan, / is an active volcano.

练习 2

①The teacher said, / "That student is intelligent."	The student is intelligent.
"The teacher", / said that student, / "is intelligent."	The teacher is intelligent.
②It was really hot. / Outside, / the temperature was 40 degrees.	It was very hot outside (inside and outside).
It was really hot outside. / The temperature was 40 degrees.	It was very hot outside (40 degrees).
③A woman / without her man / is nothing.	A woman is nothing(without her man).
A woman / without her / man is nothing.	Man is nothing(without the woman).
④The nurse / looked over my head.	The nurse examined my head quickly.
The nurse looked /over my head.	The nurse looked above my head.
⑤If you finish / quickly leave the classroom.	Leave the classroom the moment you finish the task.
If you finish quickly / leave the classroom.	Finish the task quickly, then leave the classroom.

练习 3

Does it really matter / whether people speak with an accent / as long as they can be easily understood? // Many people now believe / that in an increasingly globalised world / we should accept variations in pronunciation / that is / accent. // However / there's no point in speaking with an accent / if people can't understand you / is there? //

6) 语调

练习 1

①D ②A ③B ④C

练习 2

①'Tell me the ↘truth.
②'Nice ↘weather, ↗isn't it?
③'How 'well she ↘sings!
④He will ↘help them, ↗won't he?
⑤Does he 'speak ↗English or ↘German?
⑥Can I 'borrow your ↗dictionary, please?
⑦Are the 'students 'ready for the ↗test?
⑧'What 'time should I ↘call you?
⑨Would you 'like an ↗apple or a ↘pear?
⑩'Whose 'book is ↘this?

练习 3

	Certain	Uncertain
①'They 'told me to 'come ↘yesterday.	√	
②The 'reports are 'due next ↗Monday.		√
③'Simon 'failed his ↗test.		√
④'Angel 'prefers 'coffee over ↗tea.		√
⑤ Our 'company 'plans to ↘expand.	√	
⑥'You need to 'give it to ↗her.		√
⑦'Wednesday is 'Julie's ↘birthday.	√	
⑧'He 'accepted a 'job in ↗Shanghai.		√
⑨My 'cousin 'adopted two 'kittens ↘yesterday.	√	
⑩The 'train was 'delayed for an 'hour this ↘morning.	√	

练习 4

Dialogues	Functions
①A：I can't seem to find my phone. I thought I left it in the classroom. B：Where? ↘ A：The classroom.	a request for clarification
②A：I placed the order for next week. B：When? ↗ A：Next Wednesday.	a request for additional information
③A：One of my teachers emailed me about my homework. B：Who? ↗ A：Professor Williams.	a request for additional information
④A：I need to tell you something. B：What? ↘ A：I need to tell you something.	a request for clarification
⑤A：I need to pick up her apartment key today. B：When? ↗ A：3 pm.	a request for additional information

说明：在特殊疑问句中，降调表示说话人可能想要对方重复或者澄清信息，而升调是说话人可能想要获取更多信息。对话①和④中的 where，what 用降调；对话②，③和⑤中的 when，who，when 用升调。（Falling intonation on a "wh" question is a request for clarification，whereas rising intonation on a "wh" question is a request for additional information.）

7）连读

练习 1

consonant + vowel	r-linking	vowel + vowel
good idea	*later on*	*any other*
come out	a pair of	my aunt
work out	more over	carry out
look at it	remember it	no end
brush up	after all	throw away

练习 2:朗读下列五组短语和句子,注意每组中有连读的短语或句子。

Groups	Phrases and Sentences	Choice for Word Linking
①	A. come over B. get better	A
②	A. Matt live B. far away	B
③	A. sit down B. do it	B
④	A. pink elephant B. pink panther	A
⑤	A. Jenny works for her uncle. B. James works for his father.	A
⑥	A. He runs fast. B. I'm on the train.	B

练习 3

①Time⌒is⌒up.

②Please turn⌒it⌒on.

③Can⌒I have⌒a bit⌒of⌒egg?

④You⌒all go⌒out too⌒often.

⑤They⌒all buy at the⌒arcade.

⑥Such⌒a nice⌒evening.

⑦I'm⌒already there.

⑧Where⌒are your brother⌒and sister?

⑨There⌒is a pair⌒of shoes under the bed.

⑩My goal⌒is to travel⌒around China.

练习 4

An⌒old woman had⌒a cat. The cat was very⌒old; she could not run quickly, and she could not bite, because she was so⌒old. One day the⌒old cat saw a mouse; she jumped⌒and caught the mouse. But she could not bite⌒it; so the mouse got⌒out⌒of her mouth and ran⌒away, because the cat could not bite⌒it.

第四章

词汇教学设计与案例分析

目标导航

学习本章之后,你能够:

- 定义词汇并阐释其重要性;
- 举例说明词汇教学的内容;
- 阐释词汇教学的原则;
- 使用词汇教学策略;
- 设计词汇教学活动。

第一节　词汇教学的基础知识

问题导入:

(1)什么是词汇?

(2)为什么要教词汇?

(3)词汇的学习目标是什么?

(4)词汇学习的影响因素有哪些?

(5)词汇教学方法有哪些?

词汇是语言的基本要素,失去词汇,语言就失去了实际意义;词汇是语言学习的基本内容,学习者词汇量的大小直接影响到学习者语言输入和输出的质量,并且也影响到学习者的语用和语言交际能力;词汇也是语言教学的重要内容,词汇教学不仅是各门语言课程的基础,而且还贯穿教学的始终。

1. 词汇的内涵

词汇是一种语言里所使用的词和固定词组的总称(《现代汉语词典》,2014)。词是语言最小的可以独立运用的单位。从语音角度来说,词是人类发音器官发出的音,是一个声音统一体;从形式角度来说,词是一组有意义的字母组合;从意义角度来说,词是句子中起作用的最小的自由形式。概括起来,词就是语言中具有一定声音、意义和句法功能的最小的自由形式(林立红、李苏强,2008)。词组,通常又称短语,是由两个或两个以上的词按一定的词义搭配关系和语法结构规则组合成的句法单位,具有中心词的语法性质。词组形式相对固定,英语中常见的短语有名词词组、动词词组、动名词词组、不定式词组、介词词组等。

词汇主要用来传递意义。词汇通过指称所指对象获得意义,也就是说,词或词组通过和所指对象,如事物、人或者现象等建立联系,具有了表意的功能。词汇意义主要有概念意义和内涵意义。概念意义是词典中给出的意义,构成词义的核心,是最基本的意义,也是交流思想的基础。内涵意义是概念意义的补充和引申,是人们在概念意义的基础上通过联想而获得的一种隐含意义,一定程度上反映了人们对词汇所指对象的情感和态度。

思考题:(1)词和词组有什么关系?
(2)单词 dog, home, rose 的概念意义和内涵意义分别是什么?

2. 词汇的重要性

词汇是语言的基本单位,是语言活动的基础,也是人们获得知识、进行交际的重要工具,语言交流成功与否在很大程度上取决于词汇基础。关于词汇的重要性,很多语言学家都曾有论述:

词汇是语言的核心。

——M. Lewis(1993)

没有语法,能传递的东西不多,没有词汇什么都不能传递。

——D. A. Wilkins(1972)

学习者经常随身携带的是词典,而不是语法书,这更凸显了词汇的重要性。

——N. Schmitt(2015)

词汇是语言的基本要素,英语学习离不开词汇。研究表明,词汇学习对于理解语言和言语输出至关重要。词汇学习可以促进英语水平的提高。学习者的词汇量越大,阅读和听力的水平就越高(聂龙,2001)。只有具备了充足的词汇量,学习者才能读懂和听懂,从而才有可能为写作与口语表达提供"可理解性输入"。总之,词汇量大小直接影响学习者听说读写等各项能力的发展,有了足够的词汇量,即使对语言结构不甚了解,也可以理解和产出大量的第二语言。

思考题:"有了足够的词汇量,即使对语言结构不甚了解,也可以理解和产出大量的第二语言。"你是否同意这种观点?为什么?

3. 词汇学习的目标

词汇学习不只是记忆词和词组的音、形、义,更重要的是在语境中使用词汇、获取信息、表达思想、观点以及情感。

内申(Nation,2001)根据输入和输出理论将词汇分为接受性词汇(Receptive Vocabulary)和产出性词汇(Productive Vocabulary)。接受性词汇一般指学习者在阅读或听力理解活动中碰到,经过短时间思考,或者根据上下文能够推断出其含义的词汇,即只认得其形、记住其义,但不会拼写、发音以及使用的词汇。如“architect”,学生在听力、阅读过程中能够根据上下文推断出其意为“建筑师”,但并不一定能够在口语、写作活动中准确使用。产出性词汇是学习者在实际使用过程中能够正确运用的词汇,要求学习者不仅在读与听的过程中准确理解其含义,而且能够在口头或书面表达活动中熟练使用,或者是达到“四会”,即能听懂、会认、会读、会写。

《课标(2017 年版)》中关于词汇学习的要求是,学生完成高中学业应学习和掌握的词汇累计达 3 000~3 200 个。这些词的核心部分,即常用度高、分布面广、稳定性强、流通域宽、组合力强的那些词,就是核心词,是学生需达到“四会”的词。核心词的筛选除了考虑具体词汇在词汇系统中的核心地位之外,也要考虑跨文化交际因素,因而跟母语教学核心词往往有差异,不过其主要部分是相同的(赵世举,2014)。

思考与回答:

(1)接受性词汇和产出性词汇有什么区别?

(2)对你而言,下列词汇中哪些是接受性词汇,哪些是产出性词汇?

important	comprehension	resistance	sad	tell
embarrassed	friend	practical	wonder	wish
company	responsibility	significant	quickly	trial
fountain	enough	profile	sport	very

4. 词汇学习的影响因素

英汉两种语言之间的差异是影响词汇学习的主要因素。英语和汉语分属不同的语系,前者属于印欧语系,是拼音文字;而后者属于汉藏语系,是笔画文字。英语是屈折型语言,英语词汇有丰富的人称、时态和格的变化,词的变化在语法中有重要意义。而汉语则属于孤立型语言,没有词的屈折变化,以虚词和语序作为表达语法意义的主要手段。两种语言不同的拼写方式、发音、表达的含义等是影响学习者词汇学习的因素之一。

除了两种语言本身的差异之外,教师的词汇教学观念和方法对学生的词汇学习也会产生影响。教师对词汇教学要求的了解,对词汇教学方法的运用和对词汇评价方法的实际应用等,都会影响学生词汇学习的质量。教师是否具有培养学生主动学习词汇的意识也会影响词汇学习的效果。词汇教学过程中如果忽略了对学生词汇学习自主性、学习态度和方法策略的培养,就会导致学生习惯以教师为主导的词汇学习方式,不能主动通过大量的阅读来扩大词汇量,不会借助语篇语境来学习词汇的用法。

学生的个体差异也会影响词汇学习。词汇学习的效果在一定程度上取决于学生的记忆力、学习策略、态度、动机等。确立明确的词汇记忆目标,有效计划、监控和评估学习活动,恰当使用词汇学习策略等能在很大程度上提高词汇学习的成效。积极、主动的词汇学习态度,良好的学习动机能促进学生进行大量的阅读,通过具体的语言环境,活学活用英语词汇。

思考题:怎样激发学生词汇学习的动机和兴趣?

5. 词汇教学发展历程

词汇教学经历了从不被重视到被重视、从孤立的词汇教学到在语境中教学的过程。路易斯提到,词汇是语言的核心,但在语言教学中,词汇一直是个"灰姑娘"(M. Lewis, 1993)。最古老的外语教学法——语法翻译法的语言观认为,语言就是语法加词汇。词汇的作用是为了展示语法规则,词汇教学是处于第二位的。受直接法教学思想的影响,词汇教学不再是用母语下定义解释,而是利用图表、图画、实物、演示、身体动作等方式,建立目的语词汇与意义的直接联系;抽象词则采用传统的归类和联想方式教授。随着情景法的引入,语言教学在有意义、情景化的活动中通过练习基本结构来开展,词汇被置于所学的情景之中教授。交际法提倡词汇的附带学习,即在交际中间接地学习词汇,通常需要大量的阅读。附带学习是学生在完成其他学习任务(如阅读文章、听英文歌曲)的时候,其注意力并非在背记单词上,却附带习得了单词。这样习得的可能不是该词的全部知识,如仅仅记住了拼写形式,或者仅仅知道了词性,但是多次遇见之后,点滴的知识积累起来也很可观(盖淑华,2003)。

《课标(2017 年版)》强调,词汇教学除了引导学生更深入地理解和更广泛地运用已学词汇外,重点是在语境中培养学生的词块意识,要注意词块的呈现,帮助学生关注习惯搭配和表达。词块由多词组成,可以独立用于构成句子或者话语,实现一定语法、语篇或语用功能的最小的形式和意义的结合体。这个定义表明,词块是大于词、小于句子的语言单位,可以像词那样独立运用,而且词块应该是连续的,具有完整的意义或明确的功能(马广惠,2011)。

通俗来讲,词块就是词的搭配组合。一般来说,词块包括短语、词语搭配、习语。词块是以整体形式储存在大脑中的一串词,可整体或稍做改动后作为预制组块供学习者提取和使用。Nattinger 和 DeCarrico 根据结构和功能,把词块分为以下四类:①多元词词块,即作用相当于一个词的固定短语,例如 at once, for example, once upon a time 等;②习俗语词块,一般包括谚语、警句和约定俗成的交际套语,如"Love me, love my dog.""The unexamined life is not worth living.""How are you doing?"等;③短语架构词块,指半固定性的框架式短语,其中的某些词汇可以被同类型的词或短语替换,比如 as far as I'm/he's concerned;④句子组构词块,是指用在句首,为整个句子提供构架的短语,可变性较强,如"Could you please...?""Let us start with..."等(罗少茜 等,2016)。

词块的意义是置于特定的语境中的,所以它比脱离语境单独学词汇更容易被记住、理解、并正确使用。词块的使用能有效地将学习者的接受性词汇转化为产出性词汇,实现输入到输出的转化过程、以达到学习者能正确运用英语来表达思想的目的。在词汇教学中,教师要通过语篇或者语料库呈现词块,树立学生词块意识,适当讲解,通过活动让学生巩固并运用词块。

思考题:词块教学有什么优势?请举例说明?

第二节　词汇教学的内容

问题导入：

(1)词汇教学应该包括哪些内容？

(2)词汇意义包括哪些方面？

(3)词汇学习策略有无教的必要性？

要正确理解和使用词汇，除了掌握词汇的音、形、义，还需掌握构词方法、词汇语法知识、词汇学习策略等。因此，词汇教学的主要内容包括词汇的形式、意义、使用以及学习策略。

1. 形式

词汇的形式指其发音、拼写以及构词法。词汇教学首先要教授单词的发音，正确的发音有助于辨识和记忆词汇。英语中约有70%的单词发音和拼写有对应规则，掌握了英语的读音规则和单词的正确发音，即可根据读音规则拼写单词。以“rain”一词为例，掌握了该单词的发音/rein/，知道字母和字母组合“r”“ain” 与/r/、/ein/的对应关系，学习者便能根据单词的发音拼写出“rain”。而且，通过语音联想策略，还可拼写出与/ein/关联的词，比如main, pain, train, plain, grain等。而错误的发音，尤其是单词重音的误读，会引起词性和词义的变化，影响准确的理解与表达，造成交际中断。错误的发音造成的拼写错误同样会影响书面表达的准确性。因此，引导学生通过读音规则拼读单词，听音辨形，帮助学生更快地记忆新单词，提高学习效率，是词汇教学重要任务之一。

构词法是重要的词汇知识，是根据一定语言规律创造新词的方法。构词法主要有派生法、合成法、转类法、缩略法等。根据Pyles和Algeo的研究，英语中通过派生法构成的词，占新词总量的30%到40%；通过合成法构成的词，占新词总量的28%到30%；通过转类法构成的词，占新词总量的26%；通过缩略法产生的新词，占新词总量的8%到10%；还有1%到5%的新词由拼缀法和其他方法构成(Pyles, T., & Algeo, J. 1982)。

派生法是通过加前缀或后缀构词的方法。词根是派生的基础，在同一个词根上可以加上不同的词缀来变化词义或词类。在派生词中，词根决定单词的主要意义，前缀主要用来改变词义，后缀主要用来改变词性。比如词根 “agree”(同意)加上前缀“dis-”就派生成原词的反义词“disagree”（不同意)，加上后缀“-ment” 派生出名词 “agreement”（协定)。合成法是将两个或两个以上的根词合在一起构成新词的方法，如：head + ache→headache（头痛)，dead + line→deadline（最后期限)，record+break+ing→recording-breaking（破纪录的)。合成词在英语中比较活跃，合成形容词很常见，多数用作定语，有些作表语；合成名词作主语或宾语；合成动词作谓语；合成副词作状语，如well-known, bookworm, overcome, somehow 等。转类法是词的形态结构上不发生变化，功能发生变化的一种构词法，如water一词作为名词，意为水，名词转化为动词,表示浇水,如 to water the tree(给树浇水);captain 一词是名词,意为队长,名词转化为动词,表示担任队长、率队,如 to captain the team(当一个队的队长)。

教授构词法知识能帮助学生正确辨认单词的词形、词性,理解词意,并扩大词汇量。

思考题:通过拼读单个字母记忆学习单词,如 b-o-o-k→book,这种方法有什么优缺点?

2. 意义

词汇意义,即词义,是词汇要表达的内容。词义包括词的概念意义和内涵意义。概念意义又称外延意义,是词典里所给的意义,是单词最基本、最本质的意义。概念意义指的是词和词指代的物体之间的关系,是语言交流的中心因素。在学习词汇概念意义时,要区分词的形式结构及意义之间的准确关系,以免误解词义。如"goods(商品,货物)"和"good(好)"形式相近,语义不同。

词的内涵意义是附加在概念意义上的意义,不是单独存在的意义,是人们在概念意义的基础上通过联想获得的隐含意义,反映了人们对于词汇的情感联系。例如,"dog"一词的概念意义是"狗,一种四足动物"。狗被认为是人类忠诚的朋友,所以"dog"具有"忠诚"这一引申意义。"snake"的概念意义为"蛇,一种无足爬行动物",其隐含之意是"阴险的人","He is a snake in the grass.(他是个阴险之人。)"即是这种用法。在句子"He is indeed a man!"中,单词"man"表达的不仅仅是"男人"这一含义,从其内涵意义理解,其实表达的是"他很男人(刚强、有内涵等)。"

英语词汇的意义往往是由语境决定的,也就是说,离开语境,单个的词是没有多少意义的。语境中的单词词义往往超过了概念意义。词汇教学要结合语境,确定词汇的意义是概念意义还是内涵意义。但这并不是说所有的词都有概念意义和内涵意义。一般来说,普通英语名词既有概念意义,又有内涵意义,但专有名词只有概念意义,没有内涵意义。

根据语义关系,词汇在语境中的关系形式主要有上、下义关系,同义和反义关系。上下义关系是类别和成员之间的关系,表示类别的高层词义的词叫上义词,表示成员的下层词义的词叫下义词。比如上义词 tree,包含的下义词有:willow, poplar, fir, redwood, elm, cedar 等;上义词 flower, 所属的下义词有:tulip, gardenia, daisy, daffodil, sunflower, jessamine, carnation, forget-me-not 等。词与词可以因为表达同一概念而有联系,这些词称为同义词,如 learn, study, acquire, master 等。值得注意的是,虽然同义词表示的意义基本相同,但并非相互之间完全可以替代。同义词的使用要和语体、语境、词语搭配等一致,表达才正确得体。如果词语的意思相反,那么它们就被称为反义词,如 right 和 wrong, strong 和 weak 等。词汇教学中,可以利用这些关系将相关单词一起呈现讲解,这样不仅可以扩大学生的词汇量,还可以通过单词意义的对比,加深学生对词汇的记忆和理解。

练习

(1)请给出下列词的同义词。

enjoy	argue	base	solve	influence
improve	encourage	cause	important	surprising

(2)请给出下列词的反义词。

strong	light	joy	late	laugh
lazy	safety	sick	elegant	fail

(3)请给出 fruits, jobs 两个词的下义词。

3. 用法

词汇学习的目的是实际运用。词汇教学除了关注词汇的音、形、义,更要关注词汇的用法。词的正确使用与掌握词性、词的形态变化、固定搭配、习语等密不可分。

英语中的词根据词义、句法作用和形式特征,分为十大类,称为词类,也叫词性。十大词类中,名词、动词、代词、数词、形容词、副词可以在句子中独立担任成分,称为实词。如名词、代词、数词可作主语、宾语等,动词可作谓语,形容词可作表语,副词可作状语等。介词、连词、冠词、感叹词都不能在句子中独立担任任何成分,称为虚词。分清词类至关重要,只有知道一个词属于哪个类别,句子成分由哪类词担任,才能正确使用词。

英语词的使用一定要注意形态变化,或屈折变化。屈折变化是通过在一个单词后面添加后缀使其达到某种语法功能。英语中有八种屈折变化,分别用来表示名词、动词、形容词和副词的人称、数、格、时、体、限定、比较级和最高级等各类语法关系(曹亚民,1999)。这八种屈折变化分别是名词的数、格;动词的人称、数、限定性、时和体;形容词和副词的比较级和最高级。名词的复数由后缀,中缀或"零形素"构成,比如 map-maps, box-boxes, man-men, louse-lice, sheep-sheep, deer-deer 等。英语中许多名词可加 's,表示所属关系,此形式称为名词所有格,如 student's, children's, mother-in-law's 等。动词的第一种屈折变化是在一般现在时中,主语为第三人称单数时的谓语动词需加-s 或-es,以及 be 的各种限定形式 am, is 和 are;动词的第二个屈折变化是加-ing 形成现在分词;第三个和第四个屈折变化是加-d 或者-ed 形成过去式和过去分词,以及一些不规则动词的过去式和过去分词,前者如 love-loved-loved, want-wanted-wanted,后者如 beat-beat-beaten, know-knew-known 等。形容词和副词有两种屈折形式,比较级和最高级,在词尾加-er, -est 实现,如 long-longer-longest, big-bigger-biggest。还有一些形容词和副词的比较级和最高级是不规则的,由变体形式完成,如 good-better-best, much-more-most 等。词的屈折变化是出于特定的句法表达需要的语法变体(王文斌,2002),是英语学习中的一个难点,即使是熟练的双语者在实时交流时也难免出错,所以有必要将词的屈折变化作为重要的教学内容,通过显性讲解、反复的练习活动,让学生具备词汇屈折变化意识,正确使用这一语法变体。

英语中有大量的固定搭配与习语。词的搭配句式多样,不能任意使用。比如,汉语中"开门""开电视""开会""开支票"等,都是用"开"这个动词字,英语中"open"一词的搭配性则没有这么强,以上搭配需要分别用"open""turn on""have""sign"来表达:"to open a door""to turn on the TV""to have a meeting""to sign a check"。再比如,英语中有"to make a bed"这一表达,但没有"to make housework"这样的表达;"接电话"不是"to receive the phone call",而是"to answer the phone call";"大雨"不是"big rain",而是"heavy rain"等。鉴于固定搭配的"固定性",教师需要在教学中向学生明确指出,且有意操练,以免学生望文生义,造成误解或错用搭配。

习语是某一语言在使用过程中形成的独特的、固定的表达方式。习语的结构稳定,是一个整体,不能分成单个词语来教学。按照语法功能,习语可分为五大类:①名词性习语(以一个名词为关键词,在句中起名词的作用),如"Jack of all trades"(样样都会,样样不精通的人),"brain trust"(智囊团);②形容词性习语(起形容词的作用,但构成成分未必都是形容词),如" as poor as a church mouse"(一贫如洗),"safe and sound"(安然无恙);③动词性习语(这是习语中最多的一种),如"get away with"(逃脱),"put off"(延迟),"call it a day"(到此结束),"make ends meet"(量入为出)等;④副词性习语(包括许多介词词组,但在句中起副词的作用),比如"in nothing flat"(很快),"through thick and thin"(在任何情况下,不顾艰难险阻);⑤句子性习语,是完整的句子,包括谚语和警句,如"How are you doing?""Seeing is believing"等(林立红、李苏强,2008)。

英语习语的学习需要以整体的形式进行储存、加工,也就是说要作为预制组块,或词块的形式供学习者提取和使用。词汇教学中,教师有必要帮助学生辨认词块和搭配,并加以讲解,提高学生的词块意识,并通过口头和书面练习进行巩固,最终实现学生对习语语义、语用,以及语境的整体把握和正确使用。

思考题:(1)受母语使用习惯的干扰,以及英语使用的过度类化,学生在使用英语搭配词时会出现哪些失误?请举例说明。

(2)屈折变化是英语学习的难点之一。概括并举例说明英语词汇的屈折变化。

4. 词汇学习策略

词汇学习历来是英语学习者最大的挑战之一。运用学习策略来记忆、保持词汇,有意识地训练词汇学习的方式,是学习者应对词汇学习挑战的有效方法,也是《课标(2017 年版)》对学习能力目标培养的要求。

猜测策略 在听和读的过程中,教师需启发学生借助情景和上下文猜测词义或段落大意。阅读中如果看到生词就查词典的话,会影响阅读速度,打断思路。如果生词不多,可以通过上下文先进行猜测,以免影响对文章的整体理解。就词性而言,学生可以通过生词本身的特点和上下文来进行推断,如以"-ment""-tion""-ness"等后缀结尾的词一般是名词,而以"-ful""-able""-cious"等结尾的词一般是形容词。就词义而言,可以通过信息词、定义,或者相关从句来推测。如在句子"Suddenly some birds that had been flying nearby swooped down and began pecking at the picture."中,"swooped"属于生词,根据句子结构和词形判断,是和"flying"相关的动词,和"飞"有关。借此判断,学生对"swooped"一词的推测不会离题太远。在句子"The gap between dinner and breakfast can be up to twelve hours, so the meal that breaks your fast should be healthy and wholesome."中,根据词形以及并列的形容词"healthy"进行猜测,"wholesome"是"healthy"的近义词,或至少不是其反义词。再比如,"There is a saying: Breakfast like a king, lunch like a prince, and dinner like a pauper — a very poor person."这句中,通过破折号后面的解释,学生可以推断出"pauper"是"穷人"或"乞丐"的意思。

联想策略 单个词的记忆要通过建立音、形之间的联系来实现,还要通过词汇练习或篇章阅读，反复巩固，才能保持记忆，将短期记忆变为长期记忆。英语单词的发音和词形之间的联系有规则可循。按照字母组合、音节和字形结构来记忆单词，理解词义，而不是一个字母一个字母地反复记忆，可以减少记忆负担，提高单词识记和理解的效率。如通过联想同音词、同义词、反义词等来记忆词汇。

语义策略 通过构词法、话题词等方式建构词族、词汇语义网，也是帮助学生记忆词汇，扩大词汇量的一种策略。教师可以通过讲授构词法知识，如常见的前缀、后缀以及合成词等，来帮助学生举一反三，将词汇知识转化为词汇学习能力。比如，学生如果理解“perfect”这个词，并有一定的词汇知识，就能理解“perfection”“imperfection”的词义；如果记住了“danger”，就知道“dangerous”“endanger”“endangered”等词汇的意思。

分类策略 词汇分类能让学生通过词汇之间的关系、联想记忆，以及思维导图等形成一定的语义场，从而促进学生的单词记忆和理解。如，通过对“senior high school, new words, grammar, confusing, context, interest, songs, movies”等看似互不相关的词汇组合的猜测，学生可以预测语篇的内容；再通过“senior high school”可以联想到高中生活可能涉及的内容，就同一主题形成记忆中的词汇组，由一个词想到另一个词，由点及面，呈网状式学习并使用词汇，从而脱离孤立、碎片式的词汇学习方式。

篇章策略 词汇学习的最终目的不是记住或者会用单个的词，而是理解或产出由词汇组成的整个篇章。单纯记单词容易遗忘，且难以应用。有效的方法是通过大量阅读，在语境中记忆。《课标（2017 年版）》对选择性必须课程的要求是每周课外阅读量要不少于 2 500 词，总量不少于 10 万词。在阅读语篇的过程中，学习者注重的是对信息的理解而不是对形式的理解，能获得有效习得；阅读篇章增加了学习者接触词汇的频率，从而形成对单词的长久记忆。

词汇形式、意义、用法、策略的教学是一个整体，相互关联又相互作用，不可分割。形式是词汇必要的组成部分，没有拼写、读音，以及词的结构支撑，意义、用法无从谈起。词的意义通过用法表达出来，词义是词汇运用的关键。没有词义，语言表达与交流不可能得以实现。词的用法是正确使用词汇的保障，学习词的使用也是语言学习的目标之一。有效使用词汇策略，能帮助学生扩大词汇量，提高学习效率，并形成自主学习的能力。

思考题：有人认为遇到生词就查词典的阅读不利于词汇学习。对此，你有何观点？

第三节 词汇教学的原则

问题导入：

（1）高中英语课程对词汇知识内容的要求是什么？

（2）高中英语词汇教学需遵守什么原则？

语言教学离不开词汇，但仅有词汇量和词汇知识是不够的，学习者的词汇能力通过语言综合运用能力才能得以体现。为此,英语词汇教学应遵守选择性原则、直观性原则、系统性原则、情景性原则、文化性原则、运用性原则以及整合性原则。

1. 选择性原则

词汇教学中需区分核心词汇与非核心词汇,接受性词汇与产出性词汇,以确定词汇的教学内容和要求学生掌握的程度,比如识记、理解或运用,从而对词汇进行区别处理。核心词汇、产出性词汇需要重点讲解、练习,通过教学转化为学生的"四会"词。对于非核心词汇、接受性词汇,鼓励学生在语境中运用各种策略进行猜测、判断词义。

高中英语词汇教学要根据课标和学生的实际水平,突出重点,有所选择。《课标(2017年版)》的词汇表中共收 3 000 个单词。教师可结合教材和课标,选择常用词、核心词,区分接受性词汇和产出性词汇,根据学生需掌握的不同程度去教授。

思考题: 教师在词汇教学时要根据课标、教材、学生的水平,有所选择地教学,避免孤立地讲解单词。在词汇教学中,教师应该重点选择哪些单词?

2. 直观性原则

直观性原则是指教学中通过对所学事物的观察,或教师语言的形象描述,引导学生形成对所学事物、过程的清晰表象,丰富他们的感性经验,为学生智力发展、掌握理性知识创造条件。词汇教学中,直观化教学有助于学生把英语单词同实物或情景直接联系起来,增强语言的真实性、形象感,加深学生对词的理解和记忆。

直观教学可以展示实物、图片、简笔画等,或者借助教师的表情、手势、动作等多种形式,让学生看得见,且能理解词汇表达的意义。如"animated movie",可以配上动画片《功夫熊猫》或《猫和老鼠》的图片来展示。难以用实物演示,定义解释又比较复杂、会加重学生理解负担的词汇,可以直接用汉语对等词解释的方式让学生理解词义。此外,中文解释和图片相结合的呈现方式可以让学生在看物见景中学习词汇,如单词"brace",可以配上适当的图片展示,再用汉语"支架"来解释,让学生准确把握词义。使用直观化教学,不但可以使抽象的文字变成具体的形象,而且能加深学生对词汇的感知和记忆。

思考题: 如何教授难以用图片等展示的词汇,如抽象词汇?

3. 系统性原则

系统性是指词汇教学时要兼顾词汇内部的系统性和词汇教学环节的系统性。词汇是由音、形、义三个不可分割的要素组成的整体,这三个要素根据一定的规则运作、整体完成个别要素不能单独完成的工作。词汇的系统性就是要关注词汇的形音联系、形义联系、结构联系、语义和用法联系等,通过字母组合的发音学习读音规则;通过词根、词缀及合成词的构词法知识构建词汇的结构及形义联系。词与词之间构成同义关系、反义关系、上下级关系及词义搭配和句法搭配。词汇之间也有系统性、联系性。词汇组合不是任意的,而是按一定的规律组成名词短语、动词短语、形容词短语等;教学时应该以词块形式呈现,学生以整体的方式认知、学习。

词汇教学的系统性是指词汇教学活动要环环相扣，相互之间有逻辑关系，服务于最终的语言产出和知识的内化。词汇知识的呈现、巩固、应用要结合篇章，分层次、由易到难地进行，而且每个阶段都有不同的方法和侧重点。呈现步骤要让学生通过听、说、读、写、看等多种方式感知、理解和主题相关的词汇，积累词块、构建词族；在探究主题意义的语言教学活动中，教师设计特定的情境，循环反复词汇实践，以达到学生内化词汇知识的目的。

思考题：基于词汇教学的系统性原则，"advisable, browser, combination"这三个词应该教授哪些内容，可以设计哪些教学活动？

4. 情境性原则

词汇教学除了引导学生更深入地理解和更广泛地运用已学词汇以外，重点是在语境中培养词汇意识，并通过广泛阅读，进一步扩大词汇量，提高正确理解、运用词汇和恰当表达意义的能力。语境(context)包括宏观和微观两个层面：宏观层面，语境相当于情境或语言环境，如在超市、机场，使用的语言因场景不同而不同；微观层面，语境相当于一个词语的上下文。单词只有组成句子和话语之后，才能实现其交际功能。孤立的讲解单词属于语义性记忆，而把单词和具体的使用环境相结合，通过生动的实例来讲解单词则属于情景记忆。情景记忆的速度要高于语义记忆，更有助于学生使用词汇(罗少茜 等，2016)。

脱离语境的词汇教学反映在学习者身上就是背词汇表。这种方式最终会使词汇学习变得困难，因为孤立地学词汇对词语的使用没多大用处，最终会失去学习词汇的意义。所以，词汇教学要在情境中进行，需结合具体主题，在特定语境下开展综合性语言实践活动，如猜测词义，在阅读中理解词汇，或者通过词汇赏析篇章等。

在情境中进行词汇教学，需要教师具备能够设置语境的能力，也就是设置语篇语境与现实生活交集的能力。这种能力基于解读文本的能力，即教师对于教学材料的感知、理解和评价，进而形成的对教材的价值判断的能力。教师可以基于文本的背景知识、结合语篇主题，挖掘情境素材，也可以结合现实，创设真实情境，用显性教学引导学生在情境中使用所学词汇。

思考题：举例说明词汇教学中如何创设情境。

5. 文化性原则

文化与语言密不可分，文化内容在语言中无处不在，语言中遣词造句、篇章构成、行文方式、文体风格、都是语言和文化编织的网络(武和平，2019)。

词汇教学要关注词汇所蕴含的文化含义。在高中英语词汇教学中，教师不能只停留在讲解单词的字面意思上，要深入单词的使用语境，以掌握单词的文化含义；也不能只停留在比较中英词汇传递的不同文化含义上，而是要在更宏观的语篇语境中比较有价值的文化现象，发掘文化意义。比如教授"festival"时，我们的目标不仅仅是让学生会读、会写、知道其意思为"节日"，更重要的是"festival"涵盖的文化，例如，哪些国家有哪些节日，为什么要庆祝这些节日，怎么庆祝等。学生通过篇章获得了有关节日的文化知识，理解文化内涵，比较中外文化和价值观，更重要的是要能以恰当的语言方式表达自己的文化，讲好中国故事，传播中国文化。

思考题:请举例说明词汇教学中的具体的文化要素。

6. 运用性原则

学习词汇是为了运用词汇。词汇的运用一方面是利用已有知识阅读篇章,从中获取信息,获得更多知识,进一步扩大词汇量,深化对词汇的理解;另一方面是把词汇知识转化成词汇运用的能力,在具体的语境和情境中去使用单词。前者是输入型的应用,后者是输出型的应用,比前者需要更多、更复杂的认知活动。

词汇的运用需要教师创设具体的情境,通过教学活动让学生有机会去使用单词,检测自己对所学内容的理解程度。创设情境时,教师需考虑两个问题:①学生需要练习哪些词汇?②应该创设书面情境还是口头情境?第一个问题涉及词汇重难点的区分和目标词汇的确定,第二个问题涉及学生对单词应该掌握的程度。词汇教学活动需要循序渐进,循环往复,通过听、说、读、看、写等多种形式,既使学生通过显性的教学获得词汇知识,又通过隐性习得获得使用词汇的能力,在记忆、理解的基础上使用、分析,最后能在语篇层面运用所学词汇,从而提高综合使用语言的能力。学生在使用词汇过程中如有困难,教师需提供一些"支架",如背景支架、语境支架、或相关词汇支架,激活学生的已有知识,使之和新知识联系起来,使新知识的学习和运用变得容易。

思考题:为让学生有效使用所学单词,可以布置哪些形式的课后作业供学生练习?

7. 整合性教学原则

整合性教学是指以主题为引领、以语篇为依托、以活动为途径的整合式教学方式。在词汇教学中,教师需引导学生在活动中学习词汇知识、发展语言技能,理解文化内涵,应用学习策略。

从微观方面来讲,词汇的整合教学可以是词义的整合,如词块搭配、习语,词根、词缀组合,也可以用同义词、反义词进行类比教学。在实际的教学过程中,教师需帮助学生增强整体、整合意识,形成良好的词汇学习习惯,培养学生的整合能力。在教授核心词时,教师可以创设语境,引导学生联系新旧知识,推导出和新词汇相关的搭配、用法,通过整合形成新的知识结构。

思考题:为提高学生词汇运用的能力,可以综合哪些教学策略进行词汇教学?

第四节　词汇教学设计

问题导入:

(1)词汇教学有哪些呈现技巧?

(2)词汇教学有哪些练习与巩固活动?

华莱士认为,真正掌握一个单词需符合九项要求:识别书面与口头形式、能随时回忆、与适当的物体或概念相联系、适当使用其语法形式、清晰地发音、正确书写、正确搭配、恰如其分地运用、意识到词义内涵与联想意义(Wallace,1982)。词汇教学设计基于学习者需求,针对上述内容,在词汇呈现、练习及应用的不同环节,设计灵活多样的词汇活动,帮助学习者掌握词汇,把所学词汇正确运用于听、看、说、读、写以及翻译的各个环节。

1. 词汇呈现(Presentation)

英语词汇教学的"呈现"就是把要教的目标词汇以一定的方式和手段介绍/展示给学习者的过程,包括词形、读音、意义、句法特征、搭配及其运用等内容(章柏成、韦汉,2004)。

多种因素影响着词汇的呈现方式,如:学习者的语言水平、词汇的难易程度、词汇的特征、词汇学习的目标(如:词汇学习的目标不仅仅是听力和阅读过程中的理解,还是能够在口头和书面表达时使用)等。教师需基于学习者特征、词汇特征以及词汇学习目标,确定呈现词义、词形、还是词的用法以及呈现的顺序,选择词汇呈现的不同方式,如:直观法、定义举例、构词法、词汇语境等,帮助学习者感知、理解词汇,为词汇的练习、迁移应用做准备。

1)直观法

教师借助单词卡片、图片、照片、简笔画、教学挂图、实物、多媒体课件或者体态语等直接呈现词汇,学生通过感官建立词汇知识与具体事物的联系。

例如,呈现水果类词汇:教师可以使用实物,制作单词卡片,或使用教学挂图(如下图)等方式。

呈现 jump, turn right, turn left, turn around, raise hand 等行为动词和动词词组时,教师可以借助体态语,边说英语,边做动作。

在实物、图片以及动作展示的同时,可用多媒体课件将单词的拼写、音标、词义呈现出来,还可用音频、视频呈现单词的发音。

直观展示不仅有利于学习者建立起概念与所指之间的直接联系,还有助于学习者区别类似的事物或者动作。例如,下图借助图文结合呈现词汇:pie chart, line chart, bar chart,学生通过视觉感知、理解词义,分辨其异同。

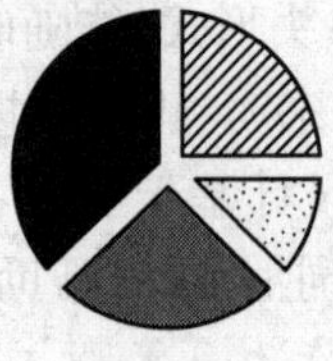

pie chart

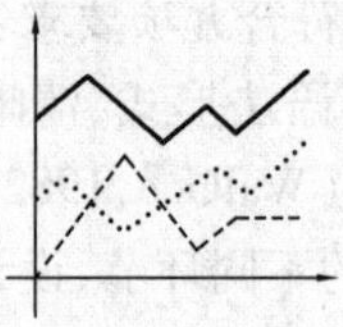

line chart

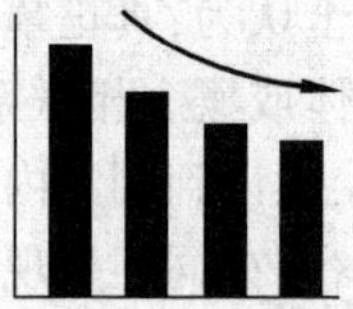

bar chart

2）构词法

构词法呈现的是词内在的规律，其特点是用已有的词素形式构成新的词。用构词法呈现词汇，便于学生发现规律，避免死记硬背，是学习低频词的有效方法。

例如，multi-作为前缀构成形容词，表示“多……的”。教师可以呈现以 multi-作为前缀的一组词：

multi-	cultural	multicultural	多元文化的
	media	multimedia	多媒体
	national	multinational	跨国的，涉及多国的
	party	multiparty	多党派的
	purpose	multipurpose	多用途的，多功能的
	tasking	multitasking	多任务处理

关于动词后缀-en，-(i)fy，-ize(ise)，教师可以如下呈现词汇。

-en	dark *adj.*	darken *v.*	使黑暗下来
	height *n.*	heighten *v.*	提高，增加，加强
-(i)fy	solid *adj.*	solidify *v.*	使凝固；变得稳固
	beauty *n.*	beautify *v.*	美化
-ize(ise)	modern *adj.*	modernize *v.*	使现代化
	symbol *n.*	symbolize *v.*	象征；代表

上述呈现过程基于学生已掌握的 dark、modern、beauty 等形容词、名词，借助词汇后缀知识，清晰呈现出 darken、modernize、beautify 等动词的词义、拼写与构词方式。这不仅有助于学习者对新词汇的记忆，而且有助于他们了解形容词、名词转化成动词的变化形式。

对于合成词的呈现，可以呈现合成词不同部分的词性以及合成词的词性（如下所示），便于学生发现词的合成规律。

合成名词	*v. + n.*	crybaby（爱哭的孩子），tell-tale（搬弄是非的人）
	adj. + n.	deadline（最后期限），blueprint（蓝图）
	n.+ v-ing	air-conditioning（空调），brainstorming（集思广益）
合成形容词	*adj. + v-ing*	easy-going（随和的）
	adj. + n-ed	warm-hearted（热心的），short-sighted（目光短浅的；近视的）
	num. + n-ed	one-eyed（独眼的），four-legged（四足的）

词族（Word Family）是指包含有同一词素的一系列词的聚合，属于构词法的范畴，例如，

呈现与“imagine”相关的词族：imagine，imagines，imagined，imagination，imaginative，imaginatively，unimaginable，imaginably，unimaginative，unimaginatively，通过词族的呈现，学习者更容易拓展词汇量。

3）同义词

同义词指的是两个或者两个以上的词项，具有相同或相近的词意，例如下列同义词的呈现。

synonym			
old	elderly，aged，senior	**portion**	piece，part，segment
injured	damaged，wounded，harmed	**benefit**	profit，revenue，yield
amazing	astounding，surprising，stunning	**organization**	association，management

4）反义词

意义相反的词称为反义词，主要有互为矛盾的反义词、相对反义词以及表示相互关系的反义词，例如，以下反义词的呈现就有助于学生成对地学习词汇。

互为矛盾的反义词	相对反义词	表示相互关系的反义词
live — die	old — young	husband — wife
male — female	warm — cold	interviewer — interviewee
true — false	beautiful — ugly	employer — employee

5）上下义关系（Hyponymy）

上下义关系表示词汇的语义包容，具体意义的词包括在表示概括意义的词之下，有概括意义的词为上义词，有具体意义的词为下义词。例如下图呈现的动物相关的词汇，animal 为上义词，mammal 和 reptile 是 animal 的下义词，mammal 和 reptile 之下还可以列出更多的下义词。通过图形呈现有上下义关系的词汇，有助于学生在视觉直观的基础上理解词汇之间的关系。

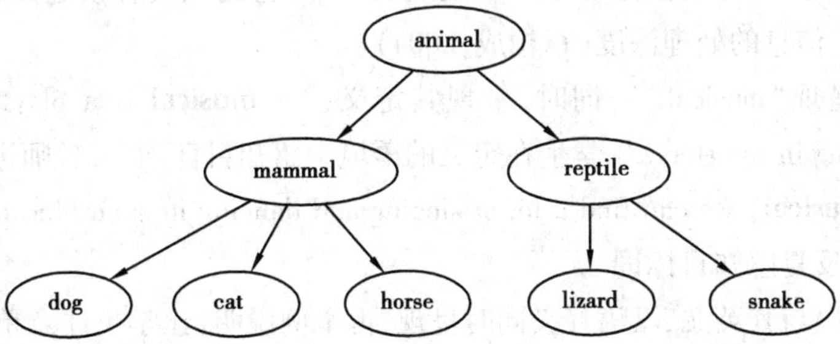

6）语境

词汇呈现时，应尽量把词汇置于语境中，让学生借助语境感知目标词。例如：用句子“We have two <u>people</u> called Paul James <u>working</u> here，so it's a <u>bit</u> confusing!”呈现单词

“confusing”，学生根据句子提供的语境线索：可知“confusing”一词意为“not clear, difficult to understand”，难以理解的，令人困惑的。

用语境呈现目标词时，可用同义词、反义词、解释、举例等语境。

例如：Today young couples who are just starting their households often spend lots of their money on appliances, for instance, washing machines, refrigerators and color televisions. 借助句子中的举例语境呈现生词“appliances”，学生更容易理解。

同义词、反义词以及语境也可以同时呈现，便于学生对比，例如：呈现单词 fast, carefully, always, colorfully 时，可以归类呈现如下：

Words	Synonyms	Antonyms	Example Sentences
fast	quickly	slowly	He drives very quickly. I slowly walked through the park.
carefully	cautiously	carelessly	Tim walked cautiously through the room checking everything. Those who drive carelessly will probably have an accident.
always	all the time	never	She eats lunch at her desk all the time. She never goes to the dentist.
colorfully	plainly	brightly	She painted the picture plainly. He brightly spoke about his adventures.

7) 定义并举例

教师可以利用词典中的定义呈现目标词。定义法的一种变化形式是呈现分层的定义，即将定义分为几个短的叙述，每个叙述中都含有目标词汇（索恩伯里，2011）。目标词定义的呈现举例是有效呈现目标词汇过程中不可或缺的环节，它能积极有效地促进学习者的增添活动，加深对词汇信息的处理深度（章柏成，2004）。

例如，教师呈现“musical”一词时，呈现其定义：“A **musical** is a play or film that uses singing and dancing in the story.”学生在定义的语境中感知目标词汇，教师进一步举例解释，如：If we see a **musical**, we can find a lot of singing and dancing in such kind of film. 学生可以在定义与举例中反复感知目标词。

目标词也可以与其英文、汉语释义同时呈现，再举例说明，让学生注意单词的读音、拼写并在语境中有意强化目标词的学习。例如：学习“imitate”一词时，呈现其音标及英汉释义：**imitate** *v.* /ˈɪmɪteɪt/：If you **imitate** someone, you copy what they do or produce. 模仿。教师再结合情境举例。如：He is very good at **imitating** the teacher's voice.

8)猜测词义

教师先呈现生词的例句和解释,再呈现猜测的技巧,在逐步呈现的过程中让学生感知、了解猜测词义的技巧。

例如,①**saturated**:It had been raining hard through the night so the ground was **saturated**.

Definition: completely wet

What clues in the sentence lead you to your definition? It had been raining which means the ground must be wet. It was raining "hard" so this means the ground is probably very wet.

②**involuntary**: As a student serving a detention, Derrick's participation on the school cleanup crew was **involuntary**, unlike Scott, who genuinely wanted to make the school a better place.

Definition: done against one's will

What clues in the sentence lead you to your definition? The word "unlike " is the clue. Scott really wanted to make the school a better place. Derrick was unlike Scott, so Derrick did not want to do so.

9)词块(Lexical Chunks)

在开展活动前,教师可以选择呈现高频词块,帮助学生准备语言。例如,根据词块的构成形式呈现,学生在词块的归类呈现中感知、了解词块的分类。

形容词+名词:fast food, a quick meal, strong light

动词+名词:have tea / coffee, submit a report, win a success

名词+名词:railway station, terrorist attack, traffic accident

动词+副词:set out, blast off, walk away

动词+介词:bring about, put up with, hand in

副词+形容词:environmentally safe / friendly, absolutely necessary, completely different

多词短语:a few years ago, for the first time, in front of the classroom

半固定表达:How are you…? See you later / tomorrow.

10)分类

词汇分类就是按照词汇类别进行归类,分类呈现词汇便于词汇的记忆和提取。可以按照话题、意义或者语法分别呈现:把同一话题的词汇集中起来呈现,意义相同或相近的词汇一起呈现或者语法结构相同的词汇分类呈现。例如以下将夏季奥运项目词汇根据田径、体操、室内游泳以及室外水上运动项目分类呈现。

Athletics or track and field	sprints, hurdles, relays, pole vault, discus throw
Gymnastics	balance beam, uneven bars, vault, rings
Sports done in the swimming pool	diving, water polo, synchronized swimming
Outdoor water sports	rowing, sailing

11)故事法

目标词穿插在故事中呈现,教师借助图片、身体语言等在讲述故事的过程中呈现出目标词汇,一方面,故事可激发学生的学习兴趣,另一方面,学生可在听故事的过程中感知目标词,为学习目标词做准备。例如,学习“动物保护”这一主题时,教师讲述有关动物保护的故事,故事中含有目标词:endangered, protect, protection, extinct, rare, unusual, species, policy。

Tommy and his classmates wanted to do something to **protect endangered** animals last year. First, they gathered information about **rare** and **unusual** animal **species**. Then they searched the internet to get to know **policies** about animal **protection** in our country. And they made posters about animals that are nearly **extinct** and called on their fellow students to care for the **endangered species** and **protect** them.

在上面这个小故事中,八个目标词逐一被呈现出来,其中,protect, endangered, species三个词各复现一次。用故事法呈现词汇,有助于学生在生动有趣的语境中感知词汇的用法。

思考题:“呈现”一词暗含的意思是“教师是语言事实的传递者,而学生是被动的接受者”(索恩伯里,2011)。词汇呈现阶段,教师如何让学生主动参与?

2. 词汇练习与应用活动

词汇呈现之后,教师需设计活动并留给学生足够的时间来练习并运用词汇,确保学生掌握词汇的形式、意义和用法,并能够有机会在语境中运用所学到的词汇。词汇练习与使用的过程,有助于学生深度加工并储存词汇知识,便于随时提取使用。

词汇练习

1)词汇匹配练习

把下列单词写在相应的图片下面。

triangle　　rectangle　　circle　　pentagon

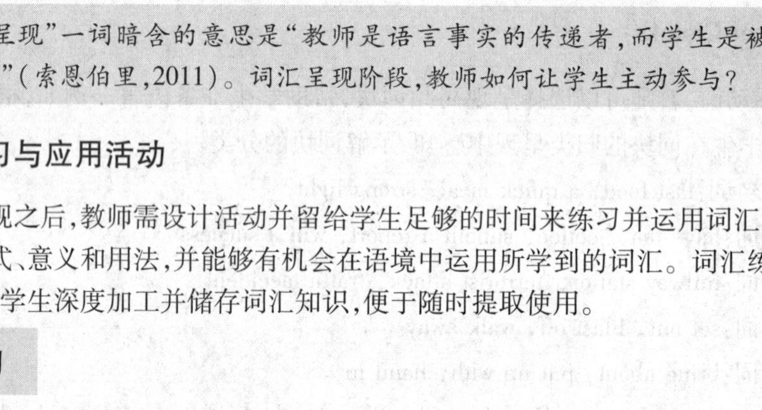

说明:通过图文配对活动,将抽象单词具象化,加强学生对词汇的理解和记忆。

2) 构词法练习

根据构词法完成下表。

NOUN	VERB	ADJECTIVE	ADVERB
hesitation	hesitate		hesitatingly
explosion	explode	explosive	
	protect	protective	protectively
attraction	attract		attractively
irritation		irritating	irritatingly
	extend	extensive	extensively

说明：根据构词法，发现词汇的内在规律，便于词汇的积累与记忆。该填空活动中，可以总结名词后缀-tion，-sion，形容词后缀-ing，-ive，副词后缀-ly。

3) 同义词练习

在下表中找出句中斜体单词的同义词。

chair	sick	throw	like
easy	little	big	late
angry	rock	thin	jump

e.g. Jack was ***mad*** because the other kids teased him.

Mad is another word for angry.

①It was a ***simple*** question.

____

②The pumpkin was so ***huge*** that I couldn't carry it.

____

③The teacher was angry because the students were ***tardy***.

____

④***Toss*** me the ball!

____

⑤I ***enjoy*** drinking tea in the morning.

____

⑥Sally wasn't at school because she was ***ill***.

____

⑦Someone was sitting in my ***seat***.

____

⑧Someone threw a ***stone*** and broke the window.

____

⑨He tried to ***hop*** over the puddle.

____

⑩The baby's hands were ***tiny***.

____

⑪He is so ***skinny*** that his clothes don't fit anymore.

____

4) 反义词练习

下面这段文字选自狄更斯的《双城记》,文中狄更斯用反义词表达了意义的对比,请阅读并列出文中的反义词。

It was the best of times, it was the worst of times, it was the age of wisdom, it was the age of foolishness, it was the epoch of belief, it was the epoch of incredulity, it was the season of Light, it was the season of Darkness, it was the spring of hope, it was the winter of despair, we had everything before us, we had nothing before us, we were all going direct to heaven, we were all going direct the other way—in short, the period was so far like the present period, that some of its noisiest authorities insisted on its being received, for good or for evil, in the superlative degree of comparison only.

best —	hope —
wisdom —	everything —
belief —	heaven —
Light —	good —

5) 上下义关系练习

给每列单词添加一个上义词。

listen	skirt	baseball	parking	fifth
speak	jacket	badminton	license	fourth
read	overcoat	volleyball	driver	twelfth
write	dress	basketball	traffic	twentieth

6) 词汇辨认(词汇辨认可以通过听力和阅读活动开展。)

活动 1:下面是一篇有关"帝企鹅"的短文,教师朗读或者播放课文录音,学生仔细听辨并写下所听到的描述帝企鹅的形容词。

Emperor penguins are considered as the most beautiful and the largest of all penguins. They are amazing birds. They are good survivors, excellent swimmers and great parents. Do you know where we can see them?

You are absolutely right! Antarctica. Only Antarctica!

Antarctica is the continent which is the most southern area of land on the Earth and is mostly covered with ice. It is colder, drier and windier than any other place on the Earth. The lowest temperature can reach −89.2 ℃. In order to survive the extremely tough environment, emperor penguins have to cooperate. They crowd together to protect themselves from the wind and keep warm. Meanwhile, they take turns to move to the relatively warm inside.

活动 2:阅读以上短文,找出 4 个动词短语,6 个形容词短语。

7) 词汇分类

活动 1:选出每行中的异类词。

● quarter	nickel	dime	science	penny
● elbow	knee	anger	forehead	toe
● subway	train	airplane	bus	pound
● robin	owl	penguin	eagle	hockey

说明:在练习找不同的过程中,应引导学生注意相同词的归类方式。第一组词属于货币类(money/currency),异类词为 science(科学);第二组词属于身体部分(body parts),异类词为 anger(生气);第三组词为交通工具(transportation),异类词为 pound(英镑);第四组词为鸟类(birds),异类词为 hockey (曲棍球)。

活动 2:从下列单词中选出表示乐器的词并画圈,选出表示蔬菜的词并画三角符号。

telescope	celery	cabbage	trumpet
badminton	violin	tomato	microscope
flute	broccoli	piano	carrots

说明:学生根据要求对词汇分类,在分类练习的过程中强化对单词的记忆。

乐器的词汇:trumpet, violin, flute, piano

蔬菜的词汇:celery, cabbage, tomato, carrots

8) 词块应用活动

开展采访活动,运用"get"的相关词块。

步骤 1:阅读以下句子,找出句中含"get"的所有词块。

...can not get over shyness when making a public speech.

...likes to get up early.

...gets along with classmates very well.

...is getting together with friends the day after tomorrow.

...got out of bed on the wrong side today.

...usually gets through tests easily.

...often got into trouble at school.

...has not got his/her homework done today.

步骤2:两人一组,运用上面句中的语言提示,互相采访。

e.g. A: Do you feel nervous when making a public speech?

B: Yeah, I do. What about you?

A: Me too, I can not get over shyness when making a public speech.

说明:本活动要求学生在真实情景中使用词块,目标词块是与“get”一词相关的搭配和固定表达:get over, get up, get along with, get together with, get through, get into trouble, get sth. done 以及习语 got out of bed on the wrong side。活动设计可以先练习词汇使用,再总结,进行强化。

9)在语境中运用词汇

活动1:根据句子要求,在“做中”学习词汇(Gairns, R. & Redman, S., 2009)

步骤1:教师在黑板上写出下列词汇。

to put a tick/cross	top / bottom
to leave out something	true / false
to underline something	a map / chart
to cross out something	a blank
to fill in something	to fill in a blank

步骤2:学生阅读以下句子,按照句中要求逐步完成活动。

1. Write down your name above this sentence and underline it.
2. Cross out the third word in the first sentence.
3. Draw a map of your country at the top of this paper.
4. Put a tick at the end of this question.
5. Leave out question 6.
6. Ask your teacher a question.
7. Write a false sentence about yourself at the bottom of this page.
8. Put a cross in the middle of your map.
9. Fill in the blanks in question 10.
10. My name is ______________.
11. Is the answer for question 10 true or false?
12. Get into groups and check your answer.

在这个活动中,学生首先在教师呈现词汇时,感知词汇,之后根据句子要求一步一步完成活动,在做的过程中,体验词汇的用法。

活动2:在语境中练习反义词及其搭配

步骤1:师生问答

e.g. T: What's the opposite of heavy?

S: Light.

T: What's the opposite of heavy rain?

S: Light rain.

T: What's the opposite of light color?

S: Dark color.

步骤2:词汇积累:教师展示反义词以及反义语块,学生进行小组活动,写出更多类似词汇。

right — left	a right answer — a wrong answer
heavy — light	a light color — a dark color
low — high	a high voice — a deep voice
hot — cold	a cold person — a warm person

步骤3:对话示范

e.g. A: Is your aunt poor?

B: No, she's rich.

A: Does she like dark color clothes?

B: No, she likes light color.

步骤4:学生替换词汇,创编对话。

说明:本活动的主要目的是让学生在语境中练习反义词的用法。活动在教师提问的引导下展开,学生初步感知反义词以及反义语块,之后通过头脑风暴列出更多类似的反义词及语块,接着创编语境,练习使用词汇。

10)语义图:词汇联想并运用

步骤1:教师写下"Qualities of an English Teacher",学生围绕"英语教师的品质"展开词汇联想,并绘制一个语义图。

步骤2:根据绘制的语义图,学生评价自己的英语老师。

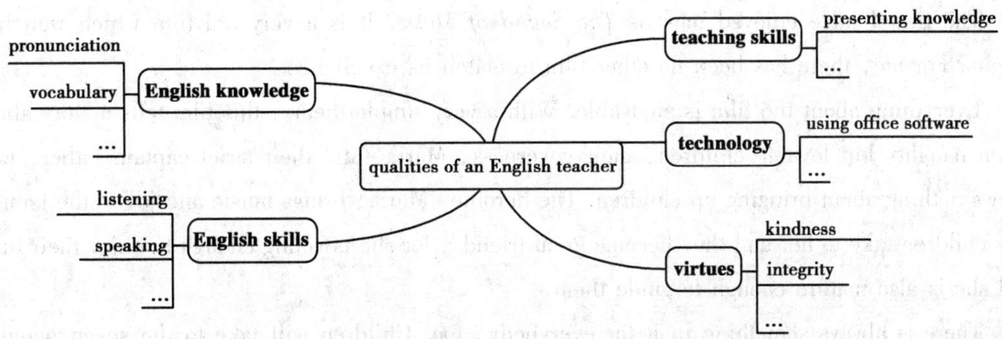

语义图可表示词汇之间的语义关系。创建语义图能帮助学生梳理信息,巩固和产出词汇,同时有利于学生扩大词汇量。根据语义图设计的语言产出活动,不仅提供了产出需要的词汇,而且有助于学生理清逻辑关系。

11)编故事活动

步骤1:教师呈现目标词汇。

sympathetic	patient	humorous	energetic	friendly
humorous	creative	strict	attractive	kind

步骤2:学生选用目标词,自编一个故事。

步骤3:学生分小组讲述故事,然后评一评谁的故事编得最好,目标词用得最得体。

说明:本活动中的目标词都是形容词,从词义上判断,编故事的目的是让学生学习如何用形容词讲述一个人的故事。将目标词用于故事语境中,不仅可激发学生的学习兴趣,而且能让学生在语言运用中巩固目标词,同时激发学生的创造力和想象力。

思考与练习:

(1)写出两至三种词汇呈现的方法并举例说明。

(2)设计两至三个词汇练习活动。

第五节　词汇教学案例与分析

问题导入:

针对以下教学材料,你的词汇教学目标是什么?你将设计哪些词汇教学活动?

My Favourite Film

The film I have enjoyed most is *The Sound of Music*. It is a very old film which won five Oscars. For me, there has been no other film to match its excellence.

Everything about the film is enjoyable. With a very simple theme, this film tells a story about seven naughty but lovable children, their governess, Maria, and their strict captain father, who knows nothing about bringing up children. The heroine, Maria, brings music and joy to the family. The children take to her and they become great friends, for she is young enough to enjoy their fun, and she is also mature enough to guide them.

There is always something in it for everybody, too. Children will take to the seven naughty children and the fun that they have. Young girls will like the heroine, to whom they consider themselves similar. People will also like the romantic love, the beautiful feeling that grows between the captain and Maria.

The Sound of Music is a type of film which more producers should try to study. The music, especially the songs, remains in everyone's memory. It is light, tuneful and memorable, and it appeals to both the young and the old. The photography and colours are very attractive, too. The scenes and background are very much in keeping with the story, and the effect is wonderful. The acting is superb, as every feeling is fully brought out.

The story is seemingly common and it does not try to put across any moral values, but the real effect is quite educational. Human feelings, emotions and doubts are clearly shown. It is obvious that the film is everybody's idea of entertainment, and the whole film is quite enjoyable and unforgettable.

（选自重庆大学出版社普通高中教科书《英语》必修第一册 Unit 4 Unforgettable films）

词汇教学案例

教学资料

Unit 4：Unforgettable Films

Text：My Favorite Film

选自重庆大学出版社普通高中教科书《英语》必修第一册。

教材分析

本单元的主题为“Unforgettable Films”，词汇部分主要围绕电影以及电影评论，教材中阅读前活动包括与电影类型相关的词汇以及根据电影《音乐之声》的片段设计的听力活动。文章“My Favorite Film”是对电影《音乐之声》的评价，其特点是大量使用形容词，用于描述、评价电影。Viewing, Speaking and Writing 部分是关于电影评论的写作。Further Reading 部分是关于演员“Tom Hanks”的传记性文章，产出任务是对“Tom Hanks”的采访活动。通过对本单元的教材内容分析，词汇教学应聚焦与电影、影评相关的词汇。

学情分析

该教学设计针对高中一年级第一学期的学生。学习本单元时，学生已完成前三个单元的学习，在掌握《义务教育英语课程标准》（2011 年版）基本要求规定的 1 500—1 600 个单词和 200—300 个习惯用语或固定搭配的基础上，新学习了 120—150 个单词和 30—40 个固定搭配，已了解并练习了词块、后缀、搭配以及词的转类等词汇学习技巧。

词汇教学目标

学生学完本单元后，能够运用以下词汇评论自己喜欢的影片。

产出性词汇：naughty, heroine, lovable, mature, romantic, tuneful, memorable, attractive, superb, educational, enjoyable, unforgettable

接受性词汇：cartoon, science fiction film, thriller, comedy, feature film, action film, horror film, musical

教学阶段

阶 段	词汇教学活动	活动时间（分钟）
词汇呈现	直观呈现	10
	语境、构词法呈现	15
词汇练习	辨识	5
	填空	10
	搭配	5
词汇运用	基于课文的词汇运用	15
	迁移运用	20

1. 词汇呈现

1）直观呈现

设计意图：本活动围绕与电影类型相关的词汇，通过直观法让学生认读目标词汇，引入本单元主题：电影。

活动方式：借助电影海报引出与主题相关的词汇。

目标词汇：cartoon, science fiction film, thriller, comedy, feature film, action film, horror film, musical

<table>
<tr><th>活动步骤</th><th>设计说明</th></tr>
<tr><td>Step 1: Ss look at posters about different types of film, read English expressions and speak out their Chinese translation. For example:
cartoon

science fiction film

musical
</td><td>（1）教师利用 PPT 直接呈现不同类型的电影海报以及相应的英文表达，学生借助海报的直观信息，说出电影类型相应的汉语。
（2）教师逐一示范对应英文词汇的读音，学生跟读。</td></tr>
</table>

续表

活动步骤	设计说明
Step 2: Ss work in pairs and find out their partner's favorite types of film. For example: A: I like musicals and cartoons very much. I dislike thrillers. What about you? B: I like cartoons. A: Why do you like cartoons? B: I like cartoons because…	学生结对进行口语活动，在对话的过程中使用与电影类型相关的词汇，结合实际生活，表达对不同类型电影的喜好。

2）语境、构词法呈现

设计意图：本活动是关于阅读前词汇准备的。阅读前学生在语境中感知词汇及其构词，为顺利阅读课文做准备。教师利用故事语境，基于已知词汇，呈现目标词汇；学生辨识词根相同的词并根据构词猜测词义；教师讲解词缀知识；学生感知词形，掌握词义。故事语境可帮助学生准备课文的话题内容。

活动方式：借助故事语境与构词法呈现目标词汇。

目标词汇：lovable, musical, heroine, attractive, enjoyable, tuneful, unforgettable, memorable, educational

活动步骤	设计说明
Step 1: T talks about his / her favorite film. Ss listen to the content first and then read it to write down the pairs of words with the same roots. For example: The teacher's favorite film I **love** the **musical** "*Sound of Music*". Firstly, **music** in the film **attracts** me greatly. Secondly, I do not like the **hero** very much, but the **heroine**（女主角）is really **attractive**. Thirdly, seven children in the film are really **lovable**. I saw the film many years ago, and I really **enjoyed** its **tunes**. They are **tuneful** and **memorable**. The film is still in my memory and I can not **forget** it. In a word, it is an **enjoyable** and **unforgettable** film. An example of teacher's presentation of words with the same roots: 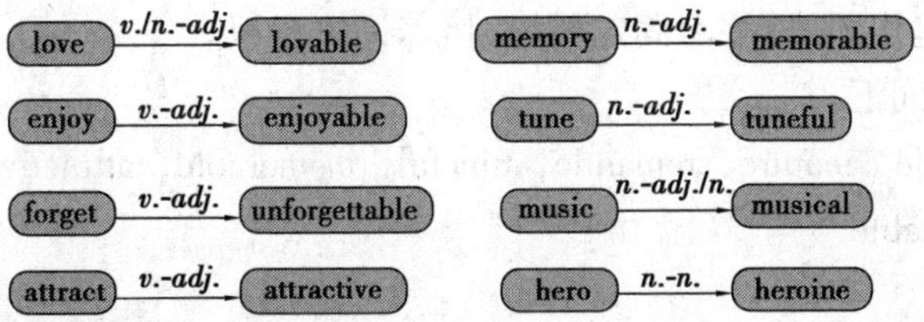 	教师以讲故事的方式呈现目标词汇。故事关于教师自己喜欢的影片。教师先口头讲述故事，再用 PPT 呈现故事文本，学生在听和读的语言输入过程中，辨识词根相同的词。本活动中，目标词汇是在学生已知词汇的基础上通过构词法呈现出来的，可降低学生新词学习的难度，也便于他们理解词义。

续表

活动步骤	设计说明
Step 2: Ss guess the meaning of target words based on the meaning of the root words. T demonstrates the pronunciation of the new words and explains the meaning and usage of suffixes "**-able**, **-ive**, **-al**, **-ful**, **-ine**" and the target words. ①The suffix **-able** and **-ive** can be added to nouns or verbs to form adjectives meaning "able to be V + ed" "worthy of being V + ed" or "that ought to be V + ed". e.g. The word "lovable" means "worthy of being loved". ②The suffix **-al** can be added to nouns or verbs to form nouns or adjectives with the meaning "relating to" or "related to". When the word "musical" is a noun, it means a play or film that uses singing and dancing in the story (音乐剧,音乐歌舞片). When "musical" is an adjective, it means "related to music" (关于音乐的). Another example: The word "educational" means relating to education (教育的,有关教育的,有教育意义的). ③The suffix **-ful** can be added to nouns to form adjectives which mean "characterized by or, given, able or tending to be something". The word "tuneful" means "having a pleasant tune or sound" (音调优美的). ④The suffix **-ine** can be added to a noun to form another noun, which means "of female". The word "heroine" is the female hero (女主人公,女英雄,女性偶像).	学生感知了目标词的音和形之后,从构词法的角度猜测词义。 教师进一步示范读音,讲解词缀的意义并讲解目标词。

2. 词汇练习

设计意图:学生在主题语境中关注目标词,体验目标词在语境中的用法;根据课文结构和内容,运用目标词填空,为词汇运用建构图式;练习固定搭配,培养词块意识。

活动方式:在课文语境中练习目标词汇。

目标词汇:naughty, heroine, lovable, mature, romantic, tuneful, memorable, attractive, superb, educational, enjoyable, unforgettable

1) 辨识

活动步骤	设计说明
Ss read the whole text and underline adjectives in it. e.g. *Para*. 1　The film I have enjoyed most is *The Sound of Music*. It is a very old film which won five Oscars. For me, there has been no other film to match its excellence. *Para*. 2　Everything about the film is enjoyable. With a very simple theme, the film tells a story about seven naughty but lovable children, their governess, Marian, and their strict captain father, who knows nothing about bringing up children.	学生在阅读中通过标记，辨识目标词汇。目标词在课文中再次出现，学生在主题语境中体验目标词的用法。同时，标记形容词有助于学生感知文本特征。

2) 填空

<table>
<tr><th>活动步骤</th><th>设计说明</th></tr>
<tr><td>Ss fill in the table with the adjectives used in the text that describe the main characters, the film-making skills and the whole film.
<table>
<tr><th colspan="2">Things commented in the text</th><th>Adjectives</th></tr>
<tr><td colspan="2">Theme of the film</td><td></td></tr>
<tr><td>Characters</td><td>hero: captain
heroine: governess
seven children</td><td></td></tr>
<tr><td rowspan="4">Film-making skills</td><td>music</td><td rowspan="4"></td></tr>
<tr><td>photography and colors</td></tr>
<tr><td>effect of scenes and background</td></tr>
<tr><td>acting</td></tr>
<tr><td colspan="2">The whole film</td><td></td></tr>
</table>
</td><td>学生根据课文内容和结构对形容词进行梳理，为下一步完成词汇固定搭配练习做准备。</td></tr>
</table>

3) 搭配

<table>
<tr><th>活动步骤</th><th>设计说明</th></tr>
<tr><td>
Ss match the adjectives with nouns in the following table according to the description in the passage.

simple	film
enjoyable	theme
unforgettable	children
lovable	photography
memorable	acting
attactive	effect
young	music
wonderful	heroine

The answers

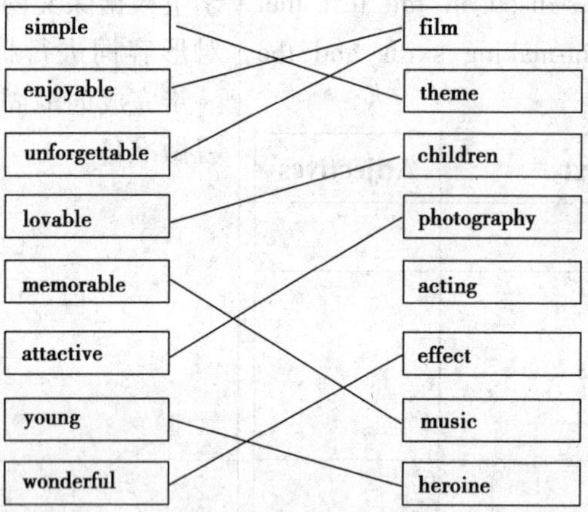

</td><td>学生做词汇搭配练习，培养词块意识，进一步巩固、运用所学的目标词。词块的训练便于学生语言的储存和提取。</td></tr>
</table>

3. 词汇运用

设计意图：学生基于从词汇呈现和练习环节中掌握的形容词以及固定搭配，评价电影《音乐之声》，评价自己喜欢的影片，在口语和书面输出活动中运用并内化目标词汇。

活动方式：在语境中运用词汇。

目标词汇：naughty，heroine，lovable，mature，romantic，tuneful，memorable，attractive，superb，educational，enjoyable，unforgettable

1) 基于课文的词汇运用

<table>
<tr><th>活动步骤</th><th>设计说明</th></tr>
<tr><td>Step 1: Ss talk about the "The Sound of Music". They may use the points and the adjectives listed in the table they have finished.
<table>
<tr><td>Theme</td><td colspan="2">simple</td></tr>
<tr><td rowspan="3">Characters</td><td>hero</td><td>strict</td></tr>
<tr><td>heroine</td><td>young, mature</td></tr>
<tr><td>children</td><td>naughty, lovable</td></tr>
<tr><td rowspan="4">Film-making skills</td><td>music</td><td>light, tuneful, memorable</td></tr>
<tr><td>photography and colors</td><td>attractive</td></tr>
<tr><td>effect of scenes and background</td><td>wonderful</td></tr>
<tr><td>acting</td><td>superb</td></tr>
<tr><td>The whole film</td><td colspan="2">educational, enjoyable, unforgettable</td></tr>
</table>
</td><td>学生在口语活动中重组文本信息，运用、巩固目标词汇。</td></tr>
</table>

2) 迁移运用

活动步骤	设计说明
Step 1: Ss form pairs to talk about their own favorite films, using as many as lexical chunks they have learned from the text.	词块的迁移运用：学生基于搭配练习，在口语输出任务中迁移运用目标词汇。
Step 2: Ss write a short paragraph about their favorite films individually, using as many words and phrases they have learned from the text as possible.	学生在口语输出的基础上，完成书面输出任务，进一步运用所学目标词汇。

案例分析

本案例中的词汇教学设计紧扣主题语境、语篇类型，使语言技能、学习策略的训练与词汇知识的学习相互渗透。案例体现了《课标(2017 年版)》的英语学习活动观，通过词汇活动引导学生学会学习，指向核心素养培养。

本案例设计中的目标词汇是在深挖文本特征的基础上确定的。根据电影的主题语境确定与电影类型相关的词汇，根据文本内容和特征评价自己喜欢的影片，词汇教学的目标主要定位在形容词的应用。

目标词的学习除了注重其音、形、义，更注重在听和读的输入性技能、说和写的产出性技能培养过程中使用目标词，使学生在掌握目标词汇的同时，能提升语言技能。目标词的学习过程注重培养学生的词块意识。词块的学习基于构成形式分类，让学生在语境中感知、练习并运用词汇。

词汇教学遵循词汇呈现、练习巩固以及运用产出的模式，使用了直观法、语境法、构词法以及词块教学等策略。注重从口语到书面语不同语言模态的词汇运用产出过程。根据学生的认知发展，活动内容梯度递进，融入了阅读教学的不同阶段，将词汇学习的策略巧妙地渗透在每个活动中。

本案例突出体现了词汇教学的选择性、系统性、情境性和运用性原则。

在选择性方面，根据单元主题和文本特征，选择了形容词作为教学中的高频产出性词汇，设计了灵活多样的活动，运用了不同的词汇教学技巧，增加了高频词的复现率。

在系统性方面，目标词汇的呈现、练习到运用产出活动，各环节环环相扣，系统化设计，服务于最终的语言产出，符合学生的认知规律。

在情境性方面，目标词汇的学习是在情境中开展的。例如，在词汇呈现的第二个活动中，目标词汇是通过教师讲述的故事情境来呈现的。词汇练习活动中也设计了学生在文本语境中学习目标词。词汇的运用活动则是让学生在真实语境中使用目标词。

在运用性原则方面，体现了词汇呈现和练习的目的就是运用词汇。本案例中的各项活动，目标有所不同，但最终都指向目标词汇的运用。例如，词汇呈现的第一个活动是学生结对讨论自己喜爱的电影类型，在讨论的过程中使用与电影类型相关的词汇。词汇运用中的活动 1 是梳理完目标词汇后，学生需要根据梳理的信息表，发表自己对《音乐之声》影片的评论。活动 2 是让学生运用词块谈论自己喜欢的影片。词汇的运用从基于课文的口语产出任务、自由口语产出任务到书面产出任务，逐层递进，达到迁移应用的目的。

思考与练习：

(1)词汇活动设计应考虑哪些因素？

(2)你在英语词汇学习中使用过哪些好的策略？可以用什么方式把这些策略教给学生？

教学设计实践

下面文章选自重庆大学出版社普通高中教科书《英语》必修第一册 Unit 5 Amazing Animals，请依据文本内容设计两至三个词汇教学活动。

Emperor Penguins

Emperor penguins are considered as the most beautiful and the largest of all penguins. They are amazing birds. They are good survivors, excellent swimmers and great parents. Do you know where we can see them?

You are absolutely right! Antarctica. Only Antarctica!

Antarctica is the continent which is the most southern area of land on the Earth and is mostly covered with ice. It is colder, drier and windier than any other place on the Earth. The lowest temperature can reach −89.2 ℃. In order to survive the extremely tough environment, emperor penguins have to cooperate. They crowd together to protect themselves from the wind and keep warm. Meanwhile, they take turns to move to the relatively warm inside.

Emperor penguins live on a diet which consists of different types of fish and other kinds of sea life. To find food, these birds, which are unable to fly, can dive much deeper than any other kind of penguin. Their dives often reach about 244 metres, and they can even dive to more than 535 metres when necessary. They can remain under water for almost 18 minutes, longer than any other kind of penguin.

Emperor penguins have a very hard time bringing up their babies. They have to go to great lengths to care for their children. After laying an egg, the tired female emperor penguin will leave the family behind to feed at sea, while the male is left to take care of the egg. For two months, the father, whose duty is to keep the egg safe and warm, carries his egg around on his feet and will give up eating until the mother returns. He does not sit on the egg like many other birds, but stands and balances it on his feet. Thus he is at the mercy of the Antarctic weather. When the mother returns from the sea, sometimes up to 60−80 kilometres away, she throws up some of the food for the chick and takes the male's place to look after it. The father then takes his turn to feed at sea. Cooperative parenting at its finest!

By December, during the Antarctic summer, when the ice begins to break up and open water appears, the young emperor penguins are now ready to be excellent survivors, good swimmers and great parents on their own. What an amazing cycle it is!

(398 words)

第五章

语法教学设计与案例分析

目标导航

学习本章之后,你能够:
- 定义语法并阐述其重要性;
- 分析语法项目的形式、意义与使用 ;
- 阐释语法教学设计的原则;
- 设计语法呈现与练习活动。

第一节 语法教学的基础知识

问题导入:

(1)什么是语法?
(2)外语教学中,该不该教语法?
(3)语法学习的目标是什么?
(4)语法学习的影响因素有哪些?
(5)语法教学的发展历程如何?

语法是语言的重要组成部分,也是外语教学的重要内容。不论是口头还是书面交际,准确、得体地表达观点、意图和情感,离不开扎实的语法知识。语法是什么,语法在外语学习中的作用如何,语法学习的影响因素有哪些,语法教学的方法有哪些,厘清这些问题是有效的语法教学设计的基础。

1. 语法的界定

语法的定义林林总总,举例如下:

• 语法是一套规则,用于定义词(或者词的组成部分)如何组合或变化以构成一种语言中可以接受的意义单位。

——佩妮·乌尔(Penny Ur)

●语法被界定为"对语言的描述,说明单词组合成句子的方式。"

——H.H.斯特恩 (H. H. Stern)

●语法是关于句法(形式)、语义(意义)和语用(运用)如何协同工作以使个人能够通过语言进行交流的研究。

——黛安·拉森-弗里曼(Diane Larsen-Freeman)

●语法是自我表达能力的结构基础。对它的工作方式了解越多,就越能够监控自己和他人运用语言的方式的意义和有效性。

——大卫·克里斯托(David Crystal)

●语法可以被视为一组构造,其形式上的差异可以从概念意义上的差异或上下文中的释义来解释。

——乔治·尤尔(George Yule)

上述定义各有侧重。定义1、2偏重规定词和词素的组合规则,但二者还有区别,定义1侧重规则的硬性要求,定义2则是侧重对规则的描述。定义3和4强调语言的交际功能,兼顾语法的三个维度,即形式、意义、运用。定义5偏重语法结构的意义,从关注句子层面的语法上升到关注语篇层面的语法。

《朗文语言教学及应用语言学词典》(Richards, 2002)对语法的定义有两个:①对语言结构及语言单位(如单词、短语)在该语言中组合成句的方式的描写,通常包括这些句子在整个语言体系中的意义及功能,并不一定对语言的语音进行描写。②(转换生成语法中)描写说话者语言知识的一种语法。它从语言在说话者心里是如何组织的,以及他们在说话时运用何种原理和参量的角度去看待语言。第一个定义描述了语法的形式、意义与功能,它不仅强调组词成句的规则,而且强调句子在语言系统(即语篇)中的意义和功能。第二个定义仅限于转换生成语法,范围过于狭窄。

语法定义的复杂多样性,反映出人们对"什么是语法"这一问题的认识不断深入、全面。从最初以句子为中心的语法,发展到以语篇为中心的语篇语法(Discourse Grammar);从只关注语法形式,转向形式、意义和运用三者兼顾;从传统的对语言规则作出硬性规定的规定性语法(Prescriptive Grammar),转向以语言事实为依据、客观记录语言事实的描写性语法(Descriptive Grammar);从静态、封闭的系统,转向动态、开放的系统。

正如对语言本质的不同理解会导致不同的外语教学观,对语法的不同理解,同样会导致不同的语法教学观,产生不同的教学语法。在教学实践中,教师应不断探索、研究,持续更新语言观、语法观、教学观,使语法教学不仅跟得上语言学理论、教学理论的时代潮流,又能发挥教师自己的个性,形成其独特的教学风格。

思考题:你认为语法是什么?

2. 语法的重要性

语言是一个复杂的系统,既有任意性,又有规约性。语法作为语言的三大组成部分之一,在语言的系统性、规约性方面发挥着重要作用,是语言得以成为语言的根本条件之一(束定芳、庄智象,1996)。语言是人类最重要的交际工具,不论是口头还是书面交际,准确、得体地表达观点、意图和情感,都离不开扎实的语法知识。

但是,关于语法在外语教学中的作用和地位,外语教学史上存在各种不同的态度和观点。语法该不该教?教什么?怎样教?对此,Stern(1992)有过这样的描述:“当代的语法教学全面受到质疑,语法究竟应不应该教?如果确实要教语法,教什么语法:是传统语法、结构语法、转换生成语法,还是别的流派的语法?”

对于“该不该教语法”这一问题,一些学者主张,外语学习和母语学习一样,应该自然习得。幼儿在学习母语时,并没有刻意学习语法,因此外语学习中,也无需学习语法。美国学者克拉申(Krashen)是这一观点的代表人。他提出了“监察模式”(Monitor Model),区分了“习得”(Acquisition)和“学得”(Learning)两种过程,“习得”指的是类似获得母语的过程,是无意识或下意识的,通常发生在自然语境中;“学得”指的是有意识的学习过程,通常发生在课堂教授这样的正式学习环境中。“习得”的知识使学习者在语言产出时具有流利性。“学得”的知识,无法转变为“习得”的知识,只是在学习者产出外语时起到监控的作用,只对语言产出的准确性起作用,对于语言掌握的顺序没有作用。在克拉申的监察模式中,语法教学没有任何地位。

但另外一些学者认为,语法是外语教学不可或缺的组成部分。例如,有学者认为,语法是语言运动的游戏规则。人们进行语言活动,无论其形式是听说读写哪种,都是一种语言运动。有语言运动,就有语言运动规则存在。可以说,在语言活动中,语法无处不在,无时没有。为了达到语言活动的预设目的,人们在进行语言活动时,就必须遵循语言运动的游戏规则,即语法。有意识、积极主动地去掌握语法规则,必然有助于更好地进行语言运动(肖礼全,2011)。

实际上,随着人们对语言本质和语言学习过程的认识的不断加深,关于语法在外语学习中的作用和外语教学中的位置,讨论的重点已不再是该不该教的问题,而是教什么和怎样教的问题。

思考题:

(1)假如用一个类比来形容语法在一门学习新语言中的作用,你会想到用什么来做类比?

(2)假如用“语法好比一张城市地图”这个类比,你能对二者的作用进行类比分析吗?下面这些问题有助于你的分析。

①去一个陌生的城市旅游,随意四处游览和带着地图游览,哪种方式更有助于你有效地了解这个城市?

②为什么城市里的当地居民基本无需地图的指引?

③单纯依靠“浏览地图”,你能够真正了解一个城市吗?

④如果说地图有助于我们了解一个城市的概貌,那么一门新语言的语法可以告诉你什么?

3. 语法学习的目的

语法是外语学习者学习语言的手段,不是目的。学习者不是为了储存满脑子的语法规则而学习语法，而是通过对语言形式的掌握，增强语法意识，加速中介语发展，提高语言能力。有学者很早就提出，语法教学是为培养语言技能服务的，语法教学的目的主要是帮助学生提高使用语言的实践能力，而不是单纯地向他们讲解语法知识，削弱学生的语言实践，也要防止盲目实践，忽视语法教学（章兼中，1992）。《普通高中英语新课程标准（2017 版 2020 年修订）》也明确提出，“高中阶段英语语法知识的学习是义务教育阶段语法学习的延伸和继续，应在更加丰富的语境中通过各种英语学习和实践活动进一步巩固和恰当运用义务教育阶段所学的语法知识，学会在语境中理解和运用新的语法知识，进一步发展英语语法意识。”

因此，高中英语语法教学要通过传授语法知识，帮助学生重点掌握核心语法项目，提高学生在上下文中恰当、准确运用语法的能力，增强英语语法意识，并最终提高学生的交际能力。

思考题：你认为语法学习的目的是记忆语法规则，还是有效提高语言运用能力？

4. 语法学习的影响因素

语法学习的影响因素包括学习者的母语、学习环境、学习者个体因素等。其中，母语迁移被视为最主要的影响因素。

学习者学习一门外语时，往往已经掌握了母语，并获得了一定的关于世界的知识和经验，他们在外语学习过程中会借助已有知识和经验，包括母语知识。母语对外语学习的影响不可避免。

母语对外语学习的影响主要是通过语言迁移（Language Transfer）来实现的。所谓语言迁移，指的是一种语言对学习另一种语言产生的影响，有正迁移（Positive Transfer）和负迁移（Negative Transfer）之分。正迁移是指有利于语言学习的迁移，在母语与目的语有相同的形式时，会出现这种情况。负迁移亦称干扰（Interference），是由于套用母语模式或规则，而产生的错误，或不合适的目的语形式（Richards, 2002）。

迁移可以发生在语言学习的各个层面，如语音、词汇、语法层面。就中国学生学习英语语法而言，如果将汉语中的语法规则应用到英语中，而且使用正确，正迁移就发生了。例如，中国学生将汉语句子“我喜欢英语”的语序直接套用到英语中，产出正确的英文句子“I like English”来，就属于汉语的正迁移。当中国学生将汉语的语法规则套用到英语中，产生错误，负迁移就发生了。例如，中国学生将汉语句子“我很喜欢英语”的语序套用到英语中，产出“I very like English”或“I very much like English”这样的错误句子来，就存在汉语的负迁移。

根据对比分析假说，母语与目的语之间的差异，往往会对目的语学习产生干扰。强势对比分析假说认为，母语与目的语之间的差异是造成外语学习困难或错误的主要原因，差异越大，困难越大，越容易出错。但实际上，大量研究表明，很多强势对比分析假说所预测的外语学习错误并没有发生，而且，在外语学习者所犯的错误当中，有相当一部分并不能归因于母语的干扰。弱势对比分析假说不再试图根据母语与目的语之间的差异来预测外语学习者的错误，而是以此来分析、了解学习者犯错误的原因。温和的对比分析假说采取了比较折中的观点，认为依据所观察到的母语和目的语之间的相同或差异之处，对两种语言的模式进行分类才是学习的基础。不论是一个语言系统内部,还是多个语言系统之间,这些模式之间存在的形式或意义上的细微差异,往往更容易引起混淆(Oller & Ziahosseiny, 1970)。温和派对比分析假说强调了细微的差异造成的学习困难,既包括母语与目的语之间,也包括目的语系统内部各模式间的细微差异。

综上所述,母语对外语学习既能产生积极影响,即正迁移,也会产生消极影响,即负迁移。因此,在英语教学中,教师应关注汉语对英语语法学习造成的影响,引导学生对比分析汉语和英语语法之间的异同,促进正迁移,避免负迁移。

学习环境包括自然语境和正式的课堂教学环境。在自然环境中,学习者可以通过交流互动,无意识或下意识地习得语法知识,而课堂学习往往是教师有目的、有计划地向学习者呈现语法规则,学习者通过有意识地记忆、分析、归纳学习语法。学习环境不同,语法学习的速度、效果不同。

学习者个体因素,如年龄、语言学能、性格、认知风格、学习策略等,也会对语法学习的速度和效果产生影响,在此不做具体讨论。

思考与练习:

请找出下面英语句子中的语法错误,并解释错误的主要原因。

(1) Because she very loves English, so she studies English every day.

(2) Although the task is difficult and challenging, but they have accomplished it.

5. 语法教学发展历程

语法教学的方法多种多样。最古老、最传统的方法为语法翻译法,起源于16世纪欧洲的拉丁语教学。当时,在欧洲,拉丁语学习被看作一种"智力体操(Mental Gymnastics)",有益于学习者的思维训练,因此,拉丁语是学校的一门必修课程,教学的重点是语法规则的详细分析、操练,以及在外语句子和文章翻译练习中应用语法知识。16至18世纪,这种拉丁语教学方法成为欧洲最流行的教学方法,被称为语法翻译法。它强调以句子为基本单位的显性语法教学,特点是以外语语法规则学习为目的,以阅读和写作为重点,强调语法准确性,以学生的母语为教学语言。尽管存在片面追求语法准确性、忽视听说能力培养和语言学习者主观能动性等弊端,语法翻译法在很长一段时间内受到推崇。

19世纪中叶,随着欧洲各国间交流的日益频繁,口头交际的重要性日益凸显,忽视听说能力培养的语法翻译法开始受到挑战,外语教学界掀起一股改革浪潮。著名语言学家对语言的本质、外语学习的目标、母语在外语学习中的作用,提出了新的观点。他们认为,口语是第一位的,外语教学应以口语能力培养为中心;外语学习应坚持听说领先;语法应该通过上下文来教授,即运用推理法教授语法;要避免母语翻译。在这样的背景下,直接法(Direct Method)应运而生。直接法的一个主要特点是排除母语中介,建立外语与客观事物之间的直接联系,由此而得名。直接法注重学习者的直觉感知,主张通过模仿操练和记忆背诵形成自动化的外语习惯,在外语学习初始阶段不重视语法规则;强调语言变化中的类推原则,语法项目的安排以儿童掌握目标语法顺序为参考，它的优点是利用实物、图片、手势、动作等直观教学手段，方便学生理解、掌握外语材料；注重口语教学，重视模仿，学生通过接触和理解大量自然语言，提高听说能力。它的不足之处在于，忽视了母语的中介作用，不易于复杂的语言内容和结构的教授；忽视了语法的监控、指导作用，机械的模仿和操练不利于培养学生灵活运用语言的能力。

第二次世界大战结束前夕，美国军方急需大量掌握外语口语能力的军人，美国政府召集了多所大学开发能够在短期内强化训练士兵听说能力的训练项目。至 1943 年初，全美 55 所大学参与了培训项目。第二次世界大战结束后，这种用来专门训练陆军外语的方法被广泛应用于学校外语教学中，因其注重听说口语能力的培养而得名“听说法”。20 世纪 50、60 年代，听说法风靡美国和欧洲各国。听说法深受结构主义语言学和行为主义心理学的影响，重视口语，强调句型操练，通过大量的重复、模仿来形成新的语言习惯。其主要特点是：利用语言实验室、幻灯、录音以及电视等现代教育技术手段；听说领先，注重口语；注重语音语调的准确性；课堂中反复操练，大量进行替换、模仿、重复、词尾屈折变化、扩展、缩写、转换等练习；以句子为教学基础，通过句型操练内化句型结构。听说法充分运用现代教育技术，有利于学生接触原汁原味的语言，在培养学生口语能力方面卓有成效，对比分析母语和目的语，使学生明确认识两种语言的异同。它的缺点是机械地进行句法操练，课堂教学枯燥；过分注重语言结构，忽视语言的意义和使用；一味地排斥母语，有时会导致学生理解不透彻甚至误解。学生很难将机械操练学到的句型迁移到真实的交际活动中。

交际教学法缘起于 19 世纪 60、70 年代欧洲日益频繁的贸易往来和文化交流对口语交际能力培养的需要和语言学理论的转变。一方面，随着欧洲各国间的相互依赖越来越强，成人学习欧洲共同体成员国的语言的需求越来越高。与不同语言背景的人进行交流、往来成为外语学习的目的。外语教学必须满足学习者用语言进行交际的学习需求。另一方面，19 世纪 60 年代末，结构主义语言观在外语教学界渐遭摒弃，功能主义语言学、社会语言学作为语言教学的理论指导，越来越受欢迎。英国的语言学家弗思（Firth）提出“语言即互动，是人与人之间的活动，与社会有着明确的联系”。美国的社会语言学家海姆斯（Hymes）提出了交际能力概念，用来指“说话人为了在某一语言社区中成功交流所必须知道的一切，包括对语言形式的掌握和对语言使用的社会文化规则的掌握”（Hymes，1972）。社会经济的发展和语言学理论的变迁，对外语教学，尤其是语法教学产生了巨大影响。外语教师意识到，在有意义的情景中进行句型操练虽然有积极意义，但是情景不能穷尽，机械操练并不能培养学生的交际能力。于是，交际教学法应运而生。

交际教学法的主要特征是以培养交际能力为目的，注重意义；以学习者为中心，注重交际情境和交际活动的创设；超越句子层面，重视连贯语篇；视语言错误为语言学习的必由之路，对学生所犯语言错误持较高容忍态度。交际教学法有强式（Strong Version）和弱式（Weak Version）之分。前者主张在交际中学习语言，排斥语法教学。后者强调真实的交际环境和语言使用机会的重要性，不排斥语法教学。在交际教学法的影响下，语法的地位受到削弱，语法教学被边缘化。即便是弱式的交际教学法中，语法项目是按照交际活动来安排，其结果是严重影响语法教学的系统性和循序渐进性。

语法翻译法、听说法和交际法分别代表了语法教学的三种基本派别：解释派、类推派和习得派(McKay, 1987;转引自肖礼全,2006)。语法翻译法所代表的解释派重视语法规则的讲解,学生懂得很多有关目的语的知识,但不一定能在交际活动中有效地加以应用。类推派强调主要通过大量的练习,在类推的过程中获得驾驭语法结构的能力。这种做法可以使学生熟练掌握所学的语法结构,但也不一定能够在实际的交际活动中适当地加以应用(McKay, 1987;转引自肖礼全,2006)。习得派主张给学生提供各种具有现实意义的应用目的语的机会。这种做法的不足之处在于,过度忽视语法在一定程度上影响了语言准确性的提升。

从另一个角度来看,这三种方法又对应了三种语法教学态度:又讲又教,显性地教;教而不讲,隐形地教;不讲不教。其对应关系见图 5-1(肖礼全,2006)。

又讲又教(显性地教)	教而不讲(隐性地教)	不讲不教
语法翻译法	听说法	交际法
解释派	类推派	习得派

图 5-1　语法教学的方法与派别(肖礼全,2006)

塞尔斯-穆尔西亚(Celce-Murcia)对不同形式聚焦策略的效果做了评价,结论是交际教学活动比非交际性活动效果更好(如图 5-2 所示)。

有效性较低	形式聚焦策略	有效性较高
操练活动		交际活动
无上下文的练习		有上下文的练习
基于句子的练习		基于篇章的练习
认知理解活动		认知挑战活动
非真实的材料		真实性材料
枯燥、平淡的内容		趣味性、激励性内容

图 5-2　形式聚焦策略的有效性(Celce-Murcia, 1985)

另外有一些学者不仅赞成语法教学,而且赞成显性语法教学。例如,乌尔(Ur,1988)提出了语法教学四段模式:①呈现阶段:在语篇语境中呈现、突显某一语法项目;②分离与解释阶段:使学生理解所教授语法项目的各个方面;③练习阶段:学生吸收、掌握所学语法项目;④测试:检测学生掌握情况。该模式表现出了向传统回归的精神。而且,有实证研究表明,显性语法教学的综合教学效果比隐性语法教学好(Smith,1990;转引自桂诗春,1988)。正因如此,在今天的外语课堂上,语法翻译教学法依然很活跃。许多教师仍然喜欢采用英译汉或汉译英的练习形式,也喜欢结合课文讲解必要的构词知识和语法知识(罗立胜、石晓佳,2004)。

语法在外语教学中的地位变化和方法变迁,反映了人们对外语教育本质问题、外语教育的社会功能问题的不同思考。在外语教学中,教师可以根据具体教学环境,针对学生的实际状态,采取灵活多样的方法进行语法教学。

思考题:你的英语老师们通过什么方式教你学习英语语法?推测一下他们所使用方法背后的语法教学理念是什么?

第二节　语法教学的内容

问题导入：

(1)教授语法时，应该教什么内容？
(2)高中英语课程对语法知识内容的要求是什么？

英语语法知识包括词法知识和句法知识：词法关注词的形态变化，如名词的数、格，动词的时、态(体)等；句法关注句子结构，如句子的成分，语序、种类等。词法和句法之间的关系非常紧密。在语言使用中，语法知识是"形式—意义—使用"的统一体，与语音、词汇、语篇和语用知识紧密相连，直接影响语言理解和表达的准确性和得体性。

在传统语言教学中，语法规则是语言教学的重点。传统语法教学重视语言形式，即语法规则的教授，轻视语法形式所表达的意义，忽视语法在语境中的使用。《普通高中英语新课程标准(2017 版 2020 年修订)》运用功能语言学的观点和交际教学理念，明确提出语法教学的目的是语用，是为了提高学生的交际能力。它明确提出了语法的三个维度：形式(Form)、意义(Meaning)和运用(Use)，明确了语法教学要使三者有效结合，使学生能够了解语言形式，知道它的表意功能，并且能够在交际中恰当地、有效地加以运用。

1. "三维"语法

塞尔斯-穆尔西亚和拉森-弗里曼(Celce-Murcia & Larsen-Freeman, 1999)提出了语法的三个维度：形式(Form)、意义(Meaning)和运用(Use)，明确了形式、意义和运用三者之间的关系。下面的饼图说明了三个维度之间的关系(见图 5-3)。

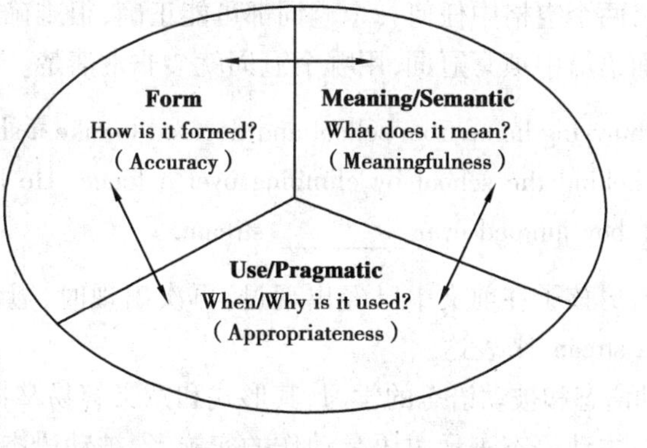

图 5-3　三维语法(Celce-Murcia & Larsen-Freeman, 1999)

在语法的三个维度中，形式关注语法是如何构成的；意义关注词汇意义、语法意义；运用关注什么时候用，如何用，即语言使用的得体性。

拉森-弗里曼(Larsen-Freeman)在其 2003 年出版的《语言教学：从语法到语法技能》一书中阐释了语法教学的三个维度：第一个维度——形式，由听觉和视觉层面的语言单位组成，如声音(或符号,用手语表达时)、文字符号、曲折语素,功能词(如 of)以及句法结构等。第二个维度——意义,从语义学(Semantics)层面解释,包含词义、句义和语法意义等。第三个维度——运用,属于语用学(Pragmatics),指在什么样的现实情境中用什么样的语法,即人们用语言表达意义,这一维度可以实现语言的社会功能(如许诺、邀请、同意、不同意、道歉等)和话语模式(如语篇衔接的作用)。具体内容见图 5-4。

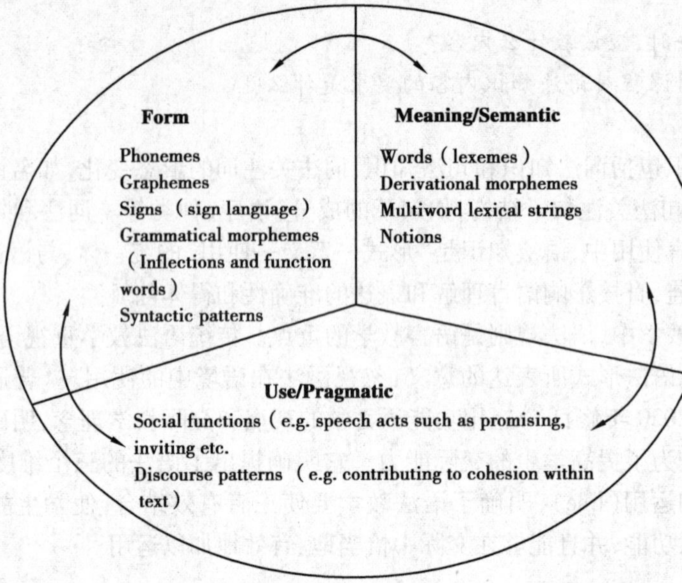

图 5-4　三维的原型单位(Prototypical Units of the Three Dimensions)(Larsen-Freeman, 2003)

拉森-弗里曼(Larsen-Freeman, 2003)结合例句阐释语法的语篇功能,为下面句子填写正确的冠词“a”或者“the”。

________ boy jumped over ________ stream.

从句子层面上看,两个空格中任何一个冠词都可能正确,很难确定到底用哪个冠词。同样的句子,如果在下面语篇中填写冠词,用哪个冠词就会非常清楚。

A young boy was hurrying home from school and decided to take a shortcut through the woods. He entered the woods behind the school by climbing over a fence. He began to follow a familiar path. Later, ________ boy jumped over ________ stream.

有了语篇的背景,男孩子在前文中已经出现过,再次出现时,冠词用 the,而小溪在前文中没有提到,所以用 a stream 来表达。

再比如,关于主动语态和被动语态的学习,其形式和意义容易掌握,如被动语态基本形式是 be+动词的 ed 形式;主动语态表示主语是动作的实施者,被动语态表示主语是动作的承受者。而第三个维度——运用则是学习的难点,无论用主动语态还是被动语态,语境都非常重要。

下例中的句子,用主动语态(a)还是被动语态(b)更好呢?

Some of the Olympic athletes from the smaller countries, such as Romania, were truly remarkable. In fact, (a) the Romanians won three gold medals in gymnastics / (b) three gold medals in gymnastics were won by Romanians.

用主动语态(a)更好,是因为前一句已提及罗马尼亚运动员,作为已知的施动者,很自然地可作为下一句的主语。如果第一句为 Many medals were awarded to athletes from smaller countries. 第二句很自然就应该是(b):In fact, three gold medals in gymnastics were won by the Romanians. 因为奖牌在第一句中提及,作为已知信息,紧接着主语是奖牌,而不是未知信息罗马尼亚运动员。

由此见可,对于被动语态的学习,形式、意义和运用需有机结合,运用的正确与得体与否要基于语境分析。图 5-5 为英语被动语态的三维结构。

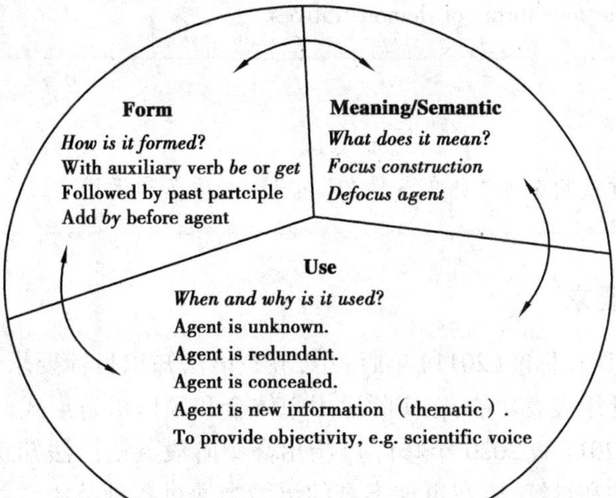

图 5-5　英语被动语态的形式、意义和运用

语法的三个维度形成一个有机统一体:形式是语言的外壳,是意义和运用的外在表现;意义是形式的基础,制约运用;意义和运用是形式的内容。在这一系统中,形式、意义和运用三部分之间相互作用,互相影响。形式的不同往往导致不同的意义和运用,语言形式的实时和历时变化往往影响其他两个方面,反过来,意义和用法上的变化也会对形式产生影响(Larshen-Freeman, 2009)。以下是拉森-弗里曼(Larsen-Freeman, 2003)对指示代词 this、that、these 和 those 的三维分析。

Form: *This* and *that* are the singular forms; *these* and *those* are the plural. They can be used as adjectives or determiners, in which case they precede the noun — e.g., *this pen* — or they can be pronouns, in which case they stand alone as noun phrases: *This is the answer to that.*

Meaning: Demonstratives point to something in the situation. *This* and *these* point to proximate things, *that* and *those* to distant things. Notice that distance can be spatial (*this pen here rather than that pen there*), but demonstratives can also be used to convey temporal distance (*this week* [now] rather than *that week* [e.g., future]), psychological distance (*I prefer this wine to that one*), and sequential distance in a text (*That last point is more controversial than this one*).

Use: Here we need to be concerned with when the demonstratives are used for reference purposes and when they are not. For example, while it is accurate and meaningful, it is not appropriate to answer a language teacher's favorite question (*What's this*?) using a demonstrative. Personal pronouns are preferred:

Teacher:	*What is this*?	*What are these*?
Student:	*It's a book.*	*They're books.*
	(*NOT*: *This is a book.*)	(*NOT*: *These are books.*)

It is also important to understand when demonstratives are used versus articles or personal pronouns in extended texts. In other words, the grammatical choices are not always within intact paradigms, such as the four forms of demonstratives.

思考与练习:

试从语法的三维视角分析"真实条件句"的形式、意义和运用。

2. 语法教学内容要求

《义务教育英语课程标准(2011)年版》中,五级语法知识目标要求学生"了解常用语言形式的基本结构和常用表意功能;在实际运用中体会和领悟语言形式的表意功能"。《普通高中英语课程标准(2017 版 2020 年修订)》指出高中阶段英语语法知识的学习是义务教育阶段语法学习的延伸和继续,应在更加丰富的语境中通过各种英语学习和实践活动进一步巩固和恰当运用义务教育阶段所学的语法知识,学会在语境中理解和运用新的语法知识,进一步发展英语语法意识。具体要求见表 5-1。

表 5-1　普通高中英语课程语法内容要求

课程类别	语法知识内容要求
必修	1.意识到语言使用中的语法知识是"形式—意义—使用"的统一体,学习语法的最终目的是在语境中有效地运用语法知识来理解和表达意义; 2.运用所学的语法知识,理解口头和书面语篇的基本意义,描述真实和想象世界中的人和物、情景和事件,简单地表达观点、意图和情感态度,在生活中进行一般性的人际交流; 3.在语篇中理解和使用过去将来时态; 4.在语篇中理解和使用现在进行和现在完成时态的被动语态; 5.在语篇中理解和使用动词不定式作句子中的定语和结果状语; 6.在语篇中理解和使用动词-ing 形式作句子中的定语、状语和补语; 7.在语篇中理解和使用动词-ed 形式作句子中的定语、状语和补语; 8.在语篇中理解和使用由关系代词 that、which、who、whom、whose 和关系副词 when、where、why 引导的限制性定语从句; 9.在语篇中理解和使用简单的省略句。

续表

课程类别	语法知识内容要求
选择性必修	1.通过在语境中学习和运用语法知识,认识英语语法在哪些主要方面不同于汉语语法; 2.运用所学的语法知识,理解所学语篇的基本意义和深层意义,恰当地描述真实和想象世界中的人和物、情景和事件,表达观点、意图和情感态度,进行人际交流; 3.在语篇中正确地理解和使用过去完成、将来进行和现在完成进行时态; 4.在语篇中恰当地理解和使用过去进行和过去完成时态的被动语态; 5.在语篇中正确地理解和使用动词不定式作句子中的主语和表语; 6.在语篇中正确地理解和使用动词-ing 形式作句子中的主语、宾语和表语; 7.在语篇中正确地理解和使用动词-ed 形式作句子中的表语; 8.在语篇中正确地理解和使用由关系代词 which、who、whom、whose 和关系副词 when 和 where 引导的非限制性定语从句; 9.在语篇中恰当地理解和使用主语从句和表语从句; 10.在语篇理解中借助五类句子成分(动词短语、名词短语、形容词短语,副词短语、介词短语)有选择地对长句和难句进行分析。
选修 (提高类)	1.通过在语境中学习和运用语法知识,认识英语语法的基本体系及其特征; 2.熟练地运用所学的语法知识,准确地理解语篇的基本意义和深层意义,有效地描述真实和想象世界中的人和物、情景和事件,表达观点、意图和情感态度,进行流畅的人际交流; 3.在语篇中恰当地理解和使用倒装、强调、同位语从句等结构传递意义,以取得一定的修辞效果; 4.在语篇中恰当地理解和使用虚拟语气。

《课程标准》倡导的语法教学是以语言运用为目的,实现语法形式、意义和使用的有机统一,使学生能够在具体的语境恰当地运用所学语法知识来理解和表达意义。语法教学离不开语境,应注重在语境中呈现语法形式,在语境中练习使用意义的表达,实现语用功能。在语篇中正确地理解和使用语法项目是课程标准对语法知识内容要求的核心,可见语篇在语法教学中的重要作用。语言学习者需要在语篇中接触、体验、学习和使用语言,将语法的形式、意义和功能联系起来,了解如何根据需要传达意义(程晓堂,2013)。

思考题:为什么《普通高中英语课程标准(2017 版 2020 年修订)》的语法内容要求中规定在语篇中学习语法项目?

第三节　语法教学的原则

问题导入:

英语语法教学需遵守什么原则?

有语法才使我们能够"表达意思",所以,没有语法交际,只能停留在发育极不成熟的水平上,要超出这个水平则是不可能的(Nunan, 2004a)。英语语法的教学内容涵盖面广,语法知识教学包括词法和句法知识。词法包括词类和构词,词类可分为名词、形容词、代词、副词、数词、冠词、介词、连词、感叹词等;构词包括派生,转化、合成等。句法知识不仅包括主语、谓语、宾语等句子成分的知识,还包括简单句、复合句和并列句等句子结构的知识等。语法教学不能只停留在语法知识的教授,而是让学生在掌握语法形式所表达的意义的基础上,能够正确、得体地表达思想,达到交际的目的,即语法教学中"形式—意义—使用"的有机统一,为了实现语法的教学目标,语法教学设计需遵循以下原则。

1. 循环重复的原则

语法教学的内容繁多复杂,学生很难通过一次语法的教授掌握某一语法项目并灵活得体地使用,语法教学需要设计让学生在学习新的语法项目的同时,还能复习已学过的语法项目的活动,让学生在循环重复的过程中达到内化,实现迁移运用。语法学习的关键是重复,因为学生不可能接触一次就掌握某个语法项目,在课堂上语法项目的分散操练和循环出现都很重要,一个语法项目若分4次、每次15分钟,训练的效果要比一次训练一个小时的效果好(Nunan, 2007)。语法教学较好的办法是循环反复,多次回顾,但每次回顾都以旧带新,把学过的旧项目运用于新的语境中(王宗炎,2003)。重复任务可以改进学生的语言质量,对语言产出的流利性、准确性和复杂度都有巨大帮助(Bygate, 1996)。

思考题: 以英语时态中的一般过去时、现在完成时为例,教学活动设计如何体现循环重复的原则?

2. 演绎法和归纳法相结合

英语语法教学有两种传统的教学方法:归纳法和演绎法。归纳法是让学生先接触含有某项语法规则的语言材料,然后在教师的启发诱导下,观察分析这些材料的特点,总结出语法规则,进而再运用规则进行语言实践,即从实践到理论,再用理论指导实践(章兼中,1992)。归纳法通常包含以下5个步骤:

(1)情景创设,在情景中呈现例句;

(2)学生在情景中接触、观察、理解例句;

(3)教师启发诱导,学生分析例句,归纳总结语法规则;

(4)教师评价、补充学生总结的规则;

(5)让学生运用规则进行大量练习,以巩固、检查规则掌握情况。

演绎法与归纳法恰恰相反,通常是教师讲授语法规则在先,在清楚地讲述了语法相关条目和细则之后,在一定的语境下给出丰富的例句,让学生进行大量的练习,这是从理论到实践的过程。演绎法也通常包含5个步骤:

(1)教师呈现、阐述语法规则;

(2)教师举例,引导学生观察、分析例句,理解规则;

(3)教师给出更多例句,让学生结合例句,根据自己对规则的理解,陈述语法规则;

(4)教师对学生的陈述给予评价、补充;

(5)学生运用规则大量练习,教师巩固、检查规则掌握情况。

归纳法和演绎法各有优劣。归纳法为学生提供了发现问题、解决问题的机会,有利于培养学生的归纳、推断、总结等思维能力,具有挑战性。所以,学生的学习兴趣更浓、主动性更强,可以张扬个性,培养创新精神。但是,归纳法费时费力,在教学课时紧张的情况下,不为教师所喜爱。演绎法省时省力,因为教师直截了当的地给出了语法规则,清晰透彻,教师讲课的效率高,故而受到很多教师的青睐。但是,演绎法易使教学枯燥,会助长学生的惰性思维。而且,学生更多地依赖记忆,所以被批评为填鸭式的教学。

在英语语法的教学设计中,演绎法和归纳法应该兼而用之,扬长避短。教师应根据具体的语法教学内容,灵活使用演绎法和归纳法,设计语法教学活动。如在具体语法项目教学中,依托语篇,兼顾使用演绎法和归纳法。为了解决归纳法耗时的问题,教师可以告诉学生需要注意学习的语法项目,学生课后自主阅读文章,在语篇中发现该语法项目,并自主探究、归纳、总结。教师在课堂上汇总学生归纳的语法现象,呈现语法形式,讲解语法意义,指导学生练习使用该语法项目。在练习的过程中,学生再次归纳总结。整个语法学习过程是归纳—演绎—归纳,既能培养学生学习的主动性和探究能力,还能让学生清晰了解语法的形式和意义,练习使用所学语法形式。

思考题:归纳法和演绎法各自有什么优缺点?

3. 显性语法教学和隐性语法教学有机结合

显现语法教学(Explicit Grammar Teaching)是通过语法规则的直接讲授和操练,让学生掌握语法形式,达到语法教学的目的。隐性语法教学(Implicit Grammar Teaching)不直接讲授和练习语法规则,而是教师创设情境,学生在情境中运用语言,在语言的运用中体验语法的使用。隐性语法教学强调在自然的语言交际使用中感受并学习语法。语法教学的解释派,基于语法翻译法的教学,主张显性语法教学;而基于听说法的类推派,提倡隐性语法教学;另外还有提倡不讲、不教语法的习得派。

显性语法教学和隐性语法教学各有优劣。显性语法教学能使学生更快捷、清晰地掌握语法规则,但脱离语境的语法操练容易忽视语言使用的恰当得体。在相对复杂的语法项目的隐性语法教学中,学生难以清晰地归纳梳理语法规则,易造成语法形式使用方面的混乱,但其优势在于在语境中学习语法,更有助于培养学生语言运用的得体性。因此,语法教学设计根据语法项目的难易度,将显性教学与隐性教学巧妙结合,使学生在语境中感受语法的应用,并能注意到语言的形式。

布鲁菲特(Brumfit, 1985)提出的 CPDC 模式(Communicate — Present Language — Drill Practice — Communicate)可以较好地融合显性和隐性语法教学。CPDC 模式包括交际、呈现语言点、句型操练和再交际四个环节:①教师先让学生参与包含某一个语言点的语言交际活动;②在交际活动中教师对新语言点加以讲解;③引导学生进行适度的语法句型操练;④在学生理解和掌握新的语言点后,教师再引导学生复习该语言点,并进入新的语言教学活动。

思考题:将显性语法教学与隐性语法教学结合有什么好处?

4. 初级目标"知"和高级目标"能"紧密结合

语言学习是一个自然而又漫长的对世界的基本认知过程。外语学习应是学得和习得的合成。学得语法知识,通过练达到部分语法应用能力;习得语言直觉或语感,在日常应用中获得语法应用能力。在英语语法教学中,应将初级目标的"知"和高级目标的"能"紧密结合起来。"知"是语法教学的初级目标,是对英语语法规则的了解:知其内容,明白其原理。即"知其然,并知其所以然"(肖礼全,2006)。例如,动词进行时的"知",应包括: ①语形知识: to be + doing; ②语义知识:所指动作正在发生; ③语境知识:正在发生的动作或存在的状态。掌握这些知识,即达到了初级目标"知"。"能"是语法教学的高级目标,即能够在语言活动中正确应用语法规则,"能"准确表达其所要表达的语义,并且符合其相应的语境(肖礼全,2006)。

由"知"向"能"转换是一个艰难而且漫长的过程。"能"是英语语法学习的高级目标,也是终极目标,掌握语法知识的最终价值取决于是否能将语法知识转化为在英语实践活动中有效运用的能力。

目前,国内的中学英语教学存在"五重五轻"的问题,即"重知识传授,轻技能训练; 重详细讲解,轻反复练习; 重书面练习,轻口头练习; 重语法分析,轻语法使用;重掌握规则,轻掌握实例"(胡春洞,1990)。要克服这一错误倾向,英语教师就必须认识到,在实际英语语言活动中能够准确、有效地运用英语语法,才是我们教学的终极目标,所以在我们的英语语法教学中,要遵循"知""能"目标紧密结合这一原则。

语法知识的"知"向"能"转换,需通过"练"这一桥梁。"练"是对语法知识的应用和实践,可以采用多种多样的方式,包括各种课堂练习和操练、课堂活动任务、课外活动,以及真实生活中的各种应用英语的社会活动和社会工作。王蔷、程晓堂(2000)等专家对语法教学提出了一些建议:只教简单,而且没有太多例外情况的规则,对于不是很实用和不很重要的语法点,不要花太多的时间。尽可能地在上下文中讲解语法,在讲解语法时多采用图表、画实物等,尽量少用语法专用术语,多给学生练习机会。不要过多的关注在语言学习过程中必然出现的语言错误。

思考题:拉森-弗里曼(Larsen-Freeman, 1992)提出语法技能(Grammaring)的概念,你认为语法是知识还是技能?

第四节　语法教学设计

问题导入：

(1)如何设计语法项目的呈现活动？

(2)如何设计语法项目的练习运用活动？

(3)如何基于语篇设计能兼顾“形式—意义—使用”的语法活动？

语法知识的学习是在准确理解语法形式和概念的基础上，最终达到有意义的使用。与语法规则的记忆相比较，学生更容易在“做中学”的语法活动中，掌握语法项目的正确形式，准确理解概念并学会使用。语法项目的呈现、练习以及运用等各个环节的活动设计，需在语境中开展，学生在语境中感知语言形式、理解形式所传递的意义、学习运用并表达思想。

1. 语法呈现活动

1)明确讲授(Explicit Explanation)

语法项目：*used to*

活动目的：学生明确 *used to* 的语法形式，并在练习使用中感受意义表达。

活动步骤：

步骤1：教师呈现两组例句，学生朗读句子。

如：I used to do rope jumping a lot, but I stopped a year ago.

I didn't use to like her, but now we are close friends.

Did you use to play tennis?

I	used to	eat peaches.
You		play badminton.
He/She		work in a factory.
We		play football.
They		climb mountains.

步骤2：教师结合例句，解释 *used to* 的形式和基本用法，例如：The negative form of *used to* is *did not* (*didn't*) *use to*. The question form is *Did you use to…Used to* is the fixed structure that does not change for person or tense. *Used to* always refers to the past, there is no present or future tense. The structure *used to* means things happened (regularly or repeatedly) in the past.

步骤3：学生使用 *used to* 造句，首先写出一个肯定形式的句子，然后把肯定句变为否定句和疑问句。教师查看学生的句子形式和意义表达。教师针对学生写出的句子用 Did you /

she / he / they do something in the past? Once or many times? 提问,如果学生回答为:Yes 和 Many times,说明学生使用 *used to* 造句,在意义表达上是正确的。

步骤 4:学生结对,使用 *used to* 创编对话,询问对方过去的习惯。教师可以提供一个对话范例供学生参考:

例如:A: I used to play basketball, but now I do not. What about you?

B: I used to play the piano, but now I do not have time to play it.

在本活动中,教师结合呈现的例句明确讲授目标语法项目的形式、意义和用法。教师通过学生的操练了解学生对语法项目的掌握情况,确保学生理解了语法项目表达的意义之后,结合学生实际,开展交际活动。学生在使用过程中进一步内化语法形式表达的意义。

2)发现差异(Finding Differences)

语法项目:情态动词 would

活动目的:学生在语境中体验情态动词 would 的语用意义。

活动步骤:

步骤 1:教师呈现以下内容,供学生阅读。

Dialogue 1

A: Anyone fancy a coffee?

B: If you are getting one.

A: Got any small change?

B: Here.

A: Ta. Tomorrow it's on me.

B: No worries.

A: Milk? Sugar?

B: Black. Two Sugars.

A: Something to eat.

B: Get us a chocolate bar, will you?

A: OK. Back in a sec.

Dialogue 2

A: Would anyone like hot drink?

B: Well, I wouldn't mind a coffee, if it's no trouble.

A: Not at all. You wouldn't happen to have a fifty pence coin, would you?

B: I think I just might. Here you are.

A: Thank you. I'll pay you back.

B: Please. I wouldn't hear of it.

A: Would you like milk and sugar?

B: I'll have it black, with two spoonfuls of sugar if it is possible.

A: Can I get you something to eat?

B: Well, a chocolate bar would be nice it they have any.

A：Certainly. I'll be back shortly.

（选自 Nunan，2007）

步骤 2：学生结对，分角色练习以上两段对话，讨论两段对话有什么不同以及“would”一词的意义。

步骤 3：学生分享他们的发现，教师引导总结。

例如：The first dialogue is informal and colloquial while the second dialogue is quite formal. The modal verb “would ” in the second dialogue shows the speaker's politeness.

步骤 4：学生两人一组，使用情态动词“would”创编一组对话。

学生在真实的语言交际中体会情态动词表达礼貌的用法，在对话语篇的对比中，发现不同并感知礼貌语言的表达，学习使用情态动词“would”。

3）故事法（Story Telling）

语法项目：真实条件句

活动目的：学生在故事语境中学习使用真实条件句。

活动步骤：

步骤 1：教师讲述并呈现故事。

例如：If it rains this morning，I'll go to the library. If I go to the library，I'll read *Tales from a Thousand and One Nights*. If it is nice weather this afternoon，I'll go to the park with my friends. If I go to the park with my friends，I'll tell stories from *Tales from a Thousand and One Nights* to my friends. And if it is windy this afternoon，I'll stay at home.

步骤 2：学生总结故事中的句子结构特征。

步骤 3：学生分享总结的句子特征，教师总结并讲解真实条件句的构成形式及其意义。形式可参考下表。

真实条件句

***If* Clause**	**Main Clause**
If + noun / pronoun + present simple	Noun / pronoun + 'll / will + verb base form

教师讲解：There are two clauses in the real/first conditional sentence. The present simple tense is used in the *if* clause and in the main clause，*will* is used. The two clauses can come in either order. When main clause comes first，usually，there is no comma. For example：I'll go to the park if it is nice. When *if* clause comes first，usually，a comma is used. For example：If it is nice，I'll go to the park. In the above story，all the sentences express making predictions and speculate about future events.

步骤 4：学生进行故事接龙游戏。

学生分小组接龙故事，每个小组围绕一个话题，用真实条件句，展开接龙游戏。例如：If I go to Beijing，I'll visit the Summer Palace and the Great Wall. If I go to Shanghai，I'll go to Shanghai Disneyland. If I go to London，I'll visit Buckingham Palace.

用故事法呈现语法项目时,故事可以围绕一个话题,展开想象,激发学生的学习兴趣,学生在故事语境中感知语法形式,总结语法特征,教师进行语法形式和意义的讲解,学生在使用中体验语法表达的意义。

4)猜测游戏(Guessing Game)

语法项目:定语从句

活动目的:学生在理解意义的过程中学习定语从句的形式及使用。

活动步骤:

步骤1:教师呈现下列句子,学生朗读句子,并进行猜测:**What are they**?

A: In order to find food, these birds, **which** are unable to fly, can dive deep in the sea.

B: They have orange or yellow areas on both sides of the head **that** become lighter as they go down to the chest area.

C: They have the ability to make sounds according to different situations. In a colony **where** thousands of individuals are vocalizing all at the same time, it is very challenging to find a mate, but they produce distinctive tones **that** their breeding pairs and even their offspring can identify.

D: They live on the continent **that** is round the South Pole.

步骤2:学生结对讨论,上述句子讲述的是 emperor penguins,学生总结以上句子的特征。

步骤3:学生分享总结的特征,教师总结并讲授定语从句的构成形式与用法,可参考以下表格(Scrivener, 2020)。

关系代词(副词)

Relative Pronoun	Used for
who, *whom*, *whose*	people (and sometimes other living creatures, pets)
which	Non-living things, but can sometimes refer to living things such as groups of humans: *the class which*
that	Living and non-living things. *That* can substitute for *which* or *who*. The following two sentences are both correct and mean exactly the same: *There's a woman who wants to talk to you.* *There's a woman that wants to talk to you.*

Relative Adverbs	Used for
when	times
where	locations
why	reasons

步骤 4：学生结对朗读 A、B、C、D 中的句子，把 emperor penguins 放进句子，讨论句子的排序，使之形成一个连贯的语篇。

例如：Emperor penguins live on the continent **that** is round the South Pole. They have orange or yellow areas on both sides of the head **that** become lighter as they go down to the chest area. In order to find food, these birds, **which** are unable to fly, can dive deep in the sea. Emperor penguins have the ability to make sounds according to different situations. In a colony **where** thousands of individuals are vocalizing all at the same time, it is very challenging to find a mate, but they produce distinctive tones **that** their breeding pairs and even their offspring can identify.

本活动是在主题语境中呈现定语从句。学生在语境中进行猜测、关注意义，通过文本中加粗的字体注意语言形式，并进行归纳总结。教师在学生归纳总结的基础上补充讲解定语从句的形式和用法，最后学生运用定语从句，关注语篇。

2. 语法练习与应用活动

1）调查（Survey）

语法项目：现在完成时

活动目标：学生在完成调查活动的过程中使用现在完成时。

活动步骤：

步骤 1：教师准备几项调查内容并以幻灯片形式呈现或以卡片形式分发给学生，如：

Find someone who has ever been to the Forbidden City.

Find someone who has ever visited the Museum of Terra-Cotta Warriors.

Find someone who has ever taken a horse ride.

Find someone who has ridden an elephant.

Find someone who has ever been to Lhasa.

…

步骤 2：学生调查，可以使用如下句型：

A：Have you ever been to the Forbidden City?

B：Yes, I have. / No, I never have been.

步骤 3：学生汇报调查结果，如：

According to my survey, three students in our class have ever been to the Forbidden City. Four students have ever been to Shanghai Disneyland. Nobody has ever taken a horse ride.

2）解决问题（Solving Problem）

语法项目：形容词最高级

活动目的：学生在制订旅行计划的过程中练习使用形容词最高级。

活动步骤：

步骤 1：教师将学生分组并给每个小组分发几份旅行手册，告诉学生任务目标——决定想参加的旅行。例如：

The beaches of Thailand have always been alluring to travelers. We highlight some of the best beaches (and where to stay on them), all of which you can incorporate as a relaxing end (or start) to your journey in Southeast Asia.

Lindblad-National Geographic Antarctica

Adventure World

2020—2021 If you've never been to Antarctica, nothing in your experience can prepare you. It is completely without precedent, and utterly exhilarating.

Everything about each day's adventure and discoveries—the penguins, the astonishing ice—is thrilling, including the self-discovery that is the most surprising seldom-anticipated benefit of going to Antarctica.

Africa Safaris & Journeys

Wildlife Safari

Southern Africa | East Africa | Egypt

Discover the Best Spots in Africa with Wildlife Safari, the finest luxury safari operator in Africa, with over 45 years' experience. A custom-designed or small-group safari with this family-owned operator—including the best guides, uncompromised safety, wonderful accommodation and unbeatable value and service—is unforgettable. A collection of Signature Safaris offers exceptional game viewing and 4WD experiences, and is enhanced with Exclusive Experiences at no extra cost.

Architecture, Skyline & Night View

Shanghai is home to some of the world's tallest skyscrapers. Some of the tallest and most inspiring buildings in Asia and the world can be found along the Huangpu River bank in Pudong, Lujiazui District. Strolling along the Bund or taking a cruise on Huangpu River offers spectacular views of Pudong.

步骤 2:学生罗列旅行相关问题,如:

Which trip is most exciting?

Which trip is most thrilling?

Which trip has the most comfortable weather?

Which trip has the best service?

Which trip lets you see the most astonishing ice?

Which trip lets you see the tallest skyscrapers?

步骤 3:学生在小组内开展口语活动,参考旅行手册,在问答中找到解决问题的方法,决定自己想要去旅行的地方。

3)合作听写(Dictogloss)

语法项目:被动语态

活动目的:学生在合作学习中注意被动语态的形式,使用被动语态。

活动步骤:

步骤 1:教师把全班同学分成 4 人一组,通过问题与学生互动,谈论动物保护的话题,并通过图片等方式呈现单词,如:raccoon, alligator, ivory, jewellery, whale, species, endanger 等。

步骤 2:教师用正常语速朗读下面短文,第一遍朗读,要求学生听短文并了解短文大意;第二遍朗读,要求学生做笔记,记录关键词。

Man is an enemy to many animals. Raccoons and foxes are trapped for their furs. Alligators are killed and their skins are used for purses and shoes. Elephants are destroyed for their ivory, which is used for jewellery. Whales are hunted for their oil. Whole species are being endangered for fashion!

步骤 3:学生进行小组合作,根据写下的关键词,协商重组文本。

步骤 4:小组投影展示或利用黑板分享重组的文本,教师利用投影或黑板呈现原文本,全班一起对比分析学生重组文本与原文本在语法表达、语篇连贯性方面的异同。

步骤 5:学生写作,写作的文本在长度、风格及内容主题方面与原文本大致相同,然后在小组内交换、讨论并修改写作文本。

4)个人信息交流(Personal Information Exchange)

语法项目:定语从句

活动目的:学生在寻找真实信息的过程中,练习使用定语从句。

活动步骤:

步骤 1:学生结对,通过以下问题,互相了解信息。

What is the book that you want to read?

What is the place where you want to go?

Who is the person you want to meet most?

Who is the hero you admire most?

What is the most important thing that you need to do to improve your English learning?

What is the change you need to make in your life?

What is the habit that you most want to kick?

What is the habit that you would like to cultivate most?

…

步骤2：学生汇报了解到的信息。

步骤3：教师根据学生的汇报进行总结，并分享自己的信息，结合内容，进一步示范语法的使用，如：The book that I want to read is *Harry Porter*. The place where I want to go is Xi'an. …

思考与练习：

阅读并评价以下语法教学活动设计。

教材：初中英语七年级下册（人民教育出版社）

- 单元主题：Unit 6 I'm watching TV（Section B，2b）
- 语法项目：现在进行时（the Present Progressive Tense）
- 语法功能：谈论人们正在做什么
- 活动步骤：

Step 1：Presentation

（1）T presents some pictures about the Dragon Boat Festival，and puts forward three questions：

①Look at the two pictures，which festival is it in China?

②What do people usually do on the Dragon Boat Festival?

③What do your family usually do on the Dragon Boat Festival（your mom，dad…）?

（目的：激活与端午节相关的背景知识，为接下来的故事做准备。）

（2）The teacher asks Ss to listen to the first paragraph of Zhu Hui's story，and fill in the blanks.

①He's now ________ in the United States.

②He is ________ with an American family in New York.

③His mom and aunt are ________ zongzi.

④His dad and uncle are ________ the boat races on TV.

（目的：学生通过填空练习，获取朱辉的国内的家人在端午节这天所做的事情。）

(3)T presents questions on the screen, and then asks Ss to listen to the second paragraph of Zhu Hui's story and try to answer the questions.

Q1: Is Zhu Hui also watching the races and eating zongzi in New York on the Dragon Boat Festival?

Q2: What are Zhu Hui's host family doing on the Dragon Boat Festival?

(目的:学生根据所听到的故事内容回答问题,梳理朱辉在美国的寄宿家庭怎样过端午节。)

(4)T asks Ss to retell the story according to the chart.

China (9:00 a.m.)	New York (9:00 p.m.)
Today is the Dragon Boat Festival.	It's the night before the Dragon Boat Festival.
Zhu Hui's mom and aunt…	The mother in Zhu Hui's host family…
Zhu Hui's dad and uncle…	The father in Zhu Hui's host family…
	Zhu Hui is…

(目的:学生通过复述故事,理解故事的意义。)

Step 2: Attention

T presents the story on the screen and highlights the forms of the present progressive tense in bold print and asks Ss to pay attention to the forms.

T: Do you notice any similarities of these bold words?

Today's story is about Zhu Hui, a student from Shenzhen. **He's now studying** in the United States. **He's living** with an American family in New York. Today is the Dragon Boat Festival. It's 9:00 a.m. and Zhu Hui's family are at home. **His mom and aunt are making** zongzi. **His dad and uncle are watching** the boat races on TV.

Is Zhu Hui also watching the races and eating zongzi? Well, it's 9:00 p.m. in New York, and it's the night before the festival. But there isn't a Dragon Boat Festival in the US, so it's like any other night for Zhu Hui and his host family. **The mother is reading** a story to her young children. **The father is watching** a soccer game on TV. And what's Zhu Hui doing? **He is talking** on the phone to his cousin in Shenzhen. Zhu Hui misses his family and wishes to have his mom's delicious zongzi. Zhu Hui likes New York and his host family a lot, but there's still "no place like home".

(目的:学生意识并注意到现在进行时的形式,为下一步师生共同构建语法规则做准备。)

Step 3: Co-construction

T and Ss have a collaborative talk based on the story of Zhu Hui and co-construct the grammatical explanations of the present progressive tense.

(1)T asks Ss to observe the forms of the present progressive tense from Zhu Hui's story and then discuss with their group members about when and why the present progressive tense is used in Zhu Hui's story.

(目的:学生从故事文本中观察现在进行时的形式,并分小组讨论在朱辉的故事中什么时候以及为什么用现在进行时。)

(2)T conducts a conversation with Ss.

For example:

T: In Zhu Hui's story, what festival is it today?

Ss: The Dragon Boat Festival.

T: So today is the Dragon Boat Festival, right?

Ss: Yes.

T: Which verb form appears the most frequently in Zhu Hui's story?

Ss: -ing form.

T: Do you notice any other words before -ing form? Is the subject followed by the -ing form of the verb?

Ss: is / are.

T: Are there any other words or phrases related to time before v-ing?

Ss: Now / It's 9:00 a.m.

T: Why is the present progressive tense used in Zhu Hui's story?

Ss: …

T: Because today is the Dragon Boat Festival, and Zhu Hui's story is happening, right?

Ss: Yes.

T:So can you summarize the present progressive tense from three aspects based on Zhu Hui's story? (What is the present progressive tense? When do we use the present progressive tense? How do we use the present progressive tense?)

Ss: …

…

(目的:通过师生对话,引导学生理解现在进行时的形式、意义以及用法。)

Step 4: Extension

Write a report: What are your family (your mom, dad, grandparents, etc.) doing at 8:00 p.m. tonight?

(目的:拓展活动为写一份报告,内容为今晚 8 点你的家人在做什么,通过拓展活动,学生对现在进行时的形式、意义及用法有更深刻的理解。)

(设计者:西北师范大学 2019 级研究生王亚茹)

第五节　语法教学案例与分析

问题导入:

针对过去分词作状语这一语法项目和以下教学材料,你如何表述教学目标?你将设计哪些语法教学活动?

-ed as adverbial

1 Look at the sentences from the reading passage and answer the questions.

a **Disappointed** by his behaviour, I said all this to my best friend.

b **Approached** in this way, your friendship will soon be repaired.

1 Who was disappointed in sentence (a)? What is approached in sentence (b)?

2 Why does the author use *-ed* instead of *-ing* here?

Compare them with the following sentences and answer the questions.

c **Because I was disappointed** by his behaviour, I said all this to my best friend.

d **If it is approached** in this way, your friendship will soon be repaired.

3 What is the difference between the two groups of sentences?

4 Why does the author choose to use *-ed* instead of an adverbial clause in the reading passage?

Now look for more sentences with *-ed* as adverbial in the reading passage.

2 Rewrite the underlined sentences with the *-ed* form.

Last week, Anne was attracted by a particular article in a magazine, so she bought it. Three days ago, to complete her homework quickly, she copied part of the article without thinking. Her teacher was very satisfied with her homework. Anne was praised in class, and she felt happy as well as ashamed. Then, the teacher wanted to enter her homework into a writing competition. Anne was shocked by the decision and did not know what to do. If she told the truth, the whole class would find out. They would look down on her. If she kept silent, maybe no one would ever find out...?

What should Anne do?

3 Read the plot summary and choose the correct form of the words.

Inside Out is an animated film about the five emotions of a girl called Riley: Joy, Sadness, Fear, Disgust and Anger. **Influencing / Influenced** mainly by Joy, most of Riley's memories are happy ones.

Believing / Believed that she is Riley's most important emotion, Joy always tries to take the lead. **Preventing / Prevented** from playing her role in Riley's emotional development, Sadness feels annoyed. When Riley moves to a new city, she has a hard time adjusting to her new surroundings. Sadness wants to do her duty but by accident causes the loss of Riley's happy core memories with Joy. Now **separating / separated** from her friends and her beloved hockey team, Riley starts to feel lost and helpless, and wants to run away from her parents and new school. Worried about her, Joy and Sadness try to work together to ensure she gets her core memories back.

Eventually, **realising / realised** that every emotion has a role, Joy understands it is okay for Riley to feel sad sometimes. Accepting sadness as part of life helps Riley deal with the emotional complexity of growing up, and settle down in her new life.

（选自外语教学与研究出版社普通高中教科书《英语》必修第三册，2019 年版）

语法教学案例

教学资料

单元主题：Unit 1：Knowing Me，Knowing You

语言运用（Using Language）：-ed as adverbial

（选自外语教学与研究出版社普通高中教科书《英语》必修第三册，2019 年版）。

教材分析

本单元主题为“Knowing Me，Knowing You”，主题语境是“人际交往”。Using Language

模块包括语法部分(动词-ed 分词作状语)、词汇部分(Interpersonal Relationships)和听说部分(Saying No Politely)

阅读篇章包括两封信,两封信件文本中出现动词-ed 分词作状语的句子如下:

(1) Disappointed by his behavior, I said all this to my best friends.

(2) Embarrassed and ashamed, I can't concentrate on anything.

(3) Treated this way, you're sure to feel hurt—we should always be able to trust those closest to us, and it hurts even more when we find we can't.

(4) Approached in this way, your friendship will soon be repaired.

(5) Filled with anger, you tend to say whatever comes to your mind.

学情分析

该教学设计针对高中一年级第二学期学生,在学习本单元-ed 分词作状语之前,学生已经在前两册的学习过程中复习了基本句型、构词和时态,学习了定语从句、情态动词、不定式作定语和结果状语、-ing 分词作状语和定语、-ing 分词和-ed 分词作补语,所以,学生对动词的-ing 分词结构在句子中的不同作用和动词的-ed 分词作补语已经比较熟悉,但动词的-ed 分词作状语对学生而言,是新的语法现象。

语法教学目标

学完本节课后,学生能够:

(1)辨别-ed 分词作状语的不同意义。

(2)区分-ing 分词作状语和-ed 分词作状语。

(3)正确使用-ing 分词作状语和-ed 分词作状语,讲述不同情感对个人的影响,以及如何正确管理个人情感。

教学阶段

阶　段	语法教学活动	活动时间/分钟
语法呈现	感知语法	2
	发现差异	5
	归纳总结	8
语法练习	匹配练习	3
	改写句子	5
	选择练习	5
语法产出	故事创编	12

1. 语法呈现

活动 1：感知语法

设计意图：通过师生互动，学生在情境语境中感知-ed 分词在句中作状语的形式和用法。

活动步骤	设计说明
Step 1: T creates one real situation for Ss to express their feelings. e.g. T shares a piece of bad news with Ss, say, spring outing, which the whole class planned two weeks ago, will be canceled. Ss are asked to express their feelings. Ss may say: "I am disappointed, so I do not want to do my homework." "I am in despair, so I can not concentrate on my study."	教师创设情境，学生在情境中表达心情，创设主题语境。
Step 2: Based on Ss' language output, T presents sentences with -ed as adverbial to express the same meaning. e.g. **Disappointed by the news**, I do not want to do my homework. **Filled with despair**, I can not concentrate on my study. In addition, T guides Ss to learn to manage their emotions.	教师基于学生的语言输出，呈现-ed 分词作状语表达心情的句子，学生在教师的呈现中感知目标语法。同时教师在互动反馈中引导学生学习管理情绪。

活动 2：发现差异

设计意图：本活动通过呈现含有-ed 分词作补语和作状语的两组句子，让学生发现-ed 分词在句子中的不同作用。

活动步骤	设计说明
Step 1: T presents the following two groups of sentences. Ss are asked to find out different functions of underlined part of -ed forms between two groups. Group 1: ①I see the streets decorated with lights as the Spring Festival is approaching. ②People wanted them killed. Group 2: ①Disappointed by his behavior, I said all this to my best friends. ②Embarrassed and ashamed, I can't concentrate on anything.	教师呈现含有-ed 分词在句中作补语和作状语的两组句子，让学生辨识两组句子中-ed 分词不同的语法作用。学生在复习旧知识的过程中再次感知新的语法项目。

续表

活动步骤	设计说明
Step 2: T explains the different functions of underlined -ed forms. In the first group, words "decorated" and "killed" are used to be complement of object. In the second group, underlined parts are adverbial. In these two sentences, -ed forms express cause, so they are called cause adverbial. And the parts with -ed forms can be replaced with adverbial clauses. For example: ①Because I was disappointed by his behavior, I said all this to my best friends. ②Because I was embarrassed and ashamed, I can't concentrate on anything.	学生复习旧知(-ed 分词在句中作补语成分),学习新知,并感知-ed 分词作原因状语时,可以被原因状语从句替换的用法。
Step 3: Ss are asked to scan the text on Page 3 and find out more sentences with -ed form as adverbial. e.g. ①Treated this way, you're sure to feel hurt—we should always be able to trust those closest to us, and it hurts even more when we find we can't. ②Approached in this way, your friendship will soon be repaired. ③Filled with anger, you tend to say whatever comes to your mind.	学生快速阅读课文,找出含有-ed 分词作状语的句子,学生在语境中辨识语法形式,感受意义和用法。

活动 3:归纳总结

设计意图:学生在互动交流与推理判断中学习-ed 分词作状语的意义和用法。

活动步骤	设计说明
Step 1: Ss are asked to read the following sentences from the passage and answer the questions. ①Treated this way, you're sure to feel hurt — we should always be able to trust those closest to us, and it hurts even more when we find we can't. ②Approached in this way, your friendship will soon be repaired. ③Filled with anger, you tend to say whatever comes to your mind.	针对课文中的三个句子,教师通过提问与学生互动,激发学生思考:-ing 分词作状语和-ed 分词作状语的区别,-ed 分词作状语的意义和用法。通过对比分析,学生在复习旧的语法的过程中学习新的语法。

续表

<table>
<tr><th>活动步骤</th><th>设计说明</th></tr>
<tr><td>Questions:
①In the first sentence, who is treated in this way?
②In the second sentence, who is approached in this way?
③In the third sentence, who is filled with anger?
④Can -ing form of the verbs such as "treat, approach and fill" be used to replace -ed form in the above three sentences?</td><td></td></tr>
<tr><td>Step 2: T explains the use of -ed in the above three sentences. It can be seen that:
①You are treated in this way…
②Your friendship is approached in this way…
③You are filled with anger…
④All of these -ed forms express passive meaning, so they can not be replaced by -ing forms.</td><td>教师在学生回答的基础上明确讲授:-ed 分词作状语时,其逻辑主语是主句中的主语,有被动的含义,不能用-ing 分词替换。</td></tr>
<tr><td>Step 3: Ss are asked to infer the meaning of -ed form as adverbial in the following sentences. They are encouraged to change the adverbial parts with -ed forms into clauses.
<table>
<tr><th>Sentences</th><th>The adverbial of</th></tr>
<tr><td>①Frightened by the dog, the little girl dare not go out by herself.</td><td>cause</td></tr>
<tr><td>②Given more time, I'll be able to do it better.</td><td></td></tr>
<tr><td>③Heated, ice can be changed water.</td><td></td></tr>
<tr><td>④Filled with hopes and fears, he entered the cave.</td><td></td></tr>
<tr><td>⑤Left alone, she did not feel lonely.</td><td></td></tr>
<tr><td>⑥She walked into the neighbourhood, shocked to find that one building was on fire.</td><td></td></tr>
</table></td><td>学生通过句子语境推断-ed 分词作状语时表达的不同意义。教师鼓励学生尝试把-ed 分词作状语的部分变换为从句,辨识-ed 分词作状语时的不同意义。</td></tr>
</table>

续表

活动步骤	设计说明
Step 4: T sums up and explains different meanings of -ed forms according to Ss' inference. ①cause ②condition ③time ④manner ⑤concession ⑥result	教师根据学生的推测，总结-ed分词作状语时表达的不同意义。

2. 语法练习

活动1：匹配练习

设计意图：学生在匹配练习中，进一步体会-ed分词作状语的意义表达。

<table>
<tr><th>活动步骤</th><th>设计说明</th></tr>
<tr><td>Step 1: T displays the following two columns and Ss are asked to match sentences in Column 1 with corresponding functions of -ed forms as adverbial in Column 2.
<table>
<tr><th>Column 1
Sentences</th><th>Column 2
The Adverbial of</th></tr>
<tr><td>①The driver had an accident, wounded in the head.</td><td>A. cause</td></tr>
<tr><td>②Seated on the beach, we talk about our life dreams.</td><td>B. condition</td></tr>
<tr><td>③United, we stand. Divided, we fall.</td><td>C. time</td></tr>
<tr><td>④Exhausted after a day's work, I still go to the movie.</td><td>D. manner</td></tr>
<tr><td>⑤ Held on Thursday, it celebrated harvest.</td><td>E. concession</td></tr>
<tr><td>⑥Praised by her teacher, she becomes more confident.</td><td>F. result</td></tr>
</table></td><td>教师提供句子语境，学生在匹配练习中进一步感受-ed分词作状语的意义和用法。</td></tr>
<tr><td>Step 2: T shares answers with Ss and explains them.
①—F ②—D ③—B ④—E ⑤—C ⑥—A</td><td></td></tr>
</table>

活动 2：句子改写

设计意图：学生在改写句子的过程中感受-ed 分词的用法和意义。

活动步骤	设计说明
Step 1: Ss are asked to read and rewrite the underlined sentences with the *-ed* forms. **Last week, Anne was attracted by a particular article in a magazine, so she bought it**. Three days ago, to complete her homework quickly she copied part of the article without thinking. Her teacher was very satisfied with her homework. **Anne was praised in class, and she felt happy as well as ashamed**. Then, the teacher wanted to enter her homework into a writing competition. **Anne was shocked by the decision and did not know what to do**. If she told the truth, the whole class would find out. They would look down on her. If she kept silent, maybe no one would ever find out…? What should Anne do?	在语篇语境中开展改写句子。学生在语境中梳理句子的逻辑关系，练习使用-ed 分词在句中作状语，感受其意义。
Step 2: T explains the answers first and then asks Ss to identify what kind of adverbial the -ed form is in each sentence. **Answers**: ①Last week, **attracted** by a particular article in a magazine, Anne bought it. (cause) ②**Praised** in class, Anne felt happy as well as ashamed. (time) ③**Shocked** by the decision, Anne did not know what to do. (cause)	教师解释改写句子的答案后，让学生辨识各句中-ed 分词在句子中的功能，进一步复习-ed 分词作状语的用法。

活动 3：选择练习

设计意图：学生根据语境表达的意义，选择-ing 分词或者-ed 分词，在语境中感受两者的区别。

活动步骤	设计说明
Step 1: Ss are asked to read the plot summary and underline the correct form of the words. *Inside Out* is an animated film about the five emotions of a girl called Riley: Joy, Sadness, Fear, Disgust and Anger. **Influencing / Influenced** mainly by Joy, most of Riley's memories are happy ones. **Believing / Believed** that she is Riley's most important emotion, Joy always tries to take the lead. **Preventing / Prevented** from playing her role in Riley's emotional development, Sadness feels annoyed. When Riley moves to a new city, she has a hard time adjusting to her new surroundings. Sadness wants to do her duty but by accident causes the loss of Riley's happy core memories with Joy. Now **separating / separated** from her friends and her beloved hockey team, Riley starts to feel lost and helpless, and wants to run away from her parents and new school. Worried about her, Joy and Sadness try to work together to ensure she gets her core memories back. Eventually, **realising / realised** that every emotion has a role, Joy understands it is okay for Riley to feel sad sometimes. Accepting sadness as part of life helps Riley deal with the emotional complexity of growing up, and settle down in her new life.	学生阅读文本,在语境中选择正确的形式。学生在语境中应用-ing 分词和-ed 分词,感受用法的不同。
Step 2: Ss are asked to explain their answers. Answers: Influenced; Believing; Prevented; separated; realising	学生在解释答案的过程中区分-ing 分词和-ed 分词在用法和意义上的不同。

3. 语法产出

活动:故事创编

设计意图:学生创编关于自己心情变化引发的故事,使用-ing 分词和-ed 分词。一方面学生可在迁移使用中达到语法意义的内化;另一方面,学生可在活动中正确认识情感,提高管理个人情感的意识。

活动步骤	设计说明
Step 1: Ss are asked to express their own ideas about five kinds of emotions mentioned in the above passage: joy, sadness, fear, disgust and anger.	学生借助语篇信息,反思讨论自己对不同情感的认识。
Step 2: Ss are asked to write a short story about their emotions, using at least one -ing form and one -ed form as adverbials.	学生创编有关自己情感的故事,在写作中使用语法项目,提高综合语言运用能力,同时反思自己个人情感的管理。
Step 3: Ss are asked to form pairs to: ①find out -ing form and -ed form as adverbials in their partners' writings and judge whether these two forms are used correctly and properly. ②evaluate whether their partners can manage their emotions well and give suggestions orally if they can not.	学生结对互评。互评包括两个方面,一方面是目标语法的使用,另一方面是个人情感的管理。在合作评价中促进学生素养的提升。

案例分析

本语法教学设计案例结合单元主题语境"人际交往",针对本单元语法项目-ed as adverbial,活动设计基于《普通高中英语新课程标准(2017 版 2020 年修订)》中对语法知识的教学要求:"意识到语言使用中的语法知识是'形式—意义—使用'的统一体,学习语法的最终目的是在语境中有效地运用语法知识来理解和表达意义"。

语法项目-ed 分词作状语的学习,始终是在语境中开展的。语法呈现环节的第一个活动是设置情境,创设主题语境。第二个活动中的句子选自单元课文,一方面可让学生在语境中关注语言形式,另一方面在课文语境的复习过程中,学生能更好地感受语法表达的意义。语法练习环节是在句子语境和语篇语境中练习语法,通过匹配、句子改写和选择练习,从易到难,层层递进,巩固目标语法的形式、意义和用法。在练习环节的语篇语境中,学生同时关注单元主题中的个人情感。产出阶段紧扣个人情感这一语境,分享对高兴、悲伤、恐惧、厌恶以及生气等情绪的观点,在此基础上学生创编故事,在综合语言输出活动中使用目标语法,同时培养个人感情管理意识。

本教学案例的设计体现了循环重复的原则。呈现-ed 分词作状语时,先让学生在"发现差异"的活动中,复习-ed 分词作补语的用法,再呈现目标语法。呈现环节的活动 3 和练习环节的活动 2,通过从句的复习,帮助学生理解-ed 分词作状语。练习环节,通过选择,对比分析-ing 分词作状语和-ed 分词作状语的区别,让学生在复习巩固旧的语法项目中,学习理解目标语法的使用和意义。

本案例设计体现了隐性和显性教学的有机结合,如:在呈现环节的三个活动中,均体现了学生的思考、推理的隐性过程和教师的显性教学。

此外,本案例设计体现了对学生核心素养的培养。案例设计依托主题语境,基于语篇内容,在语言的综合运用中,实现育人目标:让学生正确认识不同情感对个人的影响,提高正确管理个人情感的意识。

思考与练习:

(1)语法教学活动设计需考虑哪些因素?

(2)除了PPP模式(Presentation—Practice—Production),你还可以用什么模式设计语法教学活动?

教学设计实践

针对重庆大学出版社普通高中教科书《英语》必修第一册(2019年版)Unit 6 Surprising Plants,请依据本单元的语法项目:Attributive Clauses with Relative Adverbs,设计两至三个语法教学活动。

第六章

听力教学设计与案例分析

目标导航

学习本章之后,你能够:

- 阐述听力理解的内涵;
- 举例说明听力教学的内容;
- 阐释听力教学的原则;
- 列举、阐释听力教学策略;
- 设计听力教学活动。

第一节　听力教学的基础知识

问题导入:

(1)听力理解的内涵是什么?

(2)为什么要教听力?

(3)听力的目标是什么?

(4)影响听力的因素有哪些?

(5)听力教学方法有哪些?

听是人们口头交际活动中最基本的形式,听力教学也是高中英语教学的主要内容之一。随着对语言学习规律认识的不断更新,人们越发意识到听力教学对语言学习的重要作用。对听力理解过程的研究及听力教学方法的研究也经历了从无到有,不断发展变化的过程。

1. 听力理解的内涵

听力理解是辨认、理解说话人语言的过程,包括理解说话人的语音、语调、语法、词汇和说话意图。听力理解的过程十分复杂,语言学家们从不同角度对之提出了不同的看法。里弗斯(Rivers,1981)认为,听本身不能构成交际,除非一个人所说的话被理解。因此,要达到交际目的，对言语的理解是至关重要的。他提出外语听力理解包括两种语言活动：辨认和选择。辨认是听力理解的初级层面。听者在听力理解中，要辨认词和词组的词序、语法关系等。当听者对语言材料的辨认达到熟练的程度，就会进入选择阶段。在选择阶段，听者对听力材料进行进一步加工并做出反应，以达到理解其含义的目的。安德森（Anderson，1985）把听力理解分为感知、解析、运用三个阶段。在感知阶段，听者将注意力集中在材料本身，并将其储存在短时记忆中。在解析阶段，听者对语言单位进行切分，根据心理表征在大脑中构建意义。在运用阶段，听者将输入的语言信息与大脑中的已有知识相联系，对语言信息进行联想、判断，从而正确理解听力信息。布朗（Brown，1994）认为听力理解包括九个基本过程：①确定一个听的理由，目的明确才会有效果；②把听力原始材料存储在短时记忆中；③通过对话语类型（对话、演讲、广播等）及功能（说服、通知、要求等）的辨认组织信息，对存储的信息进行筛选、过滤；④对未知听力信息进行预测，以帮助对未知信息的理解，提高整体理解能力；⑤回想相关背景知识，帮助理解信息；⑥给信息以意义，加强对信息的记忆和理解；⑦检查、核实、保证信息被正确理解，以此确保信息的准确性；⑧将理解的信息存储于长时记忆，转化成自己的信息；⑨删除短时记忆中的原始信息，保证所有正确信息存储于大脑中等。

罗斯特（Rost，2005）从神经学、语言学、心理语言学、语用学和二语习得等多个角度探讨了听力理解的过程。从神经学角度看，听力理解的发生主要依赖的是听觉系统。从语言学角度看，听力理解是对语言的处理过程，只有听者掌握了足够的语言知识才能理解语言。从心理学角度看，理解是将语言与大脑记忆中的概念以及真实世界中的参照相关联的过程。听力理解是激活和修正听者大脑中概念的认知过程。从语用学的角度看，听力理解是听者推断说话者意图，利用语境构建意义的过程。从二语习得的角度看，听力活动是在社会和课堂语境中为学习者提供的语言环境。

综上，听力理解并不是一个简单被动的信息接受过程，而是交际双方在交际过程中对输入信息进行积极的意义阐释并不断构建新意义的过程。它是大脑中枢神经活动的分析和综合能力在接受和处理言语信号时的体现。在这个过程中听者通过单词、短语、语法等知识将外部语言输入信息分辨、转化成有意义的语言信息。同时，听者也对语言输入符号进行加工，储存在短时记忆中，根据所听语境信息以及已有的语言和非语言知识进行判断、预测，最终确定话语表达的主题意义。

思考题：（1）听和听力理解一样吗？
（2）了解听力理解的内涵对听力教学有何意义？

2. 听力的重要性

在人类交流过程中，听力理解占非常重要的地位。在日常生活中，人们听的时间是说的两倍，是读写活动的四到五倍（Rivers，1981）。显然，在语言习得过程中，听是语言输入的主要方式。通过听，学习者将自己置身于目的语环境中。波思托夫斯基（Postovsky，1981）认为，在二语学习的初始阶段，重视听力训练比重视口语训练更能有效促进学习者第二语言的发展（Postovsky，1981；转引自王艳，2012）。

听力教学的重要性主要体现在以下几方面。首先，听力教学活动是学生知识构建的有效手段。传统的语言教观认为语言学习主要依赖教师的讲授,但以现代心理学为基础的建构主义认为,知识学习并非依靠教师的传授与讲解,而是学习者通过认知因素与情感因素的交互作用进行意义建构的结果。听力教学就是促进所学语言知识不断内化和巩固,最终实现知识体系的建构(任庆梅,2011)。20世纪60年代末,乔姆斯基(Chomsky)提出的语言观对语言教学的发展产生了深远的影响。他认为,语言学习并非一个机械地建立语言习惯的过程,而是主张人天生具有一种内在的语言学习能力,最终能够掌握复杂的语言运用系统,因而语言学习是一个内在化的过程。而听是语言学习过程中获取语言输入的一种重要方式,对语言习得起到“激发”的作用。在听力活动中,学生不仅需要辨析声音信息,更要运用内在的认知能力积极地理解语言信息。受这种内在论语言观的影响,语言教学领域出现了“以听领先”的教学观(Rost,2002)。这种观点认为,在听、说、读、写四项技能中,具有接受特点的听和读应优先于具有输出特点的说和写。听力理解是语言理解最普遍的形式。语言首先是有声的,也就是说,有声语言是第一性的。因此,相对于读来说,听在交际中用得更多。通过听,学习者可以接触到大量的语言信息,为下一步的语言输出做好准备。20世纪70年代,互动论视角下的语言学习观认为,语言的基本功能是实现真实语境下的交往与交流。学生要掌握的语言能力不仅仅是语法和结构特征,还包括话语功能和交际意义。在听力活动中,学生不仅要处理接收到的声音信息,还要构建新的知识,输出语言信息。因此可以认为,听力教学过程是学生理解、学习和构建新知识的主要过程。

其次,听力教学活动是促进学生语言综合运用能力发展、提高学生交际能力的有效手段。作为语言输入的重要方式,在听的过程中,学生不仅需要辨别英语语言的声音符号信息,更要积极思考并重组语言信息,创造性地理解和学习新的语言知识,最终达到发展语言综合运用能力的目的。交际能力体现在学习者不仅能够掌握某种语言形式,还要懂得在某种场合下使用某种语言是否得体。以往,交际能力被认为包括语言能力、社会语言能力、语篇能力及策略能力。随着学界对交际能力研究的进一步深入,听力技能已被纳入交际能力框架。有学者认为,听力技能展示了学生对口语篇章的解读能力,是其他各项能力的综合反映(Martínez-Flor & Usó-Juan,2006)。因此,听力技能的提高在交际能力的发展中发挥着至关重要的作用。

最后,通过听来学习语言是激发和保持学生学习兴趣的重要手段。语言首先是一种听说现象。当被问到为什么要学习英语时,大多数学生的回答都是想与以英语为母语的人进行对话。通过听,他们可以获得一个可以模仿、学习的模型或榜样。在听的过程中,让自己熟悉目的语的语篇结构、语调、发音和节奏等。听力活动在激发学习兴趣方面的作用主要体现在四个层面:新信息的呈现、新旧知识的整合、语言知识的使用与评价、与其他各项语言技能训练的结合(任庆梅,2011)。

思考题:(1)有人认为“学习一门语言就是学习这门语言的语法和词汇。”你是否同意这种观点?为什么?

(2)你认为听力教学在英语语言教学中应该占怎样的地位?为什么?

3. 听力理解的模式

以往的研究就听力理解的过程建立了不少模式,最主要的有以下三种:

1)“自下而上”模式(Bottom-up Process)

“自下而上”的信息处理模式遵循的是传统的观念,即交流就是信息的传递。运用这种模式,听者从信息的最小单位即单音或音素开始理解声音信息,从音素到词、词组、从句,再到整句,最后,句子组合在一起形成意义、概念和关系。根据这一模式,听力理解过程中所需的各种知识是以线性的、层级的方式被运用的。在这种模式中,学生往往只会关注具体词、句,因此很容易只了解一些信息片段,而无法将这些信息片段综合起来,汇聚成听力整体的语篇意义。

2)“自上而下”模式(Top-down Process)

“自上而下”的模式强调的是听者的已有知识在信息处理时的作用。根据这种模式,听者借助大脑中已掌握的知识,推理或判断讲话者所说的内容,预测说话者要说的内容。听者大脑中已经存在的知识系统是由许多相互连接的节点(nodes)储存在记忆中的。在听力理解过程中,学生在接受语言信息输入时,往往依靠听到的某一个单词,就能激活与这个单词有关的网络节点,如相关的词汇、意象和概念。人们已掌握的知识以图式的方式储存在大脑记忆系统中。这些图式并不是一成不变的,随着新输入的语言信息和新学习到的各类知识的增加,新的图式就会取代旧图式。这些图式能够帮助人们理解未来发生的事件,并在未来发生同样的事件时进行预测。因此,听者如果熟悉某个语篇的主题或话题,就会比不熟悉它们的人理解得更好。根据这一模式,在宏观层面上了解文本结构和意义可以弥补微观层面中的理解问题,诸如音的辨别、句法、词义等(王艳,2012)。

3)交互模式(Interactive Process)

上述两种信息处理模式都是单向的,都存在着各自的局限性。交互模式则是将以上两种模式结合在一起。鲁姆哈特(Rumelhart,1975)在研究阅读理解时提出,语言处理是在不同层面上同时进行的。弗劳尔迪和米勒(Flowerdew & Miller, 2005)认为,这种并行处理的模式在听力理解中同样适用。在交互式听力理解过程中,听者一方面辨别音素、词汇,用语法解析句子意思,另一方面运用已有的知识来帮助理解。听力的过程就是不断建立假设、验证假设的过程。听者把自己的假设与不断听到的信息相对照,有的假设被印证,有的假设被修正(王艳,2012)。不过,不同语言能力水平的听者对信息的处理方式会有不同的偏好。语言水平高的学习者会更自如地采用基于已有知识的交互模式,而语言水平低的学习者更注重材料本身或材料中的细节。

思考题:学习听力理解的模式对听力教学有何意义?

4. 影响听力理解的因素

影响听力理解的因素有许多,最主要的有材料因素、环境因素及个人因素。

材料因素主要是指听的内容的真实性,即它是发生在真实生活中的口语交际语篇,还是在传统课堂上所听的标准语篇。真实性与文本的目的,及其所引发的反应有关。真实性的一种定义方式是：如果文本存在的目的是交际而不是教语言，那这个文本就是真实的（威尔逊，2012）。真实会话与脚本会话存在以下不同之处。

真实会话	脚本会话
说话者之间的重叠和干扰	说话者之间几乎没有重叠
以正常语速讲话	语速较慢（可能是单调的）
语言结构相对较差	语言结构好，更像书面语
句子不完整，存在抢话、犹豫等	句子完整
有背景噪声和声音	没有背景噪声
能反映说话者思路和听者持续反应的自然停顿和启动	停顿和开始不自然，是交际的理想化版本（没有误解、抢话等情况发生）
信息量零散，充满填充词	信息密集

（威尔逊，2012）

材料因素还包括听力材料所涉及的内容及其表达方式。有趣、熟悉的内容对于听者而言更容易理解。如果文本本身能引人入胜，尤其是如果听者发现听力材料与自己具有相关性，他们就会全神贯注地听。对听者而言，听力材料必须是可知的。某些概念在某些文化中根本不存在，那么听力材料中的情景和语境就会让听者很难理解。比如说，大多数非洲人都没有听过万圣节。在非洲语境下，描述一群孩子穿着奇装异服，提着南瓜灯，在街上喊着"不给糖就捣乱"（"Treat or Trick"）的场景就会让听者感到莫名其妙。

从语篇角度看，下列情况可能会增加听力理解的困难：①语言本身的问题，如语速过快、生词多、方言重以及语法结构复杂等；②语篇中的信息量太大，冗余过多或过少；③语篇的组织形式非同寻常，如采用倒叙或穿插另外的评论等；④语篇的话题不够普及；⑤语篇类型的问题，如比起议论文，故事更容易理解（任庆梅，2011）。此外，听力内容的长度也是影响听力的一个因素。在听的时候，学生需要处理语言并同时接收更多的信息，大多数学生只能应付有限的输入量，如果输入的信息太多，就会让他们感到疲倦，从而影响听力的效果。

环境因素是指听力所发生的场合。在真实语境和课堂语境中，由于人们的注意力集中程度不同，交际目的不同，对听力的理解水平就会出现差异。交际的互动方式也会影响听力的理解。如果两者是面对面交流，说话人的表情、动作、眼神、语调以及双方的空间距离都能影响听者对话语的理解。此外，外部环境噪音也会对听力理解产生影响。

个人因素是指听者的知识面、听力策略应用能力以及个人状态。知识面涵盖语言知识、语境知识和语用知识。语言知识又可细分为语音、韵律、词汇、语法以及语篇知识。如果听力材料中有新句型和新的语法现象，或者，由于连读、弱读、失去爆破、重音移动等，使单词的发音在语流中发生变化，都会引起听力理解困难。语境知识包括情景知识和文化语境知识。比如学生在听英语时，往往会由于不熟悉英美人的生活习惯、文化特色、志趣、爱好等，感到所听材料虽无陌生的词汇、句型，但却无法理解其内容。语用知识涉及语用学知识和社会语言学知识。也就是说，听者要能够运用常识、双方共有的知识以及推理能力，理解交际过程中的会话含义。同时，听者也要了解基本的会话规则，知道在交际过程中何时说话、何时不说、特定场合下说什么、如何开始以及如何结束对话。听者的这些知识基础都是影响听力理解效果的重要因素。

听者对听力策略的应用能力也是影响听力的主要因素。学习策略可以分为三类：认知策略、元认知策略和社会情感策略（O' Malley & Chamot，1990）。认知策略涉及对输入信息的处理，包括再现、重述、总结、推理、猜测词义等策略。元认知策略是学生为了完成某一学习活动所采用的一些高级的执行性技巧，如计划、监控、评估等。社会情感策略涉及学习者为完成某项任务而跟别人进行交流，或自己控制情绪、消除不安或疑虑（黄子东，1998）。听力好的学习者会根据听力任务情况，同时使用好几种策略。虽然这些策略不可取代语言知识，但它们具有补偿性，能够帮助听者找到解决问题的方法。

个人状态指听者在听的活动中的心理状态。如果学生在听听力时总感到被动、无把握、紧张，甚至焦虑，那本来可以听懂的也会变得听不懂。

思考题：（1）听力策略如何影响听力理解效果？
（2）除了上述因素，你认为还有什么因素会影响听力理解？

5. 听力教学的发展历程

学界对听力教学的专门研究可以追溯到第二次世界大战时期。在此之前，外语教学的重点主要是阅读与写作，教学的主要方式是将外语翻译成母语，这种教学法被称为**语法—翻译法（the Grammar-translation Approach）**。在这种教学方法的影响下，人们认为听力技能没有训练的必要，因此没有专门的听力教学。

20世纪40年代，美国军方为了在短期内培养出大批掌握外语口语能力的军人，采取了一系列的措施和手段强化训练士兵的听说能力，**听说法（the Audio-lingual Approach）**便应运而生。听说法建立在美国行为主义心理学派的"刺激—反应"理论和结构主义语言理论基础之上，以口语为中心，以培养听说能力为主，注重模仿、重复，强调通过句型操练培养正确的语言习惯。就听力技能培训而言，听说法注重练习在听力教学中的作用，设计教学活动时要求学生完成一系列的听、说活动，如语音重复练习、短语记忆以及对话模仿等。这种方法让学生接触到了大量的语音形式，反复操练有助于初学者记忆正确的语法形式，但它却仅仅注重句型记忆和口语流畅度，并不注重语篇，更没有拓展语境的交流。所以说，听说教学法尚未把听力理解放在重要位置。

交际语言教学（the Communicative Approach）形成于70年代末、80年代初，经过近20年的发展已逐渐发展成为一种为世界语言教学界所普遍认同的教学思想、教学路子。这种教学方法的主要理论基础是社会语言学、心理语言学和乔姆斯基的转换生成法。其核心是教语言应当教学生怎样使用语言，用语言达到交际的目的，而不是把教会学生一套语法规则和零碎的词语用法作为语言教学的最终目标。交际法区分了两种能力，语言能力（Language Competence），即遣词造句的能力，和交际能力（Communicative Competence），即在交际中根据不同目的、对象、身份、环境、内容使用不同话语的能力。它还将语言形式与语言功能结合在一起。交际法的出现给听力教学带来了较大变化，因为人们看到听力是有效交际的必备能力，听不懂对方语言的人是根本无法开展有效交流的。在交际教学法的影响下，专门的听力训练开始受到重视,尤其是核心听力技能的训练,包括听细节、听大意、预测、推断、区别事实与观点等。学生听完材料后,教师通常会利用一系列练习,如听写、填空、判断、选择题等来检验学生听的效果。交际教学法注重听力活动对语言学习的重要作用,但对环境因素在听力理解中的重要作用重视不足。

20 世纪 80 年代,**任务型教学法(the Task-based Language Teaching)**开始兴起。任务型教学法的核心是强调“在做中学”(Learning by Doing),倡导“用语言做事情”。任务参与者之间的交际是一种互动过程,在此过程中,学习者始终处于一种积极的、主动的心理状态。为了完成任务,学习者以“意义”为中心,尽力调动各种语言与非语言的资源进行“意义”共建,以达到解决某种交际问题的目的(武和平、武海霞,2014)。具体到听力教学,学生参与一系列“听—用”模式活动,先听原汁原味的语料,然后根据语料完成任务。这种任务是一种有目的的交际活动,比如完成一幅图或填写一张表格,利用听到的信息完成任务的过程要比听懂材料本身更重要。学习者在完成任务的过程中可能会遇到多重困难,例如没有足够的信息,和同伴意见不统一等,但他们必须设法用语言去解决问题。在学习过程中,学习者会体会到语言不只是书本上看到的或录音里听到的,更是源于生活,是真实有用的。

随着二语习得理论的发展,二语教学的研究重心逐渐由教师转向学生,从关注教师如何教转向强调学生如何学(任庆梅,2011)。大量研究表明,学生利用各种学习资源和学习机会的能力,在很大程度上决定了他们语言学习的效果。这些能力就是学生的语言学习策略能力。在这种语境下产生了**基于策略的教学方法(the Strategy-based Approach)**。门德尔松(Mendelson,1994)提出了基于策略的听力教学法,强调这种方法是教会学习者如何去听,而不只是给学习者提供大量听力材料,然后通过练习评估学习者的听的效果。他认为教师应是策略的传授者,除了帮助二语学习者把学习母语的策略迁移运用到二语学习中来,还应教授学生新策略。这种教学方法的核心概念是学生的自主学习。一个自主学习者能够计划并实施学习活动,能够自己决定完成某项任务需要用什么策略,而不是依赖教师为他们做出决定。对于听力学习,基于策略的教学法强调让学习者自己找出哪些听力策略对他们有效,以及在哪些情景下有效(Flowerdew & Miller,2005)。

思考题:(1)你认为有最佳的听力教学方法吗?
(2)如何选择有效的听力教学方法?

第二节　听力教学的内容

问题导入:

(1)听力教学应该包括哪些内容?
(2)听力学习策略有无教的必要性?

听力活动是一个复杂的信息解码、意义构建的过程,即听者接受和理解声音信息的过程。听者不仅要对语音、词汇、语法等语言知识进行辨识,更要运用已有的背景图式、语境信息、听力策略对语篇所包含的语言知识、非语言信息进行理解。因此,听力教学的主要内容包括语音、词汇、语法、语篇知识、语境知识以及听力策略。

1. 语音

听力理解是对口头语言的处理。心理语言学家认为人类加工语言的过程包括语音听辨和语言理解。听辨和理解两者有机结合,不可分割。只有正确理解说话人所发出的语音形式,才能准确理解语音形式所表达的内在含义。所以掌握英语发音规则并能准确地发音是进行听力理解的第一步。语音知识包括很多方面,如认识音标、了解语音的区别性特征(如清/浊音、是否送气)、了解语音环境特征、掌握重读和语调等。口语会话中也存在一些特殊的规则,如节奏、停顿、同化和省略等音变现象,只有在听力训练中让学生了解了这些规则,学生才能更好地理解语篇的内容。

对于中国学生而言,英语中一些音素的发音非常相似,如/æ/与/e/、/i/与/iː/,这些音素组成的词,听起来也很容易混淆,例如 pet 和 pat。辨别容易混淆的语音对听力理解非常重要。对于易混淆的音素,教师需要特别检查学生的发音是否到位,同时还要引导学生注意听觉上的不同。例如,在比较 ship 和 sheep 的不同时,除了比较/i/与/iː/的不同发音方式,还要突出两者在听觉上的差别,通过比较两者的不同发音,让学生留下对词汇发音的正确记忆。

另外,英语有不同的口音,如英国口音、美国口音等。在听力教学中,教师应引导学生在基本掌握一种口音的基础上,适当接触不同的口音,为交际能力的发展打下基础。如美国人经常在口语中用 gonna/wanna 代替 going to/want to,如果不了解这种发音习惯,就不容易听懂说话人的意思。

英语语音体系由复杂的规则组成,缺少这些规则知识就会影响对语言的理解。与书面语不同,在我们所听到的自然语流中,单词与单词之间并没有空格分开。尤其在听外语时,我们常会感到单词之间并无明显的界限。语流中虽然有停顿,但通常是按意群而非单个的词汇来停顿的。单词之间的外部边界不仅不明显,而且相邻单词在边界处的发音会因相互影响而发生变异。因为这些原因,自然语流中的单词发音和该词的单独发音相比,会产生变化。这些变化会给听者带来理解的困难。因此,帮助学生掌握读音的变化规则也是非常重要的。在语速较快的正式语境中,我们常遇到的发音变化现象有:连读、同化、省略及弱化等。

韵律特征知识既是语音教学的重要内容,也是听力教学不可或缺的部分。韵律特征是语言的一种音系结构,与句法和语篇结构、信息结构等其他语言学结构密切相关。韵律特征可以分为三个主要方面:重音、语调和节奏。林奇(Lynch,1998)认为,韵律特征知识直接影响听者对语篇段落的切分和组织。而且,这些特征为词语的字面意义增添了更丰富的含义。许多话语的交际效果是由重音、语调和节奏表达出来的,听者需要通过确定重读音节和非重读音节的时间间隔,把握重读、语调和节奏等特点,才能准确领会说话者的情绪状态以及情感状态。

思考题：在听快速语流时，下面的词组会有什么样的语音特征？

great ending, short answer, hit another, get us

2. 词汇

词汇是语言能力的核心部分。词汇知识(包括词汇广度和词汇深度)是衡量二语学习者语言能力的重要指标，是发展听、说、读、写等语言技能的坚实基础。词汇教学是听力教学中不可忽视的部分。首先，词汇量的大小是影响听力理解的重要因素。听力理解中的每一个对话、语段、语篇都是由句子组成，而句子的基本单位是词或词组。在听的过程中，我们能模仿出听到的发音，但如果不掌握一定的词汇量，便无法把它与其所代表的符号——词联系起来，也就无法得知符号所代表的事物，即它的意义。由此可见，词汇量不足将直接阻碍对听力材料的理解。其次，对一个词的掌握是否全面也是决定听力理解的重要因素。严格地说，掌握一个词意味着掌握有关这个词的一系列知识，例如词义、词的语音形式、词的书写形式、词的搭配、词的语用知识等。尤为重要的是词的语音形式和词义知识，能否快速地将听到的语音形式和词义匹配起来是听力理解的关键。

在听力教学中如何帮助学生习得词汇并以词汇习得促进其听力技能的提高是目前学界的研究热点。内申(Nation,1990)提出了"间接学习"，即"词汇附带习得"，指学生在完成读文章、听歌曲、看电影等任务的过程中，注意力集中在其他的方面，尤其是集中在语言传递的信息上而不是词汇习得上，却无意间学到了词汇。词汇附带习得理论为在听力教学中穿插词汇教学提供了理论依据。在听力教学中，教师可以选择难度适中的材料作为语言输入，设定目标词和目标语块，有意识地引导学生附带习得词汇。在补充阅读材料中尽量将目标词和目标语块重现，以达到重复输入的目的，而且要设置相应的输出活动，以"听"促进词汇的习得，而词汇量的扩大会有效促进听力水平的提高。

思考题：在下列句子中"spring"的含义一样吗？是否有上下文线索可以帮助我们理解"spring"这个词在句中的含义？

①There's a feeling of **spring** in the air today.

②She laid a **spring** mattress under the sheet.

③There is only enough **spring** water to supply the needs of the houses, so we have to pump from the river for farm use.

3. 语法

语言是有结构的。词汇遵循一定的规则排列组合成为有意义的句子。这种规则就是语法。在语言输出时，我们要产出符合语法规则的句子。在语言输入时，我们会依赖语法来准确理解含义。例如句子 I wish I had passed the final exam. 听者可能会以为说者通过了期末考试，但事实并非如此。如果听者熟悉虚拟语气的形式和意义，就不会错误地理解句子的含义。同时，语法能力强的人会有效借助语法线索来帮助自己理解听力材料。语法线索是指能帮助听者理解听力材料的各种语法提示。例，听到 a、an 或 the，我们知道后面会跟名词。如：A guest is coming. 在听的过程中，听者不会把 guest 和 guessed 相混淆，因为语法知识表明前者是名词而后者是动词。英语口语中含有许多语法线索,如词序、时态、语态、词尾、冠词、连接词等。这些语法线索都可以有效帮助听者提高理解的准确性,排除听力障碍。

思考题:请举例说明在听力教学中如何教会学生运用语法知识有效理解听力材料?

4. 语篇知识

语篇能力是交际能力的一个方面(Canale,1983)。语篇能力是指处理句子层面之上的语言能力,包括理解口头或书面语篇的组织结构、推断话语的含义以及话语之间联系的能力(王艳,2012)。在听力教学过程中,教师应首先让学生了解语篇的整体性,理解整篇的语义。语篇作为一个整体来传达某种意义、达到某种交流目的。它的整体性不仅体现在形式上,也体现在意义上。在形式上,句子之间通过各种衔接手段形成一体;在意义上,语篇的各部分组织在一起表达一个主旨。熟悉常见的语篇类型、了解不同语篇的特点是了解语篇整体性的基础。中学生接触较多的是叙述类、描写类以及说明类语篇类型。其次,在听的过程中,教师应指导学生关注句子之间的衔接手段,教会学生利用语篇线索帮助理解。常见的衔接手段有:指代、替代、省略、连接、词汇衔接等。

思考题:下列一组词或短语体现讲话者意义表达上出现了怎样的变化?

however　instead　on the contrary　in contrast

but　nevertheless　on the other hand

5. 语境知识

语境知识也是听力教学中的重要内容之一。语境知识可分为情景语境知识和文化语境知识两大类。情景语境一方面是指交际所发生的物理环境对言语活动产生影响的一些因素,包括参与者双方的身份、场合(时间、地点)、说话的正式程度、交际媒介、话题或语域。另一方面指交际过程中某一话语结构表达某种特定意义时所依赖的上下文,既包括书面语中的上下文,也包括口语中的前言后语(任庆梅,2011)。交际的物理环境决定了交际的内容,如交际双方是医生和病人,他们的谈话内容多和看病有关。若交际的场合是教室,那所谈论的内容很有可能是校园话题。朋友之间的谈话多用非正式语体,而公开演讲通常使用较为正式的语言。上下文语境有助于我们理解单词或短语的具体意义。例如,在机场的语境中gate指登机口,而在校园语境中gate可能指学校大门。大多数人都知道face有脸的含义,但是当我们听到In which face should we print this book? 这句话时,根据上下文print this book我们可以判断出此处的face和脸的意义无关,而是指“字母的字体大小”。整句话的意思是“本书应该用什么字体印刷呢?”在听力语境中,声音因素也是重要的上下文语境。我们往往能够根据说话者的停顿、语气和语调的变化来判断其要表达的情感意义。例如:

A: Jean, can you bring me the newspaper?

B: Sorry? ↗/ Sorry. ↘

在这段对话中,B用升调说Sorry,其意思是I didn't hear you. Could you say that again, please? 如果用降调说Sorry,其意思就变成了I cannot bring you the newspaper.

文化语境指与言语交际相关的社会文化背景。它可以分为两个方面:一是文化习俗,指人民群众在社会生活中世代传承的生活模式，是在一个社会中，群众在语言、行为和心理上的集体习惯；二是社会规范，指一个社会对言语交际活动做出的各种规定和限制。语言是文化的载体，而文化背景、传统观念、精神信仰等信息常常是我们无法根据字面意义来解读的，要准确理解说话者含义和意图，就需要听者具备一定的文化背景知识。例如：当听到 Her new boyfriend is a real Don Juan. 这句话时，要准确理解它的含义，就必须知道 Don Juan 是小说《唐璜》中的主人公。这句话想要表达的意思是"她的新男友是一个地地道道的花花公子。"在教学中，教师应从具有文化内涵的词语、英语国家的社会风俗和生活习惯以及英语习语三方面入手帮助学生丰富文化背景知识。

思考题：根据语境预测说话人可能要表达的意思。一位出差在外即将归来的朋友在电话里这样说：If it rains, please meet me at the station. And if it does not rain,...

6. 听力策略

《普通高中英语课程标准》(2017 年版 2020 年修订)明确指出，英语学科核心素养主要包括语言能力、文化意识、思维品质和学习能力。其中，学习能力指学生积极运用和主动调适英语学习策略、拓宽英语学习渠道、努力提升英语学习效率的意识和能力。由此可见，学习策略也是教学内容的一个重要组成部分。在听音过程中，由于话语的输入与听者现有的知识之间总是存在一些差距，于是听者在理解上就会出现困难和失误。要克服这种困难和失误，听者就需要采用一些听力策略来获取信息或推断意义。策略的使用影响听力的过程和结果。罗斯特(Rost, 2002)认为，成功的外语听者应具备六项基本的听力策略，它们是：①预测：预测将要听到的信息；②推断：从不充分的信息中推断出完整的信息来；③监控：监控自己的听力行为，包括评估不确定的地方；④澄清：提出问题获取信息，已达到全面理解；⑤反应：就所听到的信息给出个人的、相关的反应；⑥评估：确认自己理解了多少，先前的问题是否已解决。

思考题：(1)你认为成功的听者还应具备哪些策略？

(2)你认为针对以下内容，教学中可训练学生的哪种听力策略？

W：I'm exhausted today. I've been here in the classroom all day reading and doing my homework. What about you?

M：Not too bad. But I'm hungry. Let's go to the restaurant, shall we?

Q：Where does this conversation take place?

A. In the dormitory.　　B. In the restaurant.

C. In the classroom.　　D. In the library.

第三节　听力教学的原则

问题导入：

英语听力教学应该遵循哪些原则？

根据听力理解过程的复杂性和影响听力理解因素的多样性，我们在设计听力教学时应遵循以下原则。

1. 真实性原则

乌尔（Ur，1994）曾指出，教师在设计听力活动时，应考虑如何帮助学生尽快适应真实语境下的交际活动。听力教学的最终目标是培养学生的语言交际能力，这就要求教师在选择听力材料时尽可能选择真实交际语境下的语篇。听力材料的语言应忠实地反映真正交际过程中使用的语言特点，包括犹豫、停顿、重复、改述等。学生应了解口头语言的一些重要特征，学会如何听懂语音语调、剔除冗余信息和噪声干扰、辨清方言以及利用可视环境线索帮助理解等。

思考题：请举例说明“真实”的听力材料有哪些特点？

2. 可理解性原则

“可理解性”指听力材料作为语言输入在难度上应以学生现有的知识结构为基础，但又稍高出学生现有的语言能力。教学内容难易程度的选择必须符合克拉申（Krashen，1985）提出的 i+1 的“输入假设理论”（the Input Hypothesis）。i+1 表示给习得者提供大量的、充足的可理解性语言信息输入。在这里，i 指的是学习者现有的语言水平，1 代表略高于学习者现有水平的语言输入。根据这个假设，语言输入不能太难，也不能太简单。假如输入远远高于学生原有的知识水平，容易使学生产生挫败感，甚至丧失信心；如果教学内容过于简单，同样会使学生失去对学习的兴趣。因此，外语听力教师在设计课堂活动和为学生选择听力材料时一定要正确判断学生现有的水平，以便为他们提供难度适中的听力材料，使他们通过努力，达到提高听力理解能力的目的。

思考题：有人认为：“只要坚持练习，听力水平就会很快提升。”你是否同意这种观点，为什么？

3. 兴趣性原则

内在动机是学习者取得成功的重要因素，而内在动机则是由兴趣激发的。浓厚的学习兴趣能产生强烈的学习动机，从而推动学生积极主动地参与学习。在听力教学设计中，教师应考虑如何利用各种任务和活动，吸引学生的注意力，让他们对要听的材料产生好奇心。教师在课前应精心设计一些问题,引导学生展开联想、想象、预测和讨论,激活学生的相关背景知识,帮助学生熟悉所听材料的话题乃至讲话人本身的情况,并使学生能够带着问题有目的地接受语言材料,为事后的听力理解做充分的心理准备。同时,教师也应创设轻松愉快的学习环境,帮助学生建立信心,消除恐惧和焦虑情绪。

思考题:有人认为听力课就是"听听录音、对对答案"。对此,你有何看法?

4. 综合性原则

综合性原则指听力的教学设计应尽可能地与说、读、写等其他技能相结合。在本质上,语言的这些技能是不可割裂的。听力技能应用也只有与其他技能的应用相结合才能显现出其交际性的本质特征。因此,外语听力课堂活动的设计应该强调把听和其他各种技能结合起来的方法。比如,让学生在听前先阅读或讨论有关话题以建立相关的图式,或者在听完之后就所听内容提出一些开放性的问题,组织学生进行两两对话或小组讨论,与教师交流看法,或者写下相关的信息以巩固所学的内容,通过听读、听说、听写等多层次教学活动,不仅可以让学生的各项语言技能得到巩固,还可以维持学生的学习兴趣和动机,提高学习效率。

思考题:在听力课上,如何平衡听力技能与其他语言技能的关系?

5. 互动性原则

互动指两个或两个以上的参与者之间的思想感情交流。只有当参与者之间存在信息差(Information Gap)时,即有交流的需求和共同的交流目的时,互动才会发生(Pica et al.,1993)。语言学习的最终目的是交际,因此教学不应是死记硬背和机械模仿,必须让学生在交际中学会语言,而交际的核心就是互动。社会互动理论强调学习的社会环境,强调教师、学生、任务或活动之间的相互作用和环境的动态性。教师设置体现自己教学理念的学习任务;学生作为个人理解这些任务的意义和个人相关性;任务便成了教师和学生的连接界面。因此外语听力课堂活动的设计要遵守互动性原则,这种互动不仅应体现在教师与学生之间,学生与学生之间,还应体现在教师、学生与教材之间。

思考题:听力教学中如何体现互动性原则?

6. 策略性原则

教育的最终目的是培养终生学习者。因此,学校教育的一项重要任务就是培养学习者的自主性。只有坚持学习自主性,才能完成终生教育的课题。在听力教学中教会学生学习的策略实际上就是教给学生一套管理好听力学习的方法,其内容包括如何设定目标、如何制订计划、如何利用资源、如何评价结果等。学生学会自己选择材料、安排时间、选择听力训练方法、发现问题、分析问题并解决问题。教会学生自主学习的方法,能够促使他们为自己的学习负起责任,学会如何决策,并且在学习过程中不断反思、调整,努力实现自己的目标,直至养成终身学习的能力。

思考题:想要学生在外语听力学习中取得较好的效果,应该训练他们哪些方面的策略?

7. 个性化原则

学习本质上是个人化、个别化的,没有任何两个人会完全一样地学习。个体学习者总是要把自己的知识和经验带入学习中。因此,在教学设计中,教师应充分考虑到不同学生在学能、兴趣、学习风格等方面的不同,在教学方法中体现灵活多样、因人而异的特点。只有尊重学习者的个性,并为他们设计个性化的学习活动才能充分调动他们听的积极性、主动性和自觉性。

思考题:在教学中如何处理个性与共性的关系?

第四节　听力教学设计

问题导入:

(1)听力教学一般可分为哪几个阶段?
(2)听力教学有哪些活动?

菲尔德(Field,2002)提出,一堂好的听力课应该包括以下三个步骤 :听前阶段(Pre-listening Stage)、听中阶段(While-listening Stage)和听后阶段(After-listening Stage)。听前阶段是让学生在听力活动前做准备的阶段,包括激活图示、预测听力材料内容、建立听的理由等。听中阶段重点是通过听力活动促进理解的过程,包括泛听和精听。听后阶段主要是对听力理解的一个反馈,要求学生就听力的话题表达观点。同时,进一步挖掘听力材料中有用的语言知识,如一个特定的语法结构、需掌握的重点词汇或语篇标记等。由此,听力活动也相应分为三类:听前活动、听中活动、听后活动。

1. 听前活动

听前活动是听力理解的热身阶段,旨在充分调动学生投入学习活动的主动性,激活学生大脑中关于听力材料的图式知识。根据功能,听前活动可分为两类:以语言和以知识为教学目的的活动。以语言为教学目的的活动是为了帮助学生做好语言上的准备,以知识为目的的活动旨在激发学生头脑中的背景知识。常用的听前活动有头脑风暴、思维导图、提问、预测、略读等。

头脑风暴　头脑风暴是语言教学中的一种小组活动,学生就指定话题展开随意讨论,形成各种观点(Goh,2007)。头脑风暴的第一个目的是让学生提出关于一个话题或一个问题的大量看法或想法。起初要不加批驳地接受所有的想法,然后进行筛选,保留切实可行的想法。例如在听题为"Experiences as Volunteer"(重庆大学出版社普通高中《英语》必修三 Unit 2 Honesty and Care)前,教师提出问题"If you were a volunteer, what could you do ?"通过对问题的思考及讨论,激发学生对听力材料的兴趣。同时,引出与志愿者工作相关的一些表达如

“raise funds, charity shop, organize a concert”等,为学生在听力过程中接收和处理新信息做出铺垫。

思维导图　思维导图是做笔记的一种方式,通过关键词和直观形象的图式建立起各种概念间的联系(Goh, 2007)。清晰的导图不仅可以帮助学生建立概念间的逻辑关系、理清思路,还可以扫清部分单词障碍,为听中活动中解决问题做充分的准备。

例　View the following thinking map and tick the reasons you agree with.

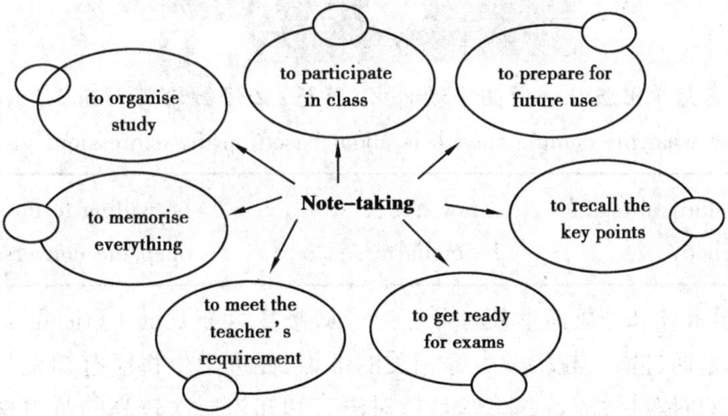

(选自重庆大学出版社普通高中教科书《英语》必修第一册 Unit 1 Learning Strategies and Habits)

提问　提问就是在学生对所要输入的信息熟悉但不深入时,教师在听力训练前设置一些针对性较强的问题让学生思考和讨论。这一过程可以帮助学生输入与话题有关的背景知识,同时建立信息差或意见差,让学生在讨论的过程中既梳理自己的观点又汲取别人的思想,打破自己思维的局限性,实现从说到听的自然过渡。

例　在听到有题为“A Test on the Necessity of Having Breakfast”的材料前(重庆大学出版社普通高中教科书《英语》必修第三册 Unit 4 Healthy Diet),教师提出以下几个问题:

(1) Do you usually have breakfast?

(2) What do you usually have as your breakfast?

(3) If a person always skip his /her breakfast, what could happen?

(4) As students, what should we eat for our breakfast?

问题的讨论过程能激活与话题有关的图式知识,激发听的兴趣和欲望,为听中活动的展开做出很好的铺垫。

预测　预测活动是指听力活动前及活动中对所要接收的信息采取的一系列猜测、假设、预判等准备活动(Goh, 2007)。教师通过图片、词汇、图表、故事、视频等方式让学生预测将要听到的材料内容,激活与话题相关的背景知识及语言知识。

例1　Look at the picture below and predict what the listening material is about.

The passage is mainly about ________.

A. how to praise a teacher

B. teacher's patience

C. the importance of encouragement

（选自重庆大学出版社普通高中教科书《英语》必修第二册 Unit 1 Favorite Teachers）

例 2 Predict what the coming speech is about based on the expressions given in the box.

further one's study abroad	a few tips	be willing to do something
approach somebody	be embarrassed	open the conversation

（选自重庆大学出版社普通高中教科书《英语》必修第二册 Unit 3 Friends and Friendship）

略读 略读是通过输入与教学内容相关的语篇，促进学生将已有知识与输入知识相结合，为接收和处理新信息做准备。略读是针对语言和知识层次较高的听力材料而设置的听前活动。对于学生不太熟悉的话题，提前给他们提供阅读语料，学生既可了解材料的背景内容，又可熟悉部分生词和短文，一举两得，能为听中活动的展开奠定基础。

2. 听中活动

听中活动是理解听力材料所传达的信息和感知新语言知识在实际生活中的运用。设置听中活动能够引导学生对听到的内容进行思考并作出反应，同时也能够发现学生在听力中的问题，帮助教师明白哪些地方需要干预、澄清或提供进一步的练习。好的听中活动能够帮助学生更好地理解听力材料。这样的活动能：提供一个焦点、给学生指出每个听力材料的重要之处；允许他们感知文本的结构（原因和结果、问题和解决方案等）；帮助他们"分解"听力材料；为他们提供应该怎样回答的线索；让他们在整个听的过程中都全神贯注；通过强调有趣、讽刺、幽默等内容，将课堂教学变得更为有趣（威尔逊，2012）。在课堂中我们经常要求学生先了解听力材料的大意，然后再掌握其中的细节信息。

听大意 课堂上学生听第一遍材料主要是为了听大意，即听出主要意思，了解说话者整体的交际意图。通常教师会用 WH 问题就大意进行提问。如：

What problem are they discussing?

What does the speaker think of the topic?

Whom are the speakers talking about?

听细节 在第二遍和第 n 遍的听力中，学生通常会被要求听细节或一些具体信息。在这时，教师可以通过设计各种练习让学生带着目的去听。课堂上教师可以用很多方式帮助学生捕捉细节并检测他们对细节的掌握情况。常用的方式有：

- **做笔记** 做笔记可以将注意力提升到一个更高的层次。它迫使学生挑出谈话或演讲的重点（威尔逊，2012）。在课堂上，教师可以通过给学生提供子标题、数字等信息,指导学生完成笔记。

例　Listen to a lecture about Picasso and take notes under the headings.

Early work Blue period Cubism

(选自《朗文如何教听力》,威尔逊,2012)

- **搭配**　搭配是在听的过程中让学生把听到的细节与相关的内容联系在一起。

例　Listen to the monologue and match each of the following features with the corresponding natural disaster (Hurricane, Flood, Volcano).

(　　)1) Areas with many bodies of water are at a higher risk.
(　　)2) The one that erupts is called an active one.
(　　)3) They are violent storms with extremely strong wind and heavy rain.
(　　)4) It occurs when a large amount of water covers an area which is usually dry.
…

(选自重庆大学出版社普通高中教科书《英语》必修第二册 Unit 5 Natural Disasters)

- **表格填空**　表格填空是要学生在听的过程中用所听到的单词、短语或信息完成表格。图表可作为一种总结文本的方式,在学生完成填表后,他们可清晰地掌握文本的结构,有利于复习。

例　Listen and complete the table with some specific information from the dialogue.

Waste	How to Reuse Them
Plastic bags	1) Save the tough and ________ ones for later use. 2) ________ them together with us for shopping.
Shoe boxes	1) Use them as ________ waste bags. 2) Store ________ things like chargers, ________, and snacks. 3) Make the cover into a /an ________ frame.
Plastic bottles	1) Decorate the medium ones to hold ________. 2) Use the ________ ones to store water. 3) Collect the small ones and ________ them.
Old clothes	Ask ________ to decorate them.
Old postcards	Make them into a beautiful ________.

(选自重庆大学出版社普通高中教科书《英语》必修第二册 Unit 6 A Greener Earth)

- **听写**　由于听写是在听的基础上还关涉词汇、语法以及根据语境推理等能力,因而这种活动被认为是精听的经典活动(何广铿,2011)。根据不同的语篇和教学目的,教师可采用不同的听写方式。常用方式有:快速听写——用自然语速和语音语调进行听写,训练学生“快速”集中注意力于语言的能力;完形听写——学生在听的过程中或听后要完成相关的完形填空练习,目的是加强学生对重点的词、短语或表达的关注;纠错听写 ——提供学生带有几处语法或语义错误的完整文本,让学生听并纠错,以训练学生对细节的关注。

- **边听边做/画** 学生在听的过程中根据听到的信息,完成特定的动作、一项手工制作或绘制一幅图,比如地图、肖像等。
- **暂停与预测** 教师在视频或音频播放过程中,适当地按暂停键,让学生描述正在发生什么,猜测即将发生什么。通过这种方式,训练学生在语境中听,学会理解说话人的言外之意以及根据上下文进行推理。

例

M: Did I tell you about this really funny lawyer story that a friend of mine sent me on email the other day?

W: No, go on.

M: Well… the way it goes is that… there's this lawyer in the US… North Carolina or somewhere… and he buys this box of really rare and very, very expensive cigars…

W: OK…

M: And because they're so expensive he decides to insure them… against fire amongst other things.

W: Fair enough.

M: Yes… except that, within a month, having smoked his complete collection of these fantastic cigars and without having made even his first payment for the insurance policy, the lawyer made a claim against the insurance company.

W: What on earth for?

[**TEACHER STOPS THE RECORDING AND ASKS: WHAT DO YOU THINK THE LAWYER CLAIMED AGAINST THE INSURANCE COMPANY?**]

M: Well, in his claim, the lawyer stated that the cigars were lost in a series of small fires.

W: How ridiculous!

M: And unsurprisingly, the insurance company refused to pay for the obvious reason that the man had smoked the cigars in the normal way. But then, the lawyer sued the insurance company…

[**TEACHER STOPS THE RECORDING AND ASKS: WHAT DO YOU THINK 'SUE' MEANS? WHY DID THE LAWYER SUE THE INSURANCE COMPANY? DO YOU THINK THE LAWYER WON HIS CASE?**]

……

(选自《朗文如何教听力》,威尔逊,2012)

3. 听后活动

听后活动是以听力文本为载体，以语言运用能力为目标的教学活动。听后活动除了检查答案外，还要促使学生对内容的理解更深入，并且是在理解的基础上，将所听到的知识整合、内化再输出。听后活动设计应尽量考虑学生的认知规律和实际水平，体现层次性；要紧密围绕单元主题和教学目标，体现针对性；尽量考虑高中生的心理特点，体现趣味性；还应要与听前准备和听中过程相结合，体现规划性。听后活动可分为控制性活动和开放性活动。

控制性活动　此类活动是由教师掌控，学生参与的反复、机械性的操练活动。这种活动是为了巩固强化听力材料中呈现的语言点，为后续的语言综合运用做准备。课堂中常用的形式主要有：

机械性重复跟读　在听力练习后，教师可逐句播放录音，让学生边听边模仿跟读。这样不仅可以让学生理解听力内容，而且可以让学生纠正自己的语音、语调。在跟读前教师应介绍一些基本的发音规则，提醒学生注意听力材料中出现的一些语音现象，如连读、重读、不完全爆破、意群停顿等。

重构填空练习　在听力练习后，教师可以对听力材料进行整合，对其中的信息进行重构，把关键点设计成填空题，让学生根据对听力材料的理解来填空。这可以让学生从整体上把握听力文本，重新整合听力输入的信息。

例　Listen to the conversation and fill in the blanks below.

Music she likes	________ music, especially ________.
Reasons she likes this kind of music	1) Singer: ________ 2) Instrument: ________ 3) Subject: ________, such as ________, ________, and ________ in the beauty of the countryside.

（选自重庆大学出版社普通高中教科书《英语》必修第一册 Unit 3 Powerful Music）

开放性活动　此类活动是以学生为主体的活动，教师需结合学生已有的知识储备，创设情景，给学生布置具有挑战性和创新性的任务，让学生灵活、创新使用语言，多角度、多层次思考解决问题，充分调动学生参与学习的积极性和主动性，培养学生的语言综合运用能力。在课堂上常用的开放式活动有以下几种：

对话及角色扮演　在听懂材料后，教师引导学生结合听力文本，扮演其中的角色，进行语言操练。教师应要求学生体会所扮演角色的身份特点、心理状态，并通过语音、语调及肢体动作表达出角色的感情。教师也应该鼓励学生在理解文本的基础上，发挥想象力，对听力材料进行拓展加工。

例 1　A: I'm afraid I need to stay up late studying this whole week.

B: Don't worry and try your best.

A: It's very difficult. I didn't finish it.

B: Cheer up, man!

（选自重庆大学出版社普通高中教科书《英语》必修第二册 Unit 2 Helpful Schoolmates）

在表演这个对话时,教师应引导学生表现出角色 A 担忧的心情,以及角色 B 鼓励、同情的语气。

例 2 重庆大学出版社普通高中教科书《英语》必修第一册 Unit 4 Unforgettable Films 中有一篇听力材料是奥斯卡最佳女演员的获奖感言,材料主要表达了获奖者对不同人的感激之情。在处理完这篇听力材料后,教材设计了以下角色扮演的活动:

Suppose you were a winner of The Nobel Prize, make an acceptance speech for the award, expressing your thanks with the expressions she used in her speech.

复述 复述是让学生在理解材料的基础上,把听力内容加以整理,有重点、有条理、有情感地表达出来。此项活动综合了理解、记忆和表达能力。复述不同于简单的背诵,也不仅仅是对听力内容的总结,它需要学生经过思考和归纳整理,用自己的话进行表述。复述的方法有:问题/答案引导法、主题句+关键词提示法、表格提示法、图画提示法、转换人称复述法、接力复述法、流程图提示法等。

讨论 在听力活动后,教师可根据听力材料设计一些问题或话题由同学们结对或形成小组进行讨论,并得出讨论结果,向全班进行汇报。

例 Work in pairs to talk about the following two pictures, using words and sentence structures in the dialogue you' ve just heard. Then, talk about the artistic style you like.

(选自重庆大学出版社普通高中教科书《英语》必修第三册 Unit3 Art and Culture)

调查报告 学生在理解听力材料的基础上,用问卷、采访、查找资料等方式,对与听力材料相关的内容进行调查并形成口头或书面形式的调查报告。教师可以把听力中出现的相关词汇呈现给学生,让学生灵活发挥,适当运用。这样的听后活动不仅能锻炼学生综合运用语言的能力、还能培养学生的合作能力、学术意识,提升学生的综合素质。

例 重庆大学出版社普通高中教科书《英语》必修第三册 Unit 4 Healthy Diet 中有一篇题为 *A Test on the Necessity of Having Breakfast* 的听力材料。在处理完听力材料后,教材布置了以下听后作业:

Design a questionnaire and make a survey about your classmates' breakfast-eating habits and write out a report based on the results of the survey. Your report should contain the following parts: Introduction; Method; Results and Conclusion.

思考与练习：

(1)设计一种控制性听后活动。

(2)针对听前、听中、听后阶段，分别设计一个活动。

第五节　听力教学案例与分析

问题导入：

(1)针对以下听力材料，你将设计哪些听力教学目标？

(2)你将设计哪些听力教学活动？

(3)你设计的教学活动体现了哪些听力教学原则？

听力材料文本：

Environmental Problems to Be Solved

Lecturer: Good evening, everyone, and thank you for coming to today's talk. I'm Dr Brown and I'm going to talk about air pollution in cities—what we all know as "smog". Please feel free to stop me if you have any questions. So, first of all, a bit of history. The term "smog" was first used in the 1800s in cities that had problems with smoke and fog.

Student A: Sorry for interrupting, but I believe it was in the 1900s.

Lecturer: Sorry, I made a mistake. You're right. It was in the 1900s. Thank you. London was one of the cities where smog caused big problems. In December 1952, it suffered from "The Great Smog". It was a very cold winter, so a lot of coal was burned at home and in the factories. The problem was that there was no wind, so thick smog covered the city. Nowadays…

Student B: Excuse me, but I want to just ask… Did the smog cause any deaths?

Lecturer: I'm afraid so. According to the research, about 4,000 people are known to have died as a result of the smog, but that number could be much higher. It was terrible! Nowadays, smog still exists, but is produced by chemicals coming from traffic and factories. However, governments are taking measures to reduce smog as much as possible. Now, let's look at what smog does to our health…

Student A: If I could just stop you again… Can you give us examples of these measures?

Lecturer: Well, for example, factories must follow rules about what chemicals they use. In some cities, when there's smog, people have to pay to drive in the center. Now, let's move on to the impact of smog on our health…

(选自外语教学与研究出版社普通高中教科书《英语》必修第二册 Unit 6 Earth First)

教学资料

单元主题：Earth First

听力材料：Environmental Problems to Be Solved

(选自外语教学与研究出版社普通高中教科书《英语》必修第二册 Unit 6 Earth First)

教材分析

本单元的主题是“人与自然”，涉及的主题语境内容是关爱地球、保护环境。本单元从人类面临的诸多环境问题入手，引出单元话题，并进一步深入讨论了动物保护、自然保护区、全球变暖、空气污染、生活中的环保误区等子话题。整个单元的教学牢牢把握环境保护这一主题语境，向学生传递了人与自然和谐共处的情感态度和价值观。本单元听说部分的材料讨论了雾霾的前世今生，是以课堂为背景的一篇对话式材料。在对话中教师给学生讲解雾霾的历史及现状，并列举了“治霾”所采取的措施。对话中学生多次打断教师，提出问题，因此，涉及“礼貌地打断别人”时所用的表达。教学旨在引导学生加深对单元主题的理解，激发学生的环境保护意识，发现并探讨如何解决身边的环境问题；学会在交际中礼貌地打断别人，实现有效交流的目的。

学情分析

该教学设计针对高中一年级第二学期学生。在学习本单元时，学生已掌握了如预测、推理、抓关键词等基本的听力策略，对于语速、难度适中的材料也能够捕捉到部分细节信息。但是大多数学生在理解、整合文本信息方面还有很多困难，在听力过程中容易把注意力放在个别单词和句子上。另外，大部分学生对听力策略的使用意识不强，尤其缺乏边听边做笔记的习惯，也缺乏这方面技能的训练。

教学目标

学完本节课后，学生能够：

(1)听懂雾霾产生的原因、造成的影响及治理措施；

(2)抓听并掌握礼貌打断他人的表达方式；

(3)根据所听内容，谈论自己对雾霾的认识；

(4)反思中西课堂文化的差异；

(5)关注环境问题，增强绿色生活的意识。

教学资源

有关雾霾知识的视频片段；电子课件。

教学阶段

阶 段	词汇教学活动	活动时间(分钟)
听前活动	头脑风暴	3
	观看视频	5
	预测主旨	2
听中活动	第一遍:关注大意,验证预测	4
	第二遍:关注细节,补全信息	8
	第三遍:关注策略,边听边记	7
听后活动	复述课文,巩固深化	3
	小组讨论,情感升华	5
	回答问题,对比文化	2
	作业:角色扮演,迁移运用	1

1. 听前活动

1) 头脑风暴

设计意图:本活动是听前的热身活动,旨在激活学生头脑中有关环境问题的文化背景知识和语言知识,帮助学生建立语境,引起他们对身边环境问题的关注,激发他们对听力内容的兴趣。

活动步骤	设计说明
Step 1: Teacher presents the picture "the crying earth" and asks Ss to answer the questions.  ①What happens to the earth? ②What caused the earth to cry?	通过展示图片,以直观的、具有冲击力的方式让学生感受到环境问题的严峻性,引出污染这一话题。
Step 2: Ss brainstorm various forms of pollution and their impacts on the earth.	激活学生头脑中已有的背景知识和语言知识,引导学生谈论"air pollution",为自然过渡到"smog"这一话题做准备。

2）观看视频

设计意图：本活动利用有关雾霾的短视频，让学生从更直观的角度了解雾霾的产生及影响。教师可挑出听力材料中的关键词，为学生理解听力内容扫清障碍，在知识和语言层面为听力理解做准备。

活动步骤	设计说明
Teacher plays the video titled *The Science of Smog* and asks Ss to note down the information about the causes and impacts of smog.  	视频是语音和图像的结合体，是视觉与听觉一起参与的学习活动。观看视频可以让学生借助图像，从更直观的角度了解主题内容，使他们为听力理解做好准备。同时，对学生而言，多模态的语言输入方式更能激发他们的学习兴趣。

3）预测主旨

设计意图：根据题目预测听力材料的主要内容，学生预测后的心理期待可促使他们在听中积极捕捉相关信息。

活动步骤	设计说明
Ss read the seven topics and predict the topics that are covered. ①What the word smog means. ②When the word smog appeared. ③What caused smog in the past. ④What caused smog now. ⑤The effects of smog on the environment. ⑥How governments try to reduce smog. ⑦What will happen if we don't reduce smog.	通过阅读所给选项，感知谈话内容，训练学生的听前预测能力。

2. 听中活动

1）关注大意，验证预测

设计意图：借助关键词对录音内容做出推断，把握听力材料的主旨大意。

活动步骤	设计说明
Step1: Ss listen for the first time, and then tick the topics.	听第一遍,学生边听边做主旨勾选练习,目的是把握听力材料主旨,验证预测。
Step 2: Teacher checks answers with students, asks students to locate evidences to explain how each topic is covered in the lecture.	教师迅速核对答案,让学生思考并解释做出选择的理由,引导学生关注材料中的线索信息和重要词汇,如时间信息"1800s""1900s""December 1952""nowadays";表示因果关系的关键词"cause""as a result of";表示措施的关键词"measures"等。

2)关注细节,补全信息

设计意图:捕捉听力材料中的细节信息,完成填空练习,加深对内容的理解。

活动步骤	设计说明
Step1: Teacher asks Ss to predict the missing information in the table. **Smog in the past** Term created in: ________ Big problem in London: ________ in December 1952 Causes of the problem: burning too much coal and ________ **Smog in the present** Causes of the problem: ________ and factories Measures: Rules about using ________ in factories and ________ in the city center.	学生通过浏览完成填空练习,预测完成任务所需要填写的信息,训练他们运用预测、推测等策略。
Step 2: Ss listen to the audio for the second time and complete the blank-filling exercise.	学生第二次听录音,并完成填空练习,训练学生在听中捕捉细节信息的能力。在听前,教师向学生强调做笔记的方式,如利用缩写、符号等方式记录词汇和短语。

3）关注策略，边听边记

设计意图：要求学生聚焦会话中的出现的礼貌打断教师话语提问的策略，边听边记录礼貌打断他人的语言表达方式。

活动步骤	设计说明
Step 1: Teacher plays the audio for the third time and asks Ss to note down the expressions used to interrupt the lecturer politely.	第三次播放听力，要求学生关注对话中出现的交际策略——礼貌打断教师话语，并记录其语言表达方式。
Step 2: Ss report the expressions they have noted down and the teacher introduces more. e. g. Sorry for interrupting, but… Excuse me, but I want to just ask… If I could just stop you again…	学生汇报分享听力笔记内容，教师补充介绍更多类似表达方式，引导学生关注交际策略。

3. 听后活动

1）复述课文，巩固深化

设计意图：回顾听力文本，通过复述深化对听力文本意义的理解和文本语言的学习。

活动步骤	设计说明
Step1: Ss recall the contents of the lecture and make a speech about smog from the following aspects: meaning, history, causes and impact. Step 2: Choose a few Ss to make speeches in the class.	本活动要求学生将原文对话的形式改编成演讲的形式，以深化学生对听力文本的理解，并对所学内容进行整合、梳理。

2）小组讨论，情感升华

设计意图：通过讨论，引导学生关注国内的雾霾情况，提升环保意识。

活动步骤	设计说明
Work in groups and discuss the following questions: ①Is there smog in China? How does it affect our life? ②What can we or our government do to reduce smog?	通过问题讨论，让学生思考国内的雾霾情况和其对生活的影响。通过第二个问题的讨论，引导学生回顾本单元有关环境保护、绿色生活的知识和语言，把所学的内容运用到语言实践中，培养学生热爱自然、保护自然的价值观。

3)回答反思,对比文化

设计意图:引导学生思考并讨论听力材料中的课堂氛围与他们自己的课堂氛围有什么不同,提升中西课堂互动的文化差异意识。

活动步骤	设计说明
Teacher asks Ss to answer the questions: ①Do you often interrupt your teachers in class? ②If you have a question while your teacher is teaching, what should you do?	通过问题让学生反思自己班上的课堂氛围,比较中西课堂互动文化的差异,提高学生的文化意识。

4)作业:角色扮演,迁移运用

设计意图:开展整合学习,促进对所学内容的迁移运用。

活动步骤	设计说明
Ss work in groups of four or five and mimic a press conference on environmental protection. In each group, one student acts out an interviewee who is an officer in charge of environmental issues; others act out interviewers who are journalists from the media.	此项作业要求学生课下准备,课堂表演,旨在让学生整合本单元内容,巩固运用本节课所学关于环保的知识及有礼貌地打断他人的表达方式,把所学语言用于真实语境中。此项活动照顾了各个层次的学生,他们可根据水平高低选择不同的角色,提高了参与度,培养了学生的团队意识和合作意识。

案例分析

本案例以话题为主线,任务为主导,将学生的知识学习、语言学习、策略训练、文化意识培养和道德品质培养结合在一起;运用多模态的教学手段,调动学生的各种感官参与学习,提升了学生的学习积极性和参与度。

本案例的设计是基于对听力文本的深度挖掘,教学目标中既涵盖了对听力材料中内容的掌握又考虑到了材料所体现的交际策略。设计的教学过程完整,包括了听前、听中和听后三部分。

本案例综合运用视听结合、听说结合等教学策略,培养学生的综合听力能力。同时,引导学生以多种形式参与课堂活动,如全班参与、小组活动、个人活动等,使不同层次的学生在不同的语言任务中都能有所收获。

本案例的设计注重真实语境的创设,教师让学生通过图片感知环境污染所造成的影响。通过视频材料,让学生直观、深入地了解主题思想。引导学生用所学的语言知识谈论自己身边的事、自己国家的事,让学生在语境中感知、练习并运用语言知识。

同时，本案例遵循了听力教学中的互动性原则，让学生在交际互动中完成任务。角色扮演的活动，给学生留出了很大的语言运用空间，既提高了他们的学习兴趣，又通过互帮互助提高了他们的学习效率。

本案例的教学设计充分考虑到了学生的认知规律，任务设计从易到难，循序渐进。录音的多次重复播放强化了语言输入，促进了学生听力流畅性的发展。

教学过程中贯穿了听力策略的训练。如听前预测、抓听关键词、边听边做笔记及关注所提问题等，让学生不仅了解"学什么"而且知道"怎样学"。

案例凸显了对学生文化意识和思维品质的培养。引导他们认识到中西课堂互动的文化差异，并学会用礼貌地方式完成交际活动。引发学生对环境问题的关注，提升他们的社会责任感。

教学设计实践

下面文本选自外语教学与研究出版社《剑桥国际英语教程 3》Unit 5 Crossing Cultures（2007 年第 3 版）。请依据文本内容设计一堂完整的听力教学课。

Listen to people describe customs they observed abroad.

Alice: One thing that I had to get used to when I was traveling in Korea was the way people make noise when they drink soup. I think it's because they want to show that they are really enjoying their food so they make a slurping noise. It bothered me at first, but then I got used to it. I guess it's because my parents spent years when I was a kid telling me not to make noise while I was eating.

John: When I lived in Spain, I was surprised at how late people eat in the evening. When you are invited to dinner, you are asked to come 9 o'clock and you usually don't start dinner until 10. And people stayed terribly late—sometimes until two in the morning or even later. I found it difficult. How does one get up and go to work or school the next day after eating and talking until three in the morning?

Susan: I lived in Saudi Arabia for a while, and when I went out, I had to obey the local custom of putting something over my head and wearing clothing that covered my whole body. At first, I found it a real nuisance, but after a while I got used to it and even started to like it. You feel really secure and also you don't have to worry about what to wear all the time.

第七章

口语教学设计与案例分析

目标导航

学习本章之后,你能够:

- 阐述口语的内涵;
- 举例说明口语教学的内容;
- 阐释口语教学的原则;
- 使用口语教学策略;
- 设计口语教学活动。

第一节　口语教学的基础知识

问题导入:

(1)口语的内涵是什么?

(2)为什么要教口语?

(3)口语学习的目标是什么?

(4)影响口语的因素有哪些?

(5)口语教学方法有哪些?

说是一项重要的语言技能。《课标(2017年版)》强调高中英语教学要发展学生的跨文化交流能力,这使得口语教学受到了越来越多的关注。如何教口语?要弄清楚这一问题,我们需要认识口语的内涵、重要性、学习目标、影响因素及口语教学发展的历程。

1. 口语的内涵

口语指以口头语言为载体进行人际交往的一种双向信息交流活动,是人们日常生活中最主要的交流形式。口语是构建意义的互动过程,它包括信息的产出、接受、处理(Florez, 1999;转引自 Bailey, 2007)。口语由两方面因素构成,即语音和意义。语言学家索绪尔(Saussure, 2001)指出,语言中的"思想"与"声音"并非一体,而是"隐含着区分"。语言是组织在声音物质中的思想。“声音”指可感知的语声,是口语的“表层内涵”,其表现是显性的。思想指言语思维,即表达内容的生成与语码的译换,是口语的“深层内涵”,属于隐性活动。表达的内容是说话者所要传递的信息,它的产生是以我们的实践和感知为基础的。当一个人心中有了想说的内容、要把内容变成别人能听得见的“话语”时,需要有一个转换过程,只有将表达的概念、意思变成声音语言符号输出,才能构成口语。

口语与书面语是同一语言的变体,属于不同的语体。书面语是正式语体,而口语是非正式语体。口语和书面语有很多不同。在真实的交流中,口头语言是以声音编码的语言。它是线性的、实时发生的,因此,听者没有机会反复回顾。从语言特点来讲,口语有如下四个普遍的特征(Bygate, 1978;转引自王蔷,2008):

(1)使用不太复杂的句法。

(2)使用短式语言,如不完整句子。

(3)使用习惯用语及语块等。

(4)使用如 Um-hum, well, OK 等小词来填充时间、表示犹豫,以赢得时间来思考或计划要说的话语。

口语中存在很多说话人声音上的变数。连读、同化、重音、语调等因素都是口头语言的重要特征。说话人对这些语音特征的控制会影响语音的变化。而复杂的语音变化会影响信息的传递。

此外,由于交际环境和目的的差异,口语交际往往会呈现不同的范式,交际双方需要遵守一定的会话原则。要完成有效交际,除了语音、词汇和语法形式之外,说话人还要知道什么时候守住话轮,如何转换话题,知道如何插入、预测或推断会话的发展趋势等。同时,交际者还应了解目的语的文化、政治、社会互动模式、礼貌准则等。总之,口语是一项综合性产出技能,它涉及多种能力和知识,具有层次性和即时性的特点。

思考题:(1)为什么说“语言是组织在声音物质中的思想”?
(2)口语和书面语有何不同?

2. 口语的重要性

语言是一种交际工具。在日常交往中,人们使用最多的是口头语言。口语作为交流思想、沟通感情的方式,具有应用方便、应变快捷、使用频度高等优势。因此,它比书面语言发挥着更直接、更广泛的交际作用。口语的重要性不言而喻。

英语教学的主要目的是培养学生的交际能力,而口语表达是交际能力的重要部分。在教学中,口语训练还可以促进学生综合素质的发展以及其他语言技能的提升。

(1)口语能力的提升能够提高学生的学习兴趣。很多学生都是首先通过说来感知语言的交际功能。流畅的口语表达和有效的信息沟通能够提升学生的学习信心,从而激发他们的学习兴趣,提高语言学习的积极性。

(2)口语训练有助于培养学生的语感。语感对学好一门语言起着至关重要的作用。语感强调通过对语言文字的直觉感受,最终达到对语言文字快速领悟的境界,是构成一个人英语素质的核心因素。而语感是经过后天的培养产生的。在口语实践中,学生通过各种形式的练习，体会语音、语义、语调及语气，日积月累，便逐渐培养了对语言的感知能力。

(3)口语训练能帮助学生发展思维能力。在口语交际过程中，说话者的言语活动都是在瞬间内完成的，没有足够的时间来反复推敲和修改。好的口语表达不仅要用词准确、语无歧义，还要逻辑严密、有理有据。这要求说话人思维敏捷、反应迅速，要善于调动全部的感性语言积累，在瞬间找到恰当的词，准确地表达自己的思想和情感。

(4)口语训练能够帮助学生扩大词汇量，促进学生听力、阅读、写作等其他技能的提升。孤立的单词不容易记，而语句、文章是有情节的，词放在句子里，联系上下文更便于识记。学生经常练习口语，接触到的生词、句式日益增多，这对他们扩大词汇量和灵活运用词汇十分有益。练习口语的过程中，说话人要与他人进行交流，在口语水平提高的同时其听力水平自然也会提高。词汇量的扩大、句型结构的掌握，则会促进语言综合运用能力的提升。

思考题：你认为口语学习对学生的素质培养有哪些作用？

3. 口语学习的目标

语言学习的目标之一是能够使用目的语准确而流利地表达自己的思想。可见在口语学习的过程中，流利性与准确性是学习的理想目标。侧重形式的准确性和侧重意义表达的流利性相互促进，但有时又相互矛盾。在确定口语的学习目标时，处理好准确性和流利性的关系是关键问题。

英国学者布鲁姆费特(Brumfit，1979)认为流利性是对已获得的语言系统的最大限度的有效运作。他指出，流利性不仅适用于语言输出(说和写)，也适用于语言听辨(听和读)。在口语交际中，顺利地听懂、理解他人的话语是流利表达的前提。口语的流利性是指具有在自然交际中使用一种可被接受的第二语言变体，及时、连贯、有效地表达思想，完成交际任务的能力(李道顺、谢恩 等，2008)。流畅并不代表不停顿，但停顿太多会让人感觉说话吃力。停顿的位置是否恰当也很重要。自然发生的停顿是那些发生在从句的交集点上，或是在形成意思单位的词组后面，而非自然停顿发生在相关词组的中间(Scott，2011)。有时，说话者为使口语表达显得流利，会使用一些策略，如在停顿的地方使用诸如 uh，um，sort of，I mean，you know 等填充词。当然，判断语言表达的流利程度不仅要考虑说话者是否具有连续谈话的能力，还要考虑说话者在不同谈话场合是否具有应变能力，谈话内容是否具有逻辑性、创造力和想象力。

准确性指表达语言内容与运用语言知识的正确程度，既包括语言知识与形式的准确性，也包括在不同的交际场合表达语言内容的恰当性和得体性。语法运用是否准确是衡量说话者口语水平高低的一个重要标准。但口语语法和书面语语法又存在差异。在口语中，说话人多用“意义单位”进行表达，即短句或小句，而书面语中多用结构完整且复杂的句子。

在二语学习中，对于以流利性还是以准确性为目标一直存在着争论。强调流利性的学者认为，交际过程中，传递信息优先，准确性靠后；如果过分强调准确性，会导致学生不敢开口。因此，他们主张，课堂教学应采用“交际法”，教学的目标应放在交际能力的各个方面，不应局限在语法或语言能力上(Brown，2005)。但是，强调准确性的学者认为，从长远的角度看，强调准确性有助于学习者夯实基础、全面提高，过分强调流利性只是急功近利的做法，会扼杀学生语言的持续发展能力。

综上，在口语学习中，只强调任何一个方面都是不正确的，而是要将流利性和准确性结合在一起，在二者之间找到平衡。通常，对于不同的学习阶段和学习内容应有不同的侧重。如在基础阶段，要培养学生扎实的语音基础与良好的语言习惯。对于发音错误和搭配错误，我们需及时纠正，这时，准确性较流利性更重要。在学习的中级阶段，学生开始用学过的语言谈论有趣的话题，进行表演、访谈等活动时，我们应该侧重语言表达的流畅性，鼓励学生大胆说，帮助他们克服想说又不敢说的心理障碍。在语言学习的高级阶段，学生需要利用语言参加一些正式的活动，如演讲、辩论等，并且他们可以利用各种资源获取大量的语言素材，自然地习得正确的表达方式。这一时期的学习就既要重视准确性又要重视流畅性。在课堂的不同阶段，对于准确性和流畅性也应有不同的侧重。如在学习新词汇和句法时，为了让学生能准确掌握，我们应强调准确性。相反，在语言产出过程中，我们应降低对准确性的要求，鼓励学生自由发挥，尽量使用丰富多样、流畅自然的表达。

思考题：你认为在学生的口语表达中哪些错误是必须要纠正的？

4. 影响口语的因素

一个人的口语表达能力受很多因素影响。我们主要从与口语相关的知识及一语、二语的影响两个方面来考量。

口语作为一种技能，要掌握好它，必须要具备与它相关的知识基础。与口语相关的知识可以分成语言知识及语言外知识。语言知识是语言能力的组成部分，是发展语言技能的重要基础。外语教学理论认为，语言知识与语言技能是同步发展的。学生从学习第一个词、第一句话开始，就在学习语言知识的同时，发展语言技能。知识和技能既都是语言学习的内容，也都是语言学习的目标，两者不可分割。因此，一个人口语水平的高低离不开其对语言知识的掌握。语言知识涉及语音、词汇、语法、语篇等。由于口语是用声音符号表达意义的，所以语音是影响口语表达的一个重要因素。即使是以英语为母语，不同国家、不同地区的人的发音方式和发音习惯都存在着很大的差异。如在澳大利亚英语中，[ai]常发成[ɔi]。所以在交际过程中，语音不一定要求绝对“标准”，但需要可被理解。语音的可理解性程度直接决定一个人的口语交际是否有效。语言外知识指与语言无关的知识，是一个人关于外部世界的知识，也被称为常识或百科知识。它可以被细分为两种，一种是已有的语言外知识，另一种是在具体语境中获得的知识。已有的语言外知识包括关于谈话话题的背景知识以及特定社会的社会文化知识。关于话题的背景知识涉及面很广，如体育、电影、教育等，如果谈话人的知识面狭窄，对谈话主题没有任何知识的铺垫，那双方的对话就很难维持下去。社会文化知识是有关一个特定社会的社会价值和行为规范的知识（Scott，2011）。如在特定文化中，人们见面时应握手还是拥抱，在不熟悉的人之间哪些话题是可以谈论的，哪些属于谈话禁忌，这些都是影响口语活动的因素。在跨文化交流中，这方面知识的缺失往往会引起误解甚至是交流的失败。由于大多数会话都是面对面的，大家是在一个共享语境中，因此，与书面语不同，口语表达往往会省略很多信息，需要依赖语境来理解。在不同语境中相同的表达会传达不同的意义。比如，在室内有人说“It's cold here.”可能表示需要其他人关上门窗。但室外某个地方说同样的话，可能表示需要换一个地方。

口语的流利性在第一语言（L1）和第二语言（L2）之间也是有差别的。流利性所涉及的技能和各种知识并不是所有说话者都共有的必备素质。每个人在说话时的流利性都会有差异，这种差异即使在说母语时也会存在。第一语言和第二语言说话者在说话时所涉及的心理机制并无本质的差别。与一语说话者一样，二语说话者在产出口语时也要经过概念化、公式化以及最后的发音过程，并同时进行自我监控（Scott，2011）。无论用一语还是二语，在对话过程中，说话者都会根据对方的反应调整他们的信息，协商话轮的管理。用一语与二语说话时最大的区别在于思维过程。在这个过程中，二语说话者总是先用一语组织语言，然后再把它转换成二语，而这个转化的环节无疑会延长时间、降低速度。其次，对语言表达准确性的焦虑，会让二语说话者过度使用或过度拉长自我监控的过程，这也会降低表达的流利性。再次，一语和二语说话者在语言知识方面的积累有很大的不同，如二语言使用者很少能像一语使用者那样广泛而稳固地掌握词汇和语法知识，因此，当二语知识还没有被完全内化，整理语法或取出单词的过程还没有完全自动化时，二语说话者就会在语言产出的过程中有一种"找不到合适的表达"的感觉。在这种情况下，二语学习者为了完成交际，往往需要使用更多的交际策略，如回避、解释、有意识的迁移、求助或非言语行为等（崔刚、孔宪遂，2009）。最后，在二语学习环境中，口语总是被当做学习、巩固语言知识的手段，而并非作为一种技能来训练。缺乏实时的互动交谈训练和练习，使得第二语言学习者在真实的语言环境中无法像使用一语那样自然而流畅地表达，甚至会产生心理焦虑，"不敢开口、张不开口"。

思考题：请举例说明影响口语的因素有哪些？

5. 口语教学的发展历程

口语教学的发展是随着语言学习理论的发展而进行的。

语法翻译法（the Grammar Translation Method）是存在时间最长的语言教学方法。语法翻译法强调读写而忽视听说。学生在课堂上的口语练习主要以朗读文章或口头语法练习为主，而很少有机会用外语去表达自己的需求或情感。

19 世纪中叶出现的**直接法（the Direct Method）**提出外语教学以口语为本。该方法主张用外语进行教学，培养学习者用外语思维的能力。在教学活动中，直接法借助直观教具，重视语言的交流过程。上课时，教师将文学作品进行口语化改编后教给学生。朗读、口头回答、口头复述等口语活动都是主要的教学形式。

20 世纪四五十年代，受结构主义语言学和行为主义心理学的影响，**听说法（the Audio-lingual Approach）**应运而生，它倡导语言教学中通过"刺激—反应—强化"培养正确的语言习惯。因此，该方法强调语言学习要靠大量的、反复的操练，通过模仿、记忆、重复、替换等实践练习，达到对语言材料的熟练掌握。这种方法虽重视口语教学，但仍将句型作为教学的核心，口语教学就是重复教师的话，背诵或进行机械的操练。

20 世纪 80 年代，**交际教学法（the Communicative Approach）**传入我国，对我国的外语教学产生了较大的影响。交际教学法认为，在语言教学中应正确处理语言能力和交际能力的关系。学生的学习目标不仅是能够按照语法规则规范地使用语言，而且应该能够根据整个语言环境以及双方的身份，正确、得体地使用语言。交际教学法倡导教师在课堂上给学生创设真正的交际情景，充分利用信息差展开语言交际活动，让学生在参与活动的过程中发展口语交际策略，并参加有意义的协商。

20 世纪 90 年代，刘易斯提出了**词块教学法(the Lexical Approach)**。他认为语言并不是由语法和词汇组成，而是由大量的预制词块组成，语言是语法化的词汇，而不是词汇化的语法(Lewis,1993)。语言知识的获得和交际能力的提高是通过扩大学生的词汇块、搭配能力和有效掌握最基本词汇和语言结构而实现的。由于词块具有整体储存、快速提取的特点，研究者认为应用词块法进行口语教学，可以有效地提高学生语言的流利性，并能够使学生更好地把握词语的搭配，句子和语篇的结构，有助于提高语言的准确性和地道性。在口语课堂中，教师可以布置话题，提供参考词块，并对参考词块进行分类、分析，帮助学生做好口语输出准备。或要求学生使用从课文中学到的词块复述课文，进行情景模拟对话练习，或者开展与课文主题相关的小组讨论。总之，多样化的口语输出活动可以帮助学生将词块知识内化为积极词块，提高学生的语言输出能力。

第二节　口语教学的内容

问题导入：

(1)口语教学应该包括哪些内容?

(2)口语交际策略有哪些?

《课标(2017 年版)》在学生语言技能方面提出如下要求：使学生能利用所学语言知识、文化知识等，根据不同目的和受众，通过口头和书面等形式创造新语篇。在口头表达方面，要求学生能够以口头形式描述和总结经验或事实；以口头形式交流信息，表达思想和情感；通过重复、举例和解释来阐明立场，在口头表达中恰当使用非语言方式表达含义。根据这一要求，口语教学内容应该包括语音、词汇、语法、语篇及交际策略等。

1. 语音

掌握英语发音规则并能准确地发音是口语表达和理解的重要前提，尽管语音训练本身不是口语交际，但正确的语音对有效的交际起着重要的助推作用。语音知识包括很多方面，如音标、发音方法、重读、连读、省略、同化的规则、英语语调特征以及英语语流中的节奏模式等。掌握了这些知识，学生才能流利自如地运用外语进行交流。

2. 词汇

词汇是语言英语学习者在听、说、读、写、译过程中培养语言技能的基础，词汇学习是掌握外语的关键。缺乏必要的词汇，说话者很难清楚地表达自己的思想，会造成严重的交流障碍。在口语教学中，词汇的学习可以通过有意习得和附带习得两种模式实现。有意习得是刻意学习和记忆词汇的习得过程,指的是在相关特定的词汇学习前告诉学生,在词汇学习之后会对他们的学习结果进行检查,促使学生完成词汇练习和背诵记忆词汇。词汇附带习得指的是在学习相关特定的词汇前不告诉学生,而是要求他们完成其他与教学任务相关的活动,在活动过程中引导他们习得词汇,并在活动后通过各种方式检验他们的词汇习得效果。无论采用何种模式,教师都需要通过创设语境、设计活动给学生提供接触单词、运用单词的机会,如课堂示范、跟读、板书、听写、同伴教学、角色扮演以及短剧表演等。学生在这些活动中可以有意、无意地熟悉词汇,最终扩大自己的词汇量,提高自己的口语表达能力。

3. 语法

语法能力决定了一个人口语表达的深度和准确性。没有足够的语法知识,我们的谈话只能像婴儿说话,不能表达复杂的意思。但是,口语语法与书面语语法不尽相同,他们属于同一套语法为适应会话与书写两种截然不同的情景特征而衍生出的两种变体(蔡珩,2020)。口语作为口头沟通媒介,具有即时性、互动性、共享语境的特征。因此,在真实语境中口语语法具有一些不同于书面语的特征,比如多用省略句、插入成分,重复、替代等现象出现更频繁。在口语教学中教师应将口语语法教学融入其中,引导学生意识到口语语法的特征。教师应给学生提供接触真实语料的机会,创设真实、有效的语境,培养学生的语境意识,让他们学会自然而得体地进行交流。

4. 会话结构与规则

虽然会话形式多样,交谈者以及会话语境变化较大,但会话都遵循着某种模式(宋鸿波,1997)。也就是说,会话中总是蕴含着某种微妙的形式,它涉及如何组织会话、如何保持会话以及在会话中如何避免双方同时发话。会话结构与规则主要涵盖以下内容:

(1)开启话题。开启话题的方式有很多种,交际者可根据交际场合选择合适的方式。例如,问候:How are you? 提问:Excuse me, do you know…? 评论:That' s a nice weather. 抱怨:The traffic in this city is simply incredible.

(2)传递话轮:在交际过程中,发话者和受话者之间可随时变换角色,为平衡双方在交际活动中的参与度,交际双方都应当学会如何将话轮自然、恰当地传递给对方。如:What do you think? /Do you have any idea about it? 发话者也可明确结束自己的话题,如:That' s what I want to say. 让受话者自动介入。

(3)插话:在英语交流中,过多或不当的插话方式被视为不礼貌的行为。因此掌握特定且恰当的插话方式很重要,如:Sorry to interrupt, but…/Sorry, but did I hear you say…?

(4)转换话题:会话者可随时改变话题,或引入新的话题,如:Oh, by the way…/That reminds me of…同时学生也应掌握如何自然地返回原先谈论的话题,如:Going back to…/As I was saying…。

(5)毗邻应对:毗邻应对指的是一轮话段的前后语(即始发语和应对语)彼此邻接,相互关联。如提问、邀请、道歉、赞扬等,为了顺应交际一方的要求,另一方需立即给予反应。通常反应有两种:预期反应和非预期反应。预期反应多为认可,如接受邀请、答应要求。非预期反应多为拒绝,如拒绝邀请、拒绝要求。对于交际者来说,做出非预期反应更为困难,此时需要道歉或陈述理由。语言必须委婉恰当,否则可能会显得不礼貌,如:Would you do me a favor? 不能直接回答 No...,而应表达为 I'd love to, but...。

(6)结束话题:会话是一种合作性的社会活动,在对方话语未尽的情况下唐突地结束会话固然是不礼貌的,熟练掌握结束语有助于避免唐突,准确理解发话者的用意,自然及时地结束对话。如:It's been nice talking to you.../Well, I don't want to keep you from your work.../We must get together sometime.

5. 会话策略

在交际过程中遇到词汇或语法知识不足的情况是难免的。会话策略能让语言使用者在语言知识有限的情况下,有时间和余地进行调整和补救,从而使交际可以继续下去。在会话中常用的会话策略包括:

(1)回避:指说话者遇到表达困难时,选择自己熟悉的表达方式,回避自己生疏的词汇和句型,从而提高表达的流利性。

(2)转述:直接描述物体成分或行动特征代替使用某个词汇或结构。通常可用这样的表达方法:something you can... with/a kind of...。该策略的使用要求学生具有一定的词汇量和语法知识,同时表达应力求简洁,过于烦琐的表达会影响交际的正常进行。

(3)近似:用与说话人所需的词很相近的词来表达自己的意思,避免交流中断。也可用一些"万用词",如 thing,stuff 等。

(4)求助:直接向会话者询问某一正确表达法,如:What's the word for...? /What do you call...? 或者要求对方重复或澄清自己没有听清楚的内容,如:Pardon? /Sorry, what was the last word? / What do you mean? /What are you trying to say?

(5)概括:总结对方所讲内容,并请求对话者帮助核实自己的理解是否正确,如: You mean.../If I've understood correctly.../So are you saying that...?

(6)确认:检查对方是否理解自己表达的内容,如:Is that clear? /Are you with me? 或对方是否正集中注意力倾听,如:Did you hear what I said? 打电话时可用 Are you there?

(7)拖延:运用套语、填充词、重复等手段,帮助说话者赢得思考时间,梳理思路,提高口语表达的自然性。例如:Well, now let me see/The thing is.../How shall I put it?

(8)非语言方式:能够恰当使用非语言沟通方式,也是保证有效交际的重要因素。非语言沟通包括目光控制、手势、身体动作、面部表情、身体距离、沉默等。

6. 文化背景知识

语言是文化的载体。文化背景知识的缺乏会给交际带来障碍,甚至会引发冲突。对目的语文化的了解是保证交际顺利进行的前提之一。例如,有人夸奖你说 Your English is very good! 中国学生会习惯性地保持谦虚,回答 No, my English is poor. 此时,夸奖者可能会觉得是自己说错了话而感到尴尬。

思考题：(1) 当你和一位外国朋友在路上偶遇，你用 Hi! Where are you going? 这样的打招呼方式，是否得体？

(2) 以下对话是否符合语法规则？你是否能够理解其意思？

A：Coffee?

B：Thanks.

A：Milk?

B：Please.

A：Sugar.

B：No, thanks.

第三节　口语教学的原则

问题导入：

英语口语教学应该遵循哪些原则？

口语教学主要是为了培养及训练学生对英语语言知识的转换能力，即让学生通过读和听获得信息，并在原有知识的基础上对它们进行加工、重组，并赋予新的内容，然后再输出语言，完成整个交际过程（何少庆，2010）。口语教学应该遵循以下几点原则：

1. 互动性原则

心理语言学的研究表明，人们掌握语言主要靠互动（何广铿，2011）。只有在互动中使用语言才能发展语言，互动中潜藏着语言学习的机理，离开互动很难学会说话。因此，口语训练应该在互动的环境中展开。在课堂上，教师通过组织学生进行各种形式的师生、生生合作活动，给学生提供尽可能多的互动机会。在小组合作互动中，学生可以得到更多开口说话的机会，降低用英语表达的焦虑感。学生之间互相帮助和纠错，能有效地提升他们的团队意识和学习意识。在组织活动时，教师应明确任务指令，让学生清楚了解任务要求和形式；确定任务开始和结束的时间，让学生明白任务结束后要获得的预期结果。

2. 输入与输出相结合的原则

口语作为一种语言输出活动，必须以足够的语言输入作为前提和基础。学生只有通过输入获得了知识信息，接触到大量的词汇和句型，才能更有表达思想的愿望。当学生有了足够的语言储备后，他们的表达才是有意义的。在语言学习中读、听、看都是主要的语言输入渠道。在口语训练时，教师尤其要注意听或视听输入对口语能力的促进作用。听和视听活动能让学生接触到真实的、地道的表达，感受到纯正的语音，了解目的语国家的文化背景和语用习惯。教师可让学生在听懂的基础上进行模仿，也要引导学生对所听、所看、所读的内容进行加工重组,创造新的内容,将所学用于所说,最终达到利用改造的语言完成真实的交际任务,表达自己的真实思想情感的目的。

3. 流利性和准确性相平衡的原则

口语教学的目标是使学生能够准确而流利地表达思想。准确性和流利性是相辅相成,但有时又矛盾冲突的两个概念。在教学中我们要处理好两者的关系,既要开展以训练语言准确性为中心的活动,又要开展有利于培养学生语言流利性的活动。对学生的各种尝试,教师要采取积极鼓励的态度,尽量消除他们在口语表达时的心理压力。但也不能对学生所犯的错误完全视而不见。对于不同的错误要采取不同的处理方法。比如对于学生口语中不影响意义表达的错误,教师可以不去处理。对于学生中普遍存在的错误,教师需要在适当的时候进行集中讲解。对于严重影响意义表达的错误,教师应及时采取适当的方式进行纠正。

4. 情景化原则

语言交际总是在一定的情景中发生,因此,情景在口语教学中具有重要的作用。和谐、自然的交际环境可以使学生放下心理包袱,产生自发的交际愿望。设置有意义的、贴近学生生活的情景进行口语训练,可以提高学生开口说英语的动机,让他们在一种放松的状态下参与交际活动。在设置场景时,教师应充分考虑学生的交际愿望和目的,把学生感兴趣的话题和口语训练结合在一起。同时,教师要善于抓住教学实际、学校生活实际、社会生活实际,以及学生个人情况等所提供的言语情景,在教学中将这些内容纳入活动中,这样学生才能在认知上不存在困难,便于激发他们的认知图式,使学生有话可说。同时,让学生用英语表达自己身边的事,学以致用,可激发他们的学习兴趣。

5. 多样化原则

在实际教学过程中,教师应该利用多样化的教学手段、教学方法营造自然的学习环境,激发学生的各种感官,提升教学效果。比如教师可利用图片、音频、视频等资源给学生提供“脚手架”,为学生的语言表达做铺垫。根据不同的教学目标,教师可设计不同的教学活动,如情景对话、故事接龙、英文歌曲演唱、英文话剧表演、采访、辩论等,让学生在实践中得到训练。

6. 循序渐进原则

英语口语训练需要一个过程,这个过程应该是由浅入深、由易到难、由机械模仿到自由发挥,循序渐进地展开。在设计口语活动时,应从难度稍低的非交际性活动开始,如朗读、背诵、句型操练、模仿、复述等,然后再开展难度较高的交际性口语活动,如口头描述,自由交谈、演讲辩论等。要鼓励学生大胆开口,对语音、语调和语法的正确性要有一定的要求,但目标不能设定太高,要引导学生循序渐进地逐步提高。

思考题:(1)如何消除学生说英语时的紧张心理?
(2)举例说明如何创设有意义的教学情景?

第四节　口语教学设计

问题导入：

(1)口语教学可以分为几个阶段？

(2)口语教学有哪些活动？

口语教学的目标在于培养学生交际的有效性，教师通过真实或者逼真的交际训练活动，帮助学生准备各种所需知识，使学生能够最大限度地利用自身的语言知识，说出语法正确、逻辑连贯、语音准确，而且适合语境的句子，使听者能够理解他们所说的话。因此，交际应该避免由于语音词汇或者句法的错误而导致的信息模糊，还要遵守一个具体交际环境之下的社会文化规则（崔刚、孔宪遂，2009）。根据上述目标，口语教学的设计中教师既要考虑到语言形式，又要考虑到语言意义以及交际的流畅性和有效性。活动贯穿了口语教学的整个过程，根据活动的不同目的和功能，口语教学活动可以分为三个阶段，即说前活动、说中活动和说后活动。

1. 说前活动

说前活动通常是为了完成交际活动所设计的准备活动，是语言技能的获得阶段。根据目的，说前活动可分为三类，即语言输入活动、激活图示的活动和控制或半控制性语言操练活动。

语言输入活动　高质量的语言产出离不开有效的语言输入。只有学生接触到足够量的可理解性语言，经过加工、吸收，他们才能完成有意义的产出。口语教学中可使用的语言输入活动有听力活动、视听活动和阅读活动。通过音频和视频资源的学习，学生可以感受到地道的语音语调，并在听懂的基础上进行模仿，为交际活动做准备。通过阅读，学生可以学习口语表达所需要的词汇、短语及语法结构，并对某一特定主题进行深入了解，从而使自己的口语表达能够言之有物。在语言输入时，教师应注意输入材料的趣味性和输入手段的多样性。有趣的材料和多种形式的输入渠道可以提升学生的学习兴趣，提高输入效率。当然语言输入活动并非只能安排在交际活动发生之前，根据学生的情况和活动任务的目的，语言输入活动可嵌入在口语教学的各个环节中，这样可以保障学生获得足够的语言输入，提高他们的语言输出质量。

激活图示的活动　图示是指学生大脑中对某一话题已有的知识，可分为语言图示、形式图示和内容图示。激活学生大脑中的图示知识可以帮助学生尽快进入角色，激发他们的表达欲望和学习兴趣。在口语教学中常用的激活图示活动与听力教学中可用的活动相似，有头脑风暴、猜词游戏、回答问题、分组讨论等。

控制性操练活动　控制性操练活动主要针对某一个语言点，通过大量重复或替换操练，让学生熟悉语言的结构。这类活动由于其机械性、单一性而显得枯燥、乏味。但适时合理地使用,并与其他活动结合起来操练还是有用的。通过重复操练和替换操练,学生可以巩固能够在口语表达中立刻使用的短语和句子,提高口语表达的准确性。随着学生英语水平的提高,这些短语和句子就会不断的内化,成为学生语言知识体系的组成部分。在教学中,常用的控制性操练有以下几种:

- **模仿和背诵**　模仿和背诵有助于学生养成良好的发音习惯,形成正确的语音语调,培养出好的英语语感,潜移默化地接受英语思维的影响。这种方式在练习短小的功能性语块以及与其相关的语音组合的控制时会特别有用(Scott,2011)。

例　给学生放一段录音,里面含有某些有用的语块类型的项目,如表达特定言语行为的套语。在做完对话理解练习后,教师再播放录音,并在关键点暂停播放,让学生集体或单独重复暂停前的语句。

Recording	Students
A: Hey, Barry, what a great tie! **B**: Thanks. Actually, I've had it for ages, but I never wear it.	
A: It suits you. [pause]	It suits you.
Listen, Barry, I was thinking, do you fancy lunch together sometime this week.	
B: That'd be nice. [pause]	That'd be nice.

(Scott Thornbury, 2011)

- **句型操练**　教师首先说几遍短语或句子,然后要求学生重复。在重复操练的过程中,教师可以通过学生个体和全班同学的变化来改变重复的形式,也可以使用替换操练的方式。

例 1　The teacher is leading a drill.

Teacher: If I were you, I would try.

Student 1: If I were you, I would try.

Teacher: Run.

Student 2: If I were you, I would run.

Teacher: Leave.

Student 3: If I were you, I would leave.

…

例 2　**Teacher**: My favorite food is Pizza. What about you?

Student 1: My favorite food is hot dog. What about you?

Student 2: My favorite food is salad. What about you?

Student 3: My favorite food is hamburger. What about you?

…

半控制性操练活动　半控制性操练活动是介于控制性和交际性之间的活动，是学生在学完特定的词汇和语法结构之后，教师根据学生的语言水平设计的一些以意义为基础的口语训练活动，但交际的内容仍受到教师的控制。

例 1　What are the most important qualities of a good teacher? Tick(√) the words. Then use the words you choose to describe your favorite teacher.

□sympathetic　　□learned　　□tolerant　　□humorous

□intelligent　　□patient　　□attractive　　□strict

例 2　The teacher gives the first half of the dialogue by asking a question.

T: What were you doing when I called you last night?

(The teacher holds on a picture with a person reading a book.)

S: I was reading a book when you called.

T: Oh, I see. What about you, Mary?

(The teacher holds another picture with a person watching TV.)

S: I was watching TV when you called.

2. 说中活动

说中活动通常让学生运用所学的语言完成某项交际任务，是语言技能的运用阶段。活动设计要能够激发真实互动。学习者根据设置的场景，把所学的语言知识融入交际活动中，再根据自己的理解和实际能力表达自己的想法。说中活动以交际为目的，具有更大的自由度和灵活度。在课堂上常用的说中活动有以下几种：

信息差活动　信息差即信息不对称，信息差活动指持不同信息的双方通过交际手段交换信息，填补空白，从而完成交际任务。在课堂上，通过创建信息差，利用学生渴望弥补信息空缺以及传递信息的心理，让他们得到交流的动力，从而使口语交际变得更加真实、有意义。

例 1　**Festival Facts**

- **Name**: Thanksgiving Day
- **Time and Place**: on the fourth Thursday of November in the United States or on the second Monday of October in Canada
- **Celebrations**: displaying turkeys, pumpkins, ears of corn, bunches of grapes, and other kinds of food

(选自重庆大学出版社普通高中教科书《英语》必修第三册 Unit 1 Festivals and Celebrations)

在本课的口语训练中，教师为学生分组，组内成员每人选择一个不同的节日，自行查找资料后，按照以上卡片的形式，制作一张自己的节日信息卡。再让学生两两进行提问，获得对方卡片中的信息。学生提问完一个同学后，可以换人进行提问。教师可以规定时间，让学生比赛，在规定时间内看谁获得的信息最多。

例 2　教师先教或是复习与几何图形有关的名词(如 line, square, circle, triangle, rectangle)以及介词短语(如 on the left, on the right, above…, below…, outside…, inside…),

然后，让学生利用几何图形每人画一幅图，再将学生分为两人一组，把自己画的图“听写”给对方。如 I draw a rectangle. On the left of the rectangle, there is a triangle; inside the triangle, there is a small square…通过“听写”，学生可画出下面的图形。

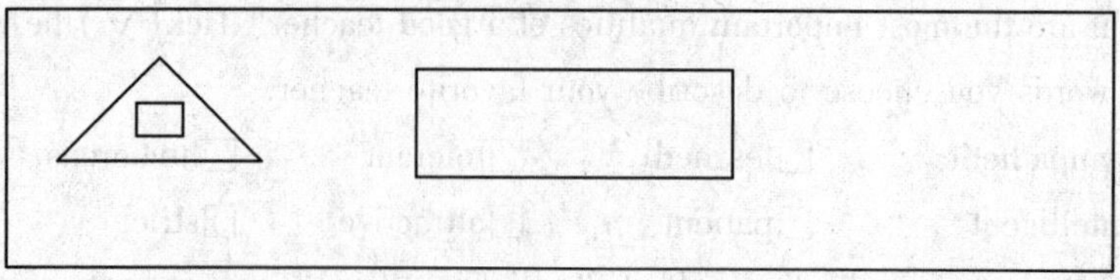

讲故事 讲故事是用通俗易懂的语言将有情节、有内容的事件描述给别人听，是常见的口语独白形式之一。故事是社会生活的反映并充满着对生活的思考。在口语教学中，教师可以选择不同的材料让学生来讲。故事来源可以多样，如让学生复述他们自己读过的故事；让学生讲述他们生活中发生的故事；或让学生根据图片内容自己编故事、讲故事。讲故事的形式也可以多样，如可以请某位同学给全班讲，也可以两两分组互相讲，还可以每人讲一段，进行故事接龙等。讲故事不仅可以锻炼学生的语言表达能力、逻辑思维能力，也可以提高学生们的观察力、想象力，培养他们平时留心记录、积累素材的习惯。

例 Look at the following pictures and the title, and create a fable based on them. Then read the original one and talk with your classmates about what lessons you can learn from the fable.

The Swallow and the Crow

（选自重庆大学出版社普通高中教科书《英语》必修第一册 Challenging Yourself C）

小组讨论 小组讨论是指几名学生围绕某个话题进行探讨以解决问题，或就某个观点进行讨论以达成共识的活动。这种交际行为在真实生活中是实际存在的，因此小组讨论具有相对真实性。学生和学生之间要围绕某个话题进行多个回合的交流，双方不停地交换听和说的角色，尽量根据对方的需求提供信息或倾听别人的意见，并发表自己的见解，以达到交流的目的。因此，小组讨论具有交际性。组织一个成功的小组讨论，教师需要考虑各个方面的因素，包括讨论话题的确定、讨论中规则的制订、学生组合的确定等。话题应是学生较为熟悉的，如 family, school, sports, hobbies 等。话题应具备一定的难度，具体来说应是一个人解决会有难度，但经小组讨论后可以有效解决的问题。另外在保持难度适中的同时，讨论的问题也要有一定的开放性，即问题的答案不是唯一、固定的，而是学生可以根据自己的知识体验或情感态度发表个人观点的。话题应具有一定的启发性和教育意义。在进行分组时，考虑到学生的语言水平、性格特点等因素，应尽量避免出现语言能力较强或性格外向的学生独占话语权的情况。

例　在学完重庆大学出版社普通高中教科书《英语》必修第三册 Unit 3 Special Clothes 后，教师设置了以下讨论话题：

- How would you describe your style of dress?
- How important is the label on the item of clothing?
- "People should not be judged by what they wear." How do you think of this statement?

访谈调查　是以谈话为主要方式了解某人、某事、某种行为或态度的一种调查方法。在访谈前，教师应引导学生确定访谈对象、列出访谈提纲。在访谈中，学生应边听边记，并确保访谈围绕事先确定的主题进行。访谈后，学生应对访谈结果进行整理，最后在班上进行口头汇报。此项活动能让不同能力的学生都尽可能地融入教学活动当中，让他们有机会使用英语提出问题、回答问题、质疑问题，从而促进他们在学习上的互帮互助，提高他们的沟通能力。

例　外语教学与研究出版社普通高中教科书《英语》必修第一册 Unit 1 A new start（2019 年 7 月版）的开篇，便是让学生完成一个关于上学第一天的问卷。教师可利用课本中现成的问卷，让学生在班级中开展访谈活动，并对访谈结果进行总结、汇报。在本单元中，学生还学习了有关 school clubs 和 time management 的相关内容。教师还可让学生自己设计问卷，调查班级其他同学社团活动的参与情况及他们对社团活动的态度等。

角色扮演　角色扮演是一种模拟真实故事情境的教学活动。学生在活动中扮演人物角色，根据语境和不同角色的身份以及自身的理解，用得体的语言和动作，展示该角色的性格和行为。角色扮演可以在课堂中开展，比如让学生扮演课文中或对话中的角色，进行朗读或表演。也可作为课外拓展活动，学生在教师指导下排演英语舞台剧，在全班甚至全校进行展演。通过这些活动，学生可以在实践中感知语言、运用语言，提高他们对英语学习的兴趣。同时，培养学生的团队精神，锻炼他们的心理素质。

辩论　辩论是提升学生口语交际能力、发展思辨能力的有效方法。在英语课上开展辩论活动就是给学生提供运用英语在真实语境中解决实际问题的机会。教师作为英语辩论的引导者，要科学设计辩题。辩题可以和学生的生活或社会热点问题相关，也可以基于课本上学过的知识点。学生在准备辩论的过程中不仅有机会复习学习过的知识点，又能够拓展课堂外的知识，达到良好的学习效果。

例　Have a debate based on the following pros and cons, stating as many reasons as you can.

Pros. We certainly need to save the endangered species, because just as Jane Goodall says, "Only if we help, shall all be saved."
Cons. We don't need to save the endangered species, because I believe in Darwin's "survival of the fittest". And if some species disappear, it doesn't matter since we have a lot of other species.

（选自重庆大学出版社普通高中教科书《英语》必修第一册 Unit 5 Amazing Animals）

3. 说后活动

说后活动通常是在学生完成交际任务后设计的后续活动，是语言技能的优化和夯实阶段。说后活动通常分为评价活动和拓展活动。

评价活动 评价是课堂教学的重要环节，口语课堂的评价有助于学生优化自己的表达。肯定的评价可以让学生看到自己的进步，享受成功的喜悦，提高他们的学习信心。否定的评价可以帮助学生认识自己的不足，发现自己的问题，为进一步努力找到方向。教师的评价应多为正面的、激励性的。指出学生存在的问题时，应注意策略性，避免绝对化、片面化。应坚持多元的评价方式，将教师评价、自我评价和同伴评价相结合。评价应该尽可能客观、具体。教师可针对不同的活动，设置不同的评价表，确定评价的依据和范围。

例

口语评价表

评价指标	评价等级					权　重	评价结果
内容	1	2	3	4	5		
语音、语调	1	2	3	4	5		
语法、词汇	1	2	3	4	5		
流畅性、得体性	1	2	3	4	5		
动作、表情及反应	1	2	3	4	5		

拓展活动 拓展活动是为整合课程内容，提升学生的语言综合运用能力而设置的。说后拓展活动可以帮助学生进一步夯实一节课甚至一个单元所学的语言知识和语言技能。拓展活动应具有综合性、开放性。活动设计应将听、说、读、写各种语言技能的训练结合在一起，给学生提供足够的发挥空间，提升学生的综合素质。常用的活动有开展调查研究，撰写调查报告；进行口头采访，录制采访视频；撰写剧本，排演英语话剧等。

思考与练习：

(1)设计两种控制性口语操练活动。

(2)针对说前、说中、说后阶段，分别设计一个活动。

第五节 口语教学案例与分析

问题导入：

(1)针对 Healthy Eating 这一主题,你将设计哪些教学活动?

(2)你的口语教学目标是什么?

(3)你将遵循怎样的教学原则?

教学资料

Unit 1:Food for thought

Listening & speaking: Healthy eating

选自外语教学与研究出版社普通高中教科书《英语》必修第二册 Unit 1 Food for thought (2019 年版)

教材分析

本单元的主题语境是"人与社会",涉及的主题内容是多元饮食文化和健康的饮食习惯。本单元从介绍不同国家的代表性食物开始,展现了丰富多彩的饮食文化,引导学生深入思考健康饮食和生活方式的关系,反思和改进自己的饮食习惯。通过本单元的阅读材料,学生已了解了一些不同国家的食物和不同职业的人的饮食习惯,并学会了一些描述食物味道、烹饪方法、饮食分类的表达。听力和口语部分侧重对健康饮食的认识和讨论。同时,也涉及了在对话中如何给别人提建议的策略。本单元的内容与学生的日常生活息息相关,饮食是学生熟悉的话题,但对于高中生来说,很多学生还缺乏健康意识,在选择食物时主要考虑自己口味的偏好,通过本单元的学习,教师可引导学生关注食物对健康的影响,提高学生的健康意识。

学情分析

该教学设计针对高中一年级第二学期学生。在本单元学习时,学生已掌握了一些基本的交际策略。大多数学生可以用英语进行日常交流,表达简单的想法和情感态度。学生对饮食这个话题很熟悉,大多数学生已可以用英语描述简单、常见的食物,并可以区分健康食物和垃圾食品。但对有关食物中的营养物质和不同的饮食观念的了解还比较欠缺,要让他们能够用科学的方式谈论这一话题,还需要从知识和语言两方面进行补充。

教学目标

学完本节课后,学生将能够:

(1)掌握与健康饮食相关的词汇和语块,如:vitamin, carbonhydrate, minerals, balanced diet, low fat, high fiber 等;

(2)用 I suggest that we…, Maybe we (you) could…等结构给别人提建议;

(3)讨论并设计一份健康食谱;

(4)树立科学的饮食观和健康观。

教学阶段

阶　段	口语教学活动	活动时间(分钟)
说前活动	图片描述	2
	问题导入	3
	视频观看	5
	句型准备	2
说中活动	信息交换	3
	结对讨论	5
	设计食谱	8
	展示食谱	8
说后活动	说后评价	3
	拓展任务	1

1. 说前活动

设计意图:通过图片、问题导入本节课的话题,激活学生的图示知识,激发他们对话题的兴趣。通过视频,为学生在内容和语言方面提供"脚手架",为完成说中活动做准备。

活动步骤	设计说明
Step 1: Describing pictures T shows the pictures of food (hamburger, salad, coke, dumpling, milk, hot pot, tea, roast duck, etc.) and asks Ss to describe the food with the words they have learned.	1)通过图片展示,以直观的方式引入本课主题:食物。 2)复习在本单元所学的有关描述食物口味、烹饪方法、食物分类的表达。如:spicy, sour, organic food, stir-fried 等。
Step 2: Answering questions Question: If you could choose three items from the food displayed as your lunch, what would you choose? Why?	通过设置情境,将话题与学生的自身爱好联系在一起,了解学生选择食物的态度,激发他们思考应如何选择食物。

续表

<table>
<tr><th>活动步骤</th><th>设计说明</th></tr>
<tr><td>Step 3：Watching video
Teacher plays the video titled Healthy Eating and asks Ss to note down the words about food nutrients.

</td><td>通过观看视频，让学生以更直观的方式了解有关健康饮食的知识和表达。强化相关词汇的学习，如：vitamin，protein，minerals，carbonhydrate，fiber，nutrients，nutrition等。这一活动是语言输入环节，为学生有意义的语言输出做准备。</td></tr>
<tr><td>Step 4：Presenting sentence patterns
T presents sentence patterns for giving suggestions.
e. g. I suggest you that…
What about…
How about…
Maybe we (you) could…
…</td><td>教师提供提建议的句型结构，引导学生关注会话结构和会话策略，为后续完成对话任务做好语言准备。</td></tr>
</table>

2. 说中活动

设计意图：创设有意义的交际场景，让学生在真实的交际过程中感知语言、使用语言。为完成活动式任务，学生需要协同合作、分析、判断及总结，在活动过程提升综合素养。

<table>
<tr><th>活动步骤</th><th>设计说明</th></tr>
<tr><td>Step 1：Exchanging information
Ss work in pairs to ask each other a question and write down the information they have got in the following table.
Question：What do you usually have for breakfast/lunch/supper?
Breakfast：
Lunch：
Supper：</td><td>通过信息交换活动给学生创设交流的语境。利用学生对对方信息的好奇，激发他们的交流欲望。</td></tr>
</table>

续表

活动步骤	设计说明
Step 2: Talking in pairs Based on the recorded information, Ss talk with partners to decide whether their diets are healthy and explain why. Then, give each other some suggestions about healthy eating. Ss can use the following samples for reference. Sample1: Oh, your diet is very healthy. You often eat eggs for breakfast. Eggs are rich in… Sample 2: Oh, you don't have vegetables for lunch. But vegetable is rich in…I suggest you that…	两人一组,根据已获得的信息讨论他们的饮食是否健康,并给出理由和优化饮食结构的建议。让学生利用所学过的有关食物营养的词汇及提建议的表达方式进行实际应用,开展有意义的交流。
Step 3:Discussing and designing Direction: Suppose there would be a restaurant open in our school recently. Please work in groups to discuss and design a healthy menu for it.	教师设置一个有意义的情境:假设学校即将开办一家餐厅,请同学们以小组为单位,讨论并为餐厅设计一份健康菜单。通过设置任务,调动学生的积极性,学生在完成任务过程中继续巩固所学的单词和句型。贯彻"在做中学,在学中做"的理念。
Step 4:Displaying The group representatives display and explain the menus they have designed in the class.	每组选出代表在全班展示并解释小组的菜单设计。学生有机会展示自己的学习成果,使他们获得成就感,激发他们的学习积极性。通过观看展示,学生互相学习,发现问题,取长补短。

3. 说后活动

设计意图:通过评价让学生了解自己在思想、语言、技能等方面的进步和不足,帮助他们改进自己的语言表达能力。课后作业将说和写的任务结合在一起,给学生提供用语言做事的机会,帮助他们进一步巩固、夯实所学的内容。通过了解自己熟悉的零食,让学生认识到自己在选择食物时存在的问题,提升他们的健康饮食意识。

活动步骤	设计说明
Step 1: Assessing Ss vote to choose the best menu and ask three or four Ss to explain their choices. T makes comments on the performance of each group.	学生可选择自己组的菜谱为最佳,也可选择其他组的为最佳。通过这种方式,在评价中实现将自我评价、同伴评价、教师评价相结合,启发学生发现自己和同伴的问题和闪光点。教师点评以鼓励为主,指出比较普遍,比较突出的问题,帮助学生完善语言表达。
Step 2: Homework assigning Ss work in groups to find out information about some snacks in a supermarket, including the **ingredients**, **tastes**, **why people buy them** and **the benefits/harms of eating them**. Write a report and give some suggestions to the classmates about choosing snacks. The representative of each group makes an oral presentation in class.	学生分成小组,去超市调查一些有关他们熟悉的零食信息。基于调查形成报告,并对同学们选购零食提出建议。通过口头和书面两种形式呈现活动结果。本活动是课堂活动的延伸和拓展,要求学生们综合运用所学的语言知识解决实际问题。将课堂学习拓展到实际生活。在活动中,同学们需要分工合作,对信息进行综合分析和整理,既能提升语言能力,也能提升综合素质。

案例分析

本教学案例设计分为说前、说中、说后三个阶段,教学目标明确,层次分明,环环相扣,有效地训练了学生运用语言知识分析问题、解决问题的能力,以及用英语进行思维和表达的能力。

本案例的活动设计体现了口语课活动多样性的原则。在教学的每个阶段都有不同的活动。活动内容多样,如回答问题、讨论、信息交换等。活动形式多样,有全班集体回答,两人一组活动也有小组活动。同时将多种语言技能训练结合在一起,通过视听活动为学生的口语表达提供"脚手架"。又将口语与写作结合在一起,帮助学生不断巩固所学的知识。多样的语言实践活动提升了学生参与的积极性。所有的活动都围绕着"健康饮食"这一主题,并且融入了用英语提建议这一交际技能的训练,考虑到了交际策略的教学。

本案例的活动设计遵循了互动性、情境化原则。教师通过学生熟悉的图片和与他们自身相关的问题激活学生的背景知识,激发他们的学习兴趣;通过信息交换,让学生谈论自己的饮食结构。设置情境,明确任务,让学生完成菜单的设计。学生通过讨论、合作、交流,在自然、真实的情境中,应用语言解决问题,实现学以致用。

本案例将语言输入和语言输出有机结合在一起。通过视听活动,让学生从语音、语调、词汇、句型等各方面感知语言。通过教师讲授,让学生了解提建议的句型结构。注重在语境中操练单词和句型,让学生在学中练、练中学,学练结合。

本案例中的教学活动层层递进，从易到难，兼顾了培养口语准确性的活动和培养口语流利性的活动。在教学过程中，教师能根据学生的实际知识水平设计教学活动，以他们熟悉的食物图片为切入点，自然引入主题；并通过学生对自己饮食习惯的反思和对自己喜欢的零食的调查研究，强化了语言的输出。

本案例把素质教育渗透到了课堂中。教学中教师引导学生了解饮食对健康的影响，让大家在活动中反思自己的饮食习惯，提升大家的健康意识。通过结对和小组让学生在互动中解决问题，提高了他们的沟通能力、合作能力、分析及解决问题的能力。

教学设计实践

请以 A Life in Sport 为主题，为高二学生设计一堂口语交际课。

第八章

阅读教学设计与案例分析

目标导航

学习本章之后,你能够:

- 定义阅读并阐释阅读理解模式;
- 分析影响阅读理解的因素;
- 描述阅读教学的发展历程;
- 说明阅读教学的内容;
- 阐释阅读教学的原则;
- 设计阅读教学的活动。

第一节　阅读教学的基础知识

问题导入:

(1)什么是阅读?

(2)为什么要教阅读?

(3)阅读理解有哪些模式?

(4)影响阅读理解的因素有哪些?

(5)阅读教学的发展历程如何?

阅读是读者利用自己的语言及思维能力去理解、解读文本的过程。在这个过程中,读者运用多种方式去获取文本信息,解读作者所传递的思想,从而达到与作者交流思想的目的。通过阅读,读者可以体验不同情感,丰富生活经历,提升思维方式。阅读英语材料还有益于学生体验英语文化,培养国际视野和跨文化思维。

1. 阅读的内涵

阅读是一种常见的认知活动,是读者利用文本材料的信息,从语言材料中接受、提取信息,通过与自己大脑中的已有知识相结合,从而建构意义的过程(王笃勤,2012)。英语阅读主要是以默读的方式理解英语文本和获取书面信息,它是一个有目的的心理、认知和情感的语言解码过程,包含了运用多种方式思考和解读书面语言所传递的各种意义,并在此基础上使读者和作者交流思想情感(朱晓燕,2011)。阅读是一种“为理解而读”的活动,其目的是理解文本的整体意义而非每个单词。通常情况下,如果阅读材料是完整的、有意义的意群(Whole Meaningful Unit),而非不连贯的词块(Disconnected Bits),读者更容易理解文本(Ur,2000)。

综上所述,英语阅读是一种认知活动,是学生利用已有的英语能力与思维方式理解文本、感悟作者思想的过程。通过英语阅读,学生能够发展阅读能力,收获语言知识和科学文化知识,拓展思维,并提高审美、鉴赏和评价的能力(梅德明、王蔷,2018)。

思考题:一篇文本材料的单词越多,所需要的阅读时间就越长。你同意这个说法吗?为什么?

2. 阅读的重要性

阅读具有重要价值和意义,这早已成为广泛共识。古人云“立身以立学为先,立学以读书为本”,读书被视为立学、立身之本。对于发展中的青少年而言,阅读可以帮助他们提升文化底蕴、拓展生活经验、涵养道德品格、培养终身学习的意识和能力。因为多读书以及读好书与青少年儿童的学业成绩、品格培养与终身发展紧密相连,所以重视阅读具有十分深远的意义。《普通高中英语课程标准(2017 年版)》提出,英语教学要发展学生的英语学科核心素养。培养核心素养主要通过传授英语语言所承载的中外优秀人文知识和科学知识实现,育人的过程与语言学习和内容理解的过程紧密联系,这其中必然包括大量的阅读活动(王蔷,2017)。而且,英语在我国是一门外语,书面文字是英语学习者接触英语的主要方式。通过阅读,学生不仅能够学会语言知识,领悟文章的文化科学内涵,更为重要的是能够学会使用恰当的英语阅读策略,掌握阅读方法和技能,逐步培养用英语获取、处理信息的能力,学会用英语进行思维和表达、分析和解决问题(郝国强、刘爱玲,2006)。综上所述,阅读在拓展学生语言文化知识、提升人格品质、发展思维能力和学习能力方面具有不可替代的作用。

思考题:大量阅读对学生的英语学习有什么好处?

3. 阅读理解的模式

通常情况下,阅读理解涉及三种理解模式,分别是自下而上模式(Bottom-up Model)、自上而下模式(Top-down Model)和交互模式(Interactive Model)。

自下而上模式的阅读是读者逐词逐句解码直至获取文本意义的过程。在阅读中,学生从识别字母开始,然后识别词素和单词,进而识别语法结构、句子和较长文本。自下而上模式下的阅读是一个有层次性的、从部分到整体、从文字表面到文本深层、从外部到内部的理解过程。因此,根据此模式的假设,学生理解阅读文本必须首先具备相应的语言知识,因为学生理解语篇取决于对构成语篇的句子的理解,而句子的理解又离不开对词的理解;对词的理解又依赖于识别字母(冉永平,1996)。可见,自下而上模式强调低层次语言知识的重要性,它重视字、词、句层面的理解,但却否定了读者自身在理解文本时所发挥的积极作用,例如,读者可能会从语篇以外获取相关信息帮助理解文本等。

自上而下模式与自下而上模式相反,被认为是一种心理语言的猜测游戏(psy-cholinguistic guessing game)(Goodman,1967)。这一过程可以解释为:读者在阅读前或者阅读时根据他们对主题的先验知识和经验,猜测或预测文本内容。然后,读者继续阅读文本,寻求对主题的确认。整个阅读过程是预测、验证预测、修正预测、调整预测的过程。通过这种方式,读者即便不能理解所有的单词,也能理解文本的大意。成功的阅读来自对文本的整体理解,而这种理解通常是建立在背景知识或者语境基础上的。在阅读中,一旦词汇对阅读造成障碍,精通阅读的读者通常会采取自上而下的阅读模式来理解文本。自上而下模式强调了读者的先验知识及整体阅读对于阅读理解的积极作用,然而,它一味地强调高层次的知识和认知思维,却忽略了字词等低层次知识在阅读理解中发挥的作用。

交互模式是目前公认的对阅读过程最全面的描述。它结合了自下而上和自上而下模式的元素,视阅读为一个交互过程,包括了读者与文本的互动和文本与已有知识的互动。在阅读时,读者会利用已有的相关知识处理文本信息,如果缺乏必需的图式知识,读者可以利用其他方面的知识减少阅读障碍,例如当缺少文化背景知识时,读者可以运用语言知识和语篇知识理解文本信息。阅读过程中存在不同水平、不同层次的信息和技能。文本的词汇、语法、句法等语言知识影响对文本信息的感知。技能从低水平到高水平分别包括辨认词素、单词,理解句子,分析衔接手法、段落结构、语篇话题,推理文本内涵意义及逻辑等。交互模式阅读能以较高层次的技能和信息影响低层次的处理和分析,语篇的推理和单词的辨认互相影响,互为作用,因此克服了前述两种模式各自的局限(阮周林,2001)。

思考题:自下而上模式和自上而下模式分别有什么局限性?

4. 影响阅读理解的因素

成功的阅读理解涉及多方面的因素,影响阅读理解的因素主要包括以下几个方面:

心理因素 心理因素主要指学生的阅读动机。阅读动机主要表现为学生有阅读的动力和需要;学生对阅读表达出持久浓厚的兴趣;学生具有自主阅读意识和阅读能力;学生有长期的阅读兴趣和行为(王笃勤,2012)。动机是驱使学生完成学习任务的重要因素,若缺乏阅读动机,就会导致阅读效率低下。

语言因素 语言因素主要包括文本中包含的词汇、句法及篇章结构等知识。研究表明,阅读文本中的生词量在5%时,读者可以利用阅读策略、背景图式来猜测词义、理解文章大意,但是一旦生词比例过高,理解就会变得很困难。例如,若一句话十个单词,一半以上是生词,即便是有背景知识、阅读策略,理解都很困难。而且,阅读材料是一种书面用语形式,涉及的词汇范畴较为广泛,句式结构也较为复杂,若学生缺乏相应的句法知识,不理解不同句式的意义,就会增加他们理解文本意义的困难。因此是否具有相应的语言能力决定了学生能否成功理解一篇文章。

图式知识 图式是“输入并储存在头脑中所有对世界的一般认识”(崔雅萍,2002),是“人们大脑中储存的相互关联的各种知识、观点与概念”(鲁子问、王笃勤,2005)。图式理论强调了背景知识在阅读理解中的作用。读者对文章的理解过程就是文章与读者的背景知识相互作用、产生共鸣的过程。若读者能够将文本与其已有的背景知识联系在一起,那么这样的阅读就是高效的(亓鲁霞、王初明,1988)。阅读材料的话题涉及人们的日常生活、文化、科技、文学等方方面面。若读者缺乏相关话题的背景知识,或者无法在新旧知识间建立联系,就会给阅读理解增加难度。比如在阅读"The Beatles"[重庆大学出版社高中《英语》(2019年版)必修第一册 Unit 3]一文时,若读者了解披头士乐队,那么相应的图式知识就会帮助读者高效地完成阅读。

策略知识 策略是提高学习效率的主要因素之一。学生运用阅读策略的水平高低,会直接影响到他们理解的水平和效率(葛炳芳,2011)。研究表明,成功的阅读者在阅读的过程中,会不断与文本互动,灵活地选用正确的阅读策略。另外,成功的阅读者会有意识地在阅读中使用策略帮助理解,例如词汇技巧和结构分析策略等(刘丹丹,2002)。在阅读中,选用正确的阅读方法或步骤可以帮助读者更好地理解文章,例如,理解篇章主旨可以通过快速浏览主题句和结论句;词义猜测可以借助上下文语境中的信息或构词法判断;预测文章内容可以借助标题或副标题,而附有插图的文章则可以借助插图推测文本内容。有效使用阅读策略可以提高阅读效率,帮助学生培养良好的阅读习惯和能力。

阅读习惯 是否有正确的阅读习惯也是影响阅读效率的一个重要因素。常见的不良阅读习惯有声读、心读、指读、回读等。这些阅读习惯或多或少会影响阅读的效率。声读可以帮助学生培养良好的语感和口语表达能力,适用于晨诵早读、与他人分享阅读片段或者鉴赏美文,如果在阅读大量英文资料时出声朗读,就会影响阅读的速度和效率。心读是指在阅读时,学生在内心清晰地发出并听着每个单词的发音。这种阅读习惯也会直接影响到阅读的速度和效率。指读是指用手指、铅笔或尺子等指点着文本,一个词一个词阅读的习惯。指读妨碍了视觉感知文本并限制了大脑的快速活动能力。回读是指读完一个句子或段落后回过头去再重复阅读,频繁回读不仅会影响对整篇文章的理解,还会减低阅读速度、拖延阅读时间。以上不良习惯都会打断阅读思路,降低阅读效率。因此,要提升阅读效率,提高阅读水平,就要培养良好的阅读习惯。

思考题:*(1)作为外语学习者,你认为哪些因素会影响你理解一篇外语文章?*

(2)考虑到各种影响阅读的因素,你认为教师应该如何帮助学生提升阅读能力?

5. 阅读教学的发展历程

阅读教学是一个经久不衰的研究课题。在 20 世纪 60 年代以前,人们对阅读理论和教学的研究一直停留在字、词、句的层面上。研究者将外语阅读理解为对字、词、句的认知解码过程。人们普遍认为,只要读者掌握了一定的词汇和语法知识,就自然学会了阅读。20 世纪 60 年代以后,随着认知心理学和心理语言学的发展,人们对阅读的认知过程有了新的认识,对阅读教学的研究也达到了一个新的高度。对阅读教学方法的研究大概可以分为以下几个方面。

在自下而上的阅读理解模式的影响下,传统外语阅读教学把重点放在字、词、句等由低到高的线性信息处理过程上,教师的教学任务就是帮助学生扫除语言障碍。然而,该模式把低层次语言理解过程与高层次认知过程截然分开,忽视了读者可能带进阅读过程的高层次知识的作用,同时,若读者过度关注字词处理,那么其理解的效率有可能大幅降低(冉永平,1996)。

以自上而下的阅读理解模式为理论基础,阅读教学出现了新思路。例如,基于该理论编写阅读教材时,每一篇阅读课文被分为了预读、阅读和读后三部分。其中,预读环节的目的是通过文字或者图像导入背景知识,让读者为阅读做好知识和经验上的准备;读后环节则通过测试和练习考查读者的理解情况,以便为促进学生理解提供进一步的帮助(罗竞、赵登明,1999)。实验证明该阅读教学方法有一定的成效。然而,该理论过分强调高层次认知过程对低层次语言理解过程的作用,却忽略了低层次知识在理解过程中的重要性,导致在很长一段时间内,词汇等语言知识在阅读中的作用被严重低估。

20 世纪 70 年代末至 80 年代初,针对以往阅读教学方法在实践中的局限性,研究者提出了新的阅读理解模式。他们认为阅读过程不仅包括自下而上(Bottom-up)的语言理解过程,而且还包括自上而下(Top-down)的认知过程。将二者结合,通过读者与语篇的互动实现语篇理解,从而形成了交互阅读模式(Interactive Model)。在该阅读模式出现以后,人们开始认识到背景知识在阅读中的重要作用,于是出现了图式理论(Schema Theory)。该理论将阅读过程解释为读者的知识和技能与语篇信息相互作用的过程。在交互阅读模式和图示理论的支撑下,整体阅读法得到了提倡。整体阅读法的教学关注点是语篇分析,同时兼顾句法和篇章分析。一般来说,整体阅读法遵循以下教学步骤。首先是快速阅读,要求学生在较短的时间内整体把握文本内容,获取文本主题,因此在这一步要教会学生找主题段落、主题句等;其次是语篇阅读,侧重识别关键信息,分析句式以及篇章结构,通过分析推断文本内容之间的联系,培养学生的阅读策略与技能,提升阅读能力;最后是教师引导、学生讨论与语言操练。教师可以通过剖析文章体裁、语言特点等帮助学生进一步深入理解所学文本。因此,整体阅读法既可以引导学生整体理解文本意义,又可以通过对重点句子的分析,帮助学生理解文本语言,在提升阅读能力的同时,积累语言知识,实现提升阅读能力和掌握语言知识的双重目标。

总之,基于阅读理解模式、图式理论的研究,阅读教学方法也在不断地改进,例如重视扫除阅读材料的语言障碍,提倡读者在阅读中的积极作用,重视背景知识,重视体裁在阅读中的指导意义等。

思考题:阅读教学先后受到了哪些阅读理论的影响?

第二节　阅读教学的内容

问题导入:

(1)阅读教学应包括哪些内容?

(2)如何确定阅读教学的内容?

阅读教学包括两个方面,分别是学习阅读(Learn to Read)和阅读学习(Read to Learn)(王笃勤,2012)。具体来说,学习阅读的主要目的是培养学生的阅读理解策略与技能,例如猜测词义、推理分析、获取主旨大意、区分事实与观点等。通过培养阅读策略与技能，让学生掌握科学的阅读方法，提升阅读能力。阅读学习主要指学生通过解读文本内容，学习语言知识、积累人文科学知识、发展思维能力等。《普通高中英语课程标准(2017 年版)》提出英语课程的具体目标是培养和发展学生在接受高中英语教育后应具备的语言能力、文化意识、思维品质、学习能力等学科核心素养。要落实核心素养的课程目标，就要构建与其一致的课程内容(梅德明、王蔷，2018)。作为英语学习关键之一的阅读教学应当在理解文本中提高语言能力；在学习文化知识中培养、增强文化意识；在深入解读文本内涵中发展思维能力；在学习运用阅读策略中培养自主学习能力。综上所述，阅读教学应当包括阅读策略与技能、语言知识、文化知识、思维能力训练四个方面。

1. 阅读策略与技能

就教学内容而言，阅读教学的首要目标应该是培养阅读策略与技能。在教学中，教师和学生应当注意不要混淆阅读策略和阅读技能的概念。首先，“阅读技能(Reading Skills)”这一术语在研究领域出现的时间早于“阅读策略(Reading Strategies)”，二者具有不同的理论根源。阅读技能以行为主义心理学为基础，指一系列自动化的行为和认知；而阅读策略是随着信息加工模式的出现而逐渐流行起来的。其次，阅读技能是自动化的习惯行为，能够使读者无意识并且高效、迅速、流畅地解码以及理解文本；而阅读策略则是一种有意识、有目的的行为。为了更好地解码、理解文本，构建文本意义，读者通常会有意识地采取一定的阅读方法或步骤，调节阅读行为(Afflerbach, et al.,2008)。但是，阅读技能和阅读策略又具有一定的相关性，二者是递进的关系。在阅读中，读者根据阅读情境、文本难易度及具体的阅读任务有意识地选择相应的阅读策略。这种策略经过长期、有意识的使用及练习，就会转化为阅读技能。因此，在英语阅读教学中，教会学生使用正确的阅读策略，并且进行长期、大量的指导练习，对于提高学生的阅读能力十分重要。

阅读策略可分为认知阅读策略和元认知阅读策略。认知阅读策略主要指在具体的阅读任务中所采用的方式方法。常见的认知阅读策略包括以下几种(王蔷，2006)：

❖ 预测阅读文本内容(predicting the content of the text)
❖ 略读获取文本大意(skimming the text for the main idea)
❖ 区分主旨与论据(distinguishing main ideas from supporting details)
❖ 跳读获取细节信息(scanning the text for the specific information)
❖ 联系图式知识帮助理解(connecting text to background knowledge)
❖ 推理推断(making inferences)
❖ 猜测陌生词汇词义(guessing the meanings of unfamiliar words or phrases from context)
❖ 区别事实和观点(distinguishing between opinions and facts)
❖ 理解作者观点态度(analyzing the opinions and attitude of the author)
❖ 分析语篇结构(analyzing discourse and text structure)
❖ 总结文本信息(summarizing information)

……

元认知策略的发展也是阅读教学的核心目标之一。发展元认知策略可以帮助学生培养自主学习能力。它包括了以下几个方面：

❖ 先行组织（阅读前准备）
❖ 阅读过程中的规划、监控和评价
❖ 阅读策略的应用与评价
❖ 阅读资源的有效利用

……

阅读策略的获得需要大量的阅读实践，要培养学生的阅读策略，唯有通过有计划、有规律、有技巧的课堂呈现和师生交流方能实现（陈永芳 等，2013）。一般来说，在阅读课堂中，策略训练包括以下五个步骤（王笃勤，2012）：

步骤 1：展示（presentation）：展示所训练的策略。

步骤 2：示范（teacher's modelling）：教师展示策略的操作。

步骤 3：训练（scaffolding/reading）：学生通过阅读对所展示的策略进行训练。

步骤 4：评估（evaluation）：检查学生是否掌握目标策略。

步骤 5：扩展（expansion）：提供更多综合训练所学策略的机会。

任何策略的培养都应该包括呈现、训练、应用三个环节。呈现环节可以采用归纳或演绎的方式讲授阅读策略。如果学生不是首次接触目标阅读策略，就可以不再演绎其操作方式，直接提示后交代阅读任务即可。对于训练环节，一般教材中并没有直接的训练活动，因此教师要利用阅读文本设计相关的活动进行策略训练。应用环节通常要求学生根据阅读任务独立选择适当的策略。而教师则根据学生的任务完成情况评价学生是否已掌握目标策略。

阅读技能是阅读文本必需的信息加工方式。按照阅读方式，阅读技能可以分为速读能力与精读能力。速读能力包括速读实现某个阅读目的、速读确定文章主旨大意、扫读寻找细节信息等。精读能力包括以下几个方面：细读确定文本主旨、细读确定文本要点内容、区分事实与观点、识别作者的态度、推理文本隐含的意思、批判性地评价或欣赏文本（邹为诚，2015）。发展学生的阅读技能，就是使学生能够通过读前、读中、读后三个阶段的教学活动，获取书面语篇所传递的主旨大意、细节信息，理解作者观点、情感和态度，推理文本隐含的意思等。

在阅读策略与技能教学的过程中，需要注意以下几点：①教师要把目标策略与技能的相关知识和操作方式明确地呈现出来；②培养策略的目的是提高阅读效率，因此，策略教学需要服务于阅读教学。教师要在阅读活动中有意识地渗透和培养学生的策略意识，切勿将策略作为课堂知识进行“填鸭式”的教学（陈永芳等，2013）；③阅读策略和技能的习得需要长时间的实践，因此教师在培养学生阅读策略的时候应给予充分的时间和耐心，把阅读策略的培养作为长期的教学任务，逐步强化，同时积极鼓励学生主动将阅读策略转化为技能。

思考题：（1）阅读策略等同于阅读技能。你同意这种说法吗？为什么？
（2）在阅读教学中如何发展学生的阅读技能？

2. 语言知识

语言知识是阅读理解的基础，它包括语音、词汇、语法、语篇和语用知识。《普通高中英语课程标准(2017 年版)》指出,学习语言知识的目的是发展语言运用能力。就阅读而言,学生要关注语言知识在语境中的表意功能。

首先,在词汇层面上,阅读教学要关注其所传递的与主题相关的信息或观点,理解具体词语的功能、词义的内涵和外延以及使用者的意图和态度等。其次,在语法层面上,阅读教学要引导学生意识到语言中使用的语法知识是“形式—意义—使用”的统一体,学习语法的最终目的是在语境中有效地运用语法知识来理解和表达意义。因而,在阅读教学中,教师要通过语境引导学生去理解语法知识的意义。再次,语篇是表达意义的语言单位,包括口头语篇和书面语篇。语篇知识是关于语篇是如何构成、如何表达意义以及人们在交流过程中如何使用语篇的知识。语篇知识在阅读理解中具有重要作用,它可以帮助读者有效理解阅读材料,例如关于语篇中的立论句、段落主题句可以帮助读者把握文章脉络,从而提高阅读效果。因而,从语篇层面讲,阅读教学要引导学生学习不同体裁文章的主要写作目的及主要语篇结构特征等语篇知识。教师要有意识地渗透语篇知识,帮助学生形成语篇意识,把握语篇的结构特征,从而提高理解语篇意义的能力。最后,语用知识指在特定语境中准确理解他人和得体表达自己的知识。语言的得体使用必须考虑交际参与者的语境。语境包括交际的时间、地点、情境等环境因素,也包括参与人的交际目的、交际身份、处境及心情等个体因素。从语用层面讲,阅读教学除了要创设真实的语境,还要有意识地帮助学生学习不同的书面文体,如记叙、说明等,及其文体结构和语言表达特征,帮助学生建构文本结构图式,为其恰当理解及使用书面文体奠定基础。

在阅读教学中,语言处理不是孤立、抽象地讲解语言知识,而是在文本语境中理解、学习语言。因此,在阅读教学中,教师要引导学生在提取信息中感知语言,在评价文本中赏析语言,在提升思维中运用语言(王秋红 等,2015)。

思考题:语言知识对于语篇理解的意义是什么?

3. 文化知识

语言往往蕴含了一定的文化内涵,其背后所承载的不仅仅是作者所表达的事实、观点、情感等内容,同时还传递了文化和价值观念。因而,阅读教学不仅要帮助学生梳理文本信息、学习语言知识,更要引导学生关注文章所传递的价值观念以及文化意识等。文化意识是英语学科核心素养之一,主要指中外优秀文化,包括人文知识和科学知识。文化意识是学生在全球化背景下对中外文化的理解和对优秀文化的认同,也是学生在全球化背景下所表现出的跨文化认识、态度和行为取向。《普通高中英语课程标准(2017 年版)》建议文化意识的形成与发展可通过文化知识的教学实现。首先,可以利用教材课文所承载的文化内涵和价值取向以及相关的文化知识背景;第二,与文化习俗相关的习语和成语要在了解其背景的基础下进行巩固、交际性的操练;第三,教师还可以在与英美文化相关的重要时间节点设计相关的文化知识学习活动,引导学生理性对待不同的文化;第四,在课内外创造文化知识学习的氛围和环境,例如专题阅读等。总之,文化意识是可培养的,要让学生获取文化知识,理解文化内涵,并在此基础上比较、鉴别中外不同的文化,汲取文化精华,并将其内化于心,外化于行,形成个人的品格和品行(梅德明、王蔷,2018)。

思考题：如何培养学生的文化意识？

4. 思维能力训练

阅读教学中所使用的文本不仅是学习语言的来源，更是发展思维能力的载体（葛炳芳、洪莉，2018）。然而，当前大多数的阅读教学依旧处于浅层次的状态，对于阅读文本依旧遵循“先梳理文本信息，后讲解语言知识”的模式，对于学生深度阅读的思维能力训练较少或者基本未能涉及（贵丽萍 等，2011）。要在阅读教学中开展有效的思维训练活动，首先要认识思维能力包含哪些方面。思维能力可以从四个方面来讲：观察与比较、分析与推断、归纳与建构、批判与创新（梅德明、王蔷，2018）。在阅读中开展思维训练活动，学生就要能够运用语言，辨析语言和文化中的具体现象；梳理概括信息，建构新概念；分析推断信息的逻辑关系；正确评判各种思想观点，创造性地表达自己的观点，具备初步运用英语进行独立思考、创新思维的能力。教师在课堂上可以通过提问、解释、分析等方式组织阅读活动，以促进学生思维能力的发展（鲁子问，2019）。

思考题：请举例说明学生的思维能力包括哪些能力。

阅读课堂的教学内容应当基于核心素养的要求和充分的文本解读。英语学科的四大核心素养作为一个整体存在，在课堂教学中，是不能互相割裂的，因而阅读教学是能够发展学生核心素养能力的综合性教学行为。教师应当具有整合意识，将核心素养的培养与阅读教学的内容紧密结合。但是，在阅读教学中，阅读语篇不同，教学阶段不同，相应地，教学内容的重点也应该有所不同。因此，教师在组织阅读课时，要综合考虑文本理解、技能与策略训练、思维能力培养、语言文化知识学习等各个方面的因素，但在设计教学活动时，又要确定明确的目标，突出课堂教学的重点（葛炳芳，2015）。阅读教学内容的确定依靠的是对文本的充分解读。事实上，同一文本，教师可以尝试从不同的角度进行解读，以此来确定综合性教学活动中的侧重点。

第三节　阅读教学的原则

问题导入：

英语阅读教学应该遵循哪些原则？

在英语阅读教学中，教师关注的重点是“如何帮助学生学会阅读”这个问题，需要认真考虑如何选择教学资源、激活或丰富学生的图式知识、培训阅读策略、开展阅读活动等。以下原则有助于指导教师有效开展阅读教学。

阅读材料的可理解性原则　阅读不仅仅是理解文本信息，还要促进学生阅读能力的提升与发展。根据克拉申（Krashen）的“输入假设理论”，语言学习者是通过吸收可理解性的输入习得语言的。也就是说，学习者要有效习得语言，那么学习内容就不应该超过学习者的现有水平,能够被学习者所理解,但是它又必须包含略高于语言学习者现有水平的语言知识结构,以便让学习者在理解的基础上有一定的进步,即"i+1"。根据该理论,如果语言输入难度远远超出学习者的现有水平,或者接近甚至低于学习者的现有水平,那么学习者都难以达成高效学习。因此,作为语言学习的阅读材料对于学生来说应该是难易适中的,过难或者过于简单都不利于提升学生的阅读水平。在阅读教学中,教师应该根据教学目标,综合学生的兴趣、背景知识等因素调整阅读材料、整合阅读资源,为学生提供可理解的、有益于其能力发展的阅读材料,以便让学生能够以现有的阅读水平为基础,通过可理解输入达成一个小的跳跃式的进步。

思考题: 阅读材料越简单,越有利于发展学生的阅读能力。你认同该观点吗？为什么？

为理解而教原则　教师需要明白阅读教学的目的是发展学生的阅读能力,而非测试其阅读理解能力。在很多阅读教学课堂上,教师常常要求学生读后根据问题选择恰当选项。事实上,该类活动仅仅是测试学生阅读理解的结果,对学生阅读能力的发展助益颇少。教师要为理解而教,就必须教会学生使用认知策略与元认知监控策略,即学生不仅需要阅读,还要能够监控自己的阅读过程。在阅读中,学生还要能够与老师或同学交流为了理解文本所选用的阅读策略。"询问作者"(Questioning the Author)是一种极好的技巧,它能使学生参与有意义的认知和元认知与文本的互动,并帮助学生从文本构建意义。这种方法要求学生们阅读并理解篇章意义,而不是单纯地从文章中检索信息。"询问作者"要求教师和学生在阅读材料时对文本进行询问,例如"作者在这里想要说什么?""作者想要传达的信息是什么""作者在谈论什么?"等(Nunan,2004a)。

思考题: 如何确定阅读教学活动有助于增进学生理解文本？

策略教授原则　阅读教学并非单纯地指导学生处理一篇文本,而是要通过学习理解文本发展学生的阅读能力,培养学生的策略意识。同时,能够让学生通过一篇文章的学习,掌握同一类文章的阅读策略和技巧。教授策略不仅仅是让学生学习相关的策略知识,更重要的是让学生知道如何使用阅读策略以及整合使用不同的阅读策略。要让学生意识到他们所使用的策略,一个较好的方法就是让他们在阅读时用语言表达自己的思维过程,学生们可以听听其他同学是如何理解一篇文章的。通过口头表述阅读时的思维活动,能够让学生有效意识到他们使用的阅读策略(Nunan,2004a)。另外,教师还应该鼓励学生将有意识、有目的的阅读策略转化为自动化的阅读技能。学习者有目的、有意识的学会一种阅读策略,并经过长期大量的阅读实践,策略就会转化为技能。因此,任何一种外显的阅读策略指导最终都是为了使学生将有意识的阅读策略转化为无意识且流畅解码文本的阅读技能。教师应当明白这一目标并且在阅读教学中积极实行这一原则。

思考题: 教授阅读策略等同于教授阅读技能。你认同该观点吗？为什么？

学生主体原则　学生是英语学习活动的主体,在学习的过程中,他们需要与文本、活动、教师、同伴等积极互动,主动掌握知识。学生的主体地位还表现为学生主动整理知识,探索英语学习方法,积极发展语言能力(鲁子问,2019)。学生是有思维能力的、活生生的教学对象,必须注重激发学生学习的主动性。尊重学生的主体性还体现在尊重学生的个体差异和学习风格。因此,阅读活动应当具有多样性,以适应不同学习风格的学生的需求和特点。例如,在读前导入活动中,教师可采用多媒体辅助教学,吸引学生的注意力,同时为语言学习创设情境;读中理解活动除了常见的问题引导式,教师还可设计匹配连线、文本结构梳理、思维导图、填空、表格填写等活动;读后巩固应用活动可以采用提问、讨论、辩论的形式,也可以进行角色扮演、演讲、书面或口头总结全文,还可以做海报设计、画图等。在课堂活动形式方面,教师可以充分利用小组合作和同伴互助的优势,尽量多设计小组合作、同伴结对的组织形式,确保每一位学生都能够充分参与课堂教学活动,最终都能够理解文本。总之,教师要尊重学生的主体性,并在活动设计中充分体现这一原则。

思考题:如何在阅读教学中突出学生的主体地位?

搭建支架原则　学生理解一篇文章需要一定的语言基础、策略知识和图式知识,因此在阅读的各个阶段,教师都应根据学生的实际情况为阅读理解搭建支架。例如,为较陌生的阅读话题提供背景知识,以帮助理解文章;或者提前教授单词,减少阅读障碍。在涉及阅读策略时,教师还要确保学生知道如何选择及使用恰当的阅读策略。在输入环节,教师要注重输入的量,在语言和文本信息方面都要给学生搭建足够的支架,做好充分的铺垫,还要保证输入知识和输出任务要求的一致性,从而为学生的输出"架桥铺路"。

思考题:阅读教学中,教师如何为学生搭建支架?

第四节　阅读教学活动设计

问题导入:

(1)如何进行读前导入?

(2)读中和读后可以开展哪些教学活动?

通常情况下,阅读教学的过程可以分为读前(Pre-reading)、读中(While-reading)及读后(Post-reading)三个阶段。不同的阅读教学阶段有不同的教学活动。

1. 读前活动(Pre-reading Activities)

读前活动是学生在阅读前所做的准备活动。该阶段的活动通常是为了激发学生的阅读兴趣、创设阅读情境、建立阅读动机、表达对话题的态度、激活背景图式、熟悉文本语言知识等。读前活动主要包括预测、头脑风暴、讨论、读前关键词汇教学等。

预测　要求学生根据文章标题、小标题、插图等预测文本内容、文章结构及文本信息呈现顺序等。

例 1　Read the title and look at the pictures. What do you think the text is about?

Title:

FROM PROBLEMS TO SOLUTIONS

（选自人民教育出版社普通高中教科书《英语》必修第二册 Unit 1）

例 2　The possible type of writing of the topic “On Freedom” could be ________.

A. narration　　B. exposition　　C. argumentation　　D. description

例 3　Look at the following pictures and predict what the coming story is like by putting them in order. Then read the text to check your prediction.

The proper order: □→□→□→□→□

（选自重庆大学出版社普通高中教科书《英语》必修第三册 Unit 2）

头脑风暴　该活动的目的是激活学生的图式知识，主要是教师提出与阅读话题相关的问题，要求学生自由联想并在规定时间内写下或说出可能的回答或者相关联的词汇。例如：

Write as many words, related to “harvest celebrations”, as you can think of.

使用 KWL 图表　KWL 图表包含三项内容，K(What I Know)代表学生已有的知识，W(What I Want to Know)代表学生想知道的知识，L(What I Learned)代表学生学到的知识。

教师应要求学生在阅读前思考并完成 K 和 W 两项内容，在读后阶段完成 L 这一项。使用 KWL 图表可以引入目标话题，引起学生的注意，同时，还可以激活图式知识，分享学习目标，监控学生的学习过程等。

例如　View the title of the passage called “***Harvest Celebrations Around the World***（重庆大学出版社普通高中教科书《英语》必修第三册 Unit 1）” and try to finish the following chart.

K(What I know)	**W(What I want to know)**	**L(What I learned)**
In China:	In other counties:	…
The Mid-Autumn Festival;	Who celebrates harvest?	
On the 15th day of the 8th lunar month;	Why do they celebrate it?	
	When and where do they have the celebrations?	
Reunion and peace;		
Eating moon cakes…	How…?	

话题讨论　在读前，教师可给出与话题相关的观点要求学生思考讨论是否认同，并给出理由；或给出相关问题要求学生谈论作答。同伴之间的讨论可以迅速吸引学生的注意力，激发学生的阅读动力。

例如　Think about the following questions and share your experiences in pairs.

What did you do on your first day at senior high? How did you feel?

建构背景知识　教师为学生提供理解文章必需的语境知识。背景知识通常可以以视频、图片、文字等形式呈现。

例如　Watch the video about Longji Rice Terraces and answer the following questions:

Where are Longji Rice Terraces located in? Who built them? When were they built?

（选自外语教学与研究出版社普通高中教科书《英语》必修第一册 Unit 6）

读前关键词汇教学　教师在读前精心挑选文章中影响学生理解的关键词汇并设计词汇教学活动。单词的数量取决于文章的长度和学生的英语水平。为了避免打击学生，所教词汇一般不超过 6 个。读前的词汇教学可以增加学生的阅读信心，使学生获得积极的阅读体验。

例如　读前词汇测试

Look at the following words and try to match them with its designated meaning.

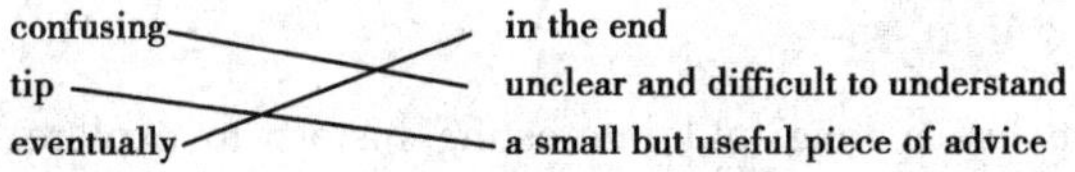

2. 读中活动（While-reading Activities）

读中活动的目的是训练阅读策略和技能。在阅读的过程中，学生要根据阅读任务，综合运用所学知识，选择运用恰当的阅读策略及技能获取文章信息、剖析文章结构，在此基础上，进一步理解文章所表达的内涵意义（鲁子问，2019）。在此阶段，教师应该鼓励学习者积极主动地参与阅读活动。读中主要活动包括下面几项。

确定主旨大意　确定主旨大意通常可以通过主旨大意或者标题的选择、拟定等方式进行。分析作者的写作目的及判断语篇来源也可以考查学生对文章主旨大意的理解（王笃勤，2012）。另外，主旨大意的考查还涉及段落与段落大意的匹配或者为段落确定适当的小标题等。

例 1　Read the passage and find out what it is about?

A. An introduction to the Metropolitan Museum of Art.

B. The story behind Night-Shining White.

C. The famous artist Han Gan.

（选自外语教学与研究出版社普通高中教科书《英语》必修第三册 Unit 4）

例 2　Skim the article and select the appropriate study habits from the box to fill the numbered blanks.

How to Improve Your Study Habits?

…

____

Set a goal that you want to achieve in one week or by the end of this term. When you keep it in mind, it will motivate you to learn. You may find you can work harder when you focus on a target. Make sure that your goal is realistic and that you keep working towards it. Whatever you decide to do, never give up!

…

A. Setting a goal.	B. Taking notes.	C. Planning your time.	D. Going over your notes.

（选自重庆大学出版社普通高中教科书《英语》必修第一册 Challenging Yourself A）

获取细节信息 该活动要求学生根据阅读任务扫读全文，将注意力集中在要获取的相关信息上，忽略与阅读任务不相关的信息。细节信息包括事实信息和态度观点信息，教师通常可以通过问答、选择题、图文匹配、排序等方式帮助学生获取细节信息。

例如 Read the passage again and sort out the information according to the timeline.

WHAT'S IN A NAME?

…

The United Kingdom has a long and interesting history to explore, … The first group, the Romans, came in the first century. Some of their great achievements included building towns and roads. Next, the Anglo-Saxons arrived in the fifth century. They introduced the beginnings of the English language, and changed the way people built houses. The Vikings came in the eighth century, left behind lots of new vocabulary, and also the names of many locations across the UK. The last group were the Normans. They conquered England after the well-known Battle of Hastings in the 11th century. They had castles built all around England, and made changes to the legal system, The Normans were French, so many French words slowly entered into the English language.

…

When?	**What happened?**	**What changed?**
________	Romans arrived.	________
________	The Anglo-Saxons came.	________
________	The Vikings came.	________
11th century	________	________

（选自人民教育出版社普通高中教科书《英语》必修第二册 Unit 4）

推断隐含意义 推理是一种重要的阅读能力，它要求读者使用背景知识或文本信息来推断字里行间隐含的深层意义。通常教师可以设置选择、填空、问答等常见活动来测试学生是否理解文本的隐含意义。除此以外，教师还可以设置匹配文章中的论据信息与结论的活动，即教师事先给出论据和结论，要求学生阅读文章并将论据与结论进行匹配。

例如　What kind of person was Wilma according to the passage? Note down some facts from the article and generalise your opinions.

…

At the age of thirteen, she began to enter races, but she came in last in every race. Everyone begged her to quit. One day, however, she came in next to last. Then there came a day when she won a race. From then on, Wilma Rudolph won every race that she entered.

…

Facts：She never gave up even though she came in last in every race.

Opinion：Wilma is **persistent**.

（选自重庆大学出版社普通高中教科书《英语》必修第一册 Challenging Yourself B）

信息转换　该活动主要是将书面文本转换为图表、表格或流程图等。这类图可以直观地显示文本的逻辑结构，帮助读者组织文本信息，了解文本结构，理解行文顺序。信息转换活动可以用来显示文本的各种行文顺序与结构。例如，时间或过程性顺序（Chronological or Process Sequence）、整体与细节（General/Specific）、问题与解决方案（Problem/Solution）、因果（Cause and Effect）、分类（Classification）、对比（Comparison/Contrast）等。在活动形式上，可以有填写图表、选择或绘制文本思维导图等。

例　Change the written information into "cause-effect" flow chart.

They have found out that the monarch is able to tell the time of day. It uses its eyes to measure the position of the sun. These two pieces of information-the time of day and the point where the sun is in the sky-allow the butterfly to determine the way to go. Eventually, it manages to reach the places where it will spend the winter.

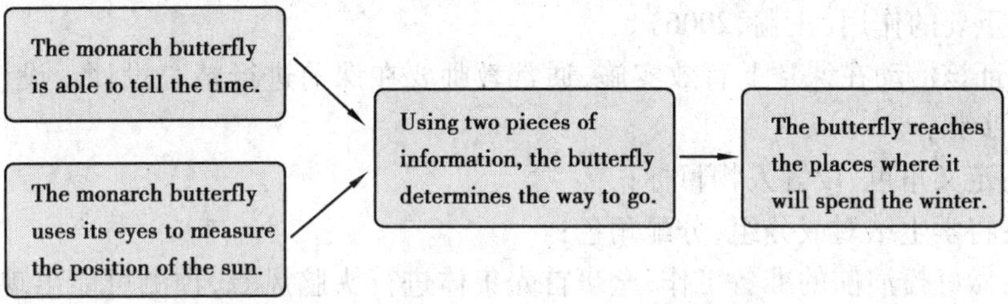

（选自外语教学与研究出版社普通高中教科书《英语》必修第一册 Unit 5）

拼图阅读　拼图阅读（Jigsaw Reading）是利用信息差，让小组成员之间合作，共同完成阅读任务的一种协作式阅读方法。该活动可以训练学生的合作学习能力和交流能力。完成该活动通常需要以下几个步骤：

步骤 1：教师介绍拼图阅读的步骤及阅读主题；

步骤 2：将学生分组（Home Group），小组内学生的阅读水平要有差异；

步骤 3：将阅读材料划分为若干部分，分发给学生，要求组内每个学生阅读不同的部分；

步骤 4：学生完成阅读后，再次分组（Expert Group）。Expert Group 的成员由 Home Group 成员中阅读同一部分内容的学生组成。学生可以在小组内讨论，比如对未理解的信息互相询问解答，最终确保 Expert Group 的每个成员都理解所读片段，成为解释这部分材料的“专家”。

步骤 5:解散 Expert Group 的学生,让他们回到本组(Home Group),和本组的其他同学进行交流。因为 Expert Group 中的每个人都深入地理解了所读片段,所以他们可以向其他组员汇报相关信息,最终使组内成员理解文章。

3. 读后活动(Post-reading Activities)

读后活动通常侧重检查学生在读中阶段的阅读效果,引导学生运用、巩固所学语言知识,使学生能够在获得阅读知识的基础上将阅读材料相关的主题、观点和所学语言知识结合起来进行语言输出(戴军熔 等,2013)。读后阶段为了加深学生对所学内容的理解,也会进行拓展性阅读,输入更多话题相关的内容。读后活动主要包括下面几项。

讨论 讨论是最常见的读后活动形式。学生可以讨论阅读文本中存在争议的话题,也可以在讨论中表达观点,分享亲身经历。教师还可以利用阅读后的讨论活动进一步拓展阅读材料,以加深学生对阅读内容的理解。

例如 Work in groups to discuss the following questions.

1. Among the harvest festivals mentioned in the text, which impresses you most? Why?

2. Do you know any customs in China that are somewhat similar to the one of throwing the old yams away? What do these customs suggest?

3. Do you enjoy Chinese traditional festivals? Why or why not?

4. Should we celebrate Western festivals? Why or why not?

(选自重庆大学出版社普通高中教科书《英语》必修第三册)

角色扮演 角色扮演要求学生扮演不同角色并从角色的视角出发来表达观点。角色扮演可以激发学生学习、运用语言的兴趣;同时与同伴的共同活动能够减轻学生的心理与学习压力。角色扮演在促使学生使用新学知识的同时还为其提供了一定的创造空间,对于语言教学有非常重要的作用(王蔷,2006)。

为了保证该活动在课堂上有效实施,通常教师要在课前进行精心设计。设计该活动可以遵循以下步骤:

步骤 1:定义角色、设置人物目标;

步骤 2:将学生结对或分组,分配角色;

步骤 3:做好扮演前的准备工作,全班首先集体进行头脑风暴,预测可能出现的问题,由扮演同一角色的学生共同探讨,商议解决方案;

步骤 4:学生组内表演;

步骤 5:班内展示;

步骤 6:教师给予评价与反馈。

例如 Imagine you are a journalist who is interviewing some people from U.S. /U.K. / China/West Africa/South India... about their harvest celebrations. Act out the interview with your partner(s).

(选自重庆大学出版社普通高中教科书《英语》必修第三册 Unit 1)

复述 复述是教师为学生提供关键词及文本结构,由学生复述全文的一种读后活动。教师也可以要求学生用另一种人称重述故事。

例 Retell the text according to the following structure.

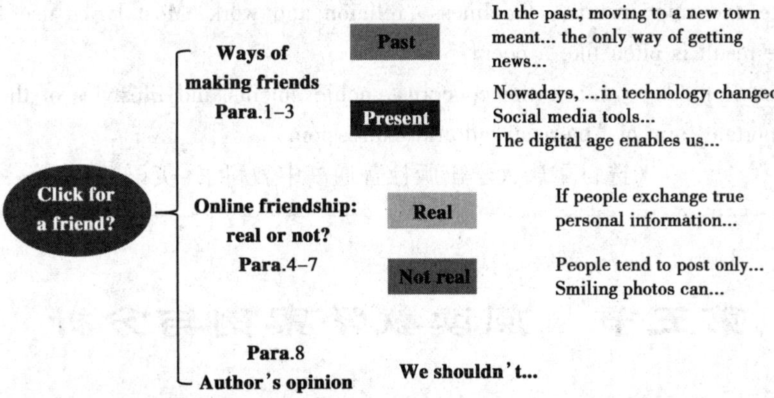

总结 总结要求学生口头或者书面总结全文。

写作 写作要求学生根据所阅读的文本进行写作。以下活动是常见的读后写作任务。

✓ 为文本中描述的地方制作旅游手册。

✓ 为文本中描述的产品制作广告。

✓ 从另一个角色的视角重写故事。

✓ 写一段文本,陈述对文中讨论的问题的个人意见。

例如 Now suppose you are holding a class meeting to talk about the importance of "having a balanced diet". Write a speech first, improve it after rehearsal and give the speech in class.

(选自重庆大学出版社普通高中教科书《英语》必修第三册 Unit 4)

填空 教师提供课文摘要,设置填空(Gap-filling)并要求学生根据原文内容进行填写。

例如 Finish the summary according to the text.

I was sitting in my room with my cat Smartie when ________. The roof ________ that I felt ________. It rained heavily, and the street ________. ________ was dangerous, but we had nowhere to go. To make things worse, there was no enough ________ and Smartie disappeared. But Mom said ________…

思考与练习:

(1)请为以下短文设计一至两个读前活动;

(2)请为以下短文设计一至两个读中活动和一至两个读后活动。

Country Music

Country music is a major kind of American popular music. It was originally produced by white Southerners in the early 1920s. Although it was originally known as "hillbilly music", it has gained wide international acceptance since it became part of popular music.

Musically speaking, country music has a simple style and is relaxing to listen to; this is why it is so popular. This basic aspect comes from the fact that it is based mainly on lyrical content rather than musical content. The main aim of the musical elements of harmony, melody, and rhythm is to show off the lyrics.

The lyrics commonly reflect the lives of ordinary, working-class Americans and cover such subjects as love and relationships, loneliness, religion and work. Most lyrics use 150 or fewer words, and the result is often like a poem.

Country music tends to mirror the concerns, achievements and lifestyles of the times, and remains an important form of American cultural expression.

（选自重庆大学出版社普通高中教科书《英语》必修第一册 Unit 3）

第五节　阅读教学案例与分析

问题导入：

(1)针对以下教学材料，你的阅读教学目标是什么？

(2)针对你的教学目标，你将设计哪些阅读教学活动？

Stars after the Storm

It's strange, but I don't really remember much about the hurricane itself. It all happened so quickly. I was sitting in my room with my cat, Smartie, on my lap, when the roof just flew off. All of a sudden, there was sky where the roof had been. I was so frightened that I just froze.

Mom cried to get out quickly, but it was already too late by then. The rain was coming down so hard and so fast. Our street turned into a river in seconds. We were going nowhere.

At first, I was pleased we could stay at home, but soon it got really tough. Without a roof, staying inside was too dangerous. There was water everywhere, but we couldn't drink any of it otherwise we'd get really sick. We just had drinking water that was sent to us by helicopter, but it was never enough. It was August, so it was really, really hot and it smelled so bad everywhere! I just spent the days watching the boats going up and down the street and looking out for Smartie. He had disappeared the moment the storm hit.

Living in the open air, we became breakfast, lunch and dinner for the mosquitos. But Mom said that whatever happens, we should always try to see the good side of things. It was difficult to stay positive, though. We had lost our home and everything in it, including Smartie. All we had left were the clothes on our backs. But as Mom kept on reminding us, we were all together and safe. Mom's words made us feel better. I remember us all lying under the midnight sky and looking up at the stars. Because there were no lights, we could see the Big Dipper, the Little Dipper and the Milky Way. It was amazing! Even though we had lost a lot, moments like those gave us hope for the future.

Although it was only a few days before we were rescued, it felt like months. We were taken to another town in a faraway county. Thankfully, Smartie came home just in time. We were so happy to take him with us, although then, none of us knew that we wouldn't be back for quite a while.

Now, one year has passed and I'm back home in New Orleans. Some families have yet to return, but many others have come back. Although we are surrounded by reminders of the disaster, we are working together to rebuild our homes and our lives. Now we have another chance to look up at the stars of New Orleans, their beauty inspiring us and giving us confidence to move on.

（选自外语教学与研究出版社普通高中教科书《英语》必修第三册）

阅读教学案例

教学资料

单元主题：Unit 6 Disaster and Hope

阅读板块：Developing Ideas：Stars after the Storm

（选自外语教学与研究出版社普通高中教科书《英语》必修第三册）

教材分析

本单元的主题为“Disaster and Hope”，主题语境是“人与自然”，内容有关自然灾害以及如何应对自然灾害，包括保护环境和面对自然灾害应该持有的积极态度，以及科学的应对措施。

本课所选阅读材料为阅读板块的第二篇文章 *Stars after the Storm*。本文是一篇记叙文，从一个孩子的视角讲述了因飓风“卡特里娜”的袭击，一个普通美国家庭遭遇的困境。该语篇以时间顺序展开，文本结构分为飓风袭击时、飓风过后、几天之后以及一年之后四个阶段，主要描述了主人公在不同阶段生活环境的变化以及随之引起的恐惧、担忧、充满希望、喜悦再到乐观积极等一系列心理活动的变化，旨在向读者传递面对自然灾害时要团结一致，保持积极乐观的态度和对未来充满希望的信息。该语篇主要使用一般过去时，运用大量的感情词，例如 frightened, pleased, hopeful, confident 等，以及意象如 the roof, the street, the cat, stars 等来描述事件后所遇、所思和所想，教师应引导学生关注以上叙事手法。

学情分析

该教学设计针对高中一年级第二学期学生。本单元是必修阶段的最后一个单元，学习本单元时，学生基本完成必修阶段的学习，能够在阅读中概括文章的主旨大意，也具备了获取细节信息的能力。但是大多数学生在阅读记叙文时较难通过理解意象体会作者的情感及心理变化。另外，大部分学生并没有经历过飓风等极端灾害天气，因此较难引起情绪上的共鸣。

阅读教学目标

学完本课后，学生能够：

（1）根据记叙文要素总结本文主旨大意；

（2）对比分析主人公在飓风不同阶段的经历及心理感受变化；

（3）分析文本利用意象衬托人物心理的叙事手法；

(4)讨论并说出积极乐观的人生态度在面对灾难和困难时的重要性。

教学阶段

阶 段	阅读教学活动	活动时间(分钟)
读前	话题讨论	2
	建构背景知识	3
	预测文章内容	3
读中	确定主旨、梳理结构	8
	获取信息,推断文本隐含意义	15
读后	绘制思维导图并复述故事	5
	讨论	4

1. Pre-reading

活动1:话题讨论

设计意图:本活动借助视频导入话题、创设情境,让学生在直观感受飓风"卡特里娜"的巨大威力后讨论自身感受,为阅读时理解作者心理做准备。

活动步骤	设计说明
Step 1: Students watch a video clip about Hurricane Katrina and discuss: ①Where did the hurricane hit? ②If you experienced the hurricane, how would you feel?	教师播放有关飓风"卡特里娜"的视频,学生观看视频,了解飓风袭击、讨论个人感受。这一环节旨在让学生直观感受飓风的巨大威力和破坏性,同时分享自身感受,为阅读移情做准备。

活动2:建构背景知识

设计意图:本活动是读前准备,学生通过阅读飓风路径图建构关于飓风"卡特里娜"的背景知识,包括其起源地、过境城市、持续时间、死伤人数及经济损失等。

<table>
<tr><th>活动步骤</th><th>设计说明</th></tr>
<tr><td>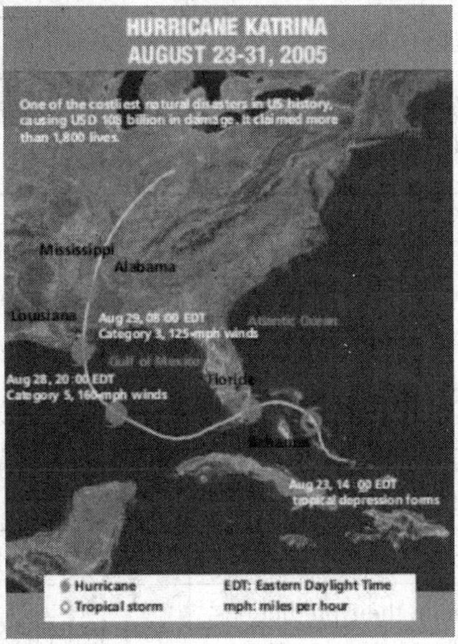

Step 1：Students view the map of Hurricane Katrina and answer the following questions according to the map.
①Where did the Hurricane Katrina from?
②Where did it hit?
③How long did it last?
④How many people lost their lives in the hurricane?
⑤What was the cost of the damage Hurricane Katrina caused?</td><td>学生阅读“卡特里娜”飓风路径地图并获取相关背景知识。通过这些真实的背景信息及数据，激活或建构学生对飓风的图式知识。通过了解背景信息，学生能够明白“卡特里娜”是真实存在的，其破坏性对人类生存造成了很大的威胁。另外，阅读地图能够训练学生阅读多模态语篇并获取信息的能力。</td></tr>
<tr><td>Step 2：
Students share their answers in the class.</td><td>学生分享其读图所得。通过展示，教师可以监控学生的阅读效果，纠正学生的错误信息。</td></tr>
</table>

活动 3：预测文本内容

设计意图：根据学生已有的背景信息和基础知识，引导学生理解文章标题和插图，展开对文章内容的预测。

活动步骤	设计说明
Step 1：Students are asked to view the title and the illustrations and answer： ①What information can you get from the title and the picture? ②What does “stars” refer to? How about “the storm”?	教师指导学生读标题和插图，获取信息，为预测文本内容整理思路，降低难度。

续表

活动步骤	设计说明
Step 2: The teacher guides students to predict: **What is the story about based on these information you get?**	教师引导学生借助从标题和插图中获取的信息，预测文本内容。

2. While-reading

活动 1：确定主旨、梳理结构

设计意图：学生速读文章，通过记叙文的语篇特点，寻找六要素信息，确定故事主旨大意。同时寻找时间标记词，确定故事的叙事顺序，梳理文章结构。

活动步骤	设计说明
Step 1: Students skim the text quickly and check their predictions. After skimming, they need to answer: **What's the story about?** The teacher guides students to notice that the passage is a narration and asks students to underline the key elements, including "Who, What, When, Where, Why, How".	学生根据记叙文六要素，找出文中相关信息。训练学生阅读记叙文时，提取关键信息的能力。
Step 2: The teacher guides students summarize the main idea based on the information their have underlined.	学生根据六要素信息总结故事的主要内容。在确定文本主旨大意的同时，培养学生整合信息的能力。
Step 3: Students will be asked to underline the expressions about time in different paragraphs and answer the question: **How was the passage organized according to these time clues?**	学生找出文本中的时间表达，并判断文本是按照时间线索叙事的，为下一步划分文章结构做准备。
Step 4: The teacher tells students that the author had different experiences and feelings in different stages and invites students to think about: **How many stages the author experienced according to the passage? Try to divide the passage.** The teacher explains that although there is no time markers in paragraph 1 and paragraph 2, some sentences show that the hurricane was hitting the city, such as "**I was sitting… when** …"/"**All of a sudden**, there was sky where the roof had been"/ The rain **was coming** down so hard and so fast. "… Possible answer: Para.1-Para.2: during the hurricane Para.3-Para.4: right after the hurricane Para.5: a few days later Para.6: one year later	学生根据时间标记词划分段落。在缺少时间标记词的部分，例如第一部分，教师引导学生通过语法的表意功能判断飓风正在发生。本活动可以训练学生整合信息、划分文章结构的能力。

活动 2：获取信息，推断文本隐含意义

设计意图：本活动要求学生细读文章，获取在飓风发生的不同阶段作者一家的经历并分析作者通过文字所表达的心理感受。在分析的过程中，引导学生理解意象对烘托人物情绪的作用。

<table>
<tr><th>活动步骤</th><th>设计说明</th></tr>
<tr><td>Step1：Students read Para.1-Para.2 and answer：
How did the author feel during the hurricane？ Why？ What happened to the house and the street？
The teacher should guide students to give supporting details.
P1–P2 During the hurricane
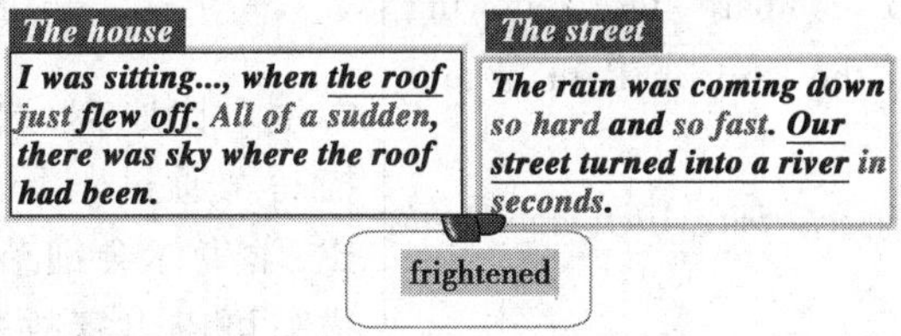

</td><td>学生阅读第 1 段和第 2 段，获取有关作者感受的细节信息并判断其原因。</td></tr>
<tr><td>Step 2：The teacher guides students to notice the adverbial like *just*，*all of a sudden*，*hard*，*fast*，and imagery，such as *the roof*，*the street* in Para. 1 and Para. 2. and analyze their functions. Therefore they can understand：
①The adverbial can describe the hurricane vividly and show its scary power，which can reflect why the author is frightened.
②Emotional words can help us identify and interpret the thoughts and feelings of the author.</td><td>教师引导学生关注句中意象的作用以及状语的表意功能，不仅生动描写了飓风威力之大，同时也体现出一切发生得很突然，作者一家毫无准备，所以非常恐惧。</td></tr>
<tr><td>Step 3：Students read Para. 3-Para. 4 and finish the following questions.
①The author's feelings have changed a lot right after the hurricane. **Try to find out the words about his feelings and finish the following chart.**
Possible answer：
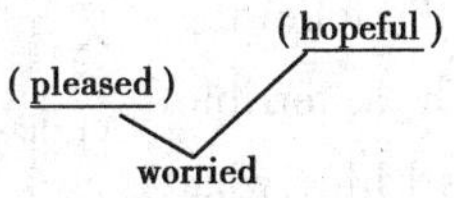

②Why did the author feel pleased？
③What made the author feel worried？</td><td>学生阅读第 3 段和第 4 段，找出描述作者感受的表达并分析其心理变化的原因。问题 1）要求学生找出描述情绪的词并填空。通过折线图帮助学生理解作者心情的起起落落；</td></tr>
</table>

续表

活动步骤	设计说明
④Why did the author become hopeful? Possible answer: 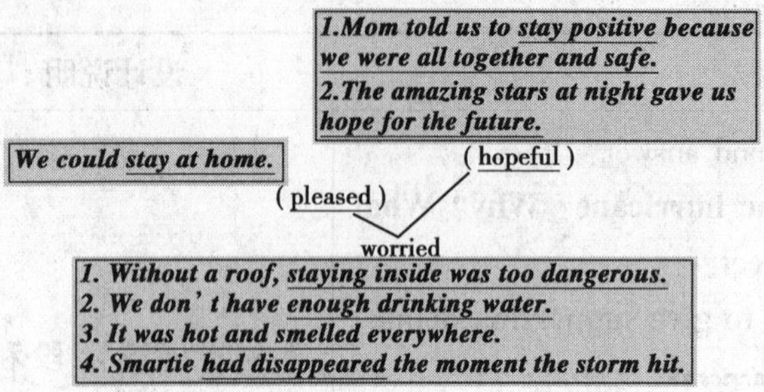	问题2)、3)、4)要求学生获取文本细节信息，找出作者产生不同感受的原因。该部分以填空题的形式设置，可以训练学生根据关键词迅速定位信息的能力。同时通过梳理文本，理解文本之间的内在联系。
Step 4: Students will be asked to compare the following description of the author's feeling with the story in Para. 3 and Para. 4 and decide which one is better. *I was pleased at first, but then I became worried. After mom told us to stay positive, I was hopeful.* By comparing, students would understand detailed description like the dangerous situation, the bad smell, Smartie's disappearance, the amazing stars, can enrich the story and make the author's feeling more convincing.	学生对比原文，选择最佳描写。通过与原文的对比，学生体会细节事件的描写可以丰富故事，同时能够使作者的情感表达更加真实动人。
Step 5: Students read Para.5 and answer: **How did the author feel a few days later? Why?** *Possible answer*: 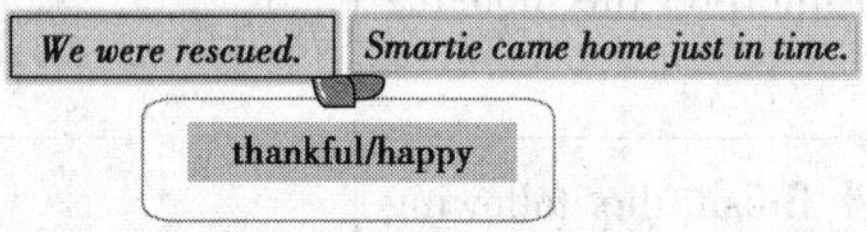	学生推理，分析作者感到开心和感恩的原因。
Step 6: Students are guided to think about: **Why does the author say "Although it was only a few days before we were rescued, it felt like months"**? The teacher should help students to analyze that the author suffered a lot by providing the following questions: How did the family feel living in such a terrible surroundings? Easy or not easy? When you live a hard life, what do you want to do most?	学生从语境中理解该句，推理为何作者觉得度日艰难，旨在锻炼学生的思维品质，即分析推断的能力。从这句话中，学生可以体会作者一家在洪水之中度日非常艰难，同时在心理上也遭受了巨大的煎熬，更能够衬托出得救以后内心的开心与感恩。

续表

活动步骤	设计说明
Step 7: Students read Para. 6 and think about: **What did the author do after coming back to New Orleans**? The teacher should guide students to underline what people did after coming back to New Orleans.	学生阅读第 6 段,获取灾难发生一年后,关于人们的行动的信息。
Step 8: The teacher shows students some pictures about New Orleans after it was destroyed and asks students to think about: **How did people feel when they rebuild their home**? It can be analyzed that the local people might feel sad at that time based on the sentence "Although we are surrounded by reminders of the disaster ..." But at the same time, they felt confident and optimistic because "Now we have another chance to look up at the stars of New Orleans, their beauty inspiring us and giving us confidence to move on."	学生根据最后一段信息来判断作者的感受并分析原因。通过理解本段最后一句,学生可以体会作者对重建家园的乐观和自信。

3. Post-reading

活动 1:绘制思维导图并复述故事

设计意图:本部分旨在回顾文本,深化对文本主题意义的理解和文本语言的学习。绘制思维导图并复述故事可以加深学生对故事主线及文本结构的理解,形成对文章内容的整体把握。

<table>
<tr><th>活动步骤</th><th>设计说明</th></tr>
<tr><td>Step1: Students work in groups and reread the whole passage again and draw a mind map to show the author's experiences and feelings in different stages.
Possible version:
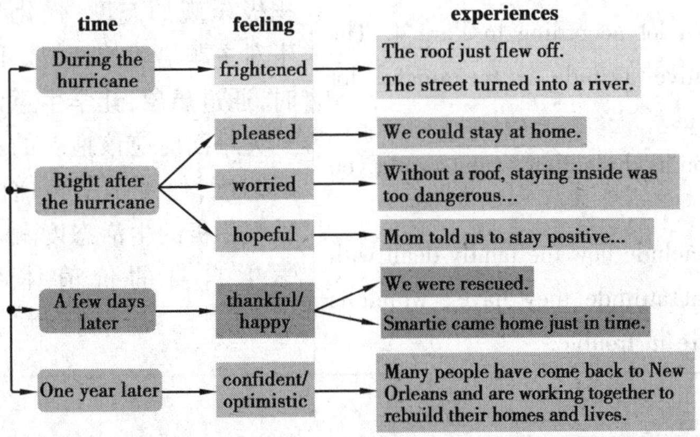
</td><td>本活动为小组活动,要求学生进行小组合作,在读中理解的基础上创作文本结构图。通过结构图,学生再一次梳理文本的逻辑,将作者的心理变化与经历直观地呈现出来,有助于学生整体关注作者的心理变化与其经历及环境变化的逻辑联系,有助于发展学生思维的逻辑性和完整性。</td></tr>
</table>

续表

活动步骤	设计说明
Step 2: Students work in groups and retell the story according to their mind maps. The teacher should remind students to give some details to make the story more vivid and convincing.	学生根据思维导图复述文本的主要内容。通过口语输出,一方面可以训练学生的语言表达能力,深化学生对文章的理解;另一方面,学生能在实践中理解意象、细节信息等叙事手法。

活动2:讨论

设计意图:讨论活动要求学生评价作者面对灾难时的生活态度以及母亲对其产生的影响。旨在深化学生对主题意义的理解,同时通过想象建立读者自身与作者故事之间的联系,帮助学生意识到"在灾难面前应该保持积极乐观"的生活态度。

活动步骤	设计说明
Step 1: Students work in groups and discuss the following questions: ①What sort of attitude to life is reflected in the author's experience of looking at the night sky? Who impresses the author's attitude to life a lot according to the story? The teacher guides students to review descriptions about the author's experience of looking at the night and infer the author's attitude to life, such as positive, optimistic, confident and so on. And students would easily find out that it is "mother" who impresses the author's attitude a lot according to Para.4. The teacher concludes that the positive attitude is meaningful for ourselves and the people around us. ②If you were in the same situation as the author, what would you think and do? The teacher guides students to conclude how the family dealt with difficulties in hurricane and what attitude they have, which is what they should do when they are in trouble.	学生评价作者及其母亲在灾难面前表现出来的人生态度,并想象当自身处于相同情境下的所思所为。讨论以评价性问题和拓展性问题为主,学生能够在分析评价的过程中体会作者及其家人所传递出来的积极乐观的态度,强化学生对主题语境的理解。同时,通过想象,让学生意识到灾难面前应该抱有的正确态度,使文本所传递的乐观积极的生活态度融入学生自身的价值体系当中。

案例分析

本案例的阅读教学设计紧紧依托主题语境“自然灾害”，设计了一系列学习理解、提取概括、分析推断、迁移应用、评价想象的阅读活动，将语言知识、阅读策略、思维品质的培养整合在了一起，并在教学过程中，注重文本价值取向的渗透和学生学习能力的培养。案例设计符合《普通高中英语课程标准(2017年版)》中培养学生核心素养的要求。通过阅读活动，促进了学生语言的积累、思维品质的发展、价值取向的渗透、阅读策略的实践应用和学习能力的提升。

本案例的活动设计始终遵循了英语学习活动观的要求。在主题意义的引领下，依托记叙文的语篇特征，将语言知识的学习渗透在学生梳理文本信息、完成阅读任务的过程中；而阅读技能与策略、思维能力的培养则借助具体的阅读活动进行，例如读前预测、浏览文章寻找关键信息等；获取作者在飓风发生的不同阶段的经历并分析推断其心理感受，评价作者及其母亲态度，想象自身处于同样处境等活动则有助于强化思维，渗透文本所体现的价值观念。

阅读教学过程以读前感知注意、读中理解学习和分析推断、读后迁移应用的步骤循序渐进地进行，体现了综合性、关联性和实践性等特点。读前学生观看视频、阅读地图，了解飓风“卡特里娜”，构建背景图式，并基于该背景信息和文章标题、插图等预测文本内容；读中学生根据记叙文的语篇特征寻找六要素信息，总结文章主要内容，在验证预测的同时获取文章主旨大意。本文以时间线索展开叙述，根据这一叙事特征，设计了划分文章段落，梳理故事发生的各阶段，为下阶段梳理作者经历，分析作者在不同阶段心理活动的变化做好铺垫。同时，在分析心理活动的过程中，教师注重引导学生理解意象对作者情感的烘托作用。读后针对读中学习理解、分析推断的内容，案例中设置了绘制思维导图并复述的实践应用活动和评价文中人物等评价想象活动，不仅可以发展学生的思维能力，同时能将学生自身和文本联系在一起。

活动实施过程体现了阅读材料的可理解性原则、为理解而教原则、教授策略原则、学生主体原则、搭建支架原则等。

在可理解性原则方面，该阅读文本选自普通高中一年级学生英语教科书。首先，在话题和内容层面上，目标学生大部分没有经历过极端天气与灾害，但是依靠发达的网络媒体，学生对自然灾害及其所带来的后果并不陌生。同时，作为高中年级的学生，他们已经具有一定的共情能力，能够理解作者一家在灾难中的经历和心情。在词汇层面上，本文不存在影响学生理解故事主线的较难词汇。对于文中反映作者情绪的词汇，例如“frightened”，学生可以根据“frighten”这个已知词汇或者根据语境中的“froze”进行猜测，能够进一步提升学生的猜词能力；在语篇方面，本文是一篇记叙文，文章主要按照时间顺序对灾难前后作者一家的心路历程进行了对比。对学生来说，发现“at first”“before we were rescued”“One year has passed…”这样的时间线索并非难事。但学生在理解的基础上，还需要通过分析部分信息和句式推断飓风发生的节点，例如“I was sitting… when the roof just flew off.”“The rain was coming down so hard…”表明第1、2段是关于飓风正在发生的描述。总之，从各个层面分析，本文作为一篇阅读材料，符合学生的认知水平和英语理解能力。

在为理解而教原则方面，教师在阅读中设置的活动不仅仅是关注学生是否理解文本，更注重学生的思考过程。例如,在读前预测阶段,学生不仅要说出预测的结果,还要知道预测的根据;在获取细节信息、推断隐含意义阶段,教师不断用问题引导学生理解文本,例如"作者及人们在飓风不同阶段经历了什么?""在这段经历中,作者感觉如何?你是从哪得知的?"这类问题有助于教师和学生了解、监控策略使用及理解文本的过程。

在教授阅读策略方面,本案例涉及的阅读策略与技能包括了读前预测、分析意象、推理作者心理等。例如,在教学过程中,不仅要求学生说出结论,还要能够说出得出结论的过程和根据。例如,在推理分析细节信息环节,教师要求学生分析作者心理,并给出具体的事实信息,引导学生理解文本之间的内在联系。这样的推理活动并非蜻蜓点水,一晃而过。全文共分为四部分,每一部分都要求学生从作者经历中推理分析其情感,在不断的重复中帮助学生熟练地使用这一策略。

学生主体原则主要体现在教学过程中,教师借助各种手段鼓励学生积极地参与到与文本互动的过程中。例如读前激活学生的背景知识、唤起共情体验,读后要求学生绘制思维导图、复述故事等,都是以学生作为活动主体进行的多样化、多角度的设计。

搭建支架原则体现在了整个教学过程当中,例如,读前导入背景知识和观看视频活动,为学生理解作者心理感受搭建共情支架;读前预测文章内容时,教师通过问题"What can you get from the title and the picture?"等帮助学生预测;在读中,教师引导学生理清故事主线,一步步解析飓风发生各个阶段作者的经历和心理感受,为读后学生绘制思维导图以及复述故事进行铺垫。

思考题:设计阅读教学活动的依据是什么?

教学设计实践

下面的文章选自重庆大学出版社普通高中教科书《英语》必修第一册 Unit 3 Powerful Music,请依据文本内容设计一堂完整的阅读教学课。

A Violin and the Law

David, a policeman, came to a cabin about two miles up the mountain to get Cal Richards, an armed and dangerous killer. Through a broken window, he saw an old man with a beard closely watching him. When he stepped into the cabin, he found the old man was pointing a gun at him. He looked around the cabin and did not see any sign of Cal. "I guess I'll have to come again," he said. Just then he caught sight of a violin hanging on the wall. "Who plays the violin?" he asked. For a moment there was silence. Actually Cal's father was the best violin player in the area, but he did not answer, and kept his gun still aimed at David.

David crossed the room and felt sweat on his forehead, but he took the violin from the wall calmly as if he were a welcome visitor. He began to play the violin, one tune after another. He was playing better than he had ever played in his life.

The old man stood there, attracted. The hatred in his eyes was giving way to a look of wonder. The gun was now pointed towards the floor. He began to beat time, tapping one foot on the dirt floor. When the final notes of the tune died away, the old man placed the gun in a corner.

"Well, stranger," the old man said, "you play the violin excellently. Maybe you'll stay for dinner and play some more for me."

After they had finished their meal, they sat in the spring sunshine outside the cabin. They talked about violin tunes. Not a word was said about Cal Richards.

About two hours later, David stood up and said, "Sorry! I must be getting back to the town."

The old man sat, deep in thought. At last, he said, "I like the way you talk, and I like the way you play the violin. I guess you're a decent guy." He paused as if it were hard to go on. Then, he said in a thick voice, "I'll have a talk with Cal. I think he might give himself up tomorrow. You be at the police station at noon!"

The next day, as the town clock struck twelve, a bearded old man came up the street towards the police station. With him was a young fellow whose appearance told of many days in hiding.

第九章

写作教学设计与案例分析

目标导航

学习本章之后,你能够:

- 定义写作并阐释其重要性;
- 举例说明写作教学的内容;
- 阐释写作教学的原则;
- 使用写作教学策略;
- 设计写作教学活动。

第一节　写作教学的基础知识

问题导入:

(1)什么是写作?

(2)为什么要教写作?

(3)书面体和口语体有什么不同?

(4)影响写作学习的因素有哪些?

(5)有哪些比较有影响力的写作教学方法?

写作作为一种表达性技能,是一个复杂的过程。因为写作活动不仅涉及写作者的相关知识和写作技巧,而且还涉及写作者的思维及创造活动等。

1. 写作的内涵

写作是人类精神生活与实践活动的重要组成部分。作为人类凝聚思想、表达情感、加工与传递知识的基本手段,写作是一种活动。首先,写作是一种创造性的脑力活动。写作者需要把材料、信息、想法等集合到大脑中,编织成结构性文本,也就是客观事物通过作者的主观意识在恰当的文字形式中的正确反映(徐振东 等,1995)。可以说,写作是写作者运用语言文字符号,反映客观事物、表达思想感情、传递知识信息的创造性脑力劳动过程。其次,写作是一种社会活动，是人类的一种特殊的、有目的的社会实践活动的记录，是为满足人类社会活动实践的需要、学习社会知识的需要而产生的（贺鸿凤 等，1992）。学校课程中的写作，是学生在教师的指导下，按照特定要求用书面语言创造文本，以发展和提高自身写作能力的学习活动。

写作也是一种过程，是人运用语言文字符号，以记述的方式反映事物、表达思想感情、传递知识信息、实现交流沟通的创造性脑力劳动过程。写作即人们在头脑中确定所要表达的信息，并计划如何表达，然后以书面的语言形式付诸实施，使所有表达的言语信息变为可以接受的言语信号的过程，通常要经历构思、表达和修改三个阶段，对学生而言，也称“作文”（林崇德 等，2003）。

不管是脑力活动，还是社会活动，写作是人类用文字来记述或反映客观世界的创造性的高级思维活动，是人类传播思想的一种手段。

思考题：(1) 为什么说写作是一种活动？
(2) 写作是一种怎样的过程？

2. 写作的重要性

作为信息传达的工具和思想交流的手段，写作对社会和个人的发展都有重要的意义。写作活动随着人类文明的产生而产生和发展。文字的出现使人类进入了文明阶段，写作是人类用文字作载体，对语言、思想以及社会活动等所做的记录，从而使人类文明以及优秀的文化成果得以传承和传播。写作是有效进行社会组织与管理的重要手段，离开了写作，国家社会就难以有效地组织与管理，人类社会发展的进程就会大大减缓（刘凯雄、曾方荣，2013）。国家的法律法规、制度建设、社会教化与道德的宣传践行等，需要通过文件、书刊、报纸等书面材料来进行普及和宣传，人们才能接受并遵守。现代社会的发展离不开科技的进步和发展，而科技的发明创造离不开写作的中介作用。即使在信息时代，尽管人们交流的媒介和方式已经发生了很大变化，但文字依然是不可或缺的传媒手段，书面沟通仍然是重要的工作途径。准确清晰、简洁通顺、礼貌得体的书面语言是构建和谐社会的有力保证。

我国国力的强盛，需要吸收、借鉴其他国家和民族的优秀文化和先进技术；要讲好中国故事，提高中华文化的影响力、传播力，树立当代中国的崭新形象，不仅需要能读，而且需要会写的英语人才。要展现中华文化的影响力，赢得话语权，离不开英语写作。

就个体而言，写作是培养全面素质的有效途径。写作是一种技能，也是严密的思维活动。通过选题、构思、创作、修改等一系列的过程，写作者的思维能力、表达能力和创新能力等得以提高。思维能力是人的核心能力，创新能力是个体综合素质的有力体现。因此，写作能培养个体的全面素质。在谈到学习英语写作时，有学者认为，英语写作的好处很多，帮助很大。写作能帮助我们提高使用英语的准确性，扩大所用语言的范围，培养我们严谨的工作作风；写作对阅读、听力、口语有促进作用；写作还有许多实际用途，诸如写信、撰写论文、起草报告及讲稿等（丁往道 等，2010）。

现代人才必须具备较高的写作能力，才能应对工作或生活中的一些问题。我国对普通高中学生的英语写作能力也有明确要求。《普通高中英语课程标准（2017 年版 2020 年修订)》提出,必修课程中对表达性技能的要求具体如下:①根据交际需要发起谈话并维持交谈。②清楚地描述事件的过程。③使用文字和非文字手段描述个人经历和事物特征。④在口头和书面表达中借助连接性词语、指示代词、词汇衔接等语言手段建立逻辑关系。⑤在书面表达中借助标题、图标、图像、表格、版式等传递信息、表达意义。⑥根据表达目的选择适当的语篇类型。⑦根据表达的需要选择词汇和语法结构。⑧根据表达的需要选择正式语或非正式语。⑨借助语调和重音突出需要强调的意义。

思考题:写作是现代人必须具备的技能。你是否同意这种观点?

3. 书面语体与口语体

书面语是书面交际所使用的语言;口语是人们在现想现说的情况下,口头表达出来的言语。但口语体与书面语体是两个相对概念,不能简单地根据信息传播媒介来划分。它们以连续统一体的形式存在,任何给定的语篇,口头语言和书面语言都将在这种连续统一体的某个地方存在,取决于表现出不同形式特点的程度。有些口语语篇比其他的语篇更像书面语篇,而有些书面语篇比其他的语篇更像口语语篇(Nunan, 1998)。换言之,口语不一定是口语体, 例如,总统就职的演讲, 总理所做的政府工作报告;书面语不一定是书面语体, 例如,朋友间的信件, 网络上的笔谈(文秋芳,2009)。书面语和口语既有联系又有区别。从交际的途径来说,口语和书面语是人类运用语言传输信息和交流感情的方式,缺一不可。一个具有完整语言能力的人不可能只用口语或只用书面语来进行交流,而是同时具备口语交际和书面交际的能力。

口语体和书面语体之间的差异主要在于词汇、句法、语用等方面。口语体中的词汇有明显的口语特色,如多使用时髦词、俚语、缩略词等 (秦秀白,2001)。此外,英语中单音节词在口语中的数量要高于书面语。书面语体在选词造句方面比较严谨,比如用专业术语、行话来叙述政治、经济、文化及各种科学技术方面的事物,这类词意义精确、单一,不带有任何感情色彩,一般也不需借助上下文来理解 (车少飞,2008)。

从句法角度来说,口语体语法结构比较简单,句子一般比较短,多用简单句,缩略式、模糊词(指表述的概念界限模糊不清的词,如 somebody, about, around 等)或小品词(比较“小”的介词和副词,如 up, off, in 等)等,较少使用被动语态;书面语体中很少用缩略式, 以及第一、二人称代词等。二者在语用方面也有不同的特点,如口语体主要在日常生活的对话中使用,也可用在叙述、交谈、讨论、辩论、演讲等方面;而书面语体结构较为复杂,句子偏长,复合句较多,主要用于撰写文章,著书立说,颁布法律、法令,颁发文件、公告等。

思考题:书面语即正式的语体,口语体即非正式语体。你是否同意这种观点?

4. 影响写作的主要因素

写作是一种高级思维活动,是语言能力的综合反映。相关研究表明,英语写作能力受汉语写作能力的直接影响。汉语写作能力高的学生, 英语写作能力一般也高(马广慧、文秋芳,1999)。此外,写作还受知识因素、情感因素,以及写作教学等因素的影响。

知识因素 知识因素主要包括词汇、语法、语篇知识。词汇量对英语写作有很大影响,词汇量有限和语用知识基础薄弱是阻碍高中生英语写作水平提高的主要因素（曹敏，2010）。因为缺乏积极词汇（常见、常用单词）的知识，如拼写、词性、搭配以及在上下文中的正确使用，英语学习者在表达自己思想和观点时受到很大制约。解决词汇量不足问题的有效途径之一是大量的阅读，并辅之以相应的读写练习，关注常用词、生词以及词块，观察学习这些词汇在上下文中的用法，并有意识地去使用。

国内相关研究表明语法水平不同的学生在写作上表现出较大的差异。对高中生英语语法能力与写作能力关系的调查研究显示，语法各变量，如时态、语态、句子理解，以及对语法知识各个变量的运用等通过影响语法能力间接作用于写作能力（徐晓燕 等，2004）。语法能力越强的学生，其写作水平越高。因此，写作能力的提高有赖于语法能力的提高，而语法能力的提高，又关键取决于语法规则的创造性灵活运用（王燕，2006）。

语篇知识是关于语篇是如何构成、语篇是如何表达意义以及人们在交流过程中如何使用语篇的知识。句子内部的语法结构、词语搭配、指代关系、句子的信息展开方式等，属于语篇的微观组织结构。语篇中段与段的关系以及语篇各部分与语篇主题之间的关系，则属于语篇的宏观组织结构。学习语篇知识是发展语言运用能力的基础。语篇知识在语言理解与表达过程中具有重要作用。比如，在作文中恰当地运用语篇知识来组织语篇结构，可使逻辑更加清晰，内容更有条理，整个语篇更加连贯。写作教学中不能只关注单词和语法的正确性，更要重视培养学生的语篇意识及语篇的逻辑性和连贯性。

情感因素　情感因素对语言学习有直接的影响。积极的情感促进语言学习，消极的情感阻碍语言学习。传统的成果教学法由于忽视了教学中的情感问题，给学生带来了焦虑、抑制、自尊心受损、动机的消退等消极因素，导致了写作中的心理障碍，这必须引起我们足够的重视，并加以克服（张省林，2005）。焦虑是语言学习者普遍具有的消极情感，也是阻碍写作顺利进行的重要因素。焦虑会导致学习者抑制学习，即为保护自我而采取的回避和退缩行为；焦虑让学习者对自身价值产生怀疑，从而失去学习的兴趣和动机。

写作焦虑是指学习者在写作过程中所表现出来的焦虑行为，如逃避写作任务，担心自己的作文被他人阅读和评议等。写作焦虑发生以后有可能会分散写作者的注意力，从而降低写作的质量。国内相关研究表明，写作焦虑导致学习者对英语写作不自信、产生厌恶感以及对评价感到恐慌；相关分析得出写作焦虑与写作质量、写作水平以及写作成绩呈负相关的结论（郭燕、秦晓晴，2010；周保国、唐军俊，2010；张素敏，2013；张琳、秦婷，2020）。为帮助学生增强写作的自信心，降低焦虑感，需采用灵活多样的写作方式和批阅方式。除了命题作文和限时写作，师生可以商榷写作的内容，采用小组合作的方式完成一项写作任务。采用过程性评价和结果性评价结合的方式，也可采用学生互评、小组评议、三级评议等方式，使教师和学生在写作学习过程中承担多元化和多样性的角色，营造积极的学习氛围，激发学生的写作兴趣，降低心理压力和焦虑感，提高写作能力（杨永林 等，2005）。

写作教学　写作是英语教学中的主要内容，也是各个阶段英语教学的重点和难点。虽然义务教育与普通高中英语课程标准对英语"写"的能力都提出了较明确的要求，近年来对中学英语写作教学的研究也逐渐加强，但是，写作教学仍然存在很多问题。写作教学的问题很大程度上源于人们对英语写作的理解不正确。一是认为能写出语法规范的句子就是完成了写作，忽略了文章的思想性和篇章的连贯性。二是认为写作训练就是要写，所以一开始就想整篇整篇地写,忽略了对学生语言知识、语言组织和概括能力、逻辑思维能力、写作策略等方面的培养。

综上,写作受多种因素的影响,要提高学生的写作能力,尚需综合考虑各种因素,多措并举,多管齐下。

思考题:你认为除了知识因素、情感因素,以及写作教学等因素,还有哪些因素会影响写作?

5. 写作教学法的发展历程

写作教学法随着语言学、心理学、教育学理论等的发展而不断发展变化。半个多世纪以来出现的比较有影响力的写作教学方法有成果法、过程法、体裁法和过程体裁法等。

成果法　成果法也称结果法,是以行为主义理论为基础的一种传统的写作教学法。这种方法注重的是写作活动的最终结果,认为教学过程是教师刺激学生反应的过程。在教学过程中,教师关注的是写作的最终成果,即学习者的作文是否紧扣主题,内容是否丰富,语法是否正确,以及作文是否具有可读性等。

传统的写作教学大致都是采用成果法,以传统技巧的讲授和范文讲解为中心,强调正确的语言用法和形式,强调文章的传统修辞模式,如记叙文、描写文、说明文、论说文或诗歌等(李金红,2006)。成果法一般按照以下四个步骤进行:熟悉范文、控制性训练(教师就写作某类文章常用的句式进行训练,并指导学生从事段落写作等活动)、指导性写作以及自由写作(韩金龙,2001)。在写作过程中,学习者对语言句式和意义进行重复性操练和复习,有助于写作习惯的养成和写作能力的提高。但成果法忽略了学习者的认知活动、思维活动以及情感因素。重复性的练习导致学习者失去写作兴趣和动机,产出的作品非常单一,缺乏丰富的内容。随着认知主义理论的发展,20 世纪 70 年代出现了过程写作法。

过程法　过程法不是关注写作的最终结果,而是注重写作的过程。过程法的首创者、美国西北大学教授华莱士·道格拉斯(Wallace Douglas)指出,写作是一个过程,写作课应该教授的是构成写作过程的一步步的操作方法(陈立平、李志雪,1999)。过程写作教学综合了语言学、心理学、社会学和认知科学的研究成果,主要以交际理论为基础,把写作视为一种发现意义的过程。

过程法注重思想内容的挖掘和写作者作为写作主体的能动性。写作能力的提高是建立在一系列认知活动和交互活动之上的,有利于写作者的分析能力和逻辑思维能力的提高。经过写前准备、起草、修改,直到定稿,写作者和教师及同伴进行交流、接受反馈、自评、商榷意义、主动参与学习和体验,激发了写作的动机和兴趣。但过程写作法不可避免地有其局限性,最主要的是对提高学生的考试成绩效果不明显(杨永林,2012)。

体裁法　20 世纪 90 年代初期,在写作是一种社会活动理念的推动之下,出现了"体裁写作"的新方法。体裁法是要学生理解掌握不同体裁语篇的交际目的。不同的体裁,如记叙文、议论文、说明文、应用文等,是为了实现不同的交际目的。为掌握不同的体裁的交际目的,写作者需熟悉与体裁密切相关的修辞结构和语言特征。为此,教师首先通过介绍某一体裁的范文、分析体裁结构、语言特点及与该体裁相关的社会语境和交际目的,帮助学生对这一体裁的内容和形式有全面了解,在大脑中建立相关图式,为以后的写作做准备。然后学生先通过模仿范文进行写作,最后进行独立创作。

体裁法能使学生认识到写作是一种有规律可循的社会交往活动，是理解客观世界并参与社会活动的一种手段。从长远看，可以开发学生的创造性思维能力。但由于体裁的种类十分繁杂，课堂教学难以穷尽学生将来生活中可能遇到的所有体裁，故体裁教学法在写作课教学中有一定的局限性（秦秀白，2000）。

过程体裁法　过程体裁法是英国斯特林大学的贝吉（R. Badger）和怀特（G. White）于2000年提出的写作教学方法，旨在结合结果法、过程法和体裁法，以充分发挥三者的优势。贝吉和怀特认为，写作应包含语言知识、语境知识、写作目的和写作技巧等（姚香泓，2010）。

过程体裁法的主旨是使写作者从特定语境出发写出特定语篇，在这个过程中教师向学习者提供所需的语境知识、语言知识，帮助他们明确写作目的并使其掌握的写作技巧，最终促成写作的实现（黄坚、李梅，2012）。贝吉和怀特（Badger & White，2000）把写作的过程分为六个阶段：①确立交际情景（Situation）。②明确写作目的（Purpose）。③考虑话语使用（Consideration of Mode，Field，Tenor）。④构思（Planning）。⑤写初稿（Drafting）。⑥修改定稿（Publishing，Text）。韩金龙（2001）在此基础上提出了可实施的四个步骤：范文分析、模仿写作/集体仿写、独立写作和编辑修订。研究表明，过程体裁法对有效提高实用英语写作课的教学质量具有重要意义，有助于解决英语写作教学中存在的问题、提高教学效率，激发学生的英语写作兴趣与热情，提高学生的写作质量以及书面表达成绩（黄坚、李梅，2012；孙智慧，2014；崔刚，2016）。

过程体裁法的优点具有耗时短、效率高的特点，符合我国目前EFL写作教学的实际需要（韩金龙，2001）。但与结果法相比，过程体裁法教学费时较多，具体实施中可操作性不强。

写作是综合能力的体现，需要通过多途径才能提升。每种方法都有优势和不足，单一的方法无法解决实际写作中的各种复杂问题。这需要我们在操作过程中结合实际情况，兼顾学习者的特征、写作需求及目标，综合各种方法，各取所长，以实现写作教学效果最大化。而且，仅靠写作技能单项训练难以解决问题，靠一种方法教写作也难以奏效，有必要结合阅读和听说开展写作教学，以提高学生的写作能力。

思考题：（1）体裁教学法和过程体裁教学法有什么不同？
（2）过程教学法比结果教学法更有利于提高写作质量。你是否同意这种观点？

第二节　写作教学的内容

问题导入：

（1）确定写作教学内容的根据是什么？
（2）写作教学包括哪些内容？
（3）什么是写作知识？
（4）有哪些写作技能？
（5）有哪些写作策略？

写作是一种综合性的思维活动,写作能力不是仅通过大量的练习就能够提高的,还需要写作知识的引领。写作者需要知道如何写,并在写作过程中将知识转化为能力,这就是写作教学的总体目标。写作教学内容是连接学生和教师之间的桥梁,是教学活动中为实现教学目标、师生共同作用的知识、技能、策略、方法等的总和。我们需明确写作的本质、目的以及目标,才能确定写作的内容。

1. 写作的本质和目的

要谈写作的本质,我们先从追问"人为什么写作?"这一问题开始。写作是人们表达情感、愿望的交流方式,正如《毛诗序》中对"诗"的阐发和总结一样,"诗者,志之所之也,在心为志,发言为诗。情动于中而形于言,言之不足故嗟叹之,嗟叹之不足故咏歌之,咏歌之不足,不知手之舞之足之蹈之也。"写作便是如此,是人们的愿望、内心的情感意志,对生活的体验感悟的书面语言表现,即写作具有表达性。

写作是一种技能,也是一种沟通手段,是作者和自己心灵的沟通,也是和读者的沟通,所以说写作具有交际性。这种交际具有一定的目的,离不开文字以及对文字巧妙的运用,需要一定的技巧和策略。

就英语写作来说,其本质是利用英语句子、段落和篇章,有效选择、组织和发展意义(或思想)的复杂认知过程,是用书面语表达意义的过程。从写作教学角度来说,英语写作教学的目的有二:①帮助学生扩展语言知识,包括词汇、句型、语法和语篇知识。②创造意义,让学生学会用英语来记录或表达自己的思想和情感(兰良平、韩刚,2014)。

思考题:你认为写作的本质是什么?

2. 写作目标

英语写作既是学习的内容,又是学习的手段。在我国,不同的学习阶段对英语写作的目标要求不同。《普通高中英语课程标准(2017 年版 2020 年修订)》对英语书面表达进行了详细的规范,要求学习者既关注内容,又注意形式;既要能描述说明、也要会举例论证。其中,对选择性必修课程(学生在完成选择性必修课程的 8 学分后,方可参加高考)中表达性技能的要求有 11 项,具体如下:

(1)以口头或书面形式描述、概括经历和事实;
(2)以口头或书面形式传递信息、论证观点、表达情感;
(3)通过重复、举例和解释等方式澄清意思;
(4)运用语篇衔接手段,提高表达的连贯性;
(5)根据表达意图和受众特点,有意识地选择和运用语言;
(6)根据表达的需要,设计合理的语篇结构;
(7)在书面表达中有目的地利用标题、图标、图表、版式、字体和字号等手段有效地传递信息、表达意义;
(8)在口头表达中运用目光、表情、手势、姿势、动作等非语言手段表达意义;
(9)讲话时进行必要的重复和解释;

(10)使用语言或非语言手段预示和结束谈话；

(11)使用恰当的语调、语气和节奏，提高表达的自然性和流畅性。

《普通高中英语课程标准(2017 年版 2020 年修订)》对写作部分的考试形式也做了说明。考试形式主要包括以下几种：

(1)故事续写：考生阅读故事性短文，根据情节，续写故事，使之完整。

(2)看图写报告：考生根据所提供的图形或表格中的信息，以书面文字的形式呈现图表中的相关信息和内容，可能需要对信息和内容进行必要的归纳、整理和分析。

(3)命题作文：考生根据所给题目写作文。如给考生提供一个观点或描述某种现象，要求考生就该观点或现象发表自己的看法。

(4)概要写作：考生阅读一篇材料，然后根据材料内容写一份概要。

以上目标和考试形式为高中英语写作教学指出了明确的方向。基于写作的本质和目的，以及课程教学的目标和考试形式，写作教学内容需包括写作知识、写作技能及写作策略。

思考题：你认为还有哪些可以测试高中学生写作水平的考查形式？

3. 写作知识

作为书面表达的形式，写作离不开字、词、句。词汇、句子、段落是构成篇章的基础。写作知识包括词汇知识、句法知识及段落知识。写作的最终产品是以完整的篇章形式呈现的。所以，写作知识还包括语篇知识，以及其他知识，如文稿格式、书写知识及标点符号知识等。

词汇知识　词汇知识是多维度的。对于词汇知识的界定，大致分为两种。一种是从词汇的构成角度将词汇知识分为接受性词汇(Receptive Vocabulary)和产出性词汇(Productive Vocabulary)。接受性词汇是在接受信息，或者进行阅读和听力理解时所需的词汇；产出性词汇是在输出信息，或者在进行写作和口语表达时所需的词汇。另一个角度是从词汇广度和词汇深度进行分类。词汇广度是指词汇量的大小，而词汇深度是指对词汇的掌握程度。也有学者从多维度分析词汇知识，如音位知识、拼写知识、形态知识、语义知识、母语知识、词频知识、搭配知识、句法知识、语体知识、语用知识、变体知识、词汇策略知识(马广慧，2007)。

综合以上维度，基于《普通高中英语课程标准(2017 年版 2020 年修订)》要求，普通高中学生写作时需具备词汇广度知识(即词汇量)以及词汇质的内涵知识，包括词的拼写、词性、词义，以及词的使用知识，如句法功能、搭配特征、语体特征等。

句子　句子是人们表达思想进行交际的基本语言单位。句法是支配句子结构，决定词、短语、从句等句子成分如何组成其上级成分，直到组成句子的规则或过程。英语句法知识包括句子结构知识和句子组合知识。

句子结构知识即句子成分知识以及句型知识。高中学生要能识别句子成分，如主语、谓语、宾语、定语、状语、补语等句法成分，还需熟练掌握英语常见句型。就用法来分，常见句型有陈述句、疑问句、祈使句和感叹句；按结构划分，句子有简单句、并列句、复合句和并列复合句。简单句一般比较短，而复合句和并列复合句一般比较长。句子组合知识指将简单句组合成复杂句的知识。尽管简单句也可以表达复杂的思想，但也需要长句或复杂句来传递信息、论证观点或表达复杂的思想。短句适宜于陈述重要的事实和想法；长句则适宜于解释观点、理论或描写有很多细节的事物（丁往道 等，2010）。

段落 段落是文章最基本的单位。从内容上说，段落具有一个相对完整的意思。在文章中，段与段通常会隔一行，或者用段落首行缩进来分段。

写作者要有段落意识和段落知识，具体来说是一致性意识和连贯性知识。一篇文章一般由若干段落构成，一个段落是相对独立的整体，包含一个中心思想或主题，段落中的各个句子都围绕一个中心或主题。如有另一个主题或中心，则需另起一段，这是段落的一致性特点。段落的中心或主题一般由中心主题句引出或陈述，但在有些段落中，主题并不直接点出，而是隐藏在字里行间。连贯性也是英文段落写作的重要标准之一。连贯性是指段落的句子间逻辑清晰，句子的排列顺序具有逻辑性，句子之间过渡流畅且能有效支持段落大意；段落之间紧密联系，共同支撑文章主题或观点。段落的连贯性可用显性的衔接手段实现，如通过使用代词、连接词、省略句、替代等手段来实现的指代、连接、省略、替代等衔接关系；句子之间的逻辑关系，如递进、因果、转折等可以用表示语义关系的词语或表达来提示；段首句、主题句、过渡句的位置及语义逻辑关系，如次序关系、因果关系、概括与例证关系等也是有效辅助段落、篇章一致、连贯的重要因素。

语篇知识 语篇知识是关于语篇是如何构成、语篇是如何表达意义以及人们在交流过程中如何使用语篇的知识。语篇的组织结构是由语篇的交际目的、环境、方式、题材、体裁、语言风格、修辞手段等多种因素决定的。语篇的组织结构关系主要有下列几种：一是顺序关系结构。顺序关系有时间顺序或空间顺序，多用于说明、描述或记叙文、专题报道、故事、新闻报道等语篇。二是并列关系结构。句子以并列方式排列，在层次上是平等的，没有先后之分；各围绕主题的某个侧面展开叙述。说明文、记叙文或应用文多用并列结构进行叙述。三是层次关系结构。句子不是直线型发展，而是分几层意义纵向展开，但都属于一个主题或中心思想。议论文或论说体裁一般用层次关系推进。四是递进关系结构。句子用环环相扣，层层推进的方式排列，语义也随之前呼后应，逐步递升，直到推出一个结论。记叙文或议论文一般采用这种结构。

语篇通过其宏观组织结构和微观组织结构来传递信息。语篇中各要素之间存在复杂的关系，如句与句、段与段、标题与正文、文字与图表之间的关系。这些关系涉及语篇的微观和宏观组织结构。句子内部的语法结构、词语搭配、指代关系、句子的信息展开方式等，属于语篇的微观组织结构。语篇中段与段的关系以及语篇各部分与语篇主题之间的关系，则属于语篇的宏观组织结构。语篇宏观组织结构还包括语篇类型、语篇格式等。

语篇知识有助于语言使用者根据交流的需要选择恰当的语篇类型、设计合理的语篇结构、规划语篇的组成部分、保持语篇的衔接性和连贯性。

其他知识 写作涉及很多知识，除了语言内容、篇章结构及组织条理外，还有其他基本知识。比如要培养学生正确书写句子的习惯，就必须让学生掌握以下知识：英文字母大小写正确；句子开头的首字母要大写；不同功能的句子末尾要使用相应的标点符号等。有效的书面表达还需要好的文稿格式，如书写时纸边留空、段落开头要缩进等。不能忽略这些基本知识。

思考题：语篇知识主要包括哪些内容？

4. 写作技能

英语写作既是获得知识的过程，又是培养技能的过程。在英语写作教学中，技能的培养就是把“什么知识”转化为“怎么用知识”的过程。技能的学习和提高离不开写作知识的指导。基于写作知识，写作技能教学要从构思技能、表达技能和修改技能三方面进行。

构思技能　写作构思是写作前作者对写作材料或给定题目的感知和体验，写作主旨的酝酿和确定，以及写作材料的选取和提炼，还包括作者对文章结构形式的思索以及对表达方式、表现技巧和表现手法的预想。写作构思是写作过程的一个重要阶段，决定着作品的成败，关系着写作者写作过程的方向、写作内容的切题以及写作目标的实现；既是一种定向的思维过程，也是一个创造性的、动态的思维活动过程（罗明礼，2008）。

写作构思的切入点是提炼主题，即运用各种思维方式，深入发掘写作材料或给定题目的意义，然后生成写作的内容信息、写作的思路以及目标。兰农（Lannon，1989）列举了写作构思过程中写作者必须回答的几个关键问题：作文的题目是什么？为什么写这样一篇作文？主题是什么？读者是谁？他们需要获取什么信息？这些信息对他们重要吗？怎样组织行文？采用什么样的语气？从什么视角展开文章？这几个问题有助于作者思考主题、选择写作角度、构建写作框架、梳理逻辑关系。也可以针对主题用 Who，What，Why，When，Where 让学生自问自答，找出一些想法和具体的细节，或借用图表梳理写作论点和写作论据的逻辑关系，构思行文，为创作初稿打基础。

表达技能　表达技能是输出构思内容，进行具体写作时所需的技能。句子是书面表达的基本单位，因此表达技能的培养可以从句子写作开始。首先要培养学生有句子正确性的意识。其次可以通过改写练习培养学生使用有效句子表达思想、观点的能力。学生在教师的指导或者学生之间就作文初稿中的词、句子，或篇章结构进行修改；或者教师指导学生改写句式，如将陈述句改写为疑问句或感叹句；或把几个句子合并为排比句等，以培养学生有句式多样性的意识。

表达技能的培养还可以通过读后续写来实现。学生根据一定的逻辑和情境拓展原文或者接续下去，使其内容更加完整。读后续写不仅有助于培养学生理解文章关键信息的能力，还有助于培养学生准确、恰当使用语言的能力以及创新能力。

修改技能　初稿不是写作的最终成品，修改初稿是非常必要的。为了使文章更加清晰、完善，可以分三个阶段修改初稿：第一阶段修订内容；第二阶段修订文章组织结构；第三阶段修订语言，包括准确性及语言风格（肖福寿，2007）。

丁往道等学者提出了关于篇章的宏观结构和微观结构修改的参考建议，具有很强的可操作性。学生修改作文时，需审查完整的篇章，看主题是否清楚，论据是否充分、相关，合乎逻辑；需审查组织结构，思考开篇段落是否引出文章的主要观点，各个段落是否和主题相关且有各自的中心思想，结尾段落是否清楚总结了文章试图说明的问题；需重审句子、用词，斟酌是否适当，以及其他方面，如语法、拼写、标点等有无技术性错误（丁往道 等，2010）。

思考题：你认为还需要给学生教授哪些写作技能？

5. 写作策略

写作策略是指有助于提高写作质量、写作效率的调控方式和方法技巧等。写作策略主要包括认知策略、元认知策略、语篇策略以及补偿策略。

认知策略 认知策略是指学生为了完成具体学习任务而采取的步骤和方法,如集中注意力;记笔记,摘抄句子;背诵优秀范文;通过观察、分析、归纳来发现语言的规律;发散思维寻找各种答案,或联系新旧知识来解决问题等。比如以下写作任务“Draw a story map about the most unforgettable help that you have given to others and then share the story with your classmates.”需要学生发散思维,联系自己或他人的经验来获得有关“给予他人帮助的难忘经历”的信息,并分类整理信息,如通过提问如下问题来梳理“帮助他人”这一主题的具体信息: when, where, why, who, how and what,并有意识地运用已有知识,如谚语、格言、警句等对作文进行润色修饰。

元认知策略 元认知策略指对写作过程的计划、监控和评估。写作者通过事先计划来构思内容、框架、写作步骤及目标;在写作过程中依据制定的写作计划,有意识地监控自己的写作进程,将储备的知识与当前的写作任务相互联系,以及对写作中可能出现的问题进行自我管理,寻求帮助,并高度警觉自己在写作中的注意力和理解力;根据写作完成后的自我评估情况进行补救,并在写作活动结束后思考和总结经验和教训、不断提高自己的想法和做法(秦利民、Zhang,2017)。元认知策略教学能有效地提高写作技巧,因为它强调通过计划和修订、监控、评估和编辑来重构文本,而不是让学生撰写仅有主题和简单说明的作品(Cer, 2019)。

语篇策略 语篇的内容主要包括主题句、段落统一、过渡、语篇标记、连接、修辞习惯、指代、流畅性、简洁性和变化性等(关丽娜,2014)。语篇策略的教学是要引导学生斟词酌句,完成连贯一致的篇章。语篇教学的核心主要是衔接与连贯策略。韩礼德和哈桑(Halliday & Hasan, 2001)认为衔接存在于语篇中并使之成为语篇中意义间的联系。衔接主要有五大类:照应(Reference)、替代(Substitution)、省略(Ellipsis)、连接词语(Conjunction)及词义衔接(Lexical Cohesion)。他们还提出,衔接是产生连贯的必要但非充分条件。也就是说,衔接是实现连贯的手段,但有衔接不一定会产生连贯;连贯的语篇必然是衔接的,不衔接的语篇必然不会连贯。语篇连贯不仅依赖衔接手段的正确使用,而且还依赖于语篇的宏观结构。如议论文的宏观结构一般由论点(Thesis Statement)、主体(Main Body)和结尾(Conclusion)构成。记叙文结构中一般需包括时间、地点、人物及事件等要素。写作中的语篇策略教学可以基于这些知识,通过读写结合,让学生具备语篇知识,树立衔接连贯意识,并在写作中运用。

补偿策略 这一概念最早由奥克斯福德(Oxford, 2008)提出,她认为补偿策略包括两部分:第一部分是智能猜测(Guessing Intelligently),具体包括使用语言提示(Language Clues)和其他提示(Other Clues)两种策略;第二部分包括克服口语与写作中的知识不足,具体包括八种策略:母语转换(Switching to the Mother Tongue)、获得帮助(Getting Help)、模拟或手势(Using Mime or Gesture)、回避(Avoiding Communication Partially or Totally)、选择话题(Selecting the Topic)、调整信息(Adjusting or Approximating the Message)、造词(Coining Words)、使用迂回或近义表达(Using a Circumlocution or Synonym)。

写作中有效的补偿策略有造词和使用迂回或近义表达,有助于写作者在语言水平有局限性的情况下进行语言产出，避免思绪的停滞，促进写作的顺利进行。

思考题：你认为还需教授哪些写作策略？

第三节 写作教学的原则

问题导入：

写作教学的原则是什么？

写作从构思、表述、修改，再到完成，需要一个过程，这个过程有一定的阶段性和程序性。基于写作的本质和内涵，以及写作教学的内容和目标，写作教学应遵循以下五个基本原则。

1. 循序渐进的原则

任何技能的获得都不是一蹴而就的，而是要经历一个过程。写作作为一种产出性技能，从组词成句，再到谋篇布局完整准确地表达思想，是一个由简单到复杂，由低级到高级的发展过程。在这个过程中，语言能力在逐步发展，认知能力也有待逐步完善。整体语篇水平、段落结构、句子结构和词语结构也表现出由高到低的层次性。这个过程的进展需要有计划性和阶段性，循序渐进开展。

基于基础教育阶段英语写作技能的目标，教学中需确立不同层次的子目标，逐步实现。如小学阶段基础的知识和技能主要有大小写字母的书写，简短语句的书面表达；初中阶段要会写描述性或叙述性的短文或短信；高中阶段要会用书面形式传递信息、论证观点、表达情感，且会运用衔接手段，使语篇连贯。因此，小学阶段要实现学生能正确书写简单句的目标；初中阶段过渡到复合句，段落；高中阶段递进到各类语篇的结构，篇章的连贯等。这个过程中每一阶段均应有所侧重，从低层到高层，使学生的写作水平稳步发展。

思考题：你认为基础教育阶段的写作教学应遵循怎样的顺序？

2. 听说读写结合的原则

听、说、读、写四项技能相辅相成、互相促进，融合内化为学习者的综合技能。综合技能也是当前英语教学和测评的重要转向之一，综合性读写结合写作任务已被纳入我国最新高考英语，大学英语四、六级考试以及英语专业四、八级考试范围。写作不仅仅是“写”的问题，而是各项能力均衡发展的问题。

在四项技能中，听和读是语言输入的主要形式，说和写是语言输出的主要形式。语言输入是输出的基础，语言输出促进听和读输入技能的发展。其中，阅读能力又是其他语言能力发展的首要基础，写作的提高和发展要以大量的阅读为基础，通过阅读保证足量的语言输入是加强写作能力培养的一种有效途径。鉴于此，有必要在英语基础教育阶段加强学生的中、英文读写能力，提升其批判性思维和跨文化交际意识。应在课程标准的指导下，努力帮助学生将英语语言能力提升到相应阈值,全面提高学生英语综合运用能力,同时训练其学习技能(张新玲、张思雨,2017)。

思考题:在四项技能中,阅读能力是其他语言能力发展的基础,你是否同意这种观点?为什么?

3. 理论与实践相结合的原则

英语写作能力是写作者运用英语语言知识和语言技能表达思想、观点及情感等的综合能力。写作能力的培养在掌握知识、获得技能的过程中得以发展。策略、技能和知识等需明确而系统地讲授,教授的具体内容取决于写作者的发展水平、需要发展的技能,以及写作的目的和任务等。

任何技能的获得都离不开实践,写作更不例外。在充分掌握写作知识的基础上进行写作实践是写作技能获得和提升的重要途径。通过写作,英语知识不断得到巩固并内在化,为英语技能的全面发展铺路(王初明 等,2000)。在写作教学中,教师应设计具有趣味性、关联性、综合性的实践活动,让学生通过读写结合来获取、梳理信息,概括、整合内容,分析、评价观点,并有效地表达个人的思想和观点、情感和态度,以促进核心素养的发展。

思考题:英语写作中,怎样才能理论结合实践?

4. 过程与结果相结合的原则

写作教学既要注重写作结果,又要重视写作过程。也就是说,既要关注学生作文中的语法、词汇、格式是否正确,也要关注内容是否充实,语篇是否连贯,更要关注如何使内容充实,语篇连贯,也就是说要关注写作过程。

写作过程基本由写前准备、写初稿、定稿等几个阶段构成。写前准备阶段,教师需引导学生通过多种活动,如头脑风暴、列提纲、阅读、调查报告等进行构思,让学生针对某一主题获得尽可能多的素材。经过充分准备,学生完成初稿。写初稿是进一步整理思想、确定写作内容的过程,不用过度在意语法规则或字词句的正确性,因为初稿还需修改。可以通过同伴互评,对初稿进行评价。学生分为两人或三人一组,让他们根据老师分发的同伴互评指导框架对同学作文进行评价。教师可在各组间巡视、答疑和指导,但不必过多干预。然后,教师批阅作文、与学生进行个别交流、全班点评,提供教师反馈,并针对学生的普遍性语法错误开展讲练活动。最后,学生把从各方面得到的意见加以汇总,重新修改作文,最终完成作品。

思考题:你认为写作过程由哪些步骤构成?每个步骤中教师应该关注学生作文的哪些方面?

5. 多元化评价的原则

多元化评价的原则是指评价过程中的对象、内容、主体、结果、效果达成等不应该是单一的,教师可以利用多种教学手段和方法对学生的写作态度、写作思路、表达质量、写作成效等进行多角度、多主体的综合、多元评价。多元评价涵盖的评价内容不仅包括对学生语言本体发展的评价,还包括学生个体发展的逻辑智能、交往智能等方面。也就是说,写作的多元评价内容既包括了对写作语言本体诸如文稿格式、遣词造句、段落拓展和篇章安排方面的评价,还包括写作课堂中学生的学业参与表现,课下学生完成参与的过程等方面(徐忠勇,2020)。

评价主体指对学生的习作做出评价的人。在以技能为中心的传统语言教学中,教师具有绝对的主导地位,也是学生习作的唯一评价人。而多元化评价的主体不仅包括教师,还包括学生。学生作为主体,既是学习者又是帮助者,他们不断学习如何对同伴的习作做出评价,并给出建设性帮助。积极的同伴互评训练影响了学生的写作能力,修改策略提高了学生的评价能力,同伴信任产生了积极的情感体验和写作能力的提高(柴改英、徐丽月,2014)。

思考题:多元化评价对学生写作质量的提高有什么帮助?

第四节　写作教学设计

问题导入:

(1)写作教学可以分哪几个阶段进行?

(2)写作教学可以设计哪些活动?

写作是创造性的脑力劳动过程,这个过程大致要经过构思、写作、修改三个阶段。依照这三个阶段,英语写作教学设计可以按照 PWP 模式开展,即 Pre-writing(写前准备),While-writing(写作中)和 Post-writing(写作后)。这三个阶段中,教师需设计输入(听、读)和输出(说、写)相结合的关联性和实践性的学习活动和评价活动以优化写作教学效果。

1. 写前准备(Pre-writing)活动

写前准备活动是写作过程的准备阶段,这一阶段的主要任务是确定写作的话题、搜集相关信息和材料,以及构思写作内容。

从**话题**方面来说,写作有自由写作和命题写作。如果是自由写作,则话题不能太窄,太窄的话题会导致写作时无话可说。比如"The ages of my brothers and sisters"这个话题就没有太多可以写的内容和发挥的余地;话题也不能太宽,太宽会使得文章因内容过多而显得中心不明确,重点不突出。比如"Festivals"就是一个过于宽泛的话题,可写的内容实在太多。写作时可以选取一个适当的切入点作为话题,如"The most important festival in China"这样的话题就比较合适(何亚男 等,2017)。高中英语写作大多数情况下是命题作文,所以下面以命题写作为例来呈现写前准备活动。

命题作文一般是给出一个既定的题目,要求写作者根据这个给定题目进行写作。但命题作文的大趋势是开放式写作,给学生很大的想象和发挥空间。比如"Write a comment on your favorite song""Write a film review""Write an email to give suggestions about making friends"等,虽然对写作的方向做了规定,但对内容没有过多的限制。开放式的命题写作有利于训练学生的发散性思维,但学生在写作时必须按照写作任务和要求写出符合逻辑、言之有理的观点和看法。同时语言上要求文理通顺,符合逻辑;内容要求丰富充实,篇章上要求完整统一。

搜集材料是写前阶段的一个重要环节。材料是和主题相关的事实和论据,是文章的根本要素。搜集资料需注意选材要围绕主题进行,常见的方法有头脑风暴(Brainstorming),自由写作(Free Writing)、循环(Looping)、列清单(Listing)、思维导图(Mind Mapping)、提问(Asking Questions)、讨论(Discussion)等。

1)头脑风暴(Brainstorming)

头脑风暴是一种构思策略,是指写作者通过自由联想,就某个话题不假思索地记录所想到的单词、短语或句子,它可以帮助学习者拓展或缩小主题,或者考虑不同的读者以及组织信息的方法。例如要求学生对"Advertisements"(广告)这一现象进行联想,快速写下想到的词或内容,如 located everywhere, newspapers, television, billboards, grocery store ads, music, colorful, liquor ads, perfume ads, a lot of beauties, influence, power, wealth 等。对经过头脑风暴产生的想法,进行分类以理顺写作思路。比如:

Kinds of ads: perfume ads, liquor ads, grocery store ads…

Contents of ads: a lot of beauties, music, colorful…

Places ads are located: newspapers, magazines, television, billboards…

Promises ads make: power, influence, wealth…

2)自由写作(Free Writing)

自由写作是写作者根据写作主题连续书写一段文字,想什么写什么,而不考虑拼写、语法、文章结构等。

> Vocabulary is hard to learn but I learn it everyday. I learn words by memorizing or by heart, it useful to remember words as many as possible. Use words I learned in writing is another effective means to learn vocabulary, so I always try to use them consciously in my composition. Using them I found I could't spell some well then I went back to look up the dictionary to spell them correctly.

以上是一位同学就"How I learn vocabulary"这一主题进行的自由写作。段落中有不合语法的表达,句子也不连贯,观点不集中,但这不是问题。重要的是让学生有想法,有话说,能尽可能多地写出自己想到的内容,为写作积累素材。

3)循环(Looping)

循环是自由写作的一种技巧,是在首次进行自由写作后,写作者确定写作中的关键思想或想法,然后以该想法为出发点再次开始自由写作。循环往复进行一系列的自由写作,每次写作都比上一次更为具体。

上面的自由写作段落中就"How I learn vocabulary"这一主题的观点比较分散,我们可以从中选择一个最佳的,进行新一轮的自由写作。比如上面段落中的下划线部分,我们提炼成主题句,然后就这一主题句再进行自由写作。

> Using new words I learned to keep a journal helps me improve my vocabulary. Even if I know a word, I find once I put it into practice, it becomes hard to spell or use it correctly in specific context or to choose which word to use. Thus, I have to look it up in a dictionary to make sure I know its pronunciation, spelling and use as well. I then use the word in writing to express my ideas and thoughts.

循环写作可以一直进行,完成四到五轮循环后,我们可以获得一些特定信息,这些信息有助于我们更加明确对主题的想法,为初步的写作奠定基础,或者为完成写作提供改进的思路。

4)列清单(**Listing**)

列清单就是列出和主题相关的词、短语,或概念、想法等。列清单时可以设置时间限制,比如3~5分钟,要求学生尽可能多地写下相关信息。

比如写作主题是"Write a film review",可以让学生先就"A good film review usually covers the following elements"进行讨论并列清单,然后根据需要对所列清单进行筛选和排序,最后确定所需要素,比如"A good film review usually covers the title, the director, the plot, characters and acting skills, special effects, dialogue, etc."

5)思维导图(**Mind Mapping**)

思维导图是用图形笔记帮助学生理清思路,汇集材料,找出相互之间的关系,高效完成文章。运用思维导图做写前准备,先要分析主题中的核心词或关键词,然后引导学生找出其已有观念中与之匹配的词语和句子,进而以该关键词为核心画出思维导图。以"Write an informal letter to introduce your school life"为例,其核心概念为"My school life",围绕这一主题,教师引导学生进行联想、讨论、绘图、增删信息,并注意各要素贴合主题,突出重点,标明整体与部分、部分与部分之间的关系,训练学生的逻辑思维能力和篇章布局能力,并画出相应的思维导图:

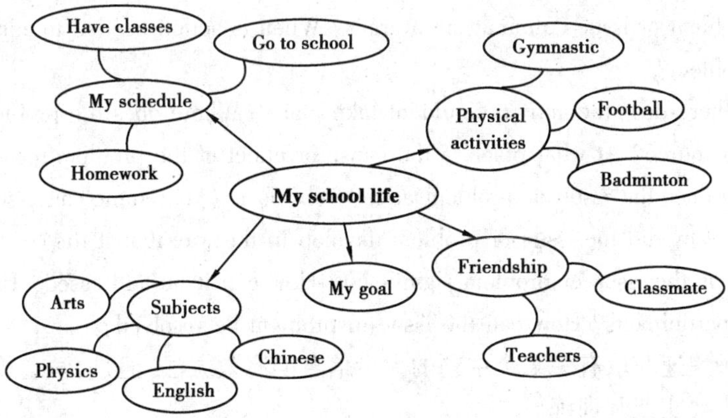

6)提问(**Asking Questions**)

写前准备活动可以用What, Who, When, Where, Why以及How来提问,引导学生探讨写作的主题,启发学生思维并梳理思路。例如,写作的要求是“Write a news report by following a format”。下面是新闻格式范例:

7.0-magnitude quake hits SW China ← Headline

Tim from *China Daily* ← Byline

Aug. 9, 2017

Placeline

Lead: CHENGDU—A 7.0-magnitude earthquake hit Jiuzhaigou **county** in Southwest China's Sichuan province at 9:19 p.m. at a **depth** of 20 kilometres, acording to the China Earthquake **Networks** Centre.

Body: **Relief** and **rescue** work is going on **in order**. Taxi drivers from the neighbouring Songpan County have voluntarily driven to the airport and are offering free food and drinks as well as free taxi rides for passengers and rescue workers.

Tibetan taxi driver Angchuk, 26, is one of the drivers at the airport. "The earthquake was terrible! Now I am only doing what is needed. We should all do our part after a natural disaster, shouldn't we? As a taxi driver, this may be the only thing I can do now to offer a little help, isn't it?" he said. ← Quotation

So far, more than 50,000 tourists, including 126 foreign tourists, have been successfully evacuated from the county.

(选自重庆大学出版社普通高中教科书《英语》必修第二册 Unit 5 Natural Disasters)

首先我们通过阅读引导学生关注并发现所读语篇的写作特点和语言表达,再通过写的任务引导学生学习和运用阅读中学习到的写作知识。比如,学生在写新闻报道前可通过以下问题引出写作思路和内容。

What: What is the topic? What is the significance of the topic? What is the basic problem? What are the issues related to that problem?

Who: Who are the participants? Who is affected? Who are the primary actors? Who are the secondary actors?

When: When does the incident happen? When does the issue or problem develop? What historical forces help shape the problem or issue and at what point in time will the problem or issue culminate in a crisis? When is action needed to address the issue or problem?

Where: Where does the activity/incident take place? Where does the problem or issue have its source? At what place is the cause or effect of the problem most visible?

Why: Why does the issue or problem arise? Why is it (your topic) an issue or problem at all? Why did the issue or problem develop in the way that it did?

How: How is the issue or problem significant? How can it be addressed? How does it affect the participants? How can the issue or problem be resolved?

提问是一种快速获取有关某个主题的大量信息的有效方法,但是,学会提出有关某个主题的适当问题需要实践和训练。

7) 讨论 (Discussion)

写前讨论是师生以及学生之间就相关写作主题的内容、体裁、所需语言知识,如词汇、句型结构等展开讨论，给学生（尤其是写作存在困难的学生）提供“支架”，以帮助学生就写作题目有话可说，有内容可写，有词汇、表达等可以使用。比如下面的书面表达：

“假设你是红星中学高三学生李华，你们学校英语戏剧俱乐部外籍教师 Jim 因疫情滞留英国。复学在即，作为俱乐部负责人，你给 Jim 写一封电子邮件，请他推荐一名外籍指导教师，内容包括：1）条件及要求；2）表示感谢并提醒注意防护。要求：词数不少于 50；开头和结尾已给出，不计入总词数。”

这个写作任务的体裁是应用文（电子邮件），因为已经提供开头和结尾，所以无需讨论写作格式。但教师可以组织学生对关键词汇、句子、所需句型等进行分组讨论，为写作提供“支架”。如全班一起讨论下列词汇的英语表达：“疫情”（“pandemic disease”，“epidemic”，“coronavirus”，“COVID-19”），“滞留英国”（“have/has to stay in the U. K. and can't return”，“be stranded in the U. K.”）；“推荐某人”（“to recommend somebody to be the mentor”，“refer somebody to us”）等。再就其他句型以及内容，如对被推荐的外籍指导教师的要求，提醒注意防护等，让学生通过分组合作来解决写作前的困难问题，为下一步有效写作做好铺垫。

以上是常用的几种搜集材料的方法。实际写作中要灵活运用，搜集的材料要丰富，以方便后续的筛选和排序。

构思写作内容　这是材料搜集完成之后进行的关键环节，是整合碎片化信息的过程，这一过程可以用列提纲来实现。通过提纲使思维可视化，并且可以通过调整提纲的结构来使模糊的想法具体化。

提纲是文章的提要，也即是简明扼要的写作计划（何亚男 等，2017）。提纲一般包括题目、主要内容和结构安排。主要内容是文章中要讨论的要点，需要对所搜集的材料进行取舍。结构安排是提纲最主要的部分，是按照逻辑顺序组织材料，即先写什么、后写什么，全文准备一共分为几大段，每段写什么，以小标题的形式罗列出来。提纲主要有两种类型：主题式提纲（Topic Outline）和句子式提纲（Sentence Outline），通常用罗马字母、数字或英文大小写字母来标识文章层次。下面我们分别用主题式提纲和句子式提纲来示范写作内容的构思。

1）主题式提纲（Topic Outline）：标题和分论点都以词或短语的形式给出

Topic: Global Warming

Ⅰ. Introduction
　Causes of global warming

Ⅱ. Body Paragraph 1 (Humans)
　Roles of humans

Ⅲ. Body Paragraph 2 (Changes in temperatures)
　Causes of changes in temperatures

Ⅳ. Body Paragraph 3 (Air pollution)
　Sources of air pollution

Ⅴ. Conclusion
　Restating thesis statement: Different reasons for global warming

2）句子式提纲（Sentence Outline）：标题和分论点都用完整句子来表述

Topic：Visiting the Hockey Hall of Fame

Ⅰ. Introduction

The Hockey Hall of Fame is full of sights, sounds, and experiences that will delight hockey fans of all ages.

Ⅱ. Body Paragraph 1（Set the scene and provide factual details）

Topic Sentence：The Hockey Hall of Fame is located in Toronto, Canada and features exhibits from amateur and professional hockey.

Detail Sentence 1：The Hall is located in downtown Toronto and is visited by 1 million people every year.

Detail Sentence 2：You can see exhibits ranging from the early beginnings of the sport to the modern NHL and Olympics.

Body Paragraph 2（Provide additional sensory details, descriptions, and experiences）

Topic Sentence：There are many types of exhibits and shows, including activities you can participate in.

Detail Sentence 1：Player statues, plaques, and jerseys decorate the walls in every room of the Hall.

Detail Sentence 2：Many of the exhibits have movies and multimedia activities that make you feel like you're part of the game.

Detail Sentence 3：You can even practice shooting pucks on virtual versions of some of the game's greatest goalies!

Conclusion（Conclude the essay with a paragraph that restates the thesis and recaps the descriptive and sensory details）

Concluding Sentence：The Hockey Hall of Fame is an experience that combines the best sights, sounds and history of the game in Toronto.

列提纲有助于学生在写作过程中根据已有结构和内容进行清晰的构思，快速和更有逻辑地进行写作，使学生更好地掌握如何进行英语写作。

2. 写作（While-writing）活动

经过写前准备工作，学生已经有了写作的思想内容和结构框架，从而需要进行后续的步骤：撰写初稿（Drafting）。

撰写初稿是作者将其思想转化为完整的句子、段落及篇章的过程。这一过程可以让学生基于写前阶段积累的思想、词汇及表达等，单独完成整个初稿的写作。也可运用“接龙”游戏，与同伴合作完成。一位同学写出第一句，第二位同学续写第二句，依次进行，最后一位同学完成结束句。也可以分组完成。再以此写作任务为例：“假设你是红星中学高三学生李华,你们学校英语戏剧俱乐部外籍教师 Jim 因疫情滞留英国。复学在即,作为俱乐部负责人,你给 Jim 写一封电子邮件,请他推荐一名外籍指导教师,内容包括:1)条件及要求;2)表示感谢并提醒注意防护。要求:词数不少于 50;开头和结尾已给出,不计入总词数。"学生分为两组,第一组每位同学写出对外籍教师的一个条件及要求;第二组每位同学完成"表示感谢并提醒注意防护",然后两组配对,完成"拼图",即写作任务中的两项要求,初稿基本完成。

3. 写作后(Post-writing)活动

初稿是写作的完整版本,但不是最终版本,还需要反复修改(Revising)和编辑(Editing),并且可以让学生展示(Displaying),以相互学习。

学生完成初稿后,可以先进行同伴互评(Peer Review),以取长补短。相邻的两到三位学生组成互评小组,相互交换阅读作文并展开讨论,然后相互反馈问题,学生自己改正,或者相互以评语的形式进行反馈。学生互评之前,教师可以给学生提供评价框架或说明,以提高评价质量和反馈效果。例如记叙文的同伴互评反馈内容包括:内容表达(情节是否完整、生动、有趣或有教育意义,情节叙述是否重点突出、主次分明、脉络清楚等);篇章结构(文章是否完整;段落、句子之间语言表述是否连贯、流畅);语言运用(语法是否规范,如时态、语态、主谓一致等;词汇使用是否准确且丰富;句型变化是否多样)。学生互评期间,教师主要扮演课堂管理者的角色,确保学生认真地开展该活动。

学生互评并修改润色后上交初稿,教师就学生互评时未能发现的错误和不足加以修改或进行评价,然后学生再进行修改,完成终稿。教师选出优秀作文在全班进行朗读展示,或者把学生分成四到五人的小组,每个小组选出一篇范文,由每组的代表在全班进行朗读或交叉分享。也可以用板报的形式展示优秀作文,或者把优秀作文以报纸的形式排版打印,每个月或每学期展示一次。

思考题:(1)列举二至三个写前准备活动。
(2)设计二至三个写后教学活动。

第五节　写作教学案例与分析

问题导入:

如何设计教学活动,完成主题为"How I Learned to Learn English?",体裁为电子邮件的写作教学?

教学内容

读写结合的写作教学

写作题目“How I Learned to Learn English ?”具体要求如下:

假如你是李华,你的表弟小伟发 email 询问你英语学习的经验。给小伟写封电子邮件,分享你的经验。

教学材料

Unit 1　Learning Strategies and Habits

(选自重庆大学出版社普通高中教科书《英语》必修第一册)

教材分析

本单元的主题是“Learning Strategies and Habits”。写作是在完成两个阅读篇章及相关词汇、语法知识的学习之后要进行的教学活动。第一篇阅读由两封电子邮件组成(第一封是 Xiaojing 写给 Alan 的“Asking for Advice”的邮件;第二封是 Alan 给 Xiaojing 的回信“Advice for Xiaojing”)。两封邮件的内容标题为“How to Get Better at Learning English?”,主要内容为英语词汇、语法的学习,以及如何保持英语学习的兴趣。第二篇阅读为“How Can You Learn Vocabulary?”文章针对词汇学习提出了五条建议。课后练习中涉及的学习策略,如怎样记笔记,根据前后缀猜测词义及词性,分析句子要素等,不仅有助于学生学习英语知识、技能、策略,而且为写作提供了大量的素材。本单元的语法主要是句型结构、句子成分的功能和作用,为学生正确书写句子奠定了基础。

学情分析

本课的授课对象为高中一年级第一学期学生。进行“How I Learned to Learn English ?”的写作时,学生已经完成本单元和写作内容、体裁关联的两个阅读篇章(“How to Get Better at Learning English?”和““How Can You Learn Vocabulary?”),并进行了大量的词汇、语法练习活动。学生已经具备了和写作主题相关的内容知识,如词汇、语法、兴趣动机、学习策略等;学生理解并能应用相关词汇(vocabulary, grammar, expression, interest, tips)、短语表达(as for grammar, my suggestion is…; be interested in; The more words you know, the more you will…)等,并熟知英语电子邮件的格式和结构。

教学目标

在本课结束后,学生能够:

(1) 运用所学词汇(as for grammar, expression 等)及句型结构(My suggestion is…, The more…, the more…等)书面叙述英语学习的经历;

(2) 在写作中有意识地使用主题句概括段落的中心思想;

(3) 能在教师指导下写出 email 的各部分内容,如 the greeting, the purpose of writing this email, the body, closing 等。

教学阶段

阶　段	教学活动	活动时间(分钟)
写前	解决问题	5
	头脑风暴	5
	模仿写作	3
	提纲写作	6
写中	独立写作	10
写后	学生自评	3
	同伴互评	3
	教师评价	5

写前活动

活动1:解决问题(Problem-solving)

设计意图:学生在讨论帮助解决他人英语学习困难的时候,分享自己的英语学习经验,在话题上为写作做准备。

活动步骤	设计说明
Step 1: T presents a video clip in which several Ss talk about difficulties they have met in English learning. Ss are asked to watch the video and take notes about problems mentioned in the video.	教师呈现视频(教师可以采访学生,录制2分钟左右视频),学生在观看视频的过程中,发现问题,联系自己经历,思考话题。
Step 2: Ss are asked to put forward suggestions for the Ss in the video about English learning.	学生在寻找问题解决方案的过程中,练习语言的组织。

活动2:头脑风暴(Brainstorming)

设计意图:学生在头脑风暴的过程中拓展话题,归类信息,并在语言上为写作做准备。

<table>
<tr><th>活动步骤</th><th>设计说明</th></tr>
<tr><td>Step 1: Ss are asked to talk about more ideas about their English learning experience.</td><td>学生分享更多自己学习英语的经验。激活内容图式。</td></tr>
<tr><td>Step 2: T guides Ss to form small groups to draw mind maps based on what the whole class have discussed.</td><td>通过思维导图，学生将信息条理化，在语言和结构方面做好准备。</td></tr>
<tr><td>Step 3: Small groups are asked to show their mind maps to the class. T can sum up and show a mind map. For example:

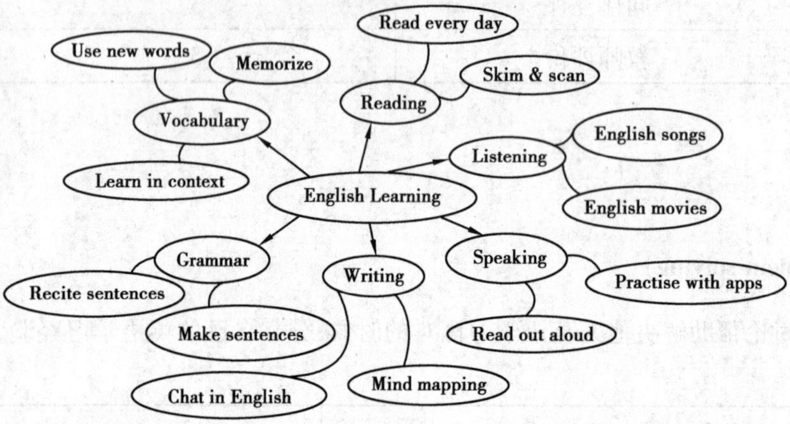

</td><td>教师在小组展示的基础上，概括展示思维导图，帮助学生构建结构图式和内容图式。</td></tr>
</table>

活动 3：模仿写作（Mimic Writing）

设计意图：学生在模仿写作的过程中，学习主题句的写作。

<table>
<tr><th>活动步骤</th><th>设计说明</th></tr>
<tr><td>Step 1: Ss are asked to read the following paragraph from the passage and pay attention to the first sentence.

<u>Listening to English songs is one natural, relaxing and effective way to learn.</u> It can not only help to keep your interest in learning English, but also improve your listening skills, expand your vocabulary and help you learn grammatical structures without boredom. In addition, English songs can also be used to practise your pronunciation.</td><td>学生在复习课文文本的过程中，学习主题句的写作。</td></tr>
<tr><td>Step 2: Ss are asked to focus on one point in the mind map and imitate to write down one topic sentence.</td><td>学生结合前面绘制的思维导图，选择一个方面，仿写主题句。</td></tr>
</table>

活动 4:提纲写作(Outline Writing)

设计意图:学生在构建提纲的过程中,整合信息,进行谋篇布局。

活动步骤	设计说明
T gives instructions of sentence outline writing which should include *the subject*, *the greeting*, *the purpose of writing this email*, *the detail/body* (*suggestions for learning English*), and *closing*. Ss write a sentence outline. The following is an example: ①*Subject*: How I Learned to Learn English ②*The greeting* Dear Xiaowei, ③*The purpose of writing this email*: I'm writing to give you suggestions on English learning. ④*The detail/body*: Topic sentence 1: Actively taking note of new vocabulary is an effective way to learn words. Supporting ideas: You can deepen the memory of word once you use both hand and brain to learn it, and by writing down a new word, you learn to spell it and know how to read it. Topic sentence 2: Learning prefixes and suffixes will help you figure out the meaning of words and build your vocabulary too. Supporting ideas: Learning just one root word and then with affixes can help you understand several words in English. ⑤*Closing*: Hope these suggestions helpful for you. Li Hua	在模仿主题句的基础上,学生练习句子提纲写作,一方面更加清楚段落主题句的写作技巧,另一方面构建作文的整体结构。

写中活动

活动:独立写作

设计意图:学生在完成写作提纲的基础上,根据已经完成的主题句独立完成写作任务。

活动步骤	设计说明
Ss are asked to finish their writing based on the outlines they have written.	学生基于写前活动完成的信息积累和结构框架,独立完成写作。

写后活动

活动 1:学生自评

设计意图:学生在完成初稿的基础上,对初稿进行重读,结合评价表,进行修改完善。

<table>
<tr><th>活动步骤</th><th>设计说明</th></tr>
<tr><td>Ss are asked to assess and revise their own writings regarding its content, structure, and usage of vocabulary and grammar. A checklist may be provided for Ss.
For example:
<table>
<tr><th>Statements</th><th>Yes/No</th></tr>
<tr><td>I have included all the parts of a letter.</td><td></td></tr>
<tr><td>In the body part of letter, I have written a topic sentence in each paragraph.</td><td></td></tr>
<tr><td>My English learning experience will be useful to some readers.</td><td></td></tr>
<tr><td>The vocabulary I use is rich enough.</td><td></td></tr>
<tr><td>The grammar in my writing is correct.</td><td></td></tr>
</table>
</td><td>初稿完成后,学习自评,结合自评表,从内容、结构、词汇以及语法的运用几个方面进行修改。</td></tr>
</table>

活动 2:同伴互评

设计意图:在同伴互评环节,学生进行合作,互相借鉴学习,发现自己的不足,再进行修改完善。

活动步骤	设计说明
Step 1: Ss are asked to form pairs to evaluate their partners' writings.	学生结对,对照作文评价表进行评价,做到取长补短,相互学习。
Step 2: Ss are asked to revise their writing according to their peers' evaluation and suggestions.	评价的目的是写作的提高,评价后进行修改完善,体现了写作的过程性。

活动 3：教师评价

设计意图：教师发挥主导作用，总结、评价典型样本，学生进一步内化写作知识，为课后再进行修改完善做准备。

活动步骤	设计说明
T check Ss' writings and choose a few typical writings to evaluate to the whole class.	学生在教师的评价中进一步学习信件的格式，主题句的写作，词语和句型结构的运用，语法使用的得体性等。

案例分析

本案例设计是结合单元主题“语言学习”，要求学生完成主题为“How I Learned to Learn English?”的电子邮件写作。教学目标和活动的设计基于《普通高中英语课程标准（2017 年版 2020 年修订）》中必修课程表达性技能的内容要求：“使用文字和非文字手段描述个人经历和事物特征；根据表达的需要选择词汇和语法结构。”以及英语写作教学的原则。

在本案例设计中，听、说、读、写、看不同技能得到了融合。例如：写前的第一个活动，即学生在看视频后进行说的活动，便是在看和说的活动中激发学生的写作兴趣，进行话题内容的准备。模仿写作活动，读写紧密结合，在读的过程中，感知主题句的写作技巧，再进行模仿写作。写后活动的同伴互评，可以在互问互答中进行评价，练习说的能力。

本案例设计体现了写作的过程性，为了使学生顺利完成写作的最终成果，写前的活动设计分别从话题、语言、结构、写作技巧等方面逐步培养学生，为最终完成写作进行了铺垫。例如：学生看视频，讨论熟悉话题后，教师引导学生绘制思维导图，在写作的内容、信息归类和词汇运用方面做准备，紧接着主题句的仿写和提纲的写作为学生在写作技巧和篇章结构方面搭建了“脚手架”。写中环节是在师生共同搭建好的“脚手架”上，学生独立写作，自由表达思想。评价环节体现了多元化原则，学生自评、同伴互评以及教师评价，层层递进，在反思、质疑中完善写作成果。整体写作教学设计体现在其循序渐进的过程中。

本案例设计充分利用了单元语篇来设计关联性的写作活动。本单元的主题（Learning Strategies and Habits）和写作主题（How I Learned to Learn English）高度契合。学完本单元的阅读及完成语法、词汇的练习之后，学生对写作的内容及表达形式已经有了一定的积累，能比较容易地根据表达的需要选择词汇和语法结构。教学活动的设计紧扣单元主题，充分利用语篇内容，通过头脑风暴、思维导图、模仿写作、提纲写作等相互关联的活动，使学生学会梳理与主题相关的信息，掌握主题句的写作技巧、信件格式以及写作的篇章结构，在实践写作的过程中内化所学内容，实现迁移创新。

通过写前、写中和写后各个环节的一系列与单元话题紧密相关的活动，教师引导学生发挥主体作用和创造性，培养学生掌握英语写作的方法和技巧。活动设计体现了主题引领，语篇依托。在讨论有关英语学习策略这一话题的过程中，学生练习运用语言，使用英语学习策略，在自评和互评的过程中，培养思辨思维品质。

思考题:(1)还可以设计哪些写后活动以提高学生的写作水平?
(2)同伴互评会因学生英语水平的差异造成评价偏误。写作教学中如何克服同伴互评的这一不利因素?

教学设计实践

针对"Write an animal report based on the information from various sources."这一写作任务,可以设计哪些过程与结果相结合的教学活动?

第十章

整体语言教学设计与案例分析

目标导航

学习本章之后,你能够:

- 阐述整体语言教学的理论基础;
- 分析整体语言教学设计;
- 应用任务型教学设计模式;
- 应用内容依托式教学设计模式;
- 应用项目教学设计模式。

第一节 整体语言教学设计的理论基础

问题导入:

(1)什么是整体语言教学?

(2)整体语言教学有什么特点?

(3)整体语言教学的理论基础是什么?

整体语言教学(Integrated Language Teaching),也称全语言教学(Whole Language Teaching),始于20世纪80年代,目的是指导以英语为母语的儿童的读写教学。整体语言教学把语言看作一个整体来学和教(learning and teaching language as a whole),其创始人古德曼(Goodman)认为,整体语言教学是语言教学的一种教育哲理,不是一种具体的教育方法(Goodman, 1986)。

整体语言教学的基本内涵包括:①语言是人类自然发展的活动,是以交际为目的的社会现象。②语言的学习和教学必须体现个性化,目的是尊重学习者的个性和兴趣。③语言学习是理解世界的一部分;没有必要把语言分离出来单独学习,在语境中整体学习语言而不是孤立成碎片学习(Froese, 1991)。传统教学把语音、词汇、语法这三项语言知识分开教学,听、说、读、写四项语言基本技能分开训练,在教学中直接教授语音和语法规则,常常进行大量机械的句型操练,重语言形式,轻语言意义。整体语言教学也讲授语音和语法规则,但它与传统教学法不同的是,前者是为了帮助学生更好地运用语言,而不是为了学语言而学规则(李炯英,2004)。

整体语言教学具有如下特点:①整体性: 语言教学从整体到部分,自上而下,有机融合听、说、读、写等语言技能的发展;教学材料具有整体性,有利于学生整体概念或知识的学习以及综合技能的训练。②交际性: 整体语言教学创设真实的语言学习情境,充分利用真实的语境与情境,让学生感知、理解语言,在潜移默化中培养学生运用语言交际的能力,培养学生的学习能力。③以学生为中心:整体语言教学突出学生在学习中的中心地位,学生不再是知识的被动接受者,而是知识的主动探索者,在主动探究的过程中建构意义。教师创设情境,组织活动,担当学生学习的顾问和活动的组织者,激发学生主动探究的兴趣,培养学生的自主学习能力。④注重合作学习:语言的学习往往通过与他人的互动、交流与协商获得。在课堂活动中,教师创造学生合作学习的机会,学生作为合作伙伴,在合作中探究问题、解决问题,综合发展语言能力。

整体语言教学的理论基础主要是社会建构主义理论、发现学习理论和人本主义心理学理论。

1)社会建构主义理论

建构主义有两种取向,一种是以皮亚杰为代表的认知建构主义,另一种是以维果茨基为代表的社会建构主义(俞婷,2018)。皮亚杰认为,知识既不是客观的东西(经验论),也不是主观的东西(活力论),而是个体在与环境交互作用的过程中逐渐建构的结果(施良方,2001)。儿童与环境的相互作用涉及两个基本过程:“同化”与“顺应”。同化是指把外部环境中的有关信息吸收进来并结合到已有的认知结构(也称“图式”)中,即个体把外界刺激所提供的信息整合到自己原有认知结构内的过程;顺应是指外部环境发生变化,而原有认知结构无法同化新环境提供的信息时所引起的认知结构发生重组与改造的过程,即个体的认知结构因外部刺激的影响而发生改变的过程(何克抗,1997)。

社会建构主义是在维果茨基的思想基础上发展起来的,根据社会建构主义,知识是在人类社会范围内构建起来,并不断被改造,以尽可能与世界的本来面目相一致,尽管永远也达不到一致。虽然社会建构主义也像认知建构主义一样,把学习看成是个体建构知识和理解的过程,但它更关心这一建构过程的社会互动的一面。知识不仅是在个体与物理环境的相互作用中建构的,社会性的相互作用,同样重要,甚至更加重要(俞婷,2018)。

建构主义强调个体在学习中的积极作用,即个体在学习过程中是知识的主动建构者,而不是被动接受者,知识是由学习者自主建构的,并不是由他人传递的。所以,在教学中教师起中介作用,学生起主体作用,教学应尽量体现学生的首创精神。建构发生在与他人交往的环境中,是社会互动的结果,社会性的互动可以促进学生的学习,教师应创造多种机会、创造真实任务让学生在不同情境中应用知识。

建构主义学习观认为,知识是学习者在一定的环境下,即社会背景下,借助其他人的帮助,利用相应的学习资料,通过意义建构的方式而获得的,因此强调“情境”“协作”“会话”和“意义构建”。情境指教师为学习者创造的真实的语言交际活动场景和相应的交流活动,以帮助学生在真实的语言环境和语言活动中完成意义建构;协作指学习者之间的合作,包括学习资料的共享、学习成果的评价以及最终意义的建立等;会话是学习者之间商讨的方式,即意义协商，协作过程也是会话和讨论的过程；意义建构是语言学习应该达到的最终目标，学习过程中意义建构体现在帮助学生对当前学习内容所反映的事物性质、规律，以及该事物与其他事物之间的内在联系达到较深刻的理解，由此建构新的认知图式。建构主义认为学习是一种意义构建的过程，是一种协商活动的过程（王笃勤，2007）。

思考题：请结合整体语言教学的特点，阐释社会建构主义理论在整体语言教学中的作用。

2）发现学习理论

美国认知心理学家、教育学家布鲁纳倡导“发现学习”。发现学习的基本特点是：不把现成的结论告诉学生，而是为学生提供问题情境，并引导学生发现问题、解决问题。布鲁纳（Bruner）认为，在教学过程中，学生是一个积极的探究者，教师的作用是要创设一种学生能够独立探究的情境，而不是提供现成的知识。学生学习的主要目的不是要记住教师和教科书上所讲的内容，而是要参与建立该学科的知识体系的过程。布鲁纳强调，学生不是被动的消极的知识接受者，而是主动的、积极的知识探究者。

布鲁纳认为，学生发现学习的“发现”与科学家的“发现”，形式和程度不同，但性质是相同的。因此，学生要像数学家那样思考数学，像历史学家那样思考历史，亲自去发现问题的结论和规律，成为一个“发现者”。“教学不能是讲解式的，不能使学生处于接受知识的状态，而应是假设式的，应尽可能让学生保留一些令人兴奋的观念系列，引导学生自己去发现，使之成为科学知识的发现者（高慎英，2006）。”

布鲁纳反对以外部强化为主的程序教学，认为引导学生一步一步的学习句子、公式、定理等材料，只能导致学生孤立地记住它们，而不能保证学生在另一种情景下运用这些知识。他认为学习的目的在于掌握知识的结构，只有掌握了知识结构，理解和运用才能更深刻和广泛。教学不只是为了目前的学习，还应该使学生能够主动地选择、储存和改造知识，从而促进今后的学习（肖少北，2001）。

整体式语言教学强调语言学习是理解世界的一部分，没有必要把语言分离出来教，基于发现学习理论的语言教学，主张学生围绕感兴趣的问题，探索发现，解决问题。学生在主动发现、探究的过程中综合运用语言、积极思考，培养发现问题、解决问题的能力。

思考题：你喜欢在英语学习中主动探究知识吗？你怎样利用发现学习理论促进英语教学？

3）人本主义心理学理论

人本主义心理学兴起于20世纪五六十年代的美国，由马斯洛创立，以罗杰斯为代表。人本主义强调人的正面本质和价值，强调人的成长和发展，倡导在融洽和谐人际关系的基础上，最大限度地发挥个人潜能与实现自我价值。人本主义心理学家认为，心理学应该探讨的是完整的人（the Whole Person），而不是把人的各个从属的方面（如行为表现、认知过程、情绪）割裂开来加以分析。

罗杰斯认为，学习主要包括四个要素：①学习具有个人参与（Personal Involvement）的性质，即整个人（包括情感和认知两方面）都投入学习活动。②学习是自我发起的（Self-initiated），即便推动力和刺激来自外界，要求发现、获得、掌握和领会的感觉是来自内部的。③学习是渗透型的(Pervasive),也就是说,它会使学生的行为、态度,乃至个性都会发生变化。④学习是由学生自我评价的(Evaluated by Learner),因为学生最清楚这种学习是否满足自己需要、是否有助于他知道想要知道的东西、是否明了自己原来不甚清楚的某些方面(施良方,2001)。

人本主义倡导以学生为中心的教学观,把语言学习者看成"一个身体上和认知上,但首先是情感上的存在"(Stevick,1982)。基于人本主义理论的教学注重人的情感和价值,教师是学生学习的促进者(Facilitator),给学生提供学习的资源,创造有利于学生学习的宽松、适宜的学习环境,激发学生主动探究的好奇心,调动学生积极主动学习,鼓励学生挖掘自身的潜力,培养学生的主观能动性。

思考题:基于人本主义心理学理论,整体语言教学中什么样的学习资源更有利于教学?

第二节　任务型教学设计

问题导入:

(1)什么是任务型教学?

(2)什么是任务?

(3)任务型教学设计教学的流程是什么?

任务型教学(Task-based Language Teaching)是倡导以任务为中心的教学,学生在完成任务的过程中,以参与、体验、互动、交流、合作的学习方式,充分发挥积极性、主动性,依托自身已有的语言基础,在实际语言应用中提升语言能力。

1. 任务型教学的缘起

任务型教学发端于20世纪80年代,其雏形来自英籍印度语言学家普拉布(N. S. Prabhu)的"班加罗尔项目"(Bangalore Project)的任务式教学实践探索。班加罗尔项目在教学中采用任务型大纲,课堂活动以任务的形式呈现,通常有三种类型的任务,即信息差任务、观点差任务和推理差任务。通过这些任务,学习者在课堂上实现了有意义的互动交流。20世纪80年代,在输入假说、互动假说及输出假说的支持下,任务型教学法逐渐兴起。

任务型教学法的核心是"做中学""用语言做事情",即学生要在一定的交际情境下,亲身体验、实践、探索、应用,通过完成具有意义的交际任务,提升语言能力。

思考题:说说你对"用语言做事情"的理解。

2. 任务的界定

任务型教学的关键在于对"任务"的认识。任务的定义范围较为广泛,既包括日常生活中的真实任务,也涵盖了课堂中的教学任务。

迈克尔·朗(Michael Long)认为"任务是人们在日常生活中为自己或他人,免费或为了某种报酬而从事的一项工作，例如粉刷篱笆、填写表格、买鞋等真实世界的任务”(Long, 1985)。值得注意的是，该定义下的任务可能会产生非语言性的产出，而且，有些任务并不涉及语言运用。迈克尔·布林(Michael Breen)则认为在教学中，“任务是指以促进语言学习为目的的一系列方案计划，从简单的练习到复杂的问题解决类活动等，通常这类任务都会具有特定的目标、适当的内容、详细的步骤和成果”(Breen, 1987)。大卫·纽南(David Nunan)将任务定义为“一项课堂作业，它要求学习者关注语言意义，并使用目标语理解、使用、产出和互动”(Nunan, 2004b)。简·威利斯(Jane Willis)认为“任务是一系列学习者为了达到交际目的而使用目的语的活动”(Willis, 1996)。彭妮·乌尔(Penny Ur)认为“任务本质上是以目标为导向的，它要求学生互动合作共同完成，其结果通常是可观察的”(Ur, 2000)。

综上所述，任务是有意义的、发生在真实交际情境下、具有一定交际目的的活动，完成这类活动后，通常会有一个可观测、可评价的成果。也就是说，任务具有一定的交际目的，它通常要求学习者使用目标语言在具体的情境中通过一定的手段方法去解决问题，最终产生一个结果。任务通常具有 5 个构成要素(Nunan, 2004b)：

(1)目标(Goal)：教学任务背后必定具有明确的目的。

(2)输入(Input)：输入是指学习者在完成任务过程中所使用的口头、书面和可视数据等辅助资料。资料可以由教师、教科书或其他来源提供。

(3)程序(Procedure)：学习者在履行某一任务过程中所涉及的操作方法和步骤，在一定程度上表现为“怎样做”。它包括任务序列中某一任务所处的位置、先后次序、时间分配等。

(4)教师和学习者角色(Teacher and Learner Roles)：角色是指学习者和教师在完成学习任务中所扮演的角色，以及参与者之间的社会关系和人际关系。

(5)情景(Setting)：情景要素指任务所产生和执行的环境或背景条件，包括交际语境、课堂组织形式等。

任务与练习是有区别的。通常，引导学生关注语言单个项目，例如语法、词汇等的活动被称为练习。练习与任务之间存在较大差别，首先，任务关注语言的意义，而练习则侧重语言形式；练习没有交际目的，而任务则常常具有一定的交际目的；练习要求教师严格控制语言，关注语言的准确性，任务的语言形式则是自由的(王笃勤,2012)。因而，从本质上来看，任务具有目的性。这里的“目的”既指任务本身所包含的非教学目的，也指任务设计者所期望任务参与者达到的教学目的，而练习通常只具有教学目的。其次，任务通常会产生非语言性结果，而练习往往会产生语言性结果。例如，根据饮食调查，制订一份膳食计划，完成一份海报等，任务完成后所得到的结果是非语言性的，而课堂练习，例如，用所给词适当形式填空，其结果总是语言性的。第三，任务具有开放性，即任务的执行过程没有预先设定的模式，例如，学生所使用的语言、完成任务的方法都是不受限制的，而练习通常以某个语法点或句型结构的操练进行限制。第四，任务具有交际性或互动性。任务通常需要成员之间以互动的方式进行信息交换，而练习往往只是一种单向活动(贾志高,2005)。第四，在产出评价方面，练习以是否符合规范为依据，而任务则考察是否实现了交际目的(Ellis, 2018)。

思考与练习：

判断以下活动是练习还是任务（程晓堂,2004）。

	课堂教学活动	任务	练　习
1	Role-play a dialogue in the text book.		
2	Read a passage and answer questions.		
3	Do a survey to find out the most favorite food in the class.		
4	Change sentences into passive voice.		
5	Reply to an email message.		
6	Fill in the gaps with suitable words.		
7	Listen to the instructions and draw a picture.		
8	Make a list of drinks and food for a party.		
9	Write out the adjective forms of the given words.		
10	Design an advertisement for a second-hand bicycle you want to sell.		
11	Match the words with their definitions.		

（Tasks：3，5，7，8，10）

3. 任务的类型与设计

1）任务的类型

从任务的各种定义可以看出，有的学者强调任务就是现实生活中所做的各种事情；而有的学者则强调了任务与课堂教学的关系，认为课堂任务的目的在于促进语言知识的学习。威利斯（Willis）认为任务包括列举（Listing）、梳理（Sorting）、归类（Classifying）、匹配（Matching）、比较（Comparing）、解决问题（Problem-Solving）、项目（Projects）以及讲故事（Storytelling）等，另外，威利斯（Willis）还根据执行不同任务所涉及的交际和认知过程对其进行了分类（Willis，1996）。例如任务需要单向还是双向交流（One-way or Two-way Communication），结果是封闭的还是开放的。例如，需要学习者合作寻找两幅相似图片的不同点即“发现差异”（Spot the Difference）是一项双向的、封闭的任务，而将信息分散放在多个学习者之间的拼图任务是一个双向的、开放的任务。

纽南（Nunan）把任务分为真实任务（Real World Tasks）和教学型任务（Pedagogic Tasks）

两大类。真实任务是指课堂之外的现实生活中所做各种事情的任务。教学型任务则是指出现在课堂内的任务。前者是具有情境真实性的任务；也就是说，它们是现实生活中可以找到的任务(Target Task)。例如，预订机票、写信、在地图上找到目的地、查找电话号码、收听天气预报等。教学任务缺乏情境真实性，但仍必须表现出互动真实性。例如，"发现差异"(Spot The Difference)任务，两个人不太可能以识别两张图片中的差异作为交谈目的，但这项任务可以形成一种话轮转换(Turn Taking)模式，并修复日常谈话中常见的误解，从而实现互动的真实性。在具有特定目的的语言课程中(Specific Purpose Language Courses)，真实任务是必需的，但在通用课程中(General-purpose Courses)，许多任务在本质上依旧是教学型任务。

任务还可以根据其程序复杂程度分为简单任务和复杂任务。简单任务一般只有一两个步骤，学习者获得的信息相对比较单一，要做的事情较为简单和具体，运用的语言知识和语言技能比较单一，能在较短的时间内完成。复杂任务则相反，一般有多个步骤，并且学习者需要小组合作完成或者分工协作，完成任务需要获得多种信息，并且常常需要对信息进行分析和处理；学习者需要分步骤完成多个子任务；可能涉及多种语言知识和语言技能，需要较长的任务时间(程晓堂，2004)。

对于任务的类型并没有统一、公认的分类方法，教师在教学中应该根据教学的实际需要设计并开展合适的任务。

思考题：你认为真实任务和教学任务之间有什么关系吗？

2)任务的设计

任务型教学法的另一个核心问题就是怎样进行任务设计以及任务设计所依据的原则。

首先，关于如何设计任务，布林(Breen，1987)提出教师在设计任务前应该关注任务的目标、内容、程序以及情境。基于以上内容，王蔷(2006)提出了设计任务的五个基本步骤：

(1)思考学生的需求、兴趣和能力；

(2)基于教学内容，思考具有交际目的的可用任务；

(3)依据教育价值、是否符合学生的需求兴趣及能力、可用资源的有效性、时间限度四个方面权衡或调整任务清单；

(4)选择任务所需的语言。教师首先应依据语言难度水平考虑是否选用或调整任务，其次，教师需确定完成任务所需的语言知识及技能。必要时，教师应设置任务前活动，为学生完成任务搭建语言支架。

(5)准备任务所需材料。

任务设计应遵循以下原则：

(1)真实性原则：在设计任务时，任务型教学设计要遵循真实性原则，设计贴近现实情境的任务，这就要求任务所需的材料要尽量来自真实的生活情境。此外，任务的目的、实施过程、语言及产出结果都应该尽量真实，符合现实生活的要求。只有在执行真实任务的过程中应用知识，才能够培养学生用英语解决问题的能力。

(2)意义优先原则：传统语言练习的弊端是只关注形式，学生没有在语境下使用语言。任务型教学遵循意义第一的原则，教师创设真实的交际任务，学生在完成任务的过程中进行言语互动和意义协商,同时培养学生用语言做事情的能力。

(3)关联性原则:在运用任务型教学方法的过程中,会存在这样的误区,即认为任务只是穿插在课堂教学中的个别活动,或者多个教学活动的堆积,忽略了任务之间及任务与子任务之间的前后逻辑联系。关联性原则要求任务之间应该具有连贯性和流畅性。任务型教学中,一堂课中有若干任务或者一个总任务统率若干子任务,所有任务均需指向该课教学目标的达成。任务与内容相互关联,围绕单元话题,任务由易到难,依次递进,最终达成教学目标。

(4)适用性原则:任务设计时,一方面,教师应考虑该任务是否适用于课堂环境,应尽量避免程序复杂的、不具有实操性的课堂任务。另一方面,任务设计需考虑任务对学生现实生活的适用性和指导性。

(5)趣味性原则:设计任务时,应考虑学生的需求和兴趣,以便能够有效激发学生的兴趣和学习动机,使他们积极主动地参与到任务学习中来。除了任务本身的趣味性之外,教师还可以增加任务组织形式、任务评价等多个方面的趣味性。

思考题:你在进行英语教学任务设计时,主要考虑什么因素?

4. 任务型教学的过程

任务型教学的过程通常包括三个阶段:任务前(Pre-task),任务环(Task Cycle)和任务后(Post-task),在不同阶段,完成不同的活动。

任务前:主要是介绍任务和为完成任务做准备。介绍任务包括引入任务情景,帮助学生理解任务要求等;准备则包括搭建语言支架,学习相关语言等,或者提示学生准备好任务所需要的工具。此阶段的教学活动首先可以激发学生的图式知识,帮助学生建构语言知识;其次,为完成任务做好语言或文化知识方面的准备。

任务环阶段包括三个环节:①任务:学生执行任务。②计划:各组学生准备如何向全班反馈任务完成情况。③报告:学生展示任务成果。在这一阶段,学生根据任务要求执行任务,解决问题并获得一定的结果。由于任务实施是学生习得语言的过程,教师要同时关注语言的流利性和准确性,并且要鼓励学生重新建构知识。

任务后:任务后阶段包括两个环节:①分析:教师分析各组任务完成情况。②语言聚焦:学生在教师指导下操练语言难点。任务后教学活动的目的主要有两个,一是为学生提供重做任务的机会,以便使学生注意到更多的语言特征;二是总结评价,体现在两方面,一方面,教师可以鼓励学生进行自我反思,这种反思可以是积极的自我表扬,也可以是对有待提高的部分进行反思;另一方面,教师也可以就学生的任务表现进行评价。

思考题:任务型教学过程各个环节之间有什么关系?

5. 任务型教学案例

本案例以重庆大学出版社普通高中教科书《英语》必修一的第一单元为例,该模块的主题是“Learning Strategies and Habits”。教材列出的单元目标导航如下:

By the end of this unit, you will be able to:

- ❖ find out your difficulties in English learning and learn to solve them;
- ❖ tell words' parts of speech by suffixes and use them to remember new words;
- ❖ analyse the elements of a sentence;
- ❖ explain reasons for taking notes in a logical order;
- ❖ write a passage about learning experience with newly-learned expression;
- ❖ explain the five steps of vocabulary learning and use them effectively.

教材中的阅读篇章标题为:How to Get Better at English Learning,包括两封信件,一份是 Xiaojing 寻求英语学习建议的信件(Asking for Advice),另一份是 Alan 写给 Xiaojing 的回复信件(Advice for Xiaojing)。本案例围绕第一个教学目标进行任务设计。

<table>
<tr><td>教学目标</td><td colspan="2">Ss will be able to find out their difficulties in English learning and put forward suggestions to solve them.</td></tr>
<tr><td>教学步骤</td><td>教学活动</td><td>设计说明</td></tr>
<tr><td>任务前</td><td>Activity: Preparing for Task: Survey
Step 1: T tells Ss the overall task that they are going to finish in this lesson: talk about difficulties in English learning and find out ways to solve them.
Step 2: Ss are asked to finish questionnaires about their English learning difficulties.
e. g. Questionnaire: Read the following sentences in the table and write down corresponding numbers according to your own situation: 1 means it is not true; 2 means sometimes it is true; 3 means it is always true.
<table>
<tr><td></td><td>Sentences</td><td>1/2/3</td></tr>
<tr><td>1</td><td>I have difficulties in memorizing new words.</td><td></td></tr>
<tr><td>2</td><td>I can not understand grammar rules.</td><td></td></tr>
<tr><td>3</td><td>I am afraid of speaking English in public.</td><td></td></tr>
<tr><td>4</td><td>I can not follow the teacher when he/she speaks English in class.</td><td></td></tr>
<tr><td>5</td><td>My reading speed is low.</td><td></td></tr>
<tr><td>6</td><td>I have no ideas when I write a composition.</td><td></td></tr>
</table>
Step 3. T sums up the major problems from the questionnaires.
Step 4. Ss are asked to choose one problem and give their own suggestions.</td><td>首先教师应明确告知学生本课需要完成的任务:讨论英语学习中遇到的困难,并找出解决办法。紧接着教师创设真实任务情境:填写问卷,学生开始任务准备;学生通过问卷进行语言输入,并反思自己学习英语时的问题。教师通过问卷了解学生英语学习中存在的困难,为后期的因材施教收集数据。</td></tr>
</table>

续表

<table>
<tr><th>教学步骤</th><th>教学活动</th><th>设计说明</th></tr>
<tr><td rowspan="2">任务环</td><td>Activity 1：Discovering and Solving Problem
Step 1：Ss are asked to read Xiaojing's letter in textbook and find out what she is worried about and what advice she wants to get.
Step 2：Ss can be divided into small groups and write down their suggestions to Xionjing.
Step 3：Group reporters are asked to share their suggestions.
Step 4：T sums up Ss' suggestions and asks Ss to think about the suggestions and make comments on some suggestions as to whether they are useful and helpful for Xiaojing.</td><td>任务环包括两个活动，分别聚焦于两封信。活动 1 要求学生阅读信件，发现写信人 Xiaojing 的担忧和她希望在哪方面得到建议，通过小组活动写下给 Xiaojing 的建议，帮助解决问题。
小组分享，教师总结，并让学生评价，建议是否对 Xiaojing 有帮助。围绕信件中 Xiaojing 的问题进行探究，一方面有助于学生深层次解读文本，另一方面激发学生的深度思考。</td></tr>
<tr><td>Activity 2：Listing and Comparing
Step 1：Ss are asked to read the letter to Xiaojing in textbook and list suggestions given in the letter.
Step 2：Ss are asked to work in groups and compare suggestions in the letter with those they give to Xiaojing.</td><td>学生阅读第二封信，列出信中给出的建议，并与自己给出的建议进行对比，对比的过程有助于学生语言能力的提升和思辨能力的培养。</td></tr>
<tr><td rowspan="2">任务后</td><td>Activity 1：Connecting and Evaluating
Ss are asked to check their own difficulties in English learning and make remarks on whether suggestions provided in the passage are useful to them. Why or why not?</td><td>学生联系自己在英语学习中遇到的问题，在评价文章中给出的建议的过程中，寻找针对自己问题的解决办法，让自己成为更优秀的英语学习者。</td></tr>
<tr><td>Activity 2：Sharing and Discussing
Ss are asked to form pairs or small groups to share and discuss useful expressions and sentence structures used to talk about English learning difficulties and suggestions to solve the problems.
T sums up according to Ss' sharing and discussion.</td><td>任务后另一个环节就是语言聚焦。通过学生的分享、讨论及教师的总结，强化语言的学习。</td></tr>
</table>

思考题：请说一说任务型教学的优势和不足，并对以上任务型教学案例设计进行评价。

第三节　内容依托式教学设计

问题导入：

(1)什么是内容依托式教学？

(2)内容依托式教学有哪些模式及特点？

(3)内容依托式教学有哪些流程？

内容依托式教学(Content-based Instruction)把内容教学与语言教学目标相结合，以学习者需要学习的学科内容和要获取的信息为中心，将语言作为信息获取、知识传输的媒介和手段，使学习者在接触有意义的内容的过程中培养语言能力。

1. 内容依托式教学的缘起

内容依托式教学是在交际语言教学的基础上发展起来的，把语言教学建立在某个学科或主题上，将语言学习与学科知识的学习相融合。早在公元389年，圣·奥古斯丁(St. Augustine)就提出了在语言教学中以有意义的内容为中心的观点。在语言教学实践中，内容依托式教学法起初主要用于专门用途英语教学、浸入语言教学、第二语言职业培训等领域，20世纪80年代中后期起，在西方国家被广泛应用于中小学的第一语言、第二语言教学、大学阶段的外语教学以及双语教学中。近年来，在我国英语教学中也逐步开始受到重视。

内容依托式外语教学将外语作为学习各种学科内容的媒介，使学科内容成为学习语言的源泉，语言能力的获得则是理解这些学科信息及内容的"副产品"(Genesee, 1987)，其主要特点是以学科内容为核心、使用真实的语言材料、学习新信息、课程设置符合特定学生群体的需求(Stryker & Leaver, 1997)。

思考题：内容依托式教学中的内容和传统教学中的内容有区别吗？

2. 内容依托式教学法的理念及原则

内容依托式教学法倡导的理念是：①语言即文本，以语篇为基础。语言是学习内容的工具。教学的单位是语篇，而不是单个的句子。教学重点是如何通过语篇传递信息，建构意义。教学活动包括分析特定体裁的书面语篇的结构特征和语言特征，如信件、报告、议论文，以及口语语篇，如会议讲话、讲座、讨论等。通过分析，可以明了如何保持言语事件或语篇的衔接性和连贯性。②语言运用需要综合各项技能。在真实生活中，各项语言技能的使用往往不可分离，因此，在内容依托式教学中，语法被看作其他技能的一个方面，而不是独立的内容，主要通过内容学习而获得。教学内容往往基于话题或主题安排，这样做是因为选定的话题可以很好地将各项语言技能有机结合在学习活动中,关注连续语言中语言的运用,例如,边读书边记笔记、边听边写总结等活动可促使学生综合运用不同的语言技能。③语言使用具有目的性。使用语言是为某个特定目的,比如为了学术目的、职业目的、社会目的或休闲娱乐的目的,目的决定语篇的方向性和形式,赋予语篇以意义。当学生明确了语篇的目的时,他们会更加投入地探究语篇目的是如何实现的,作者的意图与自己的目的之间是如何联系的。

设计基于内容的教学时,教师需要遵循以下原则:

(1)内容性原则:基于内容的教学应该根据内容而不是语言规则来决定课程内容和学习材料。

(2)技能整合原则:基于内容的教学要求教师在教学过程中融合听、说、读、写四项技能,以及语法、词汇,因为在真实的交际语境中,交流互动同时运用了多项技能。此外,在基于内容的教学中,技能以及语法、词汇的教授并没有固定的先后顺序,而是依据内容进行选择。

(3)学生主动原则:教学应该让学生积极主动地参与到学习的全过程中。除了教师提供输入,同伴和课堂互动也可以为学生提供输入。在课堂中,学生应该成为积极学习、协商、收集信息、重构意义的社会角色,可以是接受者、倾听者、计划者、互动者、协商者,也可以是其他学习者的指导者、自身学习过程的评价者和监控者;而教师也相应地具有多重角色,例如基本资源的提供者、任务组织者、以学生为中心的活动的控制者和帮助者、学生反应的促进者,以及学生努力程度的评估者。

(4)相关性原则:教学内容应取决于学生和教育的要求,与学生生活、兴趣或课程目标相关,与学校设置的其他课程密切联系。例如,在中学,话题可能来自中学生学习的社会科学、历史、生命科学等主要课程。

(5)真实性原则:教学要选择真实语境下的文本或者任务,要求学生完成的任务及文本应该是在真实情景中发生的。虽然真实的语言材料在用于课堂教学时会失去其原有的使用情景和交际目的,但是教学任务应该尽量反映真实世界中的任务。

(6)关注语言特征:教学的目的是为学习者提供真实的输入,以使他们能够将语言用于交际。在课堂中,文本是主要的语言输入来源,教师与同伴则是额外输入,所有输入都应该是可理解性输入。但是,单纯的可理解性输入不会带来成功的语言习得,因此,需使用意识提升任务(Awareness-raising Tasks)来引起学习者对真实文本中的特定语言特征的注意。

思考题:内容依托式教学的核心理念是什么?

3. 内容依托式教学法的特点及其模式

内容依托式教学是一种综合教学理念,而不是一种简单的教学方法,故而没有统一的教学模式。在不同教学环境中,针对不同教学对象和不同教学目的,不同教师会采用不同的教学模式。常见的教学模式有以下四种。

(1)沉浸式(Immersion Language Teaching):该模式源于加拿大沉浸式双语教育,其主要目的是让儿童像学习母语那样学会第二语言。已经掌握了母语的学童进入学校学习时,学校的教学语言不是学童的母语,而是他们的第二语言。课堂上,第二语言既是学习的内容,又是学习的工具。教师用第二语言讲授学科内容的同时教授第二语言本身。沉浸式教学最早用于幼儿园到初中年龄阶段学童的双语教学。自 1982 年起,逐渐被应用于加拿大和美国的高等学校双语教学中。

(2)主题式(Theme-based Instruction):顾名思义,主题教学就是语言课程大纲要按照主题安排教学内容。所选择的教学材料源自目标语原创的各类主题和话题。主题和话题要符合学生的需求和兴趣,能激发学生的学习动机。学生在利用目标语获取信息和知识的过程中学习目标语。在主题式教学中,由语言教师承担授课任务。

(3)保护式(Sheltered-content Instructions):保护式教学将语言学习与专业学习有机结合起来。语言被视为学习专业知识的工具,教学材料选自目标语专业课程。在保护式教学中,由专业教师而非语言教师担任授课任务。该模式对教师的要求很高,教师一方面要熟悉专业内容,另一方面还要能够熟练运用目标语讲解、教授专业内容。

(4)辅助式(Adjunct Instruction)。该模式下,语言教学不是独立的课程,而是作为某一门常规学科课程的辅助和补充。学生在学科课程中学习学科内容,在辅助的语言课程中学习掌握学科内容所需要的语言知识和技能。学科课程由专业教师开设,负责教授专业知识,语言教师以学科内容为背景,通过教授相应的语言知识和技能为学生学习专业内容提供支持。该模式主要适合大学层次的学习者。

尽管内容依托式教学模式多种多样,但是它们都基于相同的语言理论和学习理论,也必然有共同的特征。具体如下(Stoller, 2002):

(1)将语言、内容,以及学习策略三者结合起来。

(2)视语言为内容学习的媒介、内容为语言学习的资源。

(3)根据专业内容安排教学。

(4)促进有目的、有意义的语言学习。

(5)鼓励学生积极参与学习活动。

(6)以培养语篇层面的语言能力为中心。

思考题:如何理解“内容依托式教学是一种综合教学理念,而不是一种简单的教学方法”?

4. 内容依托式教学的主要活动

信息差(Information Gap)结对合作任务 学生分别持有不同的信息,要通过语言交流填补信息差。

拼图任务(Jigsaw) 另外一种形式的信息差任务。首先学生会被分组(Home Group),每组都有包含不同信息的片段。当学生对信息片段熟悉以后,会再次被分组,持有相同信息片段的学生组成一组,称为“专家组(Expert Group)”,专家组的学生再次沟通交流,熟知信息后回到原先的组中(Home Group)分享所获得的信息。

讨论和辩论(Discussion and Debate) 在课堂上给予机会,让学生自由地表达与主题相关的意见。

角色扮演(Role-play) 让学生表演情景的活动。在基于内容的教学中,角色扮演活动应该与整个单元主题或话题相关。

调查任务(Survey) 要求学生针对一个选定的主题展开调研,并将调查结果反馈给其余人。

解决问题(Problem Solving) 学生结对或分组对问题进行讨论并给出解决方案。在基于内容的教学中,问题情景往往与单元内容主题相关。

思考题:以上列举的活动有什么共同特征吗?

5. 内容依托式教学案例

本案例以重庆大学出版社普通高中教科书《英语》必修第三册 Unit 5 Art and Culture 中 Reading Further 部分的内容为例,采用"主题式"教学设计。本单元的主题是"艺术与文化",教材列出的目标之一是:Students will be able to introduce Chinese folk art like Chinese fancy knots. 相应的教材内容是一篇题为"Chinese Fancy Knots"的说明文。

主题式教学活动设计:Chinese Fancy Knots

教学流程	教学活动	设计说明
Pre-reading	**Activity 1: Listing** Step 1: Ss are asked to form pairs or small groups to list the names of Chinese folk art that they know. Step 2: Ss share what they have listed with the whole class and T summarizes them, then inspires Ss to think about how to introduce Chinese folk art. e. g. Chinese papercutting (剪纸) lion dance(舞狮) kites(风筝) shadow play(皮影) lantern(灯笼) Chinese knots(中国结) brocade(织锦) New Year pictures(年画) martial art(武术)	学生结对或者分成小组,围绕"中国民间艺术"这一主题,列举他们所了解的中国民间艺术。 活动基于真实内容,列举活动同时也是信息差活动,学生在增加对我国民间艺术的了解的同时,学习中国民间艺术的英文表达。
	Activity 2: Brainstorming Ss are asked to choose one Chinese folk art and talk about what can be included when they introduce Chinese folk art.	教师激发学生思考如何介绍我国的民间艺术,帮助学生构建介绍中国民间艺术的结构图式。

续表

教学流程	教学活动	设计说明
While-reading	**Activity 3: Problem Solving** Ss are asked to read the passage individually first and then form pairs to find out how Chinese fancy knots are introduced in the passage. They can cooperate to draw a mind map, or a table to list the key information points.	学生结对,合作解决问题:文章是如何介绍中国民间艺术中国结的。 学生在解决问题的过程提取、归纳整理文本信息,学习写作技巧,学习中国结的相关知识。
	Activity 4: Role-play Ss form pairs. One can be a foreigner and asks questions about Chinese knots and the other student can introduce Chinese knots based on the mind map or the table they have finished.	学生在角色扮演中,进一步内化关于中国结的知识。
Post-reading	**Activity 5: Discovery** Ss are asked to choose another Chinese folk art and shoot a 2-3 minute video to introduce it. T may play a few video clips about Chinese folk art introduction for Ss to refer to (Videos can be retrieved from "Hello, China").	学生自主探究,迁移应用介绍中国民间艺术的方法,拍摄介绍我国民间艺术的视频。教师可从《你好,中国》中选取几个介绍中国民间文化的短视频,供学生参考学习。

思考题:请说一说内容依托式教学的优势和不足,并对以上主题式教学活动设计进行评价。

第四节　项目教学法设计

问题导入:

(1)什么是项目教学法?

(2)项目教学法有哪些特点?

(3)项目教学法有哪些流程?

项目教学法源于美国著名教育家杜威的"做中学"(Learning by Doing)的教育思想,以学习者为中心,以问题为起点,围绕项目组织学习,通过学生自主探究、小组合作解决问题并展现项目结果,在发现、探究、解决问题的过程中培养学生的自主学习能力、合作学习能力及思辨思维能力。

1. 项目教学法的缘起

项目教学法(Project-based Instruction or Project Method)也称为基于项目的学习(Project-based Learning),从学的视角来看,它是一种学习方法;从教的视角来看,它是一种教学方法。项目教学法萌芽于16世纪的职业教育,19世纪末被引入美国的学校教育。杜威的"教育即生活""学校即社会""在做中学"等教育思想对项目教学法产生过巨大影响。1918年,杜威的学生克伯屈(W. H. Kilpatrick)撰写的小册子《项目方法》(*The Project Method*)标志着项目教学法在教育领域的发展和普遍应用,并受到了教育者们的欢迎。

20世纪70年代,随着交际外语教学法的诞生,项目教学法对第二语言教学和外语产生了实质性的影响。项目教学法被引入第二语言教育领域是对克拉申(Krashen)输入假说不足的回应,斯温(Swain)认为单独的可理解性输入是不够的,并提出了可理解性输出假说,正是这一转变使基于项目的语言交际教学法日益流行(Beckett, 1999)。

思考题: 如何理解项目教学法既是一种学习方法,也是一种教学方法?

2. 项目的界定

项目就是一个共同构建和磋商的行动计划,是以主题和任务为中心的教学方式,是所有参与者共同磋商的结果(Legutke & Thomas, 1991)。项目可以由个体独立完成,也可以合作完成,可以在一节常规课上完成,也可以花一个或几个小时,甚至通过几周的努力而完成(Beckett & Miller, 2006)。外语学习中的项目可以是面对面的访谈、调查、图书馆或互联网资料搜集、信件或电子邮件交流,或者是实地考察。项目结果的呈现也可以形式多样,如戏剧表演、正式的书面报告、口头汇报、海报、辩论、多媒体演示、班级报纸、作品集、视频等。

在某种程度上,项目其实是延伸拓展了的任务,学生在项目活动中合作确立探究的主题、收集信息、讨论并解决问题,汇报成果。项目教学法兼具任务型教学和内容依托式教学的特点,因此基于项目的语言教学,可以看成是二者的结合和延伸(张文忠,2010)。

思考题: 项目和任务有什么不同吗?

3. 项目教学法的理念

项目教学法以学生为主体,强调学生通过沟通、协商,主动体验、发现和解决实际问题,在解决实际问题的过程中建构知识,训练技能,发展学习能力。

项目设计有5个标准:①核心(Centrality):项目是课程的核心,而不是课程的边缘。学生通过项目学习课程的核心概念,项目是核心的教学策略。②驱动性问题(Driving Question):项目中有一个驱动或引发性的问题,用来组织和激发学习活动。③建设性调查(Constructive Investigations):调查是一个以探究、知识建构及问题解决的目标导向过程。④自主性(Autonomy):以学生为主导,有效融合学生的自主、选择、责任等。⑤真实性(Realism):项目是真实的,项目的主题、任务、学生角色,项目合作者、项目开展的环境,都应该是真实的(Thomas, 2000; Thomas & McGregor, 2005)。

项目教学法中,教师应承担的四类角色:①作为学习过程的协调者和促进者。②作为管理者和组织者，创建项目框架，创造并维护学习氛围，建立师生互信，恰当赋权给学生。③作为指导者，帮助学习者获得自主学习能力，提供语言资源并监察语言运用，提供技术专长及陈述技能。④作为调查研究者，开展反思性行动研究，加深对项目教学法的理解。与传统课堂中教师充当知识权威不同，在项目教学法中，教师更多地是起到引导和推动学生学习的作用，其终身学习的角色也得到凸显，形成教和学的良性循环（Legutke & Thomas, 1991）。

项目教学可给第二语言与外语学习者带来积极作用，如：增强学生体验的真实性及所获得语言的真实性；增强学生的学习动机，对学习的投入和参与度；提高学生的语言技能；提高学生的社交、合作能力；促进学生对学科知识的掌握；增强学生的自信心、自尊，对学习的积极态度，使其语言使用更加自如，个人成就更加满意；增强学生的学习自主性；提高学生的决策能力、分析能力、思辨思维能力以及解决问题的能力（Stroller, 2006）。

概括起来，项目教学法具有如下特征：①学习并运用真实语言材料。②强调以学生为中心的体验，弱化教师统领的学习。③有过程和结果取向，既注重学习过程又注重最后的学习产出。④产生一个实实在在的最终成果。⑤有一定的时间跨度内的课内外系列活动，如项目构想、田野调查、信息整理和展示。⑥强调技能整合，学生学习和运用多种技能；⑦鼓励学生自主，学生对项目构想、实施和展示各环节负责。⑧教师承担新的角色，不再是单纯的知识传授者，而是项目的管理者和顾问。⑨学生的语言学习、学科内容学习和能力打造完全融合。⑩学生反思学习过程及产出。

思考题：与传统的教学方法相比，项目教学法中的教师角色发生了什么变化？

4. 项目教学法的流程

开展较长期的需要小组合作完成的项目，教学流程大致如下：

(1)分组：分组可以采取学生自愿组合的方式，或者教师与学生协商进行分组。
(2)讲解项目要求：教师阐释项目的选题要求，项目信息、资料的收集方法，项目成果的呈现方式以及评价标准等要求。
(3)确定项目主题：教师与各小组学生协商，选择项目探究的主题，主题的选择尽量贴近学生的生活实际，高中英语教学的项目选择可以结合教材单元主题。
(4)组内分工：在学生基本了解项目研究的方法之后，各小组内部进行分工，选定组长，确定研究问题、研究方法及组内各成员的分工。
(5)项目探究：各小组协商，进行项目信息、资料的收集。
(6)项目整合：各小组协商，整合项目信息，按照要求完成项目。
(7)项目报告：小组分工协作，呈现已完成的项目成果。
(8)项目评价：教师与学生结合评价标准，评价各小组完成的项目。

在整个项目开展过程中，教师协调、监控、促进各小组项目的进展，给学生提供帮助和建议。学生在真实的问题解决过程中，使用语言，发展自主学习能力、合作学习能力、创造性思维能力及解决实际问题的能力。

思考题：项目教学法的流程和任务教学法的流程有什么不同吗？

5. 项目教学法案例

本案例以《牛津高中英语》模块十一(高三下学期)为例(译林出版社)。本模块的主题是"The Next Step",单元内容围绕大学展开,教材中单元教学的目标导航如下:

In this unit, you will

☆ read an article in a newsletter about preparing for university and a university brochure;

☆ listen to a discussion about university courses;

☆ talk about university life and discuss options and possibilities for university courses;

☆ write a report about your options for university courses;

☆ research and write a guide to a university.

教材中的项目教学是本单元的最后一个部分,属于学生语言迁移创新的环节。本单元项目教学的目标是:Writing a University Guide。本单元阅读、听说、词汇、语法等内容紧扣"大学"这一主题,以报刊文章、邮件、日记等不同文体形式介绍大学环境、生活、专业选择、课程设置等。教材提供了一篇题为"Zhenhua University"的文章,介绍了振华大学的位置与环境、专业与课程、办学理念、学校设施以及招生要求等内容。

Writing a University Guide 项目设计

项目环节	教学活动	设计说明
分组	T divides Ss into small groups and asks each group to decide their own group leaders (about 4-6 Ss in one group according to the class size).	本项目设计为小组合作活动,先对学生分组,让学生思想上对合作完成任务有所准备。
讲解项目要求和评价标准	T explains the project and its evaluation criteria: 1) The outcome of the project is to write **a university guide** and all groups will be asked to report to the whole class orally; each group member can be in charge of one aspect. 2) Evaluation will be made according to the following points: a. whether the resources are real or not; b. whether the content of report is complete; c. whether the group members cooperate to finish the project; d. whether the group members' oral reports are clear and fluent; e. whether Ss' introductions to universities are attractive enough so that some Ss want to apply for them.	教师解释项目的构想、实施以及评价标准,有助于学生清楚了解自己的职责,活动的目标和活动过程的自我监控。

续表

项目环节	教学活动	设计说明
小组合作学习大学指南或者宣传手册中的内容	Ss are asked to work in small group, read and analyze the passage "Zhenhua University" from the following aspects: 1) make analysis of the major contents in this university guide; 2) make analysis of the ways to present information about the university, for example, a campus map or city map, the language feature. Then each member reports one aspect of Zhenhua University to group members.	学生在自主探究项目之前,通过小组合作快速获取文本信息,每个小组负责汇报一个模块的信息,这一方面是语言能力的提升,另一方面为后续项目探究活动,学生理清内容框架做铺垫。
小组协商确定项目主题	Group members discuss and decide on university they'd like to introduce.	将活动的自主权交给学生,学生结合自身实际,选择、协商心仪的大学。
组内分工	Each member may prepare for one part, for example, S1 prepares for university location and environment. S2 prepares for majors and courses. S3 prepares for teachers and students. S4 prepares for facilities in university and so on.	根据大学指南或者宣传手册的内容模块,小组进行内部分工。分工合作探究一方面可缓解学生的焦虑,另一方面有助于学生在某一方面的深入拓展。
查找资料	T may have provided Ss with some websites. Ss search the Internet to get information about the universities they are going to introduce.	学生自主搜索资料,训练获取与整合信息的能力。
组内合作完成写作	Group members work together to finish their writing: a university guide.	小组合作撰写完成书面任务,合作撰写过程需要组内成员协商、评价、筛选、整合资料。
小组报告项目评价	Groups are asked to report their projects. When one group reports, T and the other Ss evaluate the project.	小组口头汇报完成的项目,小组成员全体参与,口头展示项目成果。教师和其他小组根据标准进行评价。

续表

项目环节	教学活动	设计说明
评价反馈	T gives feedback to each group based on both teacher's and Ss' evaluation.	教师收集学生评价，结合自己的评价，进行评价反馈。

思考题：请说一说项目教学法的优势和不足，并对以上项目教学法案例进行评价。

第五节　整体语言教学案例与分析

问题导入：

针对以下教学材料，你的教学目标是什么？你将如何设计教学活动？

Emperor Penguins

Emperor penguins are considered the most beautiful and the largest of all penguins. They are amazing birds. They are good survivors, excellent swimmers and great parents. Do you know where we can see them?

You are absolutely right! Antarctica. Only Antarctica!

Antarctica is the continent which is the most southern area of land on the Earth and is mostly covered with ice. It is colder, drier and windier than any other place on the Earth. The lowest temperature can reach -89.2°C. In order to survive the extremely tough environment, emperor penguins have to cooperate. They crowd together to protect themselves from the wind and keep warm. Meanwhile, they take turns to move to the relatively warm inside.

Emperor penguins live on a diet which consists of different types of fish and other kinds of sea life. To find food, these birds, which are unable to fly, can dive much deeper than any other kind of penguin. Their dives often reach about 244 metres, and they can even dive to more than 535 metres when necessary. They can remain under water for almost 18 minutes, longer than any other kind of penguin.

Emperor penguins have a very hard time bringing up their babies. They have to go to great lengths to care for their children. After laying an egg, the tired female emperor penguin will leave the family behind to feed at sea, while the male is left to take care of the egg. For two months, the father, whose duty is to keep the egg safe and warm, carries his egg around on his feet and will give up eating until the mother returns. He does not sit on the egg like many other birds, but stands and balances it on his feet. Thus he is at the mercy of the Antarctic weather. When the mother returns from the sea, sometimes up to 60-80 kilometres away, she throws up some of the food for the chick and takes the male's place to look after it. The father then takes his turn to feed at sea. Cooperative parenting at its finest!

By December, during the Antarctic summer, when the ice begins to break up and open water appears, the young emperor penguins are now ready to be excellent survivors, good swimmers and great parents on their own. What an amazing cycle it is!

(选自重庆大学出版社普通高中教科书《英语》必修第一册 Unit 5 Amazing Animals)

【内容分析】

本篇文章选自重庆大学出版社普通高中教科书《英语》必修第一册第五单元。本单元主题为神奇的动物（Amazing Animals），阅读、思考与分析部分（Reading, Thinking and Analysing）的文章标题为帝企鹅（Emperor Penguins）。下面从 what, how, why 三个方面分析本篇文章：

What：本文介绍神奇的鸟类：帝企鹅。文章共有六个段落，第一段总体介绍帝企鹅作为企鹅家族最大、最漂亮的企鹅，其神奇之处在于它们是优秀的生存者、游泳好手和伟大的父母。文章主体部分围绕这三个方面作详细介绍。最后一段回应首段并点题：生命的传承，年幼的帝企鹅准备成为优秀的生存者、游泳好手和伟大的父母。

How：本文是一篇科普性说明文，文章用总一分结构介绍帝企鹅的栖息地、觅食方式和抚育幼鸟。数据的使用是本说明文的特征之一，如，介绍帝企鹅生活的南极洲的极寒气候，最低气温可能达到-89.2 ℃，不能飞的鸟类，帝企鹅擅长游泳，潜水深度经常在 244 米左右，若有必要，潜水深度可超过 535 米，水下停留约 18 分钟。在介绍帝企鹅的父母职责时，同样使用数据，如帝企鹅爸爸放弃进食两个月，负责孵蛋，帝企鹅妈妈有时从 60~80 千米以外的大海上回来。另外一个特征是形容词比较级、最高级的使用，如：...the most beautiful and the largest of all penguins; ...the most southern area of land on the Earth...; ...colder, drier and windier than any other place on the Earth; ...much deeper than any other kind of penguin; ...longer than any other kind of penguin 等。数字的使用凸显信息的科学性；形容词比较级、最高级的使用让读者更容易在比较中感知信息。

Why：本文作为科普性说明文，有助于学生学习关于帝企鹅这一神奇鸟类的知识，增强学生的动物保护意识，另一方面学生能从帝企鹅对抗严寒，照顾幼鸟中感受、学习坚强与责任。

【学习目标】

学生通过参与项目活动，能够：

（1）根据关键词：优秀的生存者、游泳好手和伟大的父母，介绍帝企鹅。

（2）撰写一篇有关动物的介绍报告或绘制一份动物的介绍海报并进行介绍。

【时间安排】

本项目的学习分为两个阶段，第一阶段学生熟悉项目任务，分组，明确目标，完成对帝企鹅的介绍。第二阶段学生在课后查找资料的基础上，课堂完成动物介绍报告的写作或海报的制作，然后进行汇报分享。

活动设计

第一阶段		
步骤	教学活动	设计说明
分组明确学习安排	T divides the whole class into small groups. T tells Ss the learning plan and objectives. ①Work in small groups and introduce amazing emperor penguins; ②Work in small groups and search information about another amazing animal and write a report or make a poster, then report it orally.	学生分组并明确学习计划和目标。 目标对学生的学习能起到引领作用，让学生明确学习任务和活动形式。
讲解任务明确评价	T explains the steps and evaluation criteria. Evaluation criteria: ①whether all group members get involved in the project and contribute to the project; ②whether their mind maps are clear to sort out the information in the passage; ③whether the oral report covers the main points about emperor penguins; ④whether the report is convincing enough about how amazing the emperor penguins are; ⑤whether the reporters' oral English is clear and fluent enough.	学生明确小组任务与评价标准。评价涵盖小组成员的参与度、思维导图的绘制、口头汇报的内容以及英语的应用。 评价的目的是帮助学生了解任务的目标和努力的方向，对学习过程起到监控的作用。
小组合作完成任务	Ss are asked to work in groups to finish the following tasks. ①Answer the following questions: • Why are emperor penguins amazing birds? • How amazing are emperor penguins? ② Read the passage "Emperor Penguins" in the textbook and draw mind maps; ③Prepare for oral reports based on the mind maps about amazing emperor penguins.	首先小组需回答两个问题：帝企鹅为什么神奇以及怎样神奇？此问题紧扣单元主题，学生通过小组合作解决问题的过程就是对文章主题的探究。然后小组梳理信息，绘制文章的思维导图。学生完成思维导图的过程便是加工文本信息。最后学生根据小组绘制的思维导图，准备口头汇报，在语言应用中内化文本信息。

续表

<table>
<tr><th>步骤</th><th>教学活动</th><th>设计说明</th></tr>
<tr>
<td>小组汇报师生评价信息补充</td>
<td>

● Groups are asked to introduce amazing emperor penguins one by one.

● T guides Ss to make comments based on evaluation criteria and T gives feedback and further explanation if Ss' introductions are not up to criteria.

● T may use the following mind map and introduce emperor penguins and asks Ss to evaluate it with the criteria.

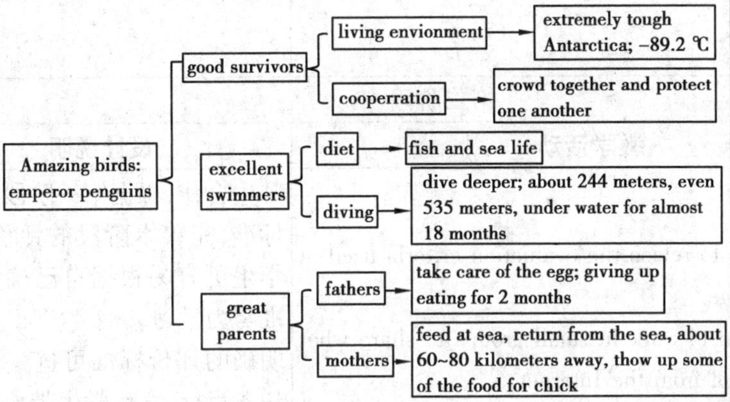

● T guides Ss to discuss the structure and features of the passage.

● T guides Ss to share more information about emperor penguins such as its height, weight, appearance, life expectancy etc. so that students can have an overall understanding of emperor penguins. Meanwhile, T helps Ss to build a schema to give an animal report.

For example:

Height and weight: Emperor penguin is the largest member of the penguin order. Some members of this species may grow to about 130 cm long and weigh 25 to 45 kg.

Appearance: Adults are coloured black and white with areas of orange and yellow on the head, neck, and breast. Juveniles are smaller, and their plumage is similar to that of the adults, with pale white to light gray feathers in place of those coloured orange and yellow.

Life expectancy: The emperor penguin typically lives 15 to 20 years in the wild, but some records indicate a maximum lifespan of 40 years.

Conservation status: The emperor penguin is considered a near threatened species by the International Union for Conservation of Nature (IUCN). Ecologists have recorded population declines in some emperor penguin colonies.

</td>
<td>小组逐个汇报项目成果，教师引导学生根据评价标准进行评价，结合学生汇报、评价，教师进一步补充、解释。
最后教师可以展示自己做的思维导图，介绍帝企鹅，让学生进行评价。
在此基础上，引导学生讨论本篇文章的结构和文本特征，强调文本中数字、形容词以及主题句的使用。
教师引导学生，分享更多关于帝企鹅的基本信息，如身高、体重、外貌、寿命、保护现状等，一方面使学生对帝企鹅有更全面的了解，激发学生的环境保护意识。另一方面为学生搭建科普性说明文的结构框架，为学生完成 Animal Report 建构结构图式。</td>
</tr>
</table>

续表

步骤	教学活动	设计说明
作业布置 小组协商 确定话题 组内分工	T assigns homework and asks Ss to prepare for the next lesson's report. ● Groups discuss to decide another **amazing** animal they'd like to introduce and search the corresponding information online after class. ● T collects topics from each group so as to prepare accordingly.	教师布置作业：通过小组讨论确定要介绍的动物，并进行分工，课后查阅相关资料。 教师收集小组话题，根据学生选定的话题准备补充资料。
第二阶段		
步骤	教学活动	设计说明
明确标准 信息分享	● T guides Ss to revise the evaluation criteria used at the first stage. ● Ss are asked to work in small groups to share what they have got from the Internet.	师生合作，根据第一阶段的评价标准，完善本阶段的评价标准。学生更容易根据自己确定的标准努力学习。 明确的评价标准可进一步明晰任务目标，之后学生带着目标分享信息。
撰写报告 或制作海报	Ss work in small groups to sort out information and write animal reports or make animal posters.	小组梳理、整合信息，撰写动物介绍的报告或制作海报。
小组自评 修改完善	Ss work in small groups to evaluate their works and polish them.	小组合作，参照评价标准，进行评价并完善作品。
小组汇报 师生评价 信息补充	● Ss are asked to introduce their amazing animals group by group. ● T guides Ss to give comments based on the evaluation criteria. ● T can supplement more information according to Ss' introductions and guides Ss to reflect on animal conservation.	小组汇报，教师引导学生评价，并根据汇报情况补充信息。 引导学生思考动物保护问题。

案例分析

本案例围绕人与自然这一主题语境，基于动物介绍类科普性说明文的语篇，在合作完成项目的过程中，融入语言学习、思维发展、文化感知和学习能力的培养。

本案例采用项目教学法进行设计，项目教学法以最终项目成果的产出为教学目标。本案例的两个目标都是项目的产出目标，第一个产出目标是基于文本内容的学习、内化与应用；第二个产出目标是相关话题知识的迁移与创新。

项目教学以学生为中心，学生在探究、解决问题的过程中使用语言，内化知识，迁移创新。本案例中学生探究、解决的核心问题就是动物为什么神奇、怎么神奇，问题贯穿项目的始终。在第一个阶段学生绘制思维导图，梳理文本信息以及口头汇报时，紧扣帝企鹅的神奇，以及神奇表现的三个方面。第二个阶段中，学生自主探究，同样紧扣“神奇”，筛选、梳理素材，撰写报告或者制作海报，并进行介绍。

项目教学中教师角色会发生变化。本案例中教师组织分组，让学生明确任务目标，清楚评价标准，组织学生探究，随时提供帮助。教师根据学生汇报情况，进行反馈与补充，引导学生完成项目。整个教学过程中的教师不再是知识的讲授者，而是协调者、促进者和帮助者。

本案例设计中学生需综合运用技能，在小组合作、互动探究的过程中，培养合作学习能力、语言能力和探究能力。学生在绘制思维导图的过程中，培养归纳整理信息的能力，同时深入解读语篇，为项目的最终完成提供支架。

评价贯穿案例设计的始终。在活动开始时，教师让学生明确任务目标，清楚项目的评价标准。在项目进展过程中，学生对照标准进行自评。在项目汇报阶段，师生根据标准，进行合作评价。在第二个阶段的评价中，教师引导学生完善评价标准，根据标准开展活动。实现“教”“学”“评”的一体化，在评价中促进学习，监控学习，培养批判思维能力。

动物是自然界的精灵，保护环境，保护动物是每一个人的责任。在本项目学习过程中的第一阶段，教师补充帝企鹅的保护现状；第二阶段，教师根据学生的汇报，引导学生关注神奇动物的生存现状，思考不同文化中动物的保护，培养学生的文化意识与社会责任意识。

教学设计实践

针对以下教学材料，如何进行整体语言教学设计？

What Happened to the Earth?

An earthquake—an extremely destructive natural disaster—is a sudden and violent shaking of the ground. Here is a description.

At two minutes to noon, September 1, 1923, *the great clock in Tokyo stopped. Tokyo Bay shook as if a huge carpet had been pulled from under it. The earthquake came from a trench in the sea at a magnitude of* 8.3 *on the Richter scale.*

The sea drew back for a few moments. Then, a huge wave swept across the city. Boats were carried inland, and buildings and people were pulled out to sea. The shaking of the earth not only took away part of a hillside, but also brushed trains and stations into the water below. Large sections of the sea-bed sank by 400 *metres; the land rose by* 250 *metres in some places and sank in others. Three powerful shocks ruined the cities of Tokyo and Yokohama and, during the next six hours, there were* 171 *aftershocks*.

So how does an earthquake occur? In simple terms, an earthquake happens due to the sudden movement of the Earth's plates. The pressure of the plates pushing against each other sometimes builds up to breaking point. When one breaks, the ground suddenly moves forward, and shock waves from this ground movement cause the earth to shake, or quake. The ground shakes violently and huge cracks may appear. An earthquake begins beneath the ground at the point where the rocks move, and the energy waves then travel up to the surface.

There are around 500,000 earthquakes each year, while about 100,000 can actually be felt. Most earthquake belts are located along the edges of the Pacific Plate or near mountainous areas such as the Himalayas. An earthquake can have damaging effects on our homes, property, environment, and especially life. The Tokyo earthquake in 1923 killed an extremely large number of people. Yet there were also some lucky survivors. The most unbelievable was a woman who was having a bath in her room at the Tokyo Grand Hotel. As the hotel crashed, she and her bath elegantly fell to the street, leaving both her and the bathwater unchanged.

It's an extraordinary event, isn't it? She's a terribly lucky dog, isn't she? One cannot just rely on luck, however. Experts warn that a single quake could cause the death of up to 3 million people in some overpopulated cities. It is therefore necessary to take measures in advance to reduce the consequences of earthquakes.

（选自重庆大学出版社普通高中教科书《英语》必修第二册 Unit 5 Natural Disasters）

参考文献

（参考文献详见二维码）